# 武学翁藏泉

刘宗明 著

北京师范大学出版集团
BEIJING NORMAL UNIVERSITY PUBLISHING GROUP
北京师范大学出版社

**图书在版编目(CIP)数据**

武学翁藏泉／刘宗明著．—北京：北京师范大学出版社，2013.1
ISBN 978-7-303-15635-1

Ⅰ．①武… Ⅱ．①刘… Ⅲ．①古钱（考古）－收藏－中国 Ⅳ．①G894

中国版本图书馆CIP数据核字(2012)第269269号

营销中心电话 010-58802181 58805532
北师大出版社高等教育分社网 http://gaojiao.bnup.com.cn
电子信箱 beishida168@126.com

出版发行：北京师范大学出版社 www.bnup.com.cn
北京新街口外大街19号
邮政编码：100875
印　　刷：北京盛通印刷股份有限公司
经　　销：全国新华书店
开　　本：170 mm × 240 mm
印　　张：26.75
字　　数：450千字
版　　次：2013年1月第1版
印　　次：2013年1月第1次印刷
定　　价：148.00元

策划编辑：李　强　　责任编辑：李　强
美术编辑：毛　佳　　装帧设计：天泽润
责任校对：李　菡　　责任印制：孙文凯

# 自序

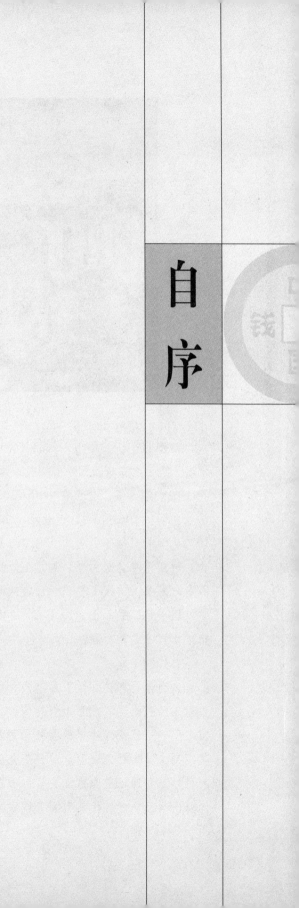

**刘宗明：**1943年生，河北省新城县人。中共党员，大学学历，高级记者。现为北京市新闻学会会长、市政协学习文史委特邀委员。

1959年入伍，先后在中国人民解放军宣化通信学校、总参743部队学校学习。1962年年底转业至北京无线电二厂任技术员、中层干部。1972年调北京电子仪表工业局任专职新闻干事。1978年调北京日报社工作，历任记者、部主任、副总编。1994年年初任市委副秘书长，同年年底参与筹备《前线》复刊，任前线杂志社总编辑。1998年任北京日报社党组副书记、副社长、总编辑。2004年4月退居二线。曾任第十届北京市政协学习委员会副主任。

自1964年起在报刊发表习作，四十几年里，先后撰写过数千篇新闻消息、通讯、评论和数百篇杂文、散文、报告文学、文艺评论等作品。多篇作品获全国、北京市好新闻奖，其主笔的理论文章《中国人民的致富之路——试论邓小平的富民思想及其实践》获1996年“五个一工程”奖，杂文《老严怎么走了？》获全国杂文评比一等奖。散文《一件珍贵的衬衫》和通讯《北京立交桥》被选入中学语文课本。曾被评为北京市优秀出版工作者、优秀新闻工作者。享受政府特殊津贴。

余20世纪40年代初生在古都北京。幼年和中年长期居住在东城禄米仓武学胡同。今已年近古稀。故自号“武学翁”。

自幼喜舞文弄墨。二十岁起在报刊发表习作，为业余作者。而立之年成为专业新闻工作者，直至2004年从北京日报社领导岗位上退下来，“摇笔杆子”摇了多半生。几十年里，排成“铅字”的拙作数不胜数。虽无佳作，尚有散文《一件珍贵的衬衫》、通讯《北京立交桥》有幸长期被收入中学语文课本，被亿万学生习读。不少朋友曾多次劝我将作品整理结集出版，并表示将为我提供种种方便，我一一谢绝。缘自窃以为我当年笔下的东西，皆无传世的意义，勉强结集出版，既浪费社会钱财，又徒耗个人精力，大可不必也。故时至今日我尚无一册专著出版。

80年代中期，“潘家园古玩市场”还在劲松中街一带游弋的时候，曾一度就在我岳父母家的楼下。那会儿，星期天拜见“老泰山”时，还无“麻”可搓。岳母、妻子剁馅包饺子之际，我便下楼在古玩摊闲逛。见一堆堆的古钱币，红斑绿绣，古香古色；方寸之中，书法绝伦，一枚不过几角钱。于是，第一次便买了十几枚。自此，便开始了我的集币生涯。在泉市中，曾结识一泉友，是个中学教师。其赠我一名片，上印自嘲诗一首。诗曰：“平生一个教书匠，有醋半瓶总晃荡，走火入魔觅古钱，是非荣辱两相忘。”我之痴迷古钱，虽说尚未达到这位仁兄之走火入魔的地步，却也可称一绝：近三十年里，持之以恒，“高烧”不退。买钱，买书；赏币，玩币，成为我在繁忙的工作之余消闲怡情、释放压力的重要方式；逛古玩市场，成为我节假日和到全国各地开会、出差时的必修课。多年寻寻觅觅的结果，是古钱币藏品已近乎占据了我书房的“半壁江山”，总数已达万枚之多。

退居二线的几年里，尤其是自2008年退休以后，闲暇时间多了，我开始系统地整理自己的古钱币收藏，逐一分类，拓片。初步整理的结果，就连我自己也不能不有些吃惊。我的古钱币藏品，不仅数量已颇为可观，“层次”也颇为“养眼”了。它们之中，不仅有大量当今古钱币市场已很难见到的品相绝佳、美轮美奂的普品、中档品，还有为数不少的即使当年市场也很难一见的稀品、罕品、珍品，甚至还有一些诸谱未见的新品、新版别，更有数枚，则是赫然列入中国古泉五十名珍的“大名誉品”。如此丰富的古钱币藏品，如若仅让其默默地窝于我的书房一隅，不为世人所知，乃至百年后，为老朽的无知后人以闲杂无用之物随意弃之，不仅枉费了我三十年积币之辛苦，亦愧对于祖先遗存下来的瑰丽的中华钱币文化。故下决心将我近三十年所积之古钱币精华，及个人集币、研币之心得感悟，加以整理，结集成册，公诸于世，以供同好交流、切磋。

本书共汇集古钱拓2422种。若言成书之特色，即所载之泉拓，绝无从各种泉书中转录、转借者；品品皆为老翁本人收藏之泉，皆为老翁亲手所拓。故书名为《武学翁藏泉》。

敝帚自珍。原设想主要展示自己的藏品图录，只略加些点滴的集藏感言，此外不多饶舌。几位并非藏友的朋友见了部分书稿后，纷纷建议：不要光是满纸“铜钱”,要多一点文化，让不玩古钱币的人们也可以翻翻，做点中国钱币文化的普及工作。故不揣浅陋，添写了中国货币的发展概况和部分钱币学的常识。由于自己不过是个业余的钱币收藏爱好者，错误自然难免，希望读者谅解并批评指正。

满纸“孔方兄”，恕不作标级、标价。世上带有各钱币价格的书籍较多，很容易查找。而不吝费时费力，一一标明各枚钱币的尺寸、重量者，则因为尺寸、重量是辨别古钱币真伪的重要依据，也因为那些借用别人图谱的书籍，普遍不能提供这方面的数据。

# 目录

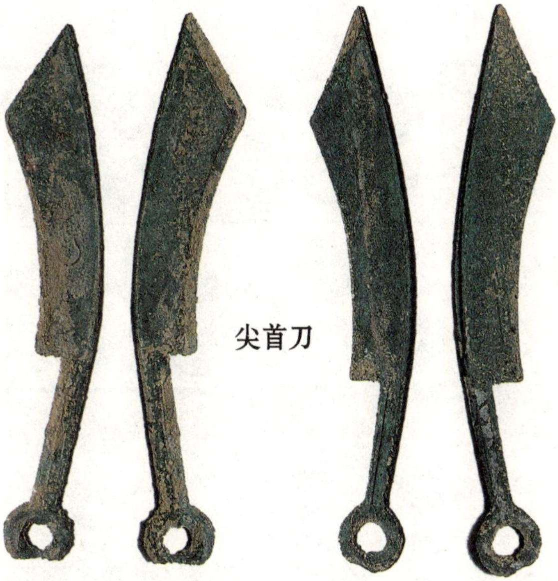

尖首刀

半圆

西周

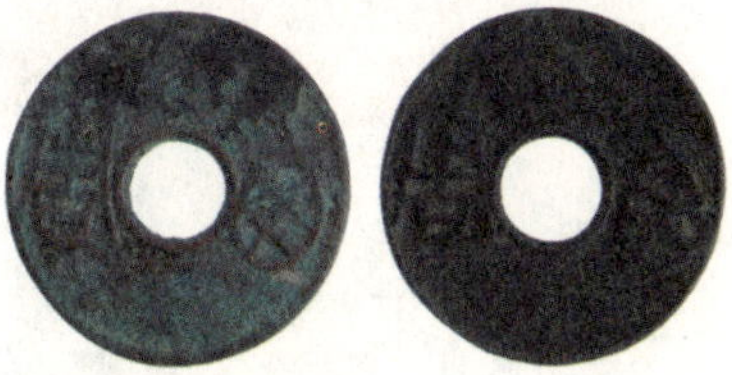



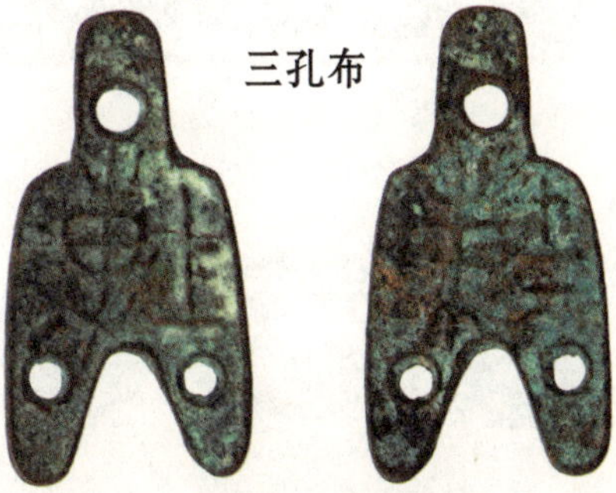

三孔布

包金贝

特大型半两

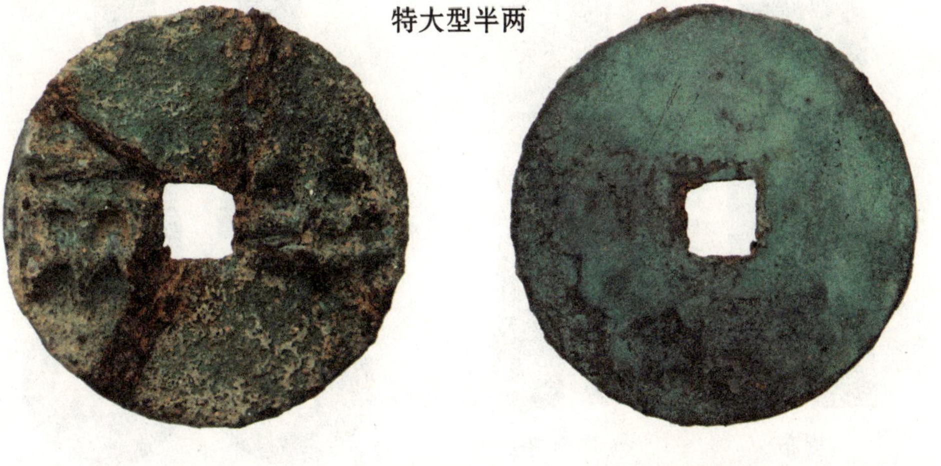

半两

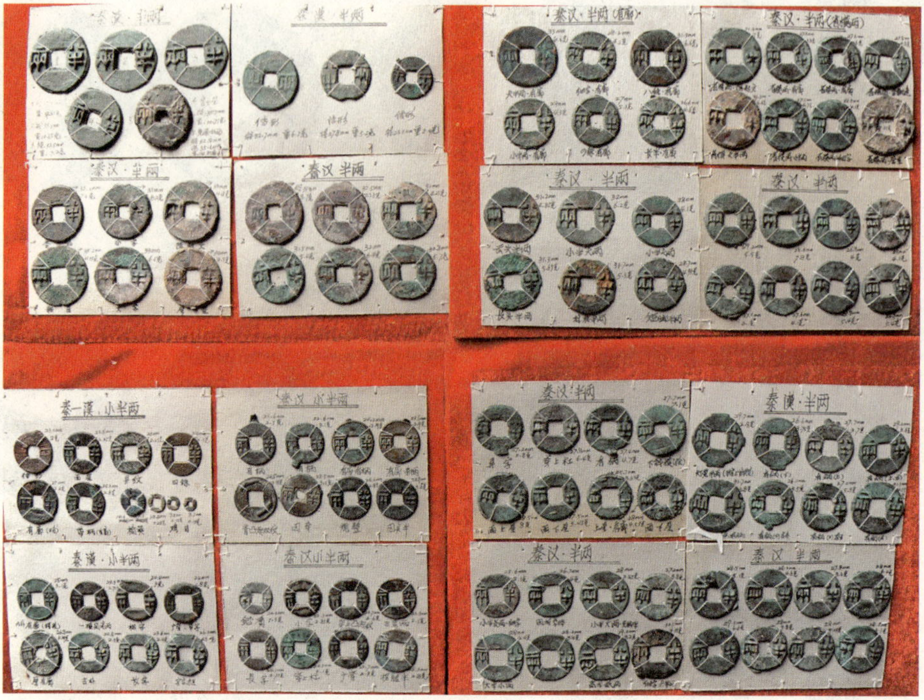

王莽六泉

货布

大布黄千

壮布七百

货货

东吴大泉五千

大泉当千

大泉五百

孝建四铢

永光

景和

太货六铢

丰货大字

丰货小字

太清丰乐

## 北周三品

永通万国

五行大布

货泉

大历元宝

唐 会昌开元

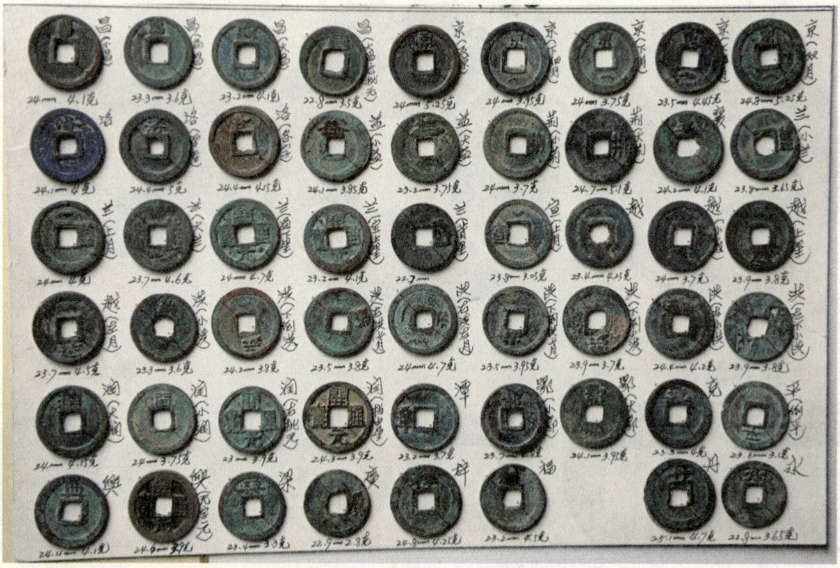

顺天元宝

唐国通宝　折十大样

圣宋元宝　铁母

熙宁元宝　背四出

靖康通宝　小平

靖康通宝
篆书折二大字

崇宁元宝

应感通宝

皇宋元宝　小平　背祥云

祥云放大图

乾道元宝　小平　背春

南宋　太平通宝　小平

辽天显通宝　小平

辽钱一组

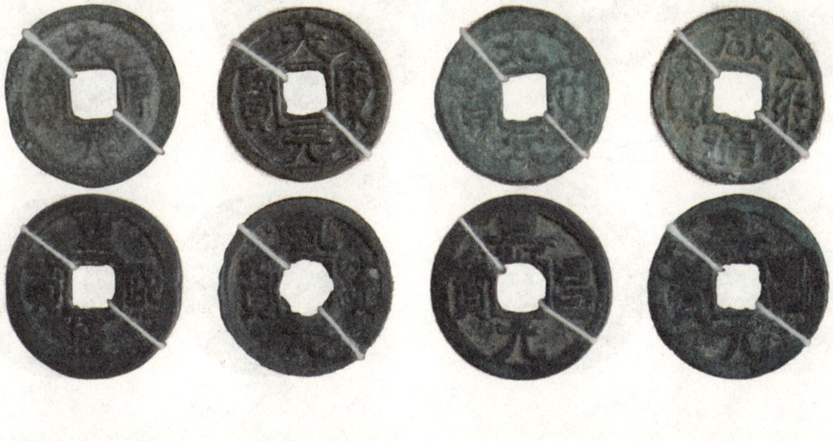

西夏文乾祐宝钱

乾祐元宝（铜质）

天庆元宝

皇建元宝

篆书光定元宝

楷书光定元宝

大定通宝　铁母

泰和通宝
楷书折三

泰和通宝篆书折十

泰和通宝楷书小平

阜昌重宝折三

阜昌通宝折二

中统元宝楷书小平

中统元宝篆书小平

至元通宝小平

巴思巴文至元通宝

延祐元宝

至正通宝戌十一对

千秋万岁

千秋万岁

千秋万岁背龙纹

龙凤通宝

天祐通宝

大中通宝背广十

大中通宝背豫十

洪武通宝背十一两

洪武通宝背三钱

天启通宝背十一（脱谱）

弘光通宝折二

折五十万历通宝

顺治通宝背上延

康熙通宝背宝福母钱

咸丰重宝
宝源当五十刻花样钱

咸丰通宝背满汉原

咸丰重宝
宝苏当百

咸丰元宝
宝陕当五百

道光通宝背大定

咸丰元宝宝德当百

咸丰重宝宝福当二十背记重一两

咸丰重宝宝福一百

咸丰重宝阿克苏当五十

咸丰元宝宝伊当百

咸丰重宝阿克苏小平样钱

咸丰重宝宝迪当四

光绪通宝背光（脱谱）

天地会天朝通宝背永

中山通宝（待考）

四川卢比

云南唐继尧共和纪念币

光绪银元阿城伍钱

大清铜币中心皖当二十文

大清铜币中心宁当二十文

大清铜币中心汌当二十文

黔字板铜元（短元）

黔字板铜元（长元）

洪宪当十铜元

云南贰仙铜币

香港一仙

甘肃孔造辅币

川陕省苏维埃当五百铜元

川陕省二百文铜元

皖西北苏维埃造二十文

军工工友消费证贰分

子孙昌盛背百子图手刻大花钱

十二地支生肖神话故事钱

玄武大帝背太上咒文大花钱

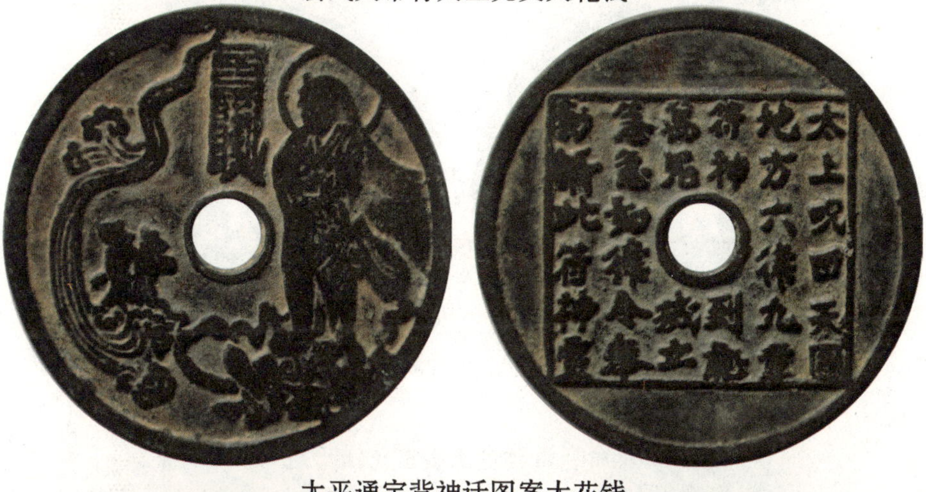

太平通宝背神话图案大花钱

十二生肖星官龟鹤钱

长命富贵背福寿钱

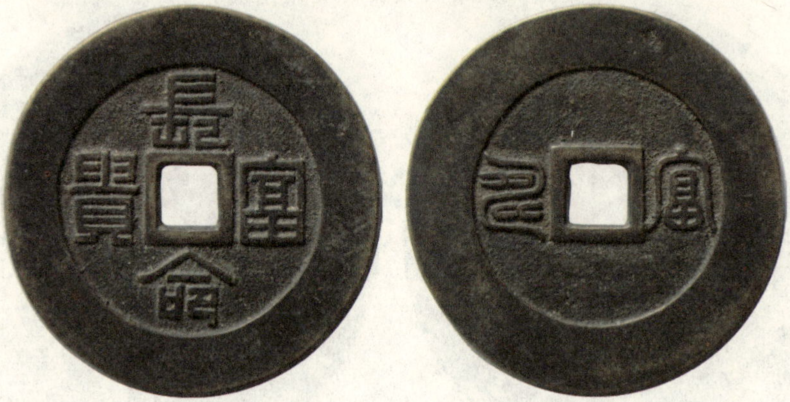

长命富贵背金玉满堂花钱一组

八卦花钱一组

吉语花钱一组

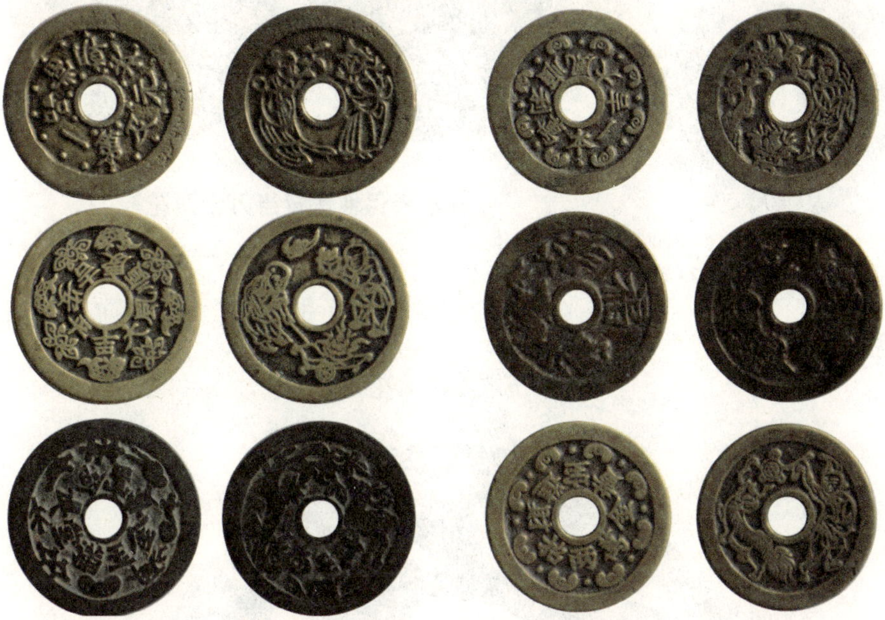

斩鬼驱邪钱（此钱手刻）

万寿无疆吉祥如意宫钱

未羊丑牛生肖钱

马钱

长命富贵
背龙凤戏珠银钱

日本庆应 通宝刻花钱

日本天保地保背当万十两花钱



碧玉雕龙凤大花钱

**注：** 因彩插篇幅及排版需要，全部彩照尺寸均非钱币原大，实际尺寸请见拓图所标。

# 一

# 中国最早的货币——贝币

中国是世界著名的文明古国，是古代世界文明重要发源地之一。中国早在几千年前就产生了货币，中国货币在几千年发展历程中始终受外来影响很少，长期保持东方独立特色，形成了光辉灿烂的中华货币文化。

货币，并不是人类社会一开始就有的。在我国原始社会早期，部落内部和氏族之间实行的是“物物交换”。到原始社会末期，由于生产力的发展和社会分工的出现，农业、畜牧业、手工业的分离使交换成为日常的必需，才产生了在商品交换中分化出来的“一般等价物”——货币。

我国最早使用的货币是海贝。起源于夏，行用于商、周时期。考古发掘中大量贝币实物的出土；甲骨文、青铜器铭文中多有的“赏贝”、“赐贝”、“取贝”的记载；汉字中凡涉及财富、贸易的字眼，如寶（宝）、贡、赠、贵、贱、贫、贩、赁、贷、贸、贾、贿、赂、贪等，都近乎一水儿地“从贝”，从多方面证明着贝为我国早期货币的历史事实。

夏商周使用的贝币，为一种产于东南沿海地区的小海贝，人为磨去贝的壳顶，以便于用绳索穿系，初为“小孔式”，到商时为“大孔式”，其质轻而无光泽。

夏商周时期，是我国古代货币萌芽起源阶段，还不可能完全脱离“以物易物”的痕迹，所以用来充做币材的种类很多，考古发现除海贝外还有石贝、骨贝、玉贝、陶贝，亦有铜块、铜饼和铜仿贝。黄河中游地区使用的一种青铜铲形农具——钱，也曾做为一般等价物用于交易，它是我国金属货币的另一起源，是布币的前身。

作为原始货币的贝币，因人文含量不高，且辨伪不易，故多不为藏家所重。原始布存世很少，价值颇高，历来为藏家所追捧。

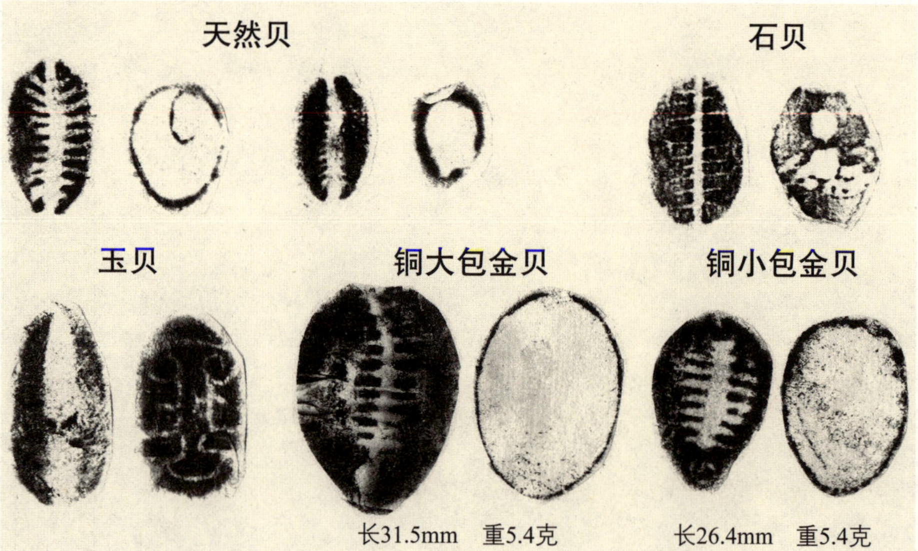

# 二 春秋战国货币

春秋战国时期是我国社会剧烈变动、经济迅速发展的时代。商品生产和商业的兴旺发达，扩大了对货币的需求，在商品交换中凸显出自身优越性的青铜铸币被广泛使用，逐步取代了贝币和其他各种曾用货币，并形成了几个有明显特征的货币体系和货币流通区域。这就是黄河中下游关、洛、三晋地区的“布币区”，东方海滨的“刀货区”以及南方楚国的“蚁鼻钱”区，即贝币区域。

## 布币

原始布由农具钱、镈演化而来。这种“大铲布”，既是农具又是货币，携带使用很不方便。进入春秋时期后，渐渐变轻变小，但仍保留着作为农具铲的遗痕，上端中空，习惯上称为“空首布”。它有平肩孤足、斜肩孤足、耸肩尖足三种形式。各有大、中、小几种类型。钱面多数铸有文字，内容极为复杂，或为数字、干支字，或为天象、事物、城邑名和一些不易确定其意义的汉字和符号，如一、五、六、八、甲、丙、禾、云、雨、雪、土、工、金、贝、王、公、智，等等，有学者认为，其实大部分面文是铸炉的标记。以后进一步向轻小演变，已完全不可能再作为工具使用，“空首”也显得毫无意义，遂变空首为平首。最早出现的是“釿布”，因其钱面铸有货币重量单位“釿”而得名，基本形制为首部平实，圆肩或平肩，圆裆平足，有“二釿”、“一釿”、“半釿”三种，同时流通。这是我国早期货币流通中出现的比较完整的“子母相权”制度，是我国货币制度的一个重要进步。釿布钱文纪值并纪地，如“晋阳二釿”、“晋阳一釿”、“晋阳半釿”，等等，发展到战国晚期，因“釿”行用已久，流通中也主要是“一釿”、“半釿”两种，人们从布的大小一望就可知道币值，故钱文中不再铸行币值。战国中后期铸造的方足、尖足、圆足布均为一釿布。小型方足、尖足、圆足布，则都是半釿布。这些布币的钱面多铸有地名，面文复杂，如尖足布有“甘丹”、“晋阳”、“大阴”、“邪山”、“兹氏”、“离石”等几十种；方足布有“安阳”、“皮氏”、“阳邑”等几十种；圆足布有“晋阳”、“兹氏”等数种，后期圆足布尚有布首与两足端各铸一孔者，称名三孔布，面文有“安阳”、“宅阳”、“北九门”等数种，极为珍罕。

## 刀币

刀币则是由另一种生产工具——削刀转化而来。最早出现在东方的齐国。其形状酷似一把有柄长刀，柄端有环，上面铸有铭文，有“齐法化”、“齐之法化”、“齐建邦长法化”等数种，俗称“三字刀”、“四字刀”、

"六字刀"。齐刀以大型厚重、铜质精良、铸造精美著称。由于齐国的强大和先进经济影响所及，使刀币流通区域不断扩大，原来铸行布币的赵、燕等国也开始铸行带有自己地方色彩的刀币，有明刀、针首刀、尖首刀、圆首刀等各类，尖首刀首部尖锐，针首刀首部尖长如针，钱面多铸有钱文。面文为简单的记号或符号。明刀是战国时期燕国所铸，为现今传世最多的一种刀币。铭文为"明"字，故称"明刀"，有圆折、磬折两种，背文复杂。各国还铸有圆首刀又称直刀，钱形轻薄，钱文有"甘丹"、"白人"、"白人化"等十几种。

## 蚁鼻钱

地处南方的楚国天然币来源较多，经济又较中原地区落后，故贝币的使用时间很长，直到春秋中期前后，才出现了由贝币发展而来的铜仿贝，上面带有铭文。最早出理的铭文是"哭"，阴文，释为贝。因其形很像人的眼睛和鼻子，使整个铜贝看似一张人脸，故称"鬼脸钱"，又叫"蚁鼻钱"。"蚁鼻钱"为椭圆形，一端稍大而钝圆，另一端有一小孔，背面平整，钱面铸有铭文。铭文有"紊"、"行"、"忻"、"君"等十几种。传世稍多，其中以"哭"最为常见。

## 圆钱

战国中期后，随着经济的发展，各国各地商品交换愈加频繁，经济联系愈加紧密，布币、刀币、蚁鼻钱的三个流通区域被逐渐打破，各地都先后出现了一种新的似取象于玉璧、纺轮的圆形有孔青铜铸币——圆钱。有的圆形圆孔，有的圆形方孔，大小轻重不一，币名也各式各样。属于三晋和周地区的有"共"、"共屯赤釿"、"共半釿"、"垣"、"藺"、"离石"、"东周"、"西周"等十几种；属于秦国的圆钱有"珠重一两丨四"、"珠重一两十二"、"半两"、"两甾"、"半圆"等；属于齐国的，有"賹六化"、"賹四化"、"賹化"三种；属于燕国的，有"明四"、"明化"、"一化"等。

体圆有孔的圆钱，显然比刀形、布形铸币更便于携带和使用，因而更符合于商品交换需要，为更先进的铸币形式。它的出现和迅猛发展，为全国货币形制的统一，奠定了良好的基础。

灿烂多彩的先秦货币文化，是我国光辉的古代文明的组成部分，是中国货币史上弥足珍贵的重要篇章。先秦的刀、布、圆钱，历来为钱币收藏者所看重。但因其当时的铸量即极为有限，历经二千多年的光阴消蚀，传世普遍罕少，市场上的真品难得一见，赝品充斥，集藏的难度相当之大。

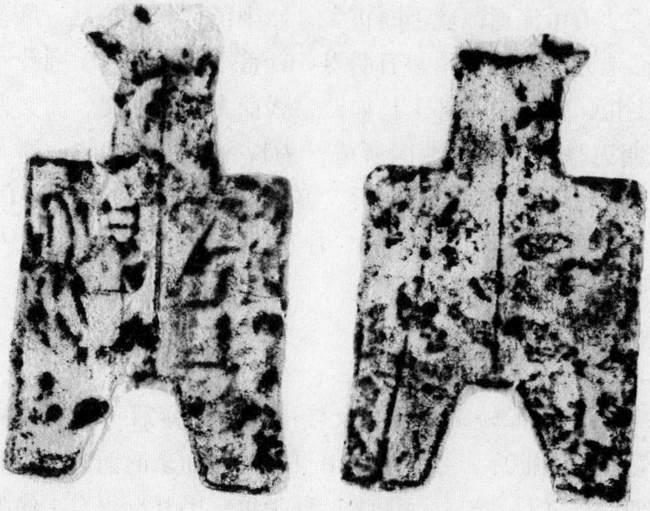

**异形布·涅金**
通长65.2mm
重11.05克

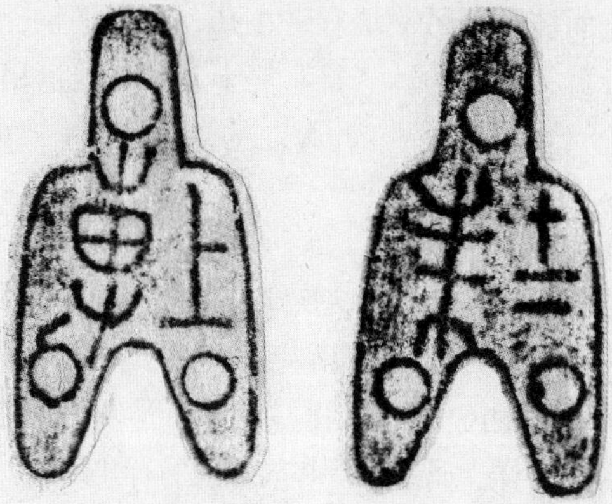

**三孔布·上专背十二朱**
通长50mm
重9.2克

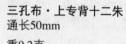

◀ 三孔布又称三孔圆足布，现已极数珍罕,多已流失国外。笔者极为有幸集得一品，且品相极美。

**方布足**
通长48mm
重7.6克

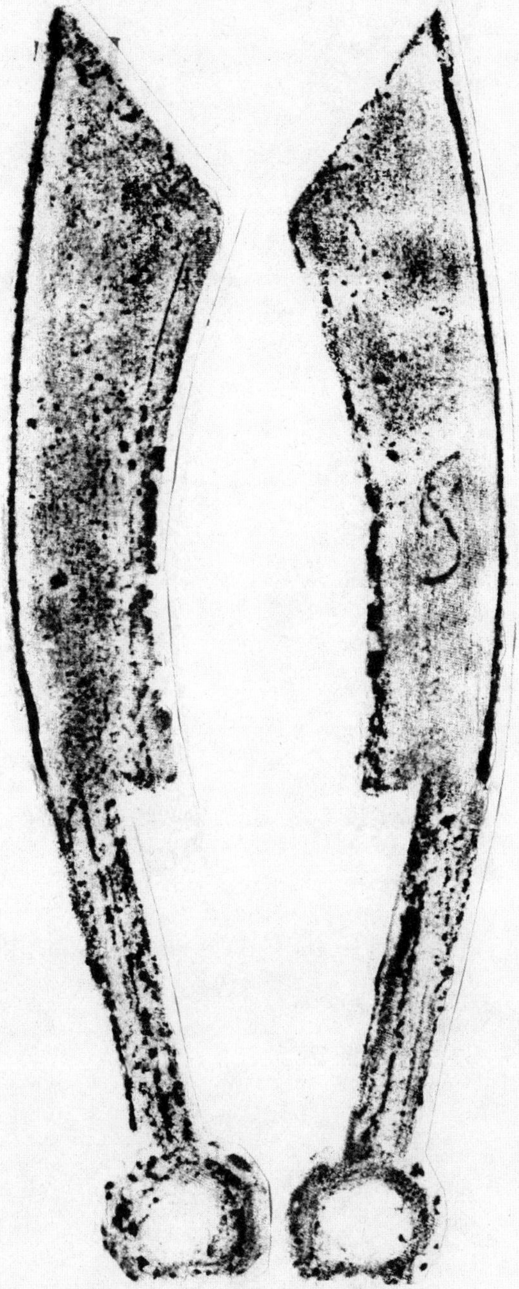

**尖首刀**
长17.3mm　重13.6克

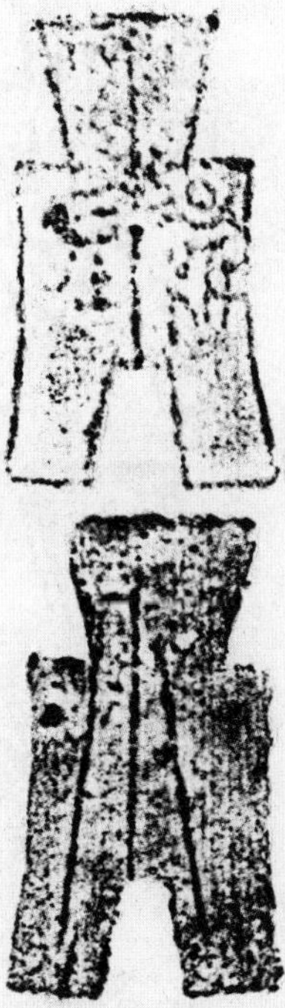

**方足布·襄坪**
通长44.6mm　首宽17.7mm
首宽23.4mm　足宽9.7mm
首高13.4mm　足高11.4mm

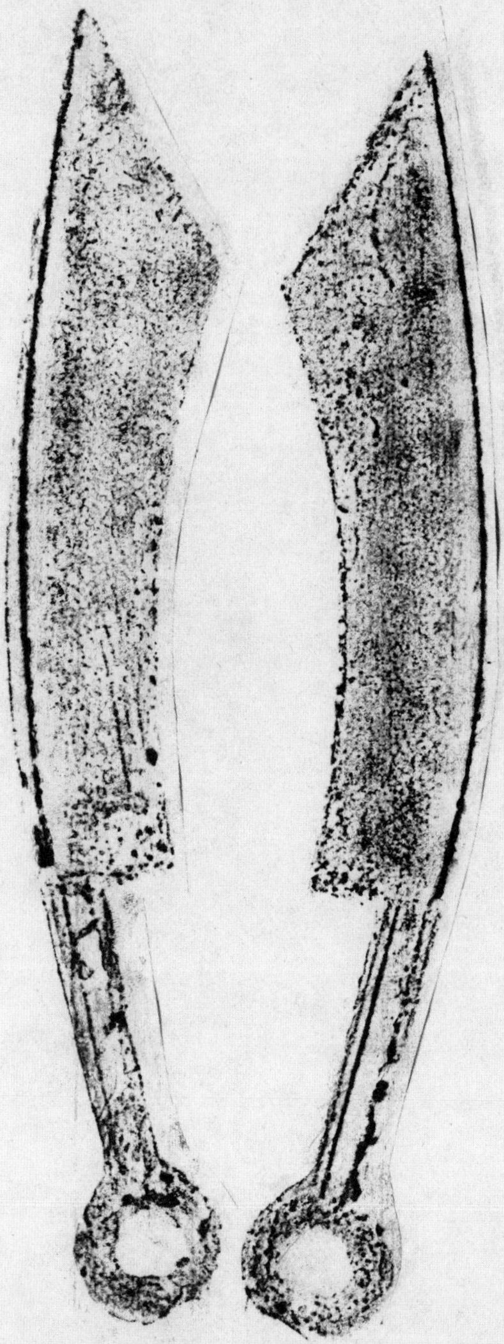

尖首刀
长17.4mm　重15.9克

方足布·阳邑
通长44.1mm　首宽15.6mm
首宽23.7mm　足宽8.2mm
首高14mm　足高10.5mm

**方足布 · 露**
残高42mm 宽25mm
重5.3克

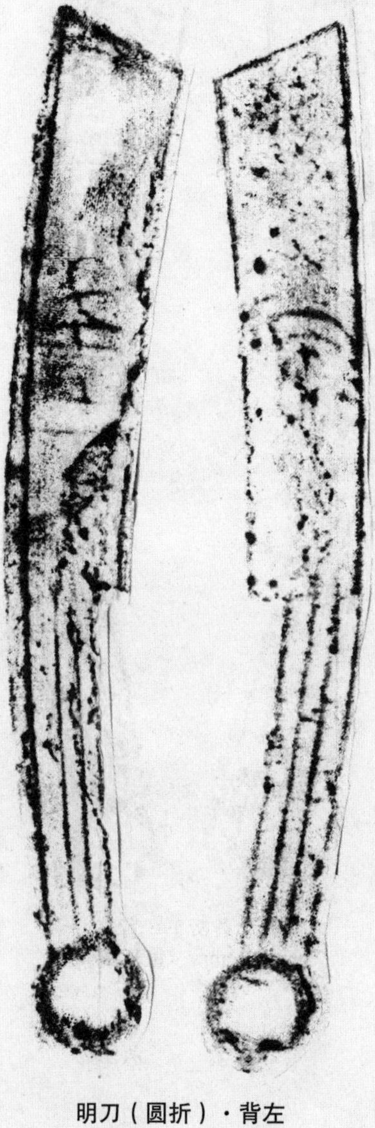

**明刀（圆折）· 背左**
长14mm 重17克

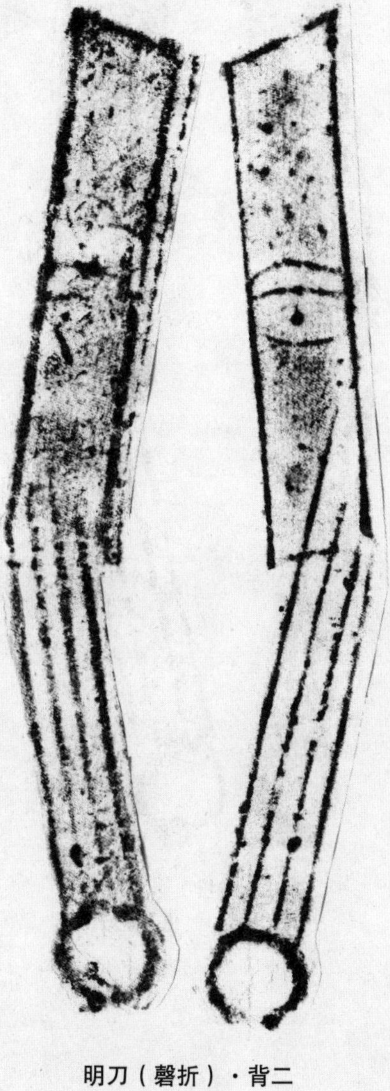

**明刀（磬折）· 背二**
长13.8cmm 重17.6克

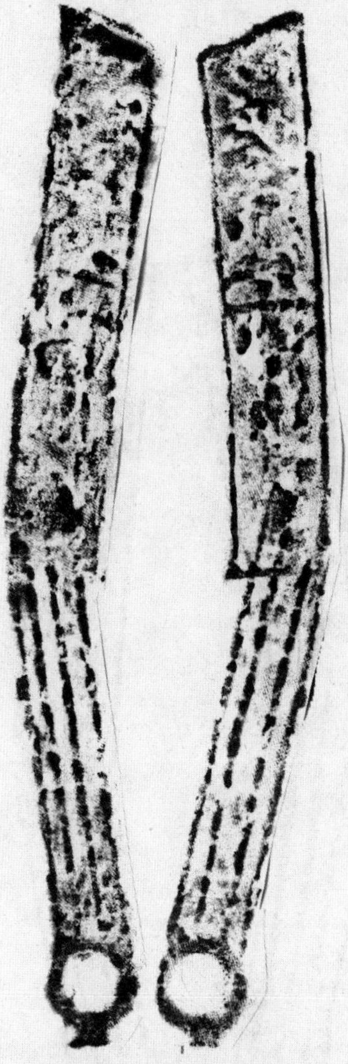

**明刀（磬折）·背三**
长13.9cmm　重16.7克

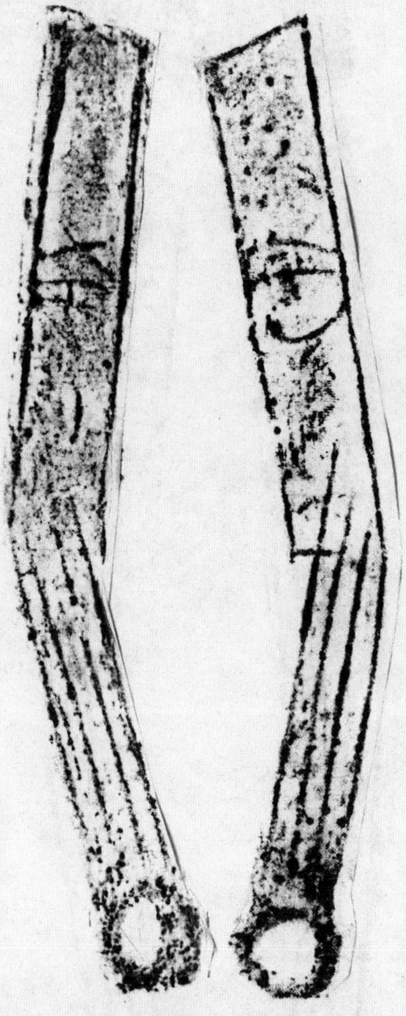

**明刀（磬折）·背左**
长13.2cmm　重18克

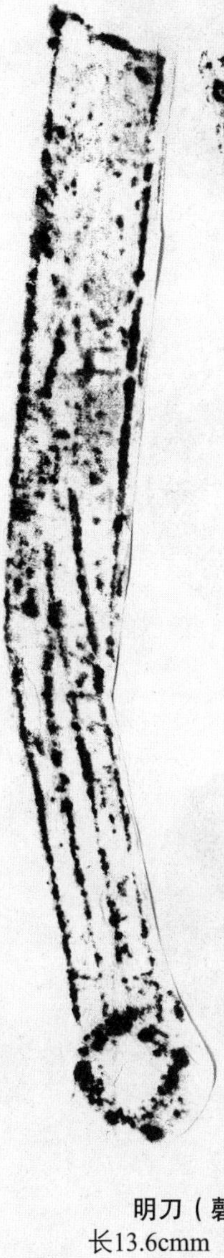

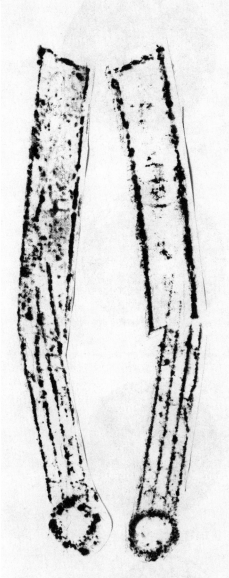

**明刀（磬折）**
长13.6cmm　重17.2克

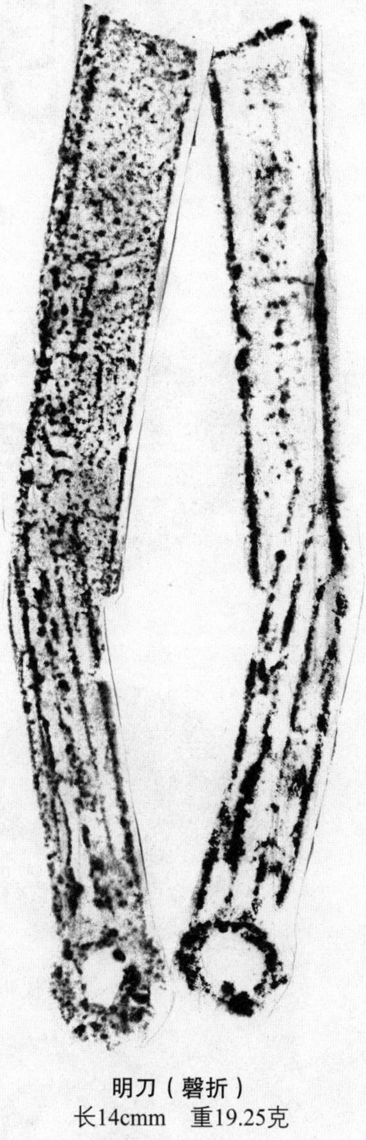

**明刀（磬折）**
长14cmm　重19.25克

## 圆 钱

垣　径42.2mm　重9.3克

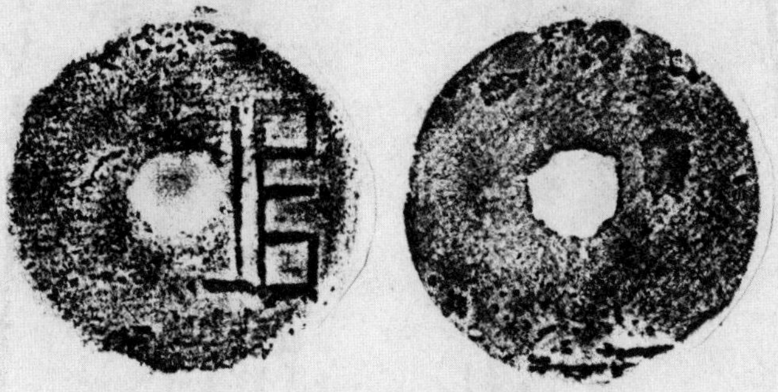

径39.6mm　重8.6克

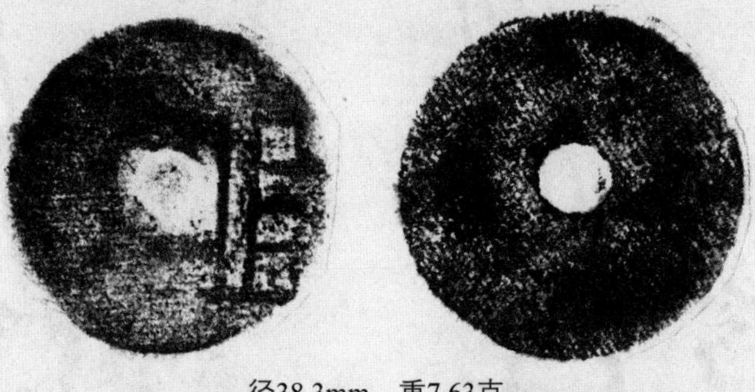

径38.3mm　重7.63克

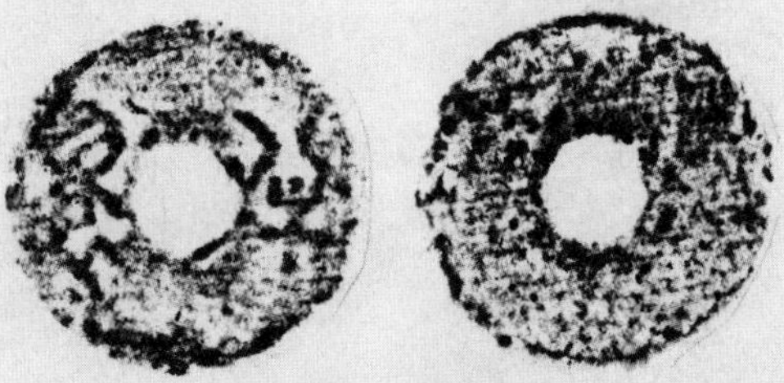

半圆（存世极罕）
径29.1mm　重5.1克

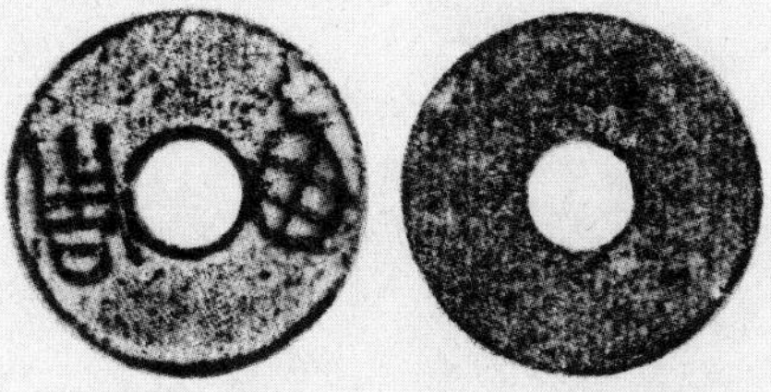

西周（古泉名珍）
径26.7mm　重4.65克

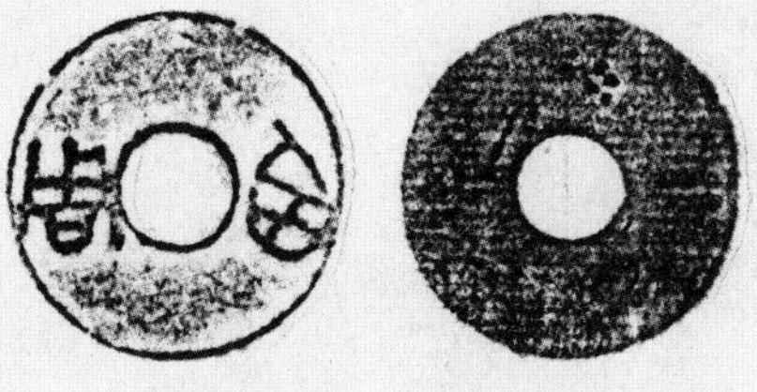

西周（古泉名珍）
径24.3mm　重5.13克

赊化　径23.3mm　重2.2克

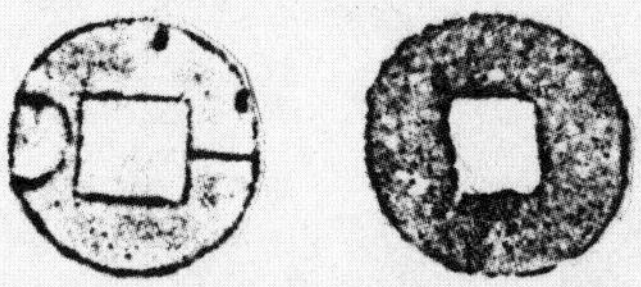

一化　径17.8mm　重1.2克

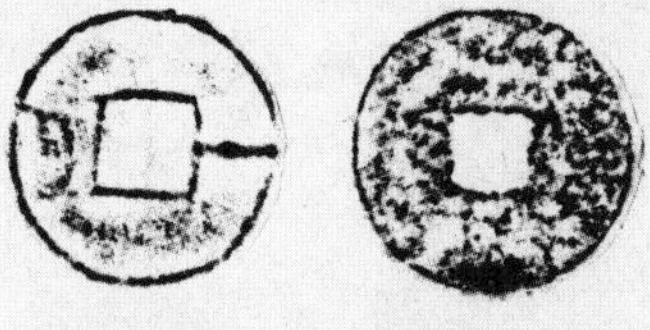

径19.3mm　重1.4克

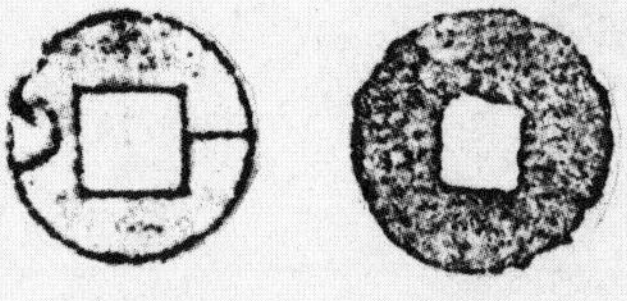

径18.1mm　重1.27克

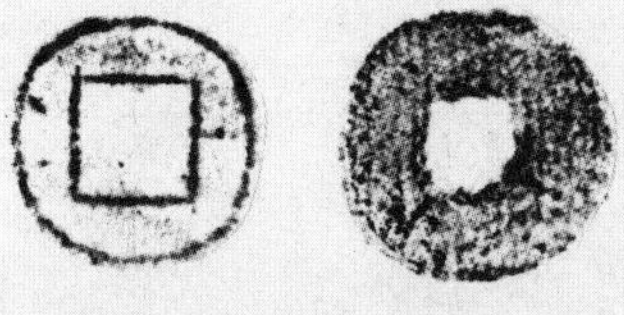

径18.1mm　重1.1克

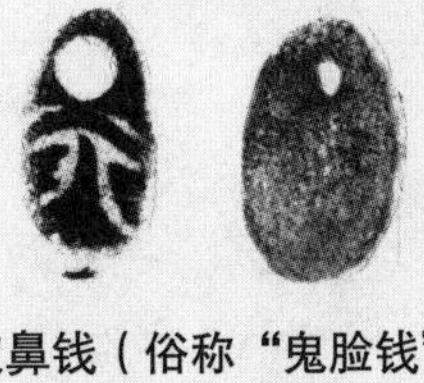

蚁鼻钱（俗称“鬼脸钱”）
行　长19mm　宽10.9mm
重3.1克

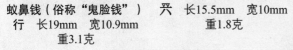

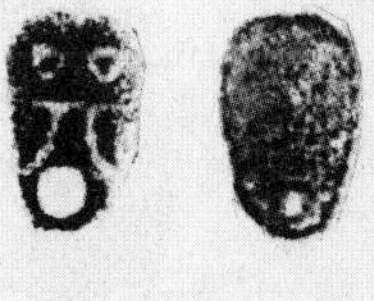

巺　长15.5mm　宽10mm
重1.8克

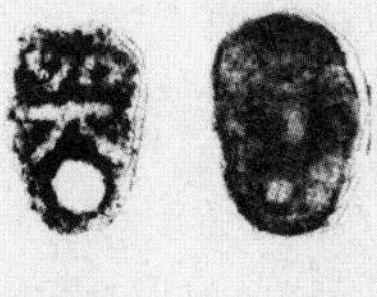

长14.8mm　宽9.8mm
重1.45克

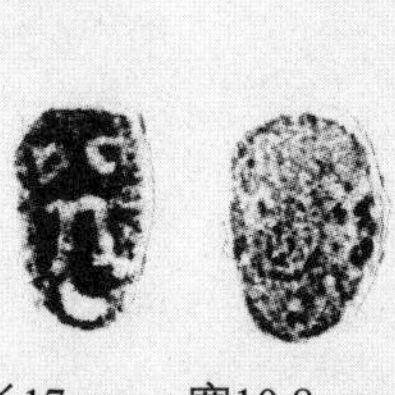

长17mm　宽10.8mm
重2.15克

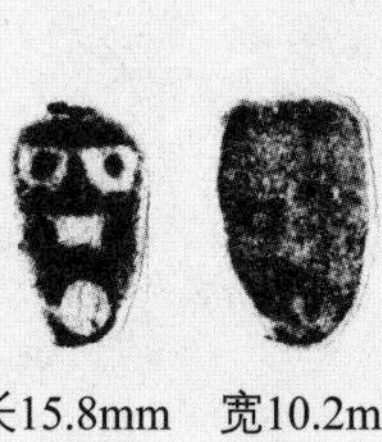

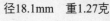

长15.8mm　宽10.2mm
重1.9克

# 三 秦代货币

公元前221年，秦王政灭六国，建都咸阳，自称“始皇帝”，建立了我国历史上第一个中央集权的专制主义封建王朝。

战国时期，七雄割据，币制复杂、关卡林立，给各国贸易交往带来不便。统一币制已是商品经济发展的客观要求。秦始皇在此基础上，废除了原六国的刀、布、贝、圆钱等货币体系，把原秦国铸行的“半两”方孔圆钱定为法定货币，通行全国。《史记·平准书》记载：“及至秦，中一国之币为三等，黄金以镒名，为上币；铜钱识曰‘半两’，重如其文，为下币；而珠玉龟银锡之属为器饰宝藏，不为币。”中国古代铸币在形制上第一次得到统一。

先秦时期，体圆孔方的“半两钱”已是秦国圆钱的主要形式。秦王朝共历二世，统治十五年，先后铸行的半两钱并非都“重如其文”，而是大小不等，轻重不一。秦二世“复行钱”时期减重厉害的半两钱甚至近乎于私铸的“榆荚”钱。秦亡后，西汉政权建立之初，亦继续铸行半两钱达八九十年，直至汉武帝元狩五年（公元前118年），才宣布废止，但民间继续流通。这种情况，造成传世的“半两钱”数量众多，一一明确断代十分困难。一般认为据秦始皇二十六年（公元前221年）铜权测定，当时每斤重量在250克左右，则半两为7.8克左右，凡重量与此相符，直径在3.2厘米以上的半两钱，都可能是秦始皇时所铸。又据秦始皇二十六年的诏版，铜钱文字多为方折，所以一种笔划方折的大半两，可称为是当时的标准币。

传世秦半两厚重古朴者稀见，大型厚重者稀见，传形、倒书者稀见，这些稀见品素为藏家所追寻，而一般普通的秦半两钱传世较多，并不为一般钱币爱好者所珍视。但从中国货币发展史的高度看，它不仅是我国货币统一的见证，而且奠定了中国古钱币外圆内方的形制，在货币历史上占有十分重要的地位。

**半 两 钱**

原始半两　径32.8mm　高35.4mm　重14.85克

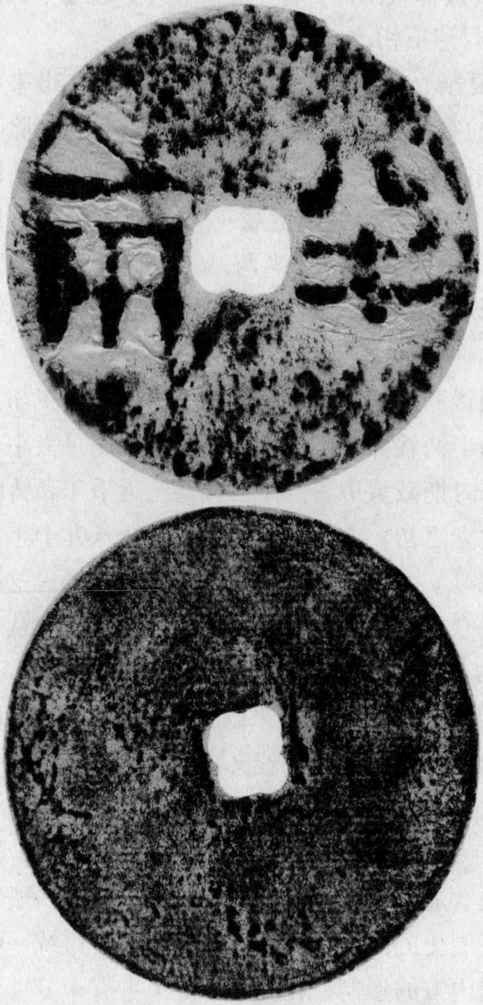

特大型半两样钱（说见丁福保《历代古钱图说》）

径65.5mm　重88.9克

径37.5mm　重9.85克

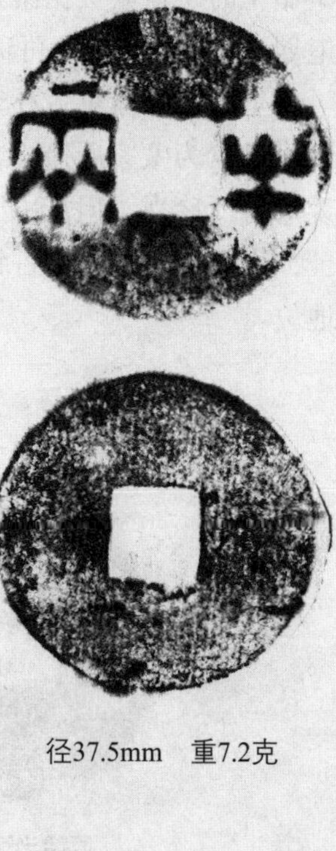

径37.5mm　重7.2克

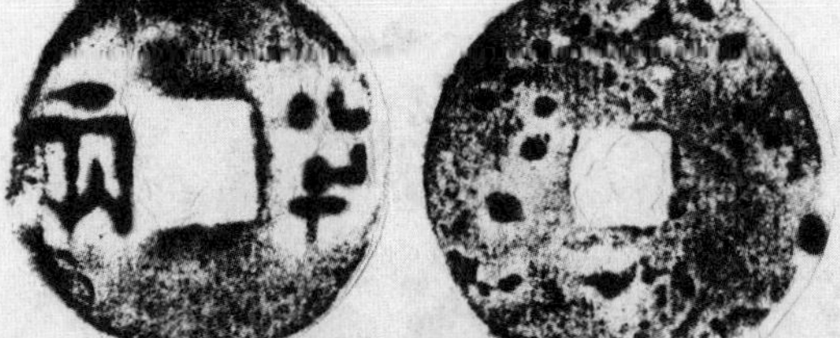

背七星

径33.5mm　重10.75克

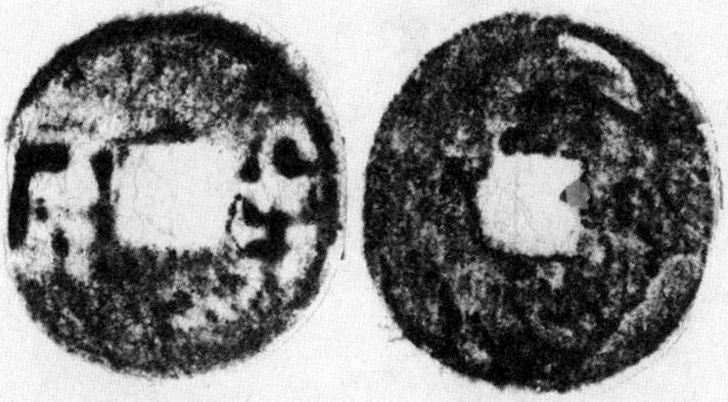

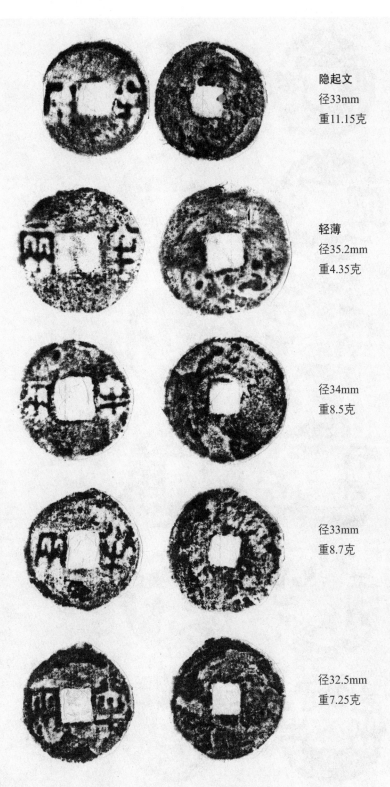

**隐起文**
径33mm
重11.15克

**轻薄**
径35.2mm
重4.35克

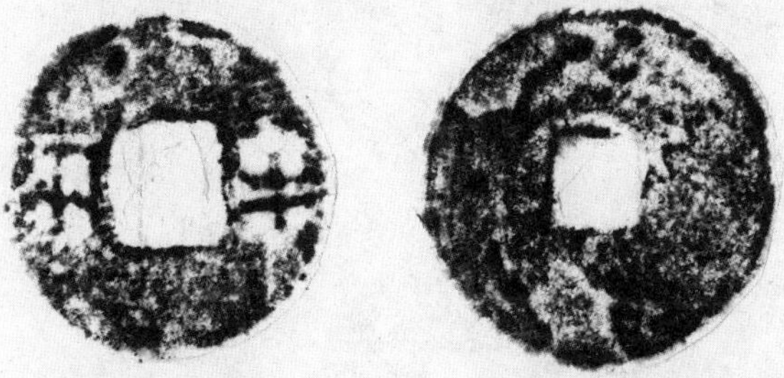

径34mm
重8.5克

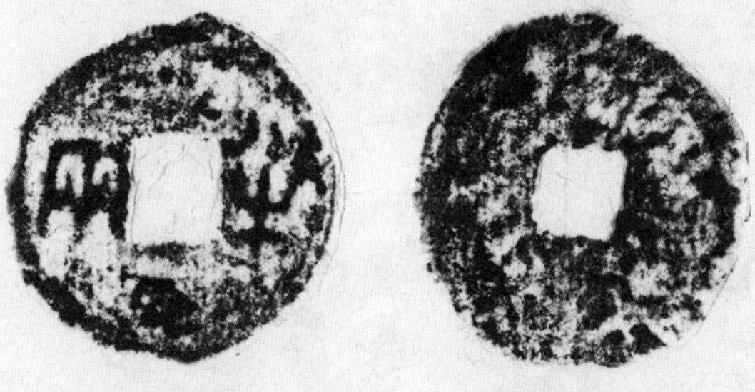

径33mm
重8.7克

径32.5mm
重7.25克

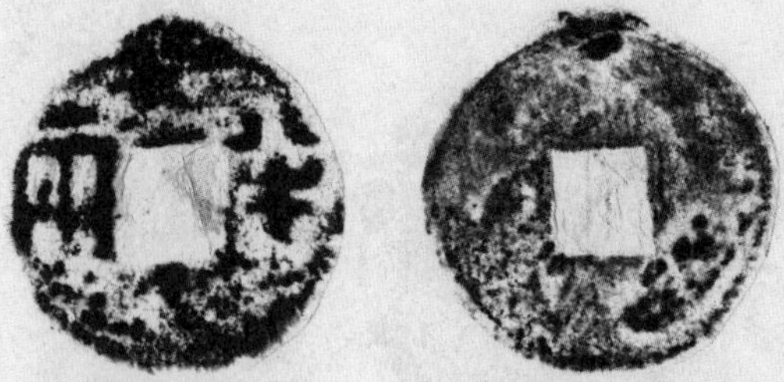

径31mm
重4.25克

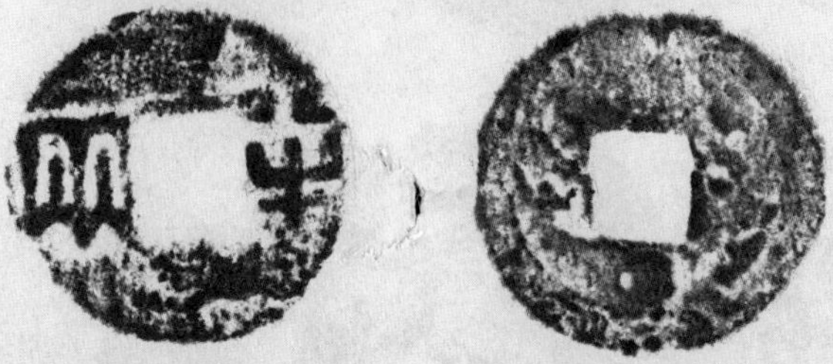

径31.5mm
重5.4克

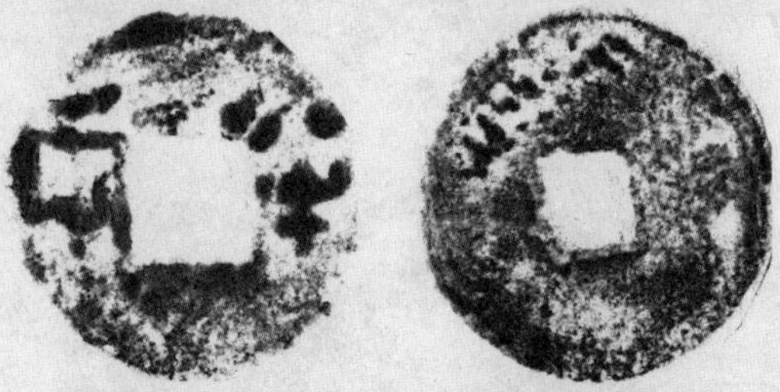

径32mm
重6.4克

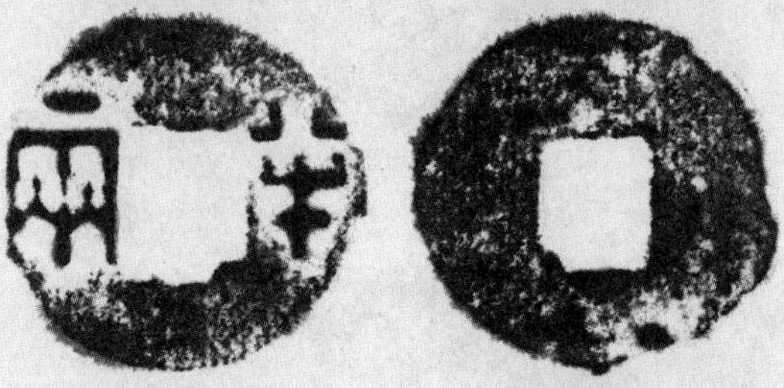

径32mm
重6.2克

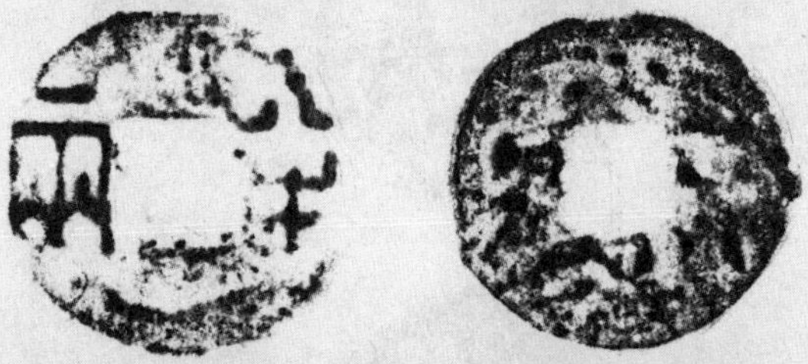

径31.7mm
重5.3克

径31.7mm
重3.8克

径29.2mm 重5.5克

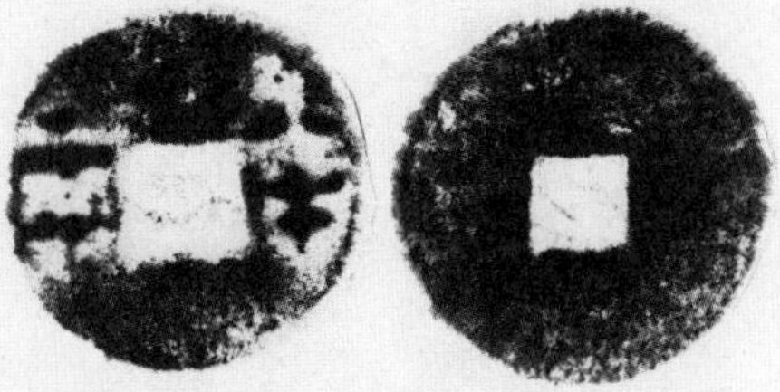

径28mm 重4.1克

径26.9mm 重4克

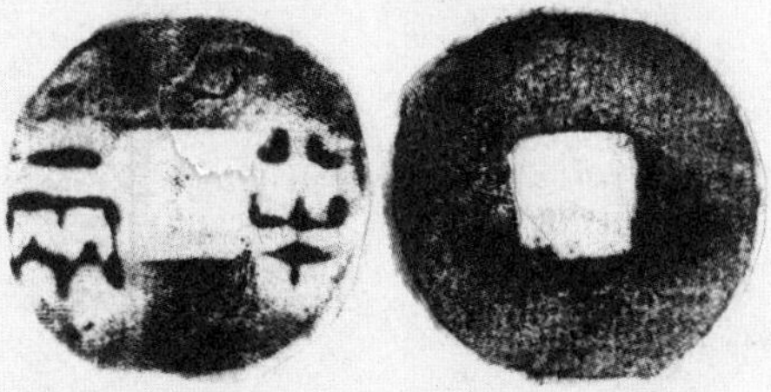

高半低两 径29.2mm 重3.2 克

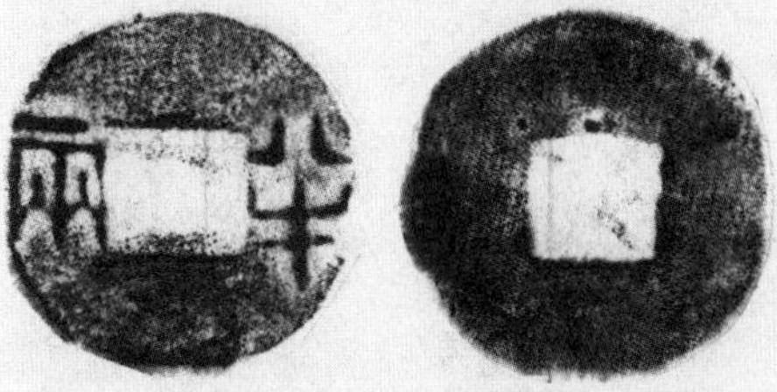

细字 径28.2mm 重2.4克

径28.2mm 重3.8克

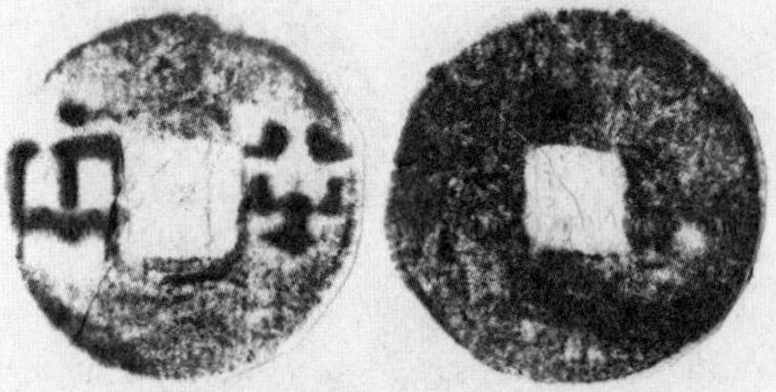

短脚半 径28.7mm 重4.95克

径29.3mm 重6.6克

径28.5mm 重5.1克

径28.8mm 重4.6克

径28mm　重5.8克

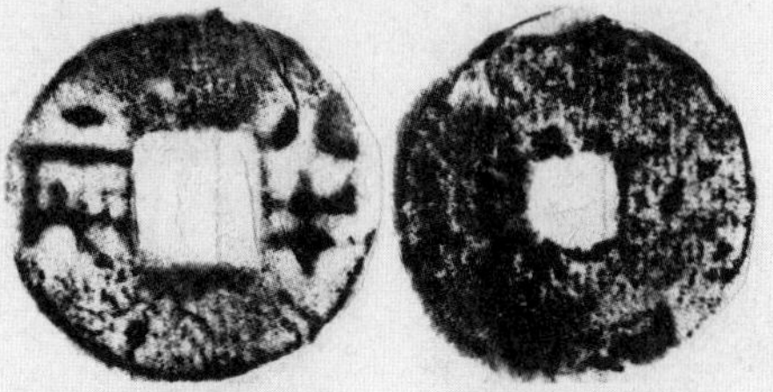

径28mm　重6.2克

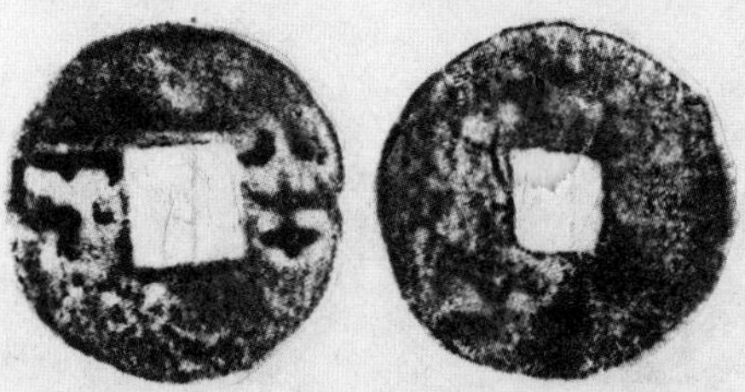

**隐起文**　径28.2mm　重6.3克

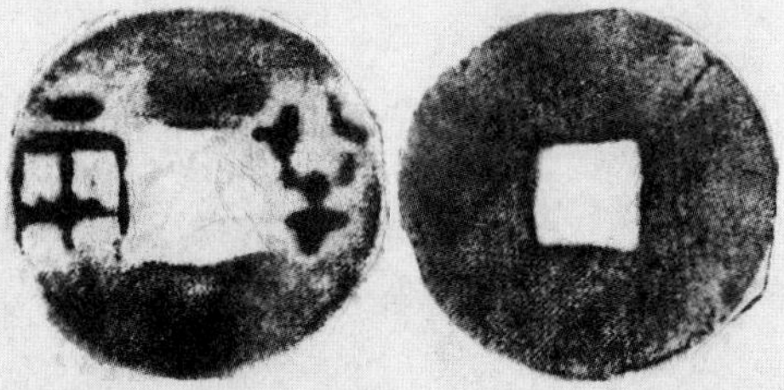

径28.9mm　重5.4克

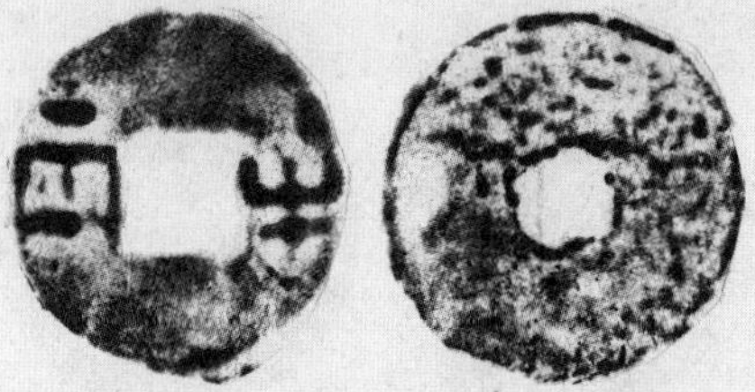

径27.6mm　重6.1克

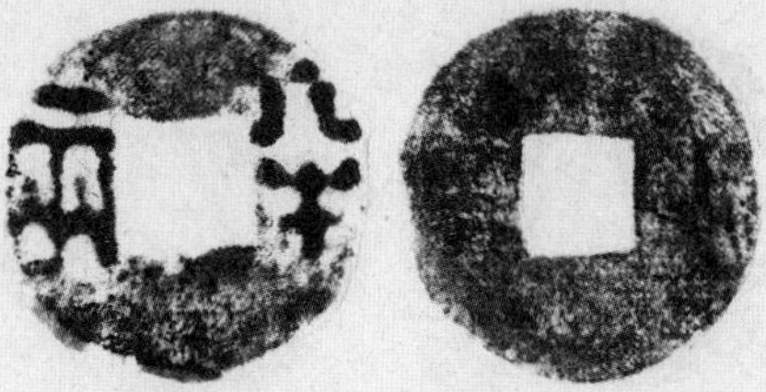

径27.6mm　重4.1克

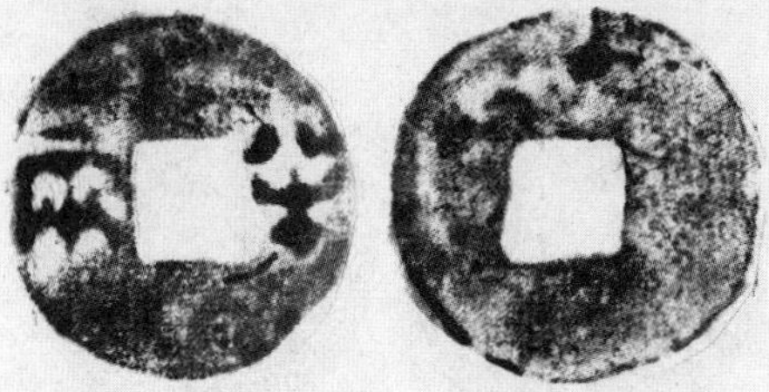

径28.6mm　重5.4克

径26.2mm　重4.5克

径23.6mm　重2.4克

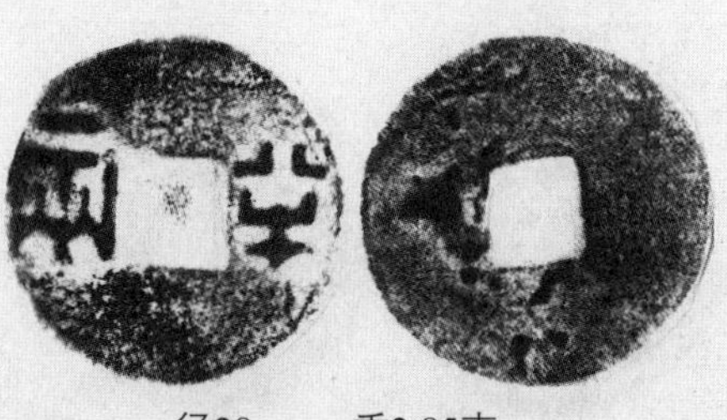

径28mm　重2.85克

径27.2mm　重3.8克

径25.3mm　重2.8克

径26.7mm　重4克

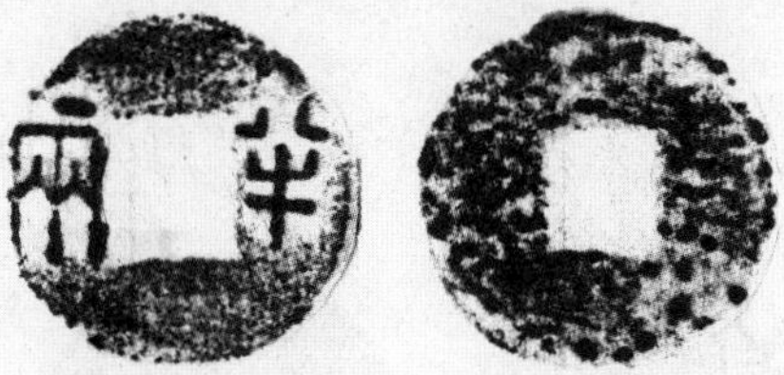

径25.6mm　重2.1克

## 省横半两（两字无上横）

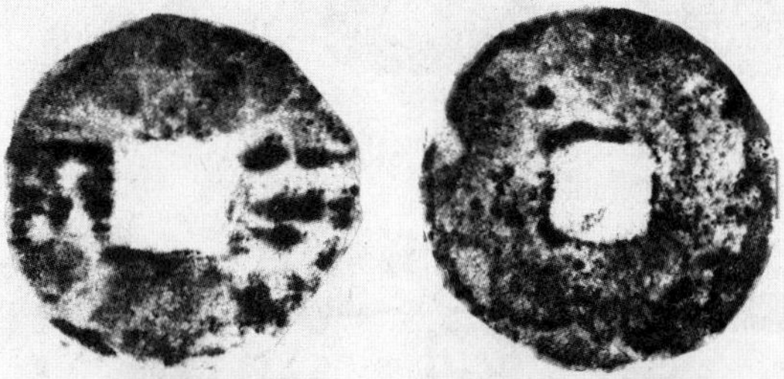

径33mm
重7.85克

径31.6mm
重7克

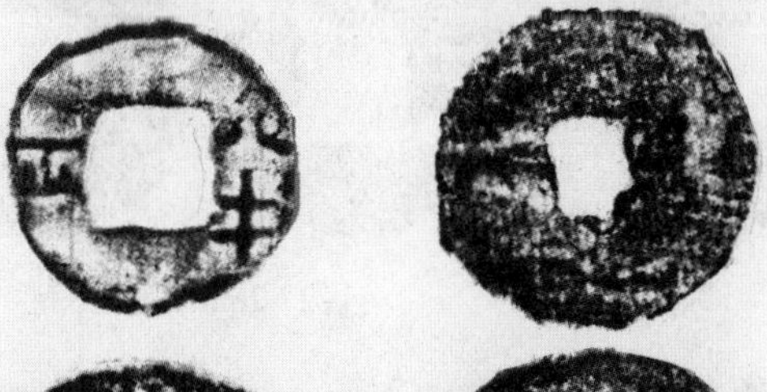

**有外廓**
径27.6mm
重6克

径31.3mm
重6.6克

径28.5mm　重4.1克

径27.8mm　重4.8克

## “灯笼”半两（有柄）

半字连头　径29.7mm　重2.8克

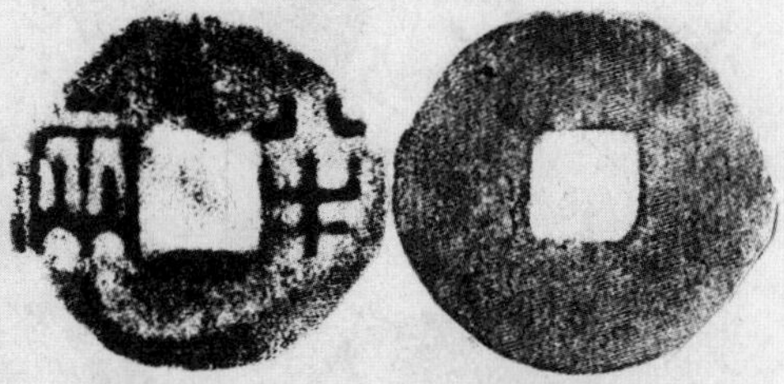

径31.7mm　重3.8克

径27.7mm　重3.7克

径26.6mm　重3.75克

径29.2mm　重3.6克

径27.2mm　重5.3克

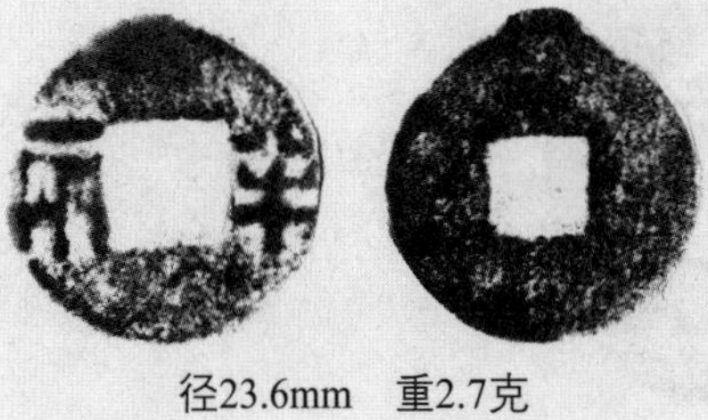

径23.6mm　重2.7克

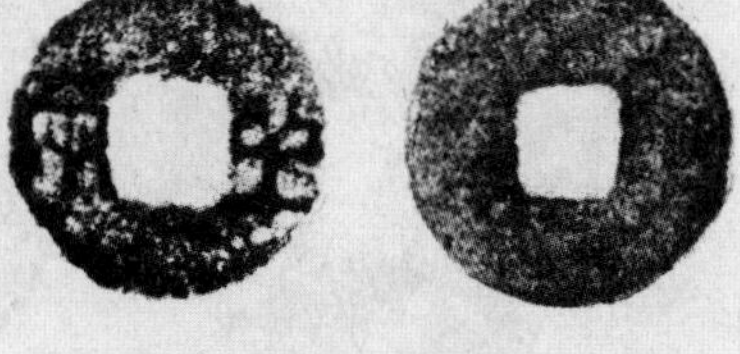

径22.6mm　重3.1克

## 纹饰半两

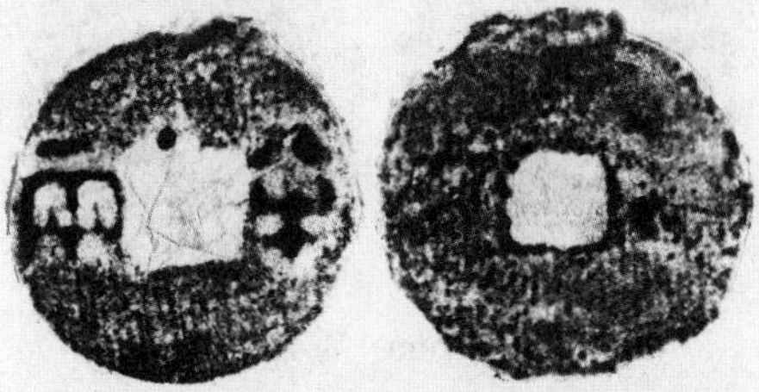

穿上星纹　径28.5mm　重8克

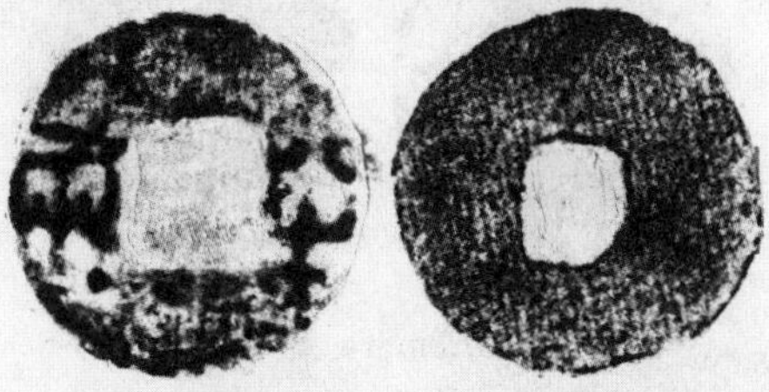

两下星纹　径28mm　重4.55克

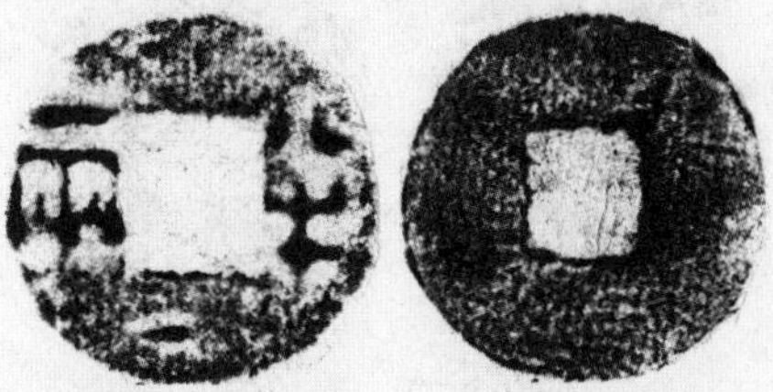

下横纹　径27.5mm　重3.45克

下横纹（阴纹）　径27.7mm　重7.1克

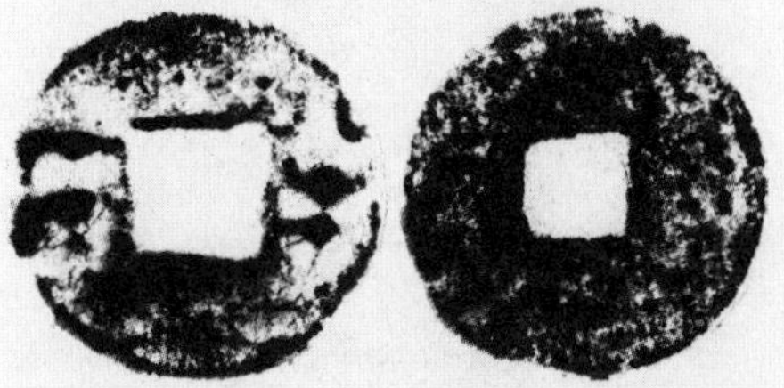

穿上杠·有廓　径27.8mm　重6.4克

面上仰月　径25.5mm　重3.63克

## 有廓半两

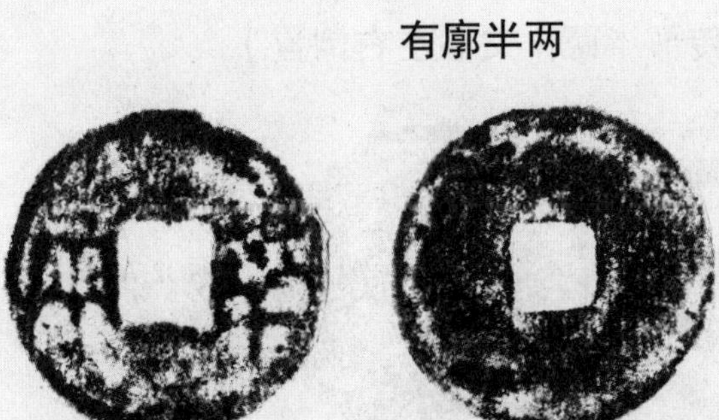

径33mm
重6.6克

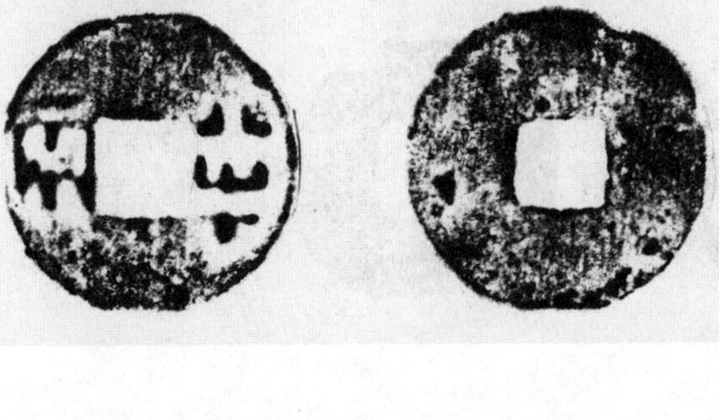

径31.3mm
重6.6克

径27.8mm　重3.8克

径28mm　重4.3克

径26.8mm　重4.35克

径26.6mm　重4.6克

径27mm　重5.3克

## 传形半两（文字左右倒置）

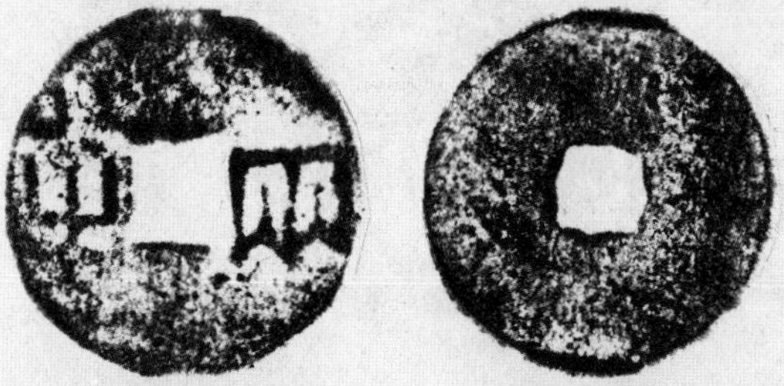

径32.7mm
重6.2克

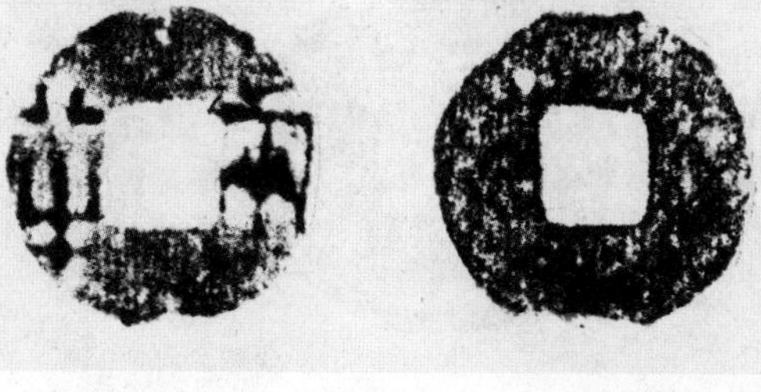

径27.8mm
重5.2克

## 出头半两（中鉴连上横）

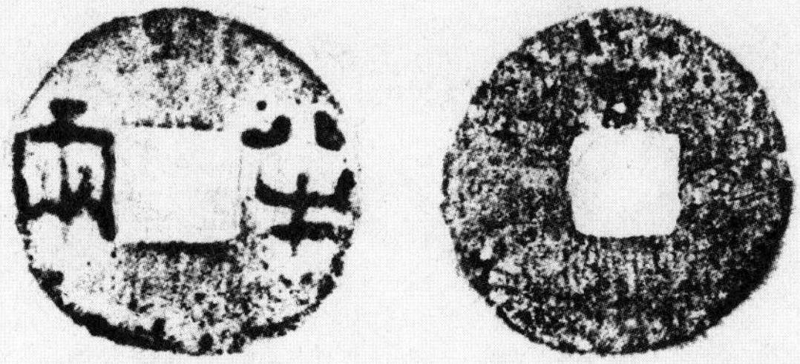

径31.2mm
重4.85克

## 异　字

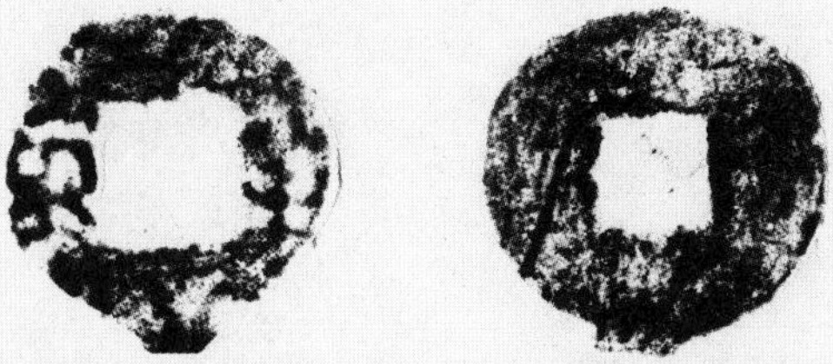

径27.2mm
重2.8mm

◀ 本品“两”字非两，乃类“东”，字不知何故。罕见待考。

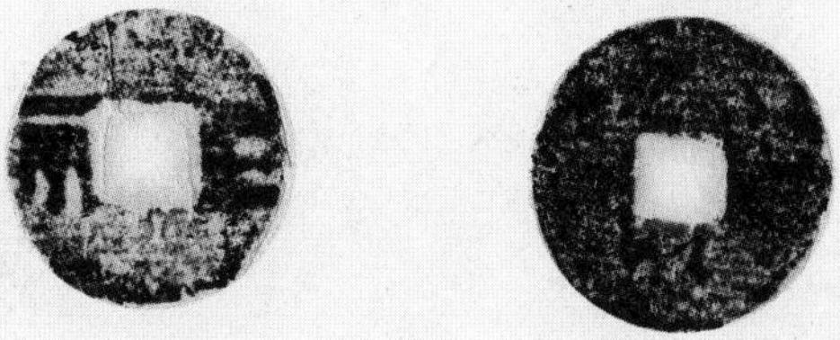

径23mm
重2.4克

◀ 是品“半”字为三横，整个读来似为“三两”。估计是个倒放的两字，为误铸或戏铸。

# 四

# 两汉货币

公元前206年刘邦灭秦，后又打败项羽，于公元前202年称帝，建都长安，国号为“汉”，史称西汉、前汉。公元8年，外戚王莽篡权称帝，国号“新”。公元17年，爆发绿林、赤眉农民起义。公元25年，远支皇族刘秀重建汉朝，建都洛阳，史称东汉、后汉。至公元220年，曹丕称帝，东汉灭亡，共历经二十四帝，统治406年。

### （一）西汉货币

汉承秦制，仍以黄金与铜钱为法定的货币，汉初仍沿袭使用“半两”钱制。但因“秦钱重难用，更令民铸钱”。令民私铸的结果，导致轻薄劣钱大量出现，甚至出现减重到不足一铢重的“半两”，造成物价腾贵，竟至发生“米至石万钱”的情况。稳定货币，健全钱法，成为汉初的重要经济课题。

高后二年（公元前186年），朝廷开始整顿钱法，铸行“八铢半两”，钱文仍为“半两”，但已具汉隶风韵，并下令禁止私铸；高后六年（公元前182年），改铸“五分钱”（重为半两五分之一的荚钱），钱面仍为“半两”；文帝五年（公元前175年），又改铸“四铢半两”，并废除“禁盗铸钱令”；武帝建元元年（公元前140年），第一次改变了“半两”这一沿用多年的货币名称，改行“三铢”钱，钱面为“三铢”，重如其文，使铜铸币名称与法定重量相一致，又复禁民私铸；武帝建元五年（公元前136年），又废“三铢”钱，复行“四铢半两”钱制，钱面增添外廓；武帝元狩四年（公元前119年），又改行“三铢”钱，同时造皮币和白金币；武帝元狩五年（公元前118年），又令郡国制造五铢钱，钱文五铢，重如其文，钱面背均有周廓。自此，“五铢”被确定为新的法定货币单位。但是，由于铸钱权仍分散在各个郡国，“郡国多奸铸钱，钱多轻”。武帝元鼎四年（公元前112年），实行铜币铸造权收归中央的措施，专令上林三官铸“五铢”钱，并令各地郡国过去所铸之钱皆停止流通，统一销毁，将铜输至中央，由中央政府统一制造三官钱。至此，统一的五铢钱制正式建立起来。

五铢钱在我国的货币史上占有重要的地位。由于它轻重适中，合乎古代的社会经济发展状况与价格水平对货币的需求，因而，自汉至隋七百余年持续延用不废，是我国历史上延用时间最长、最成功的货币。

### （二）新莽货币

王莽，字巨君，汉元帝皇后侄。西汉末，以外戚掌权，毒死平帝，自称“假皇帝”。次年，立年仅两岁的刘婴为太子，号“孺子”。公元9年篡位称帝，改国号为“新”，年号“始建国”。于公元23年绿林军攻入长安时被杀。

王莽篡位后，托古改制，在执政短短不到十年里，接连实行了四次币制改革。第一次于居摄二年（公元7年），下令于五铢钱外更铸大钱，文曰“大泉五十”，一枚当五铢五十枚，又造“契刀五百”，一枚当五铢五百枚；金错刀“一刀平五千”，一枚当五铢五千枚，与五铢钱四品并行。第二次于始建国元年（公元9年），废金错刀、契刀和五铢，铸“小泉直一”与“大泉五十”并行；始建国二年（公元10年），又下令实行“五均赊贷”和“六莞”法，即所谓的“宝货”制。他的“宝货”制，包括的货币种类共有“五物、六名、二十八品”。所谓“五物”者，就是金、银、铜、龟、贝五种币材；“六名”者，就是金货、银货、龟货、贝货、泉货和布货；“二十八品”者，则为金货一品、银货一品、龟货四品、贝货五品、泉货六品、布货十品，合计为28品。这二十八品中，金属铸币形态者只是“泉货六品”和“布货十品”，即为莽钱中著名的“六泉十布”。六泉依次为：小泉直一、幺泉一十、幼泉二十、中泉三十、壮泉四十、大泉五十：“十布”依次为：小布一百、幺布二百、幼布三百、序布四百、差布五百、中布六百、壮布七百、第布八百、次布九百、大布黄千。这种名目繁多、币制混乱的“宝货”，颁行后“百姓愦乱，其货不行”。虽严刑峻法也无济于事。无奈，元凤四年（公元17年），王莽又进行了最后一次货币改制，又废大、小钱，改行“货泉”、“货布”二种。王莽屡改币制，造成经济混乱，法令苛细、赋役繁重，民不聊生，终于引发了全国农民大起义，导致了“新”朝的迅速覆亡。

王莽的货币改制虽然是失败的，但莽钱铜质精良，工艺考究，钱文以悬针篆为主，笔画流畅，布局得体，艺术性很高。在中国古代货币中首屈一指；其契刀、错刀两品，造型奇特，为圆钱上连接一个刀形，内外有廓，形似钥匙，金错刀上的“一刀”二字，竟为黄金错成。“十布”和“货布”，仿古代方足布，古意盎然、造型规整，耐人玩赏。故此，王莽历来被泉界誉为中国铸币第一高手。

品类繁多的“新”莽钱币，从传世和出土的实物来看，只是“大泉五十”、“货泉”二种获得了较多的流通，小泉直一、货布、货泉也稍多一点儿，其余的都很少见，金错刀、契刀，“六泉”中的幺泉、幼泉、中泉、壮泉，“十布”中的小布、幺布、幼布，序布、差布、中布、壮布、第布、次布，都传世甚少，其中又以壮泉四十最为难得，成套的六泉十布更为广大藏家梦寐以求，还有其造型奇特的“国宝金贵值万”，据说传世只有两枚。

### （三）东汉货币

东汉初期，社会动荡不安，经济残破，民间交易兼用“半两”、“五铢”和“货泉”等旧钱，且杂用布帛金粟。建武十六年（公元40年），光武帝刘秀恢复“五铢”钱制。光武帝铸行的“五铢”钱重量比西汉五铢减轻，但还算精致。明帝、章帝继续铸行，但铸钱质量下降，至桓帝时不仅字迹浅而不显，钱多瘢疵，还出现了大量的“剪轮五铢”和“綖环五铢”，即为剪去或磨去外圈，只剩内圈和剪去内圈只剩下外圈的残损钱币。桓帝中平三年（公元前186年），为整顿币值，改铸“四出五铢”，钱背穿廓，四角有四条直文与周廓直连。“四出”钱引得民间讹言四起，言四出文兆示天下四方大乱。其时，以张角为首的黄巾大起义以及继之而起的河北农民起义已经爆发，东汉政权已岌岌可危。至汉献帝时，军阀混战，董卓占领长安，毁五铢钱更铸小钱，而且取秦始皇金人熔铸无文小钱。这种钱无周廓、不磨鑢，皆不成文。这种劣钱的铸行，导致钱货不行，物价飞涨，以至出现了“谷石数万”、“谷一斛数十万”的情况，东汉也走到了它的末日。

终汉一代，除汉初延用旧钱和王莽改制时期外，300余年，五铢钱一直是主要流通货币，铸量十分巨大。且汉代普遍使用铜母范，保存期长，易于沿用，后代也可用前期母范铸钱，故而使五铢钱的分期断代尤为困难，已多有学者致力于五铢钱的分期与分型研究，并有论文面世。

五铢钱的传世与出土极多，随处可见，故多不为人们看重。只有一些特殊形制的五铢，如传形、合背、叠字、反书、异书和有特殊标识的版别，往往才受到钱币爱好者的青睐。

**榆荚半两**

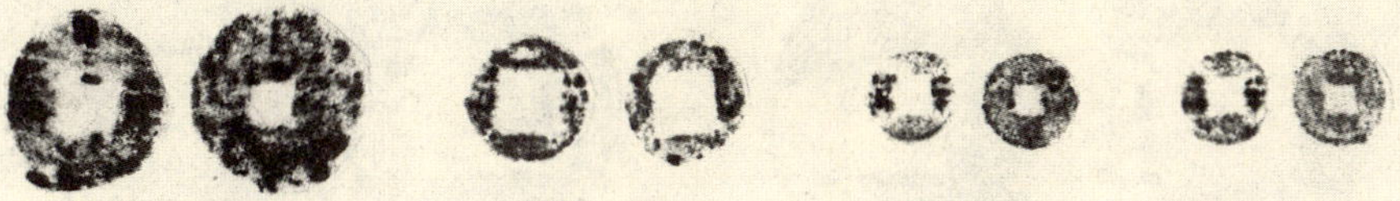

径14.6mm 重1.1克　径10.4mm 重0.25克　径7.7mm 重0.13克　径7.5mm 重0.12克

**八铢半两**

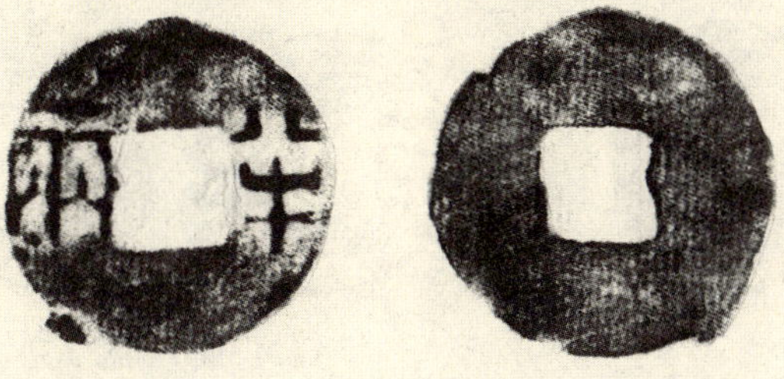

径30.5mm
重4.35克

## 四铢半两

径24mm　重2.5克

径24.2mm　重2.8克

径23.9mm　重3.2克

径24mm　重2.8克

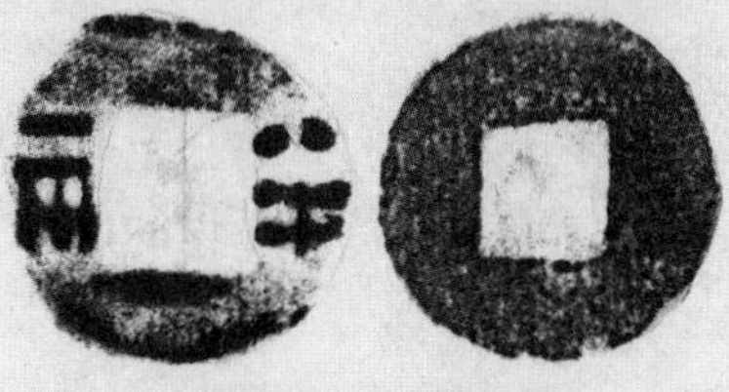

径24.4mm　重3克

径22.5mm　重2.85克

径23.7mm　重2.8克

径24.1mm　重2.73克

## 有廓四铢半两

径23.6mm　重2.9克

径24.3mm　重2.6克

径24.2mm　重2.9克

径25.1mm　重2.4克

径25.5mm　重3.1克

**内外有廓、精美异常**
径25mm　重3.1克

**内外有廓**　径23.3mm　重2.1克

▲ 四铢半两有外廓者多见。内外廓均有者，少见。

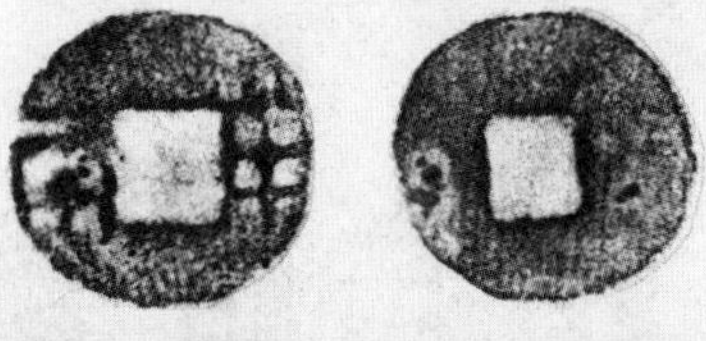

**铅半两**
径20.3mm　重1.3克

## 纹饰类四铢半两

**面星**　径23.5mm　重2.45克

**面网纹**　径23mm　重2.25克

**穿上杠**　径24.3mm　重3.1克

**凸起纹**　径23.7mm　重2.6克

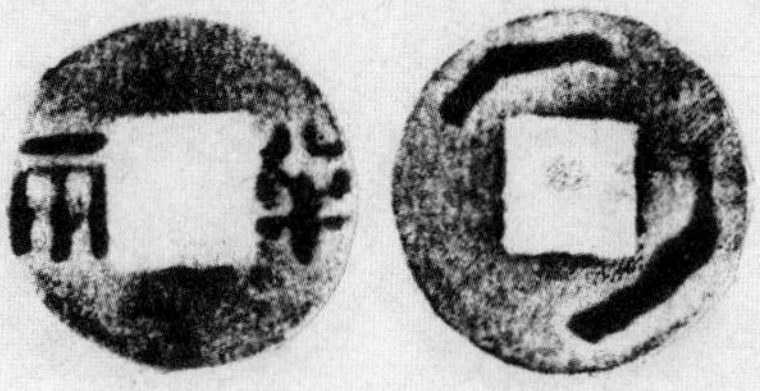

背双龙纹（奇品、诸谱未见）
径23.6mm　重2.7克

## 传形四铢半两（文字左右倒置）

粗字·有柄　径23.3mm　重2.4克

细字·有柄　径23.5mm　重2克

## 三铢

径22.7mm　重3.8克

## 五　铢

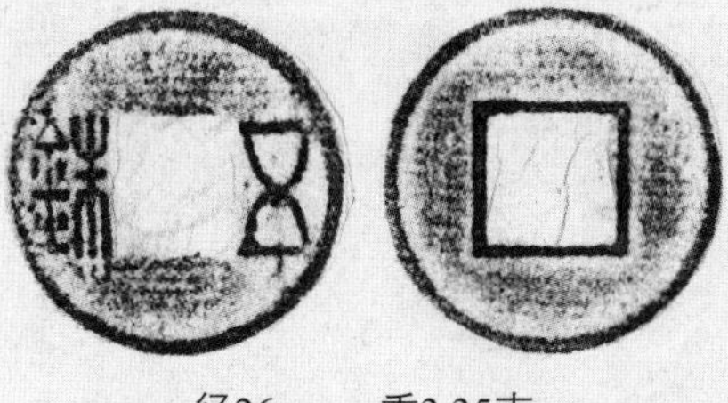

径26mm　重3.35克

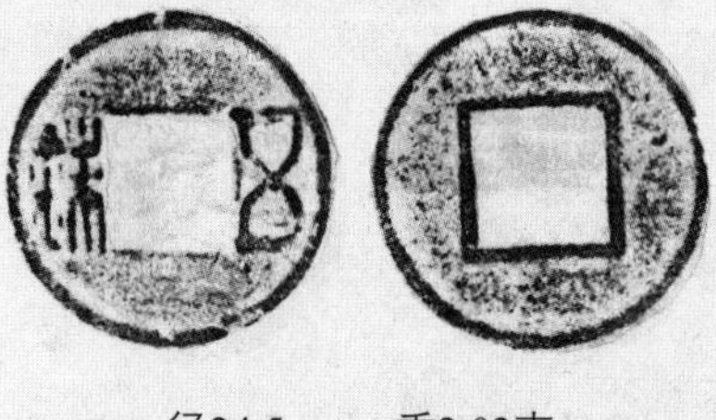

径24.5mm　重2.02克

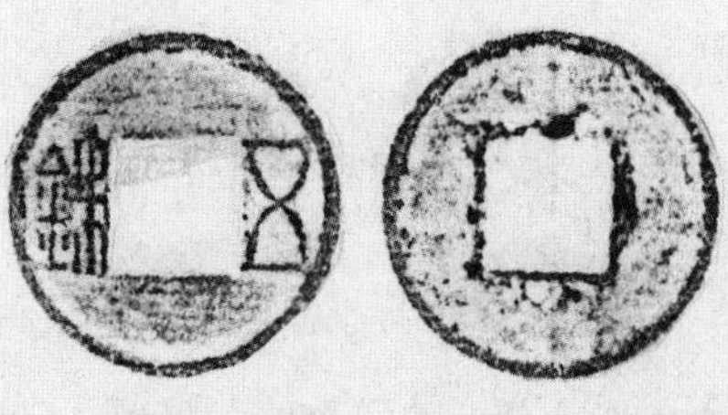

径25.8mm　重2.9克

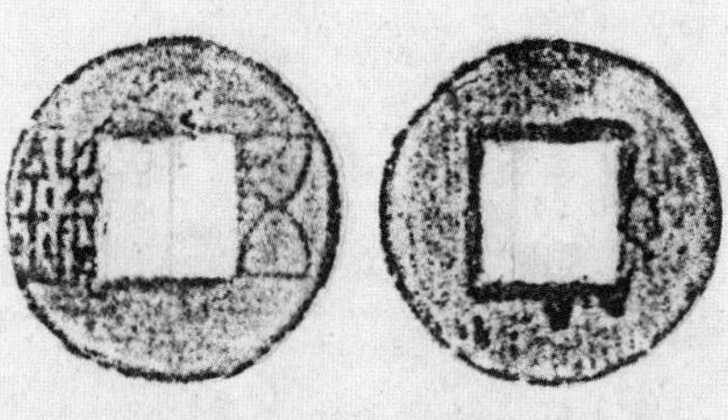

径25.8mm　重3.2克

径25.3mm　重2.3克

径25.9mm　重2.6克

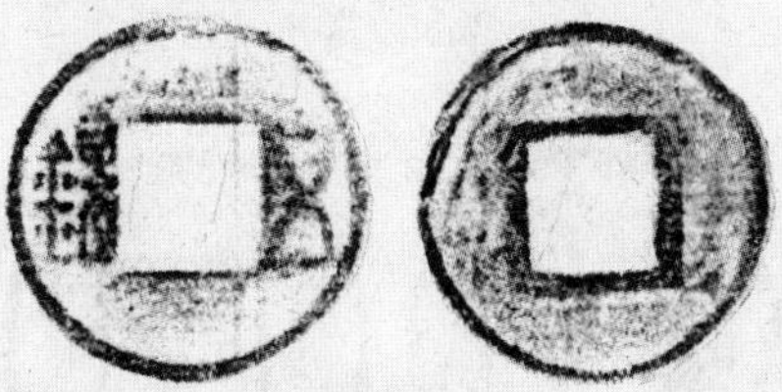

径25mm　重3.1克

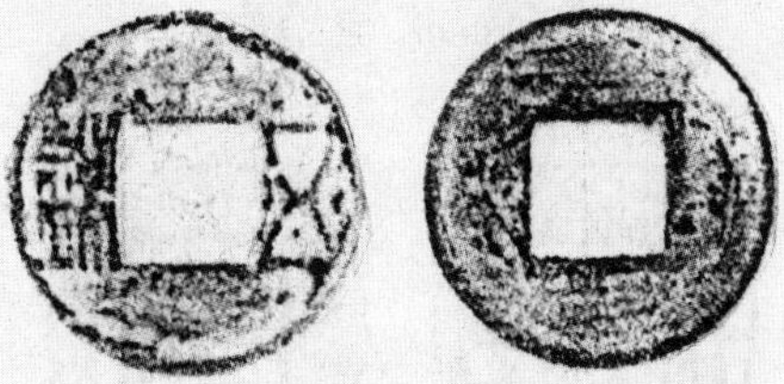

径25.2mm　重1.8克

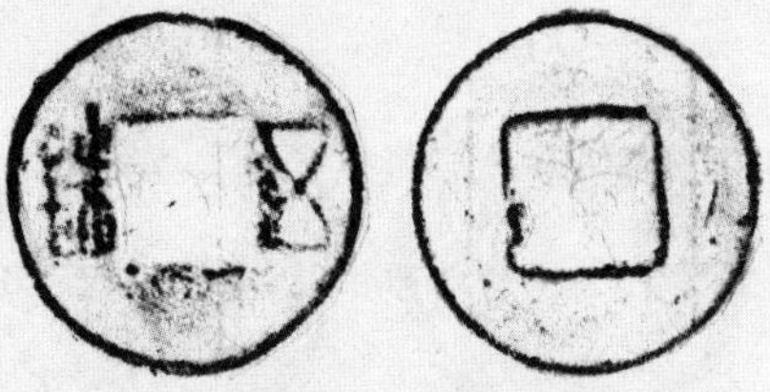

径25.3mm　重3.95克

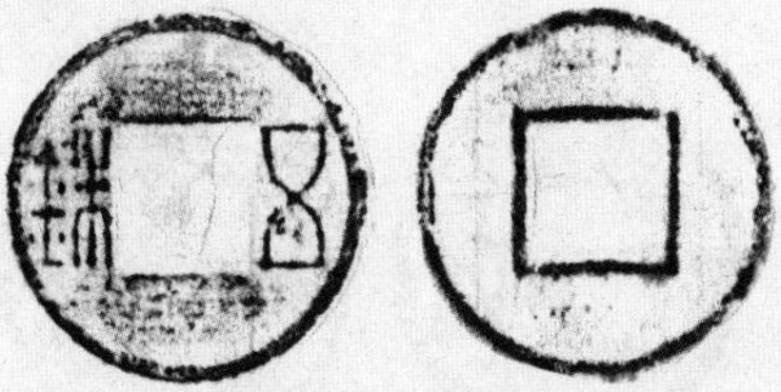

径26mm　重3.1克

径26mm　重4.9克

径25.8mm　重3.4克

径25.1mm　重2.05克

径25.1mm　重2.2克

## 星纹五铢

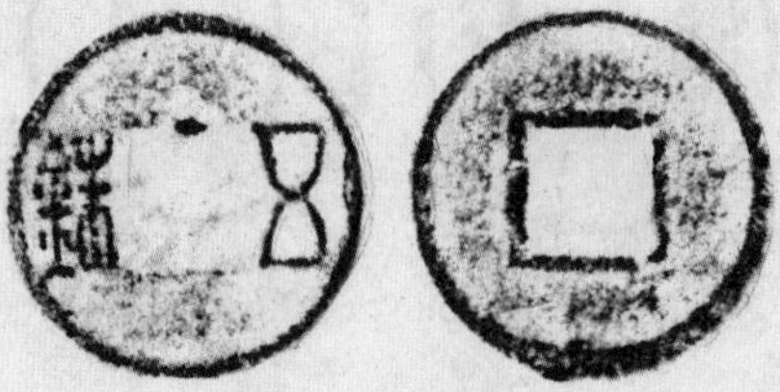

径26mm　重3.3克

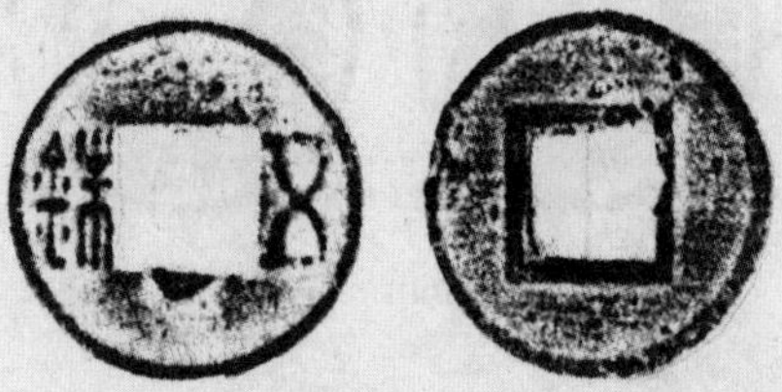

径25.3mm　重4.45克

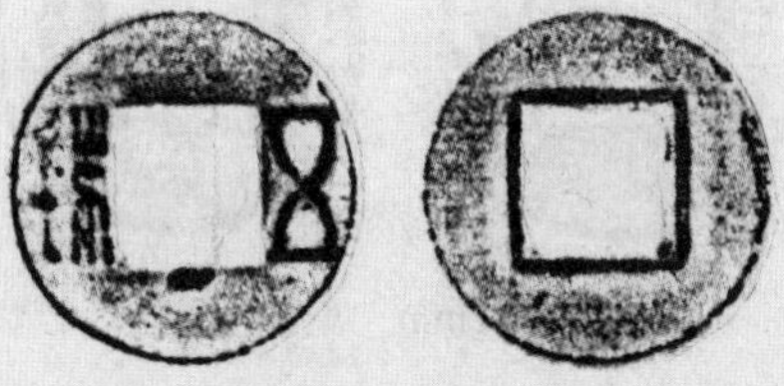

径24.1mm　重2.9克

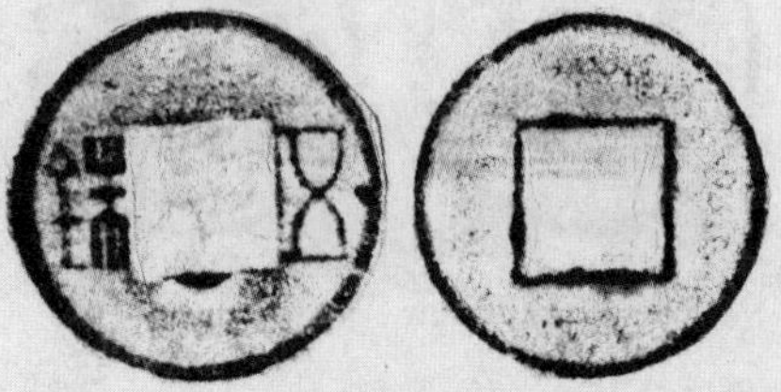

径26.4mm　重3.95克

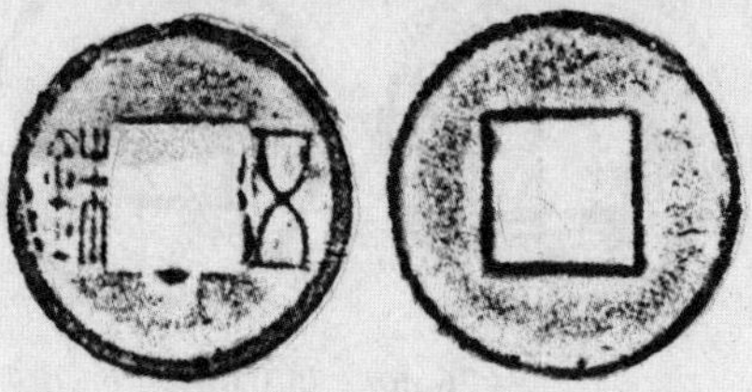

径26.4mm　重3.9克

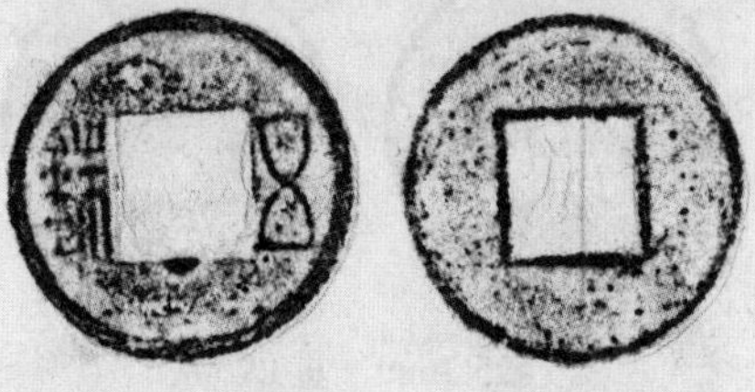

径26.1mm　重3.1克

径25.7mm　重4.3克

径25.2mm　重3.45克

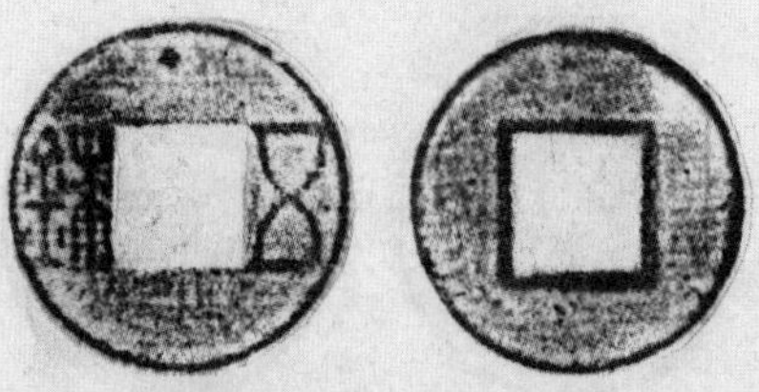

径24.5mm　重2.25克

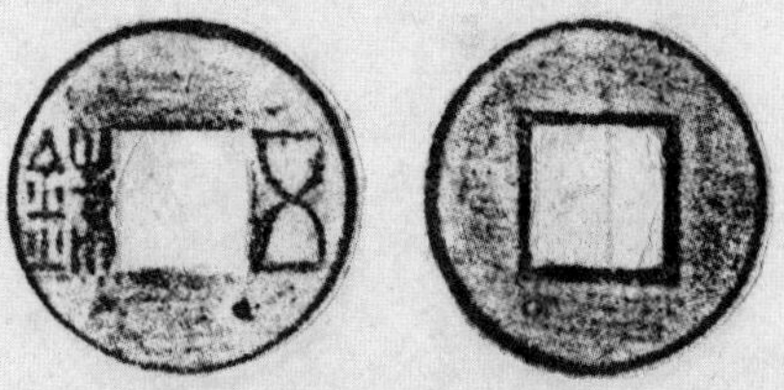

径25mm　重2.52克

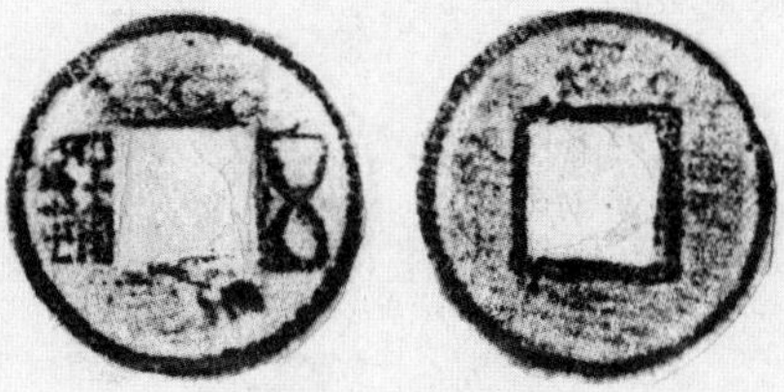

径25.6mm　重3克

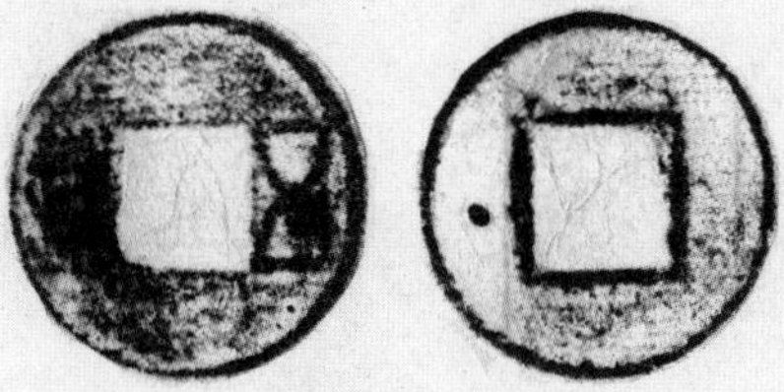

径25.4mm　重2.85克

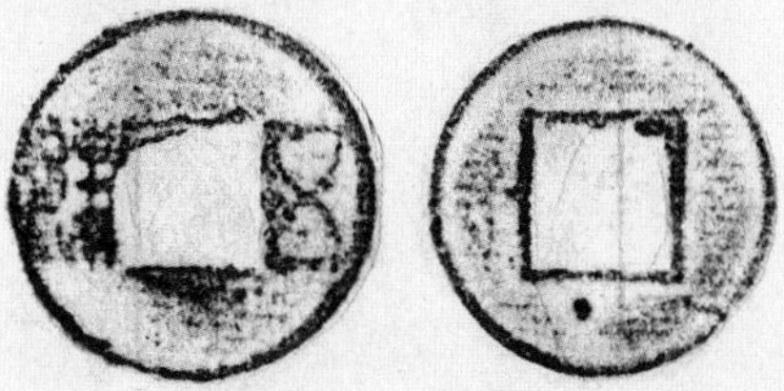

径25.6mm　重3克

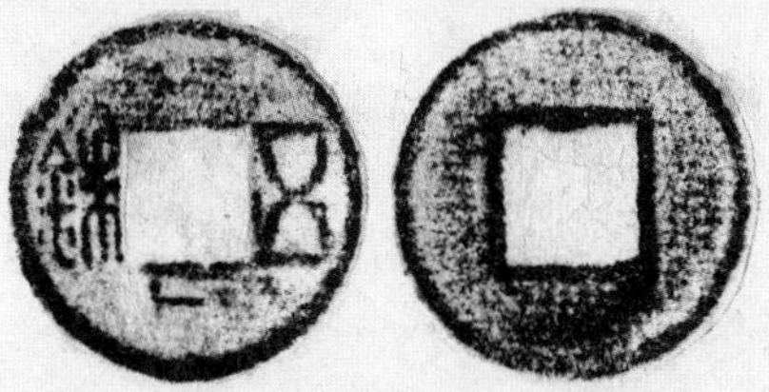

面“卜”纹　径25.9mm　重3克

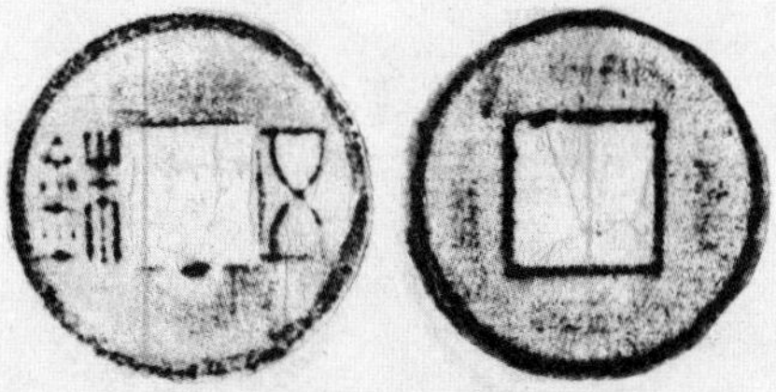

面鉴纹　径26.8mm　重4克

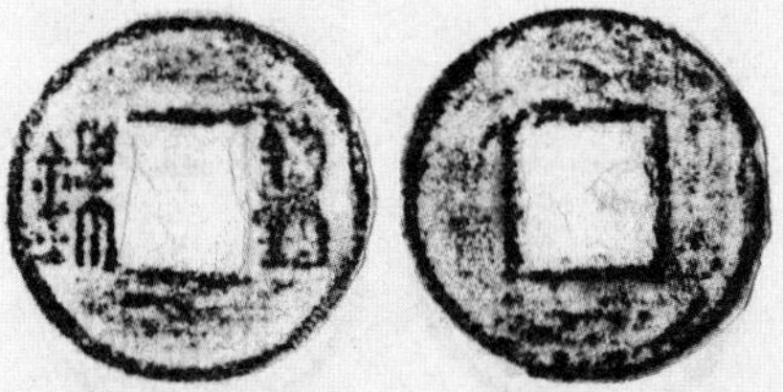

穿上杠·左下横纹　径26.2mm　重3.5克

平背　径25.2mm　重3.2克

## 穿上杠五铢

径26.7mm　重3.65克

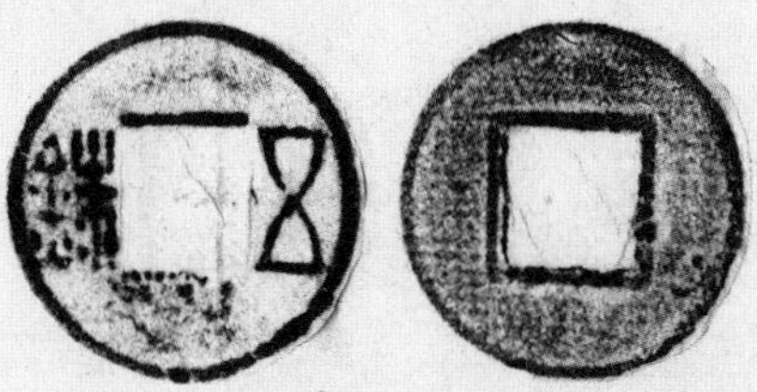

径25.7mm　重3.65克

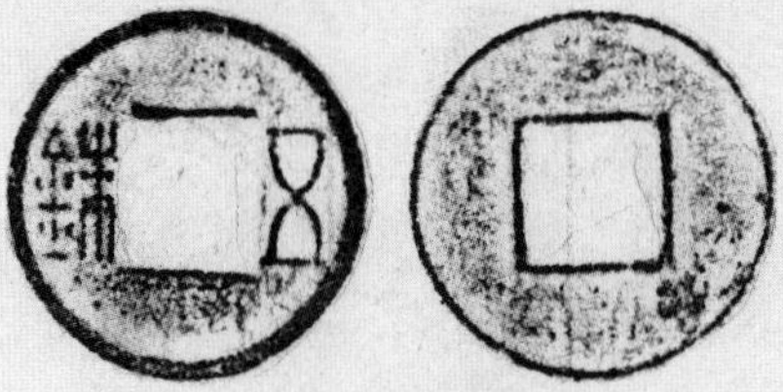
径26mm　重2.8克

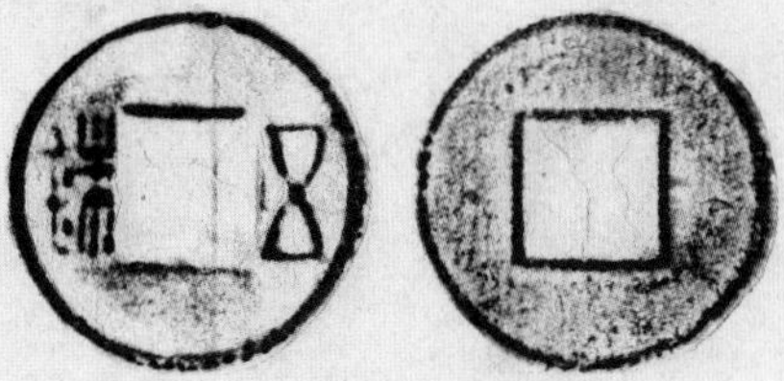
径25.9mm　重4.03克

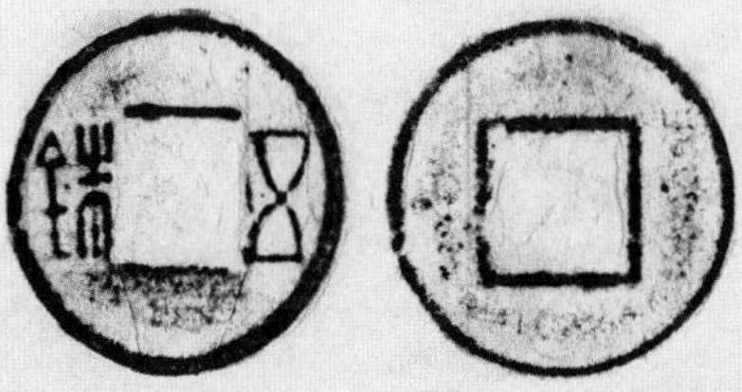
径25.7mm　重4克

径26.5mm　重4.3克

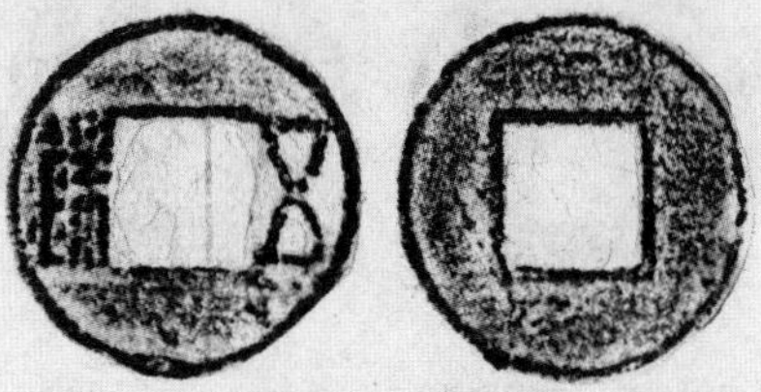
径25.5mm　重3.9克

径25.4mm　重3.7克

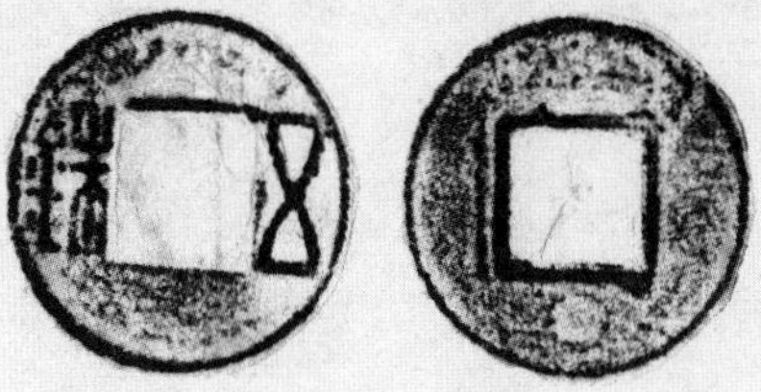
径25.3mm　重4克

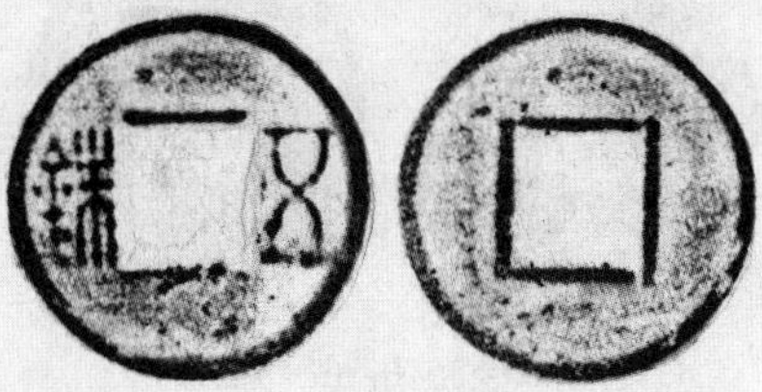
径26mm　重4.3克

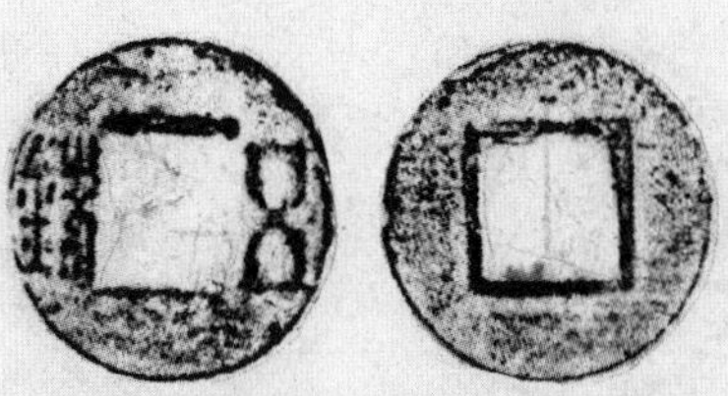
径23.7mm　重2.5克

## 窄缘（窄轮）五铢

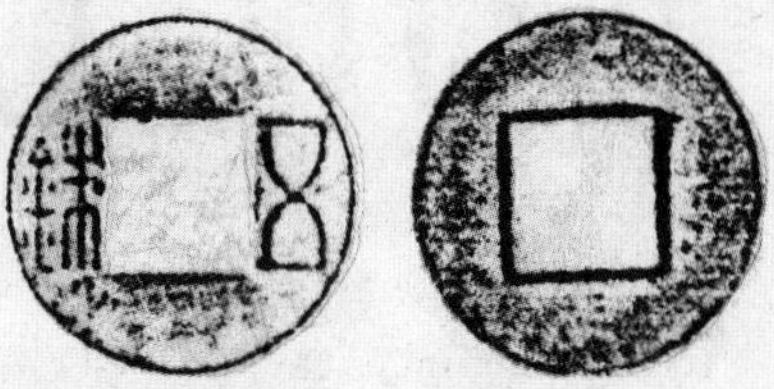

径24mm　重2.6克

径23.5mm　重1.8克

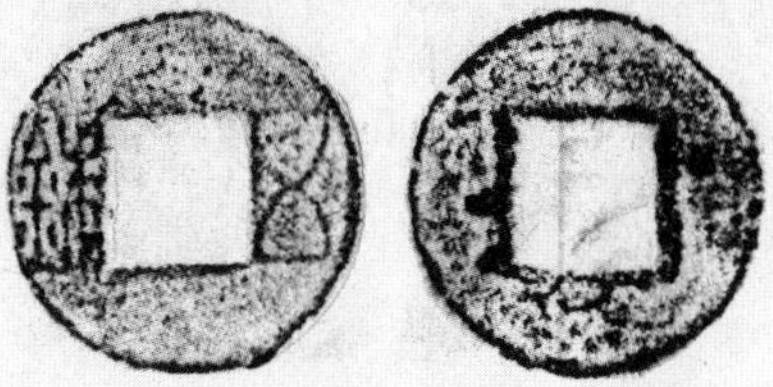

径24.5mm　重2克

径24.6mm　重2.16克

径23.7mm
重1.5克

## 五铢异字

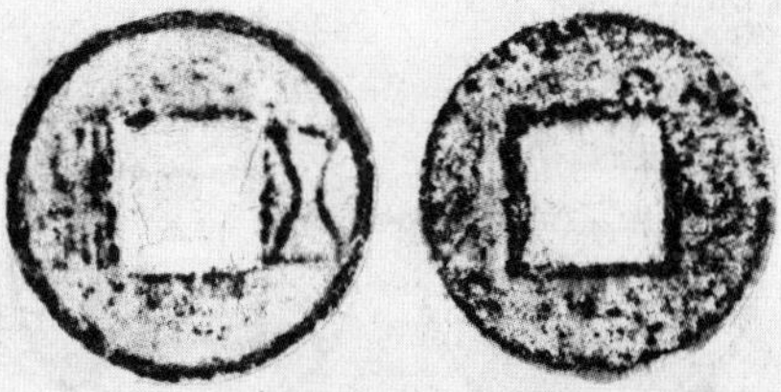

开五　径26.2mm　重3.3克

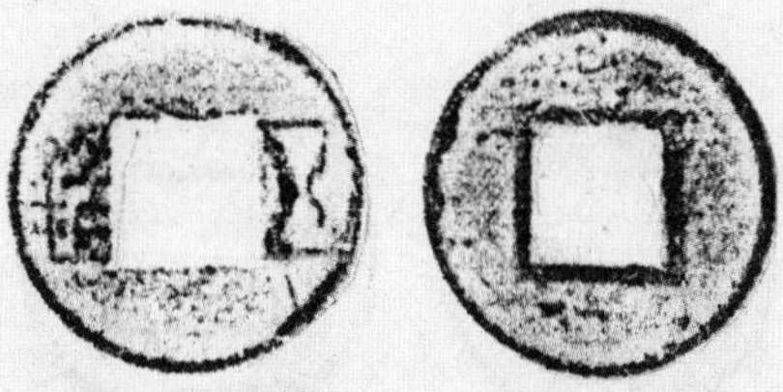

开五　径25.9mm　重3.3克

天柱五（五中两点）
径25mm　重3.5克

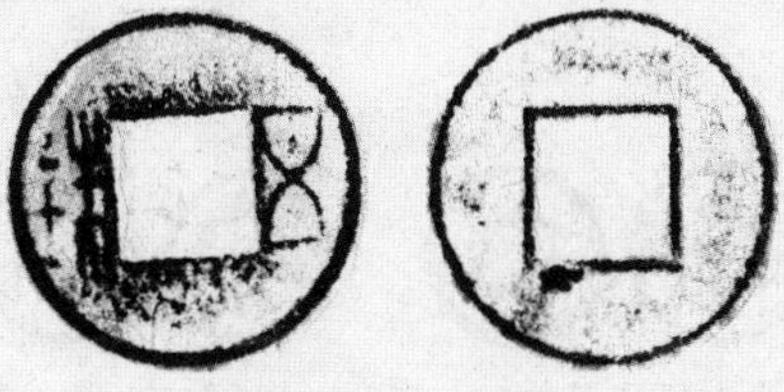

省金朱（朱无四点）
径24.3mm　重1.95克

异朱（中鉴下短）
径26mm　重3.23克

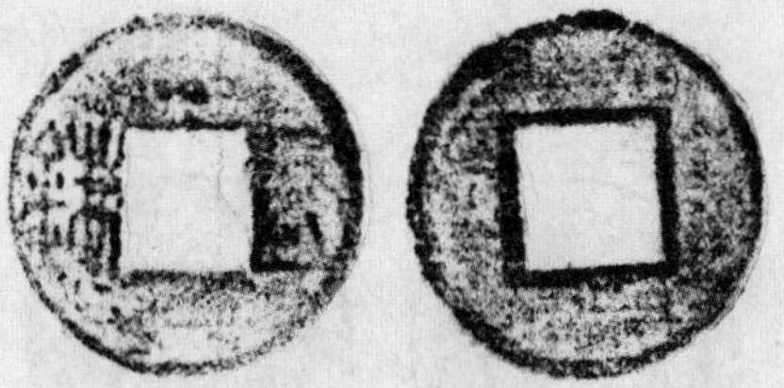

双朱（叠印）
径26.2mm　重3.3克

歪头朱　径25.9mm　重3.72克

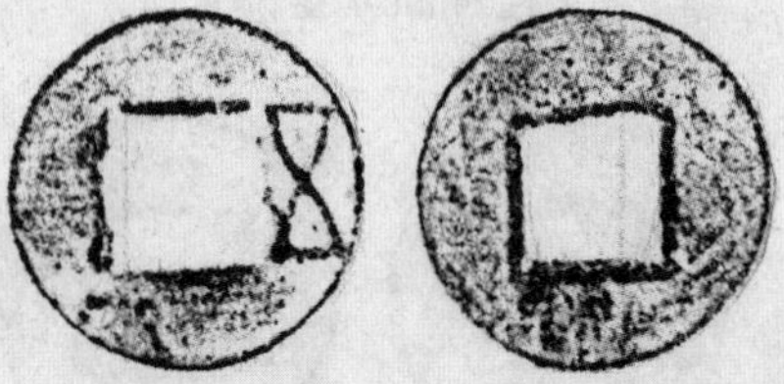

漏朱　径24.5mm　重3.1克

## 四出五铢

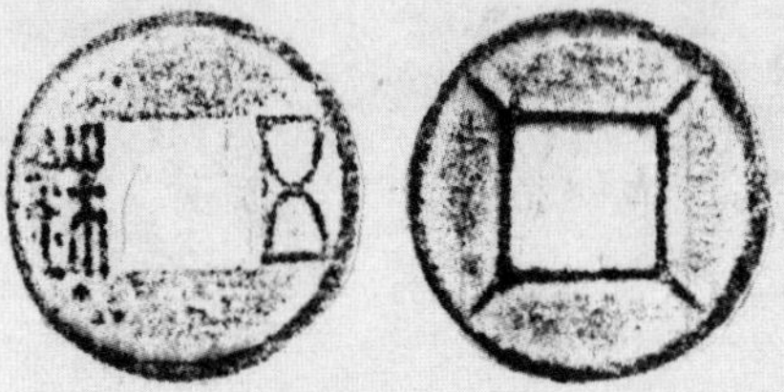

径26.4mm　重3.8克

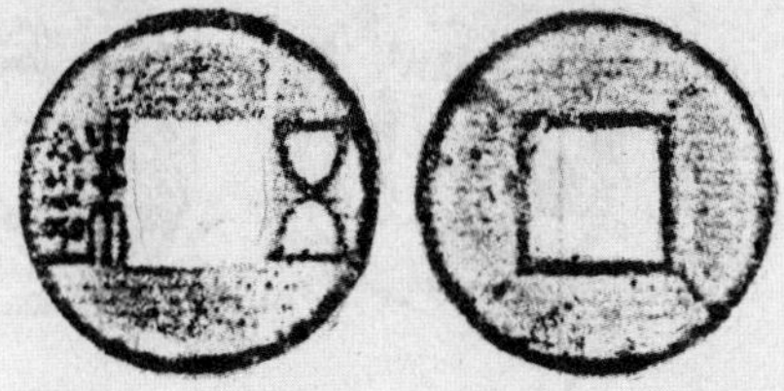

径25.4mm　重4.1克

## 决文五铢

面四决　径25.2mm　重2.95克

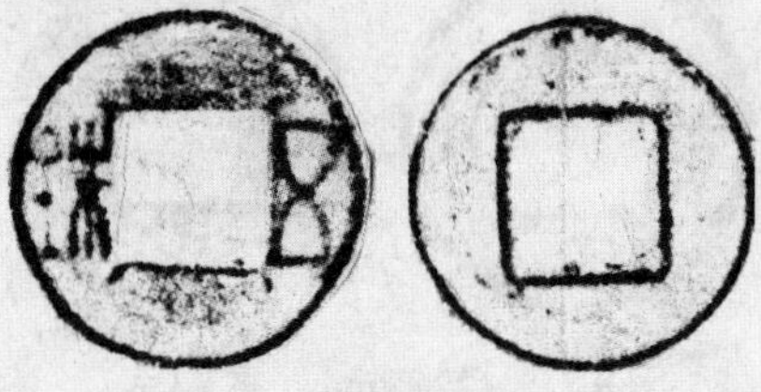

面四决（厚重）
径25.3mm　重4.45克

## 鸡目五铢

上杠小五铢
径12.5mm
重0.9克

径12.1mm
重0.55克

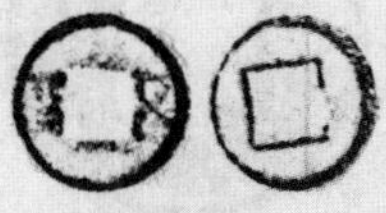

径12mm
重0.58克

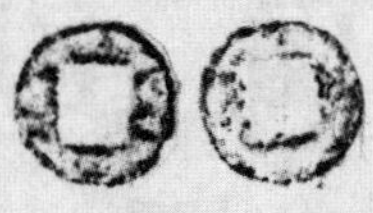

径11.4mm
重0.65克

## 五铢异品

**泉五铢**　径25.8mm　重3.6克

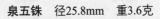

◀本品穿上为大泉五千之泉字。诸谱未见。当为铸工之戏做。

**五泉**　径23.3mm　重1.83克

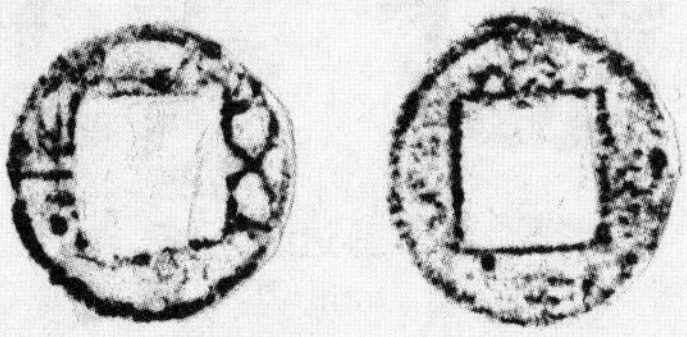

**五朱**　径20.9mm　重1.8克

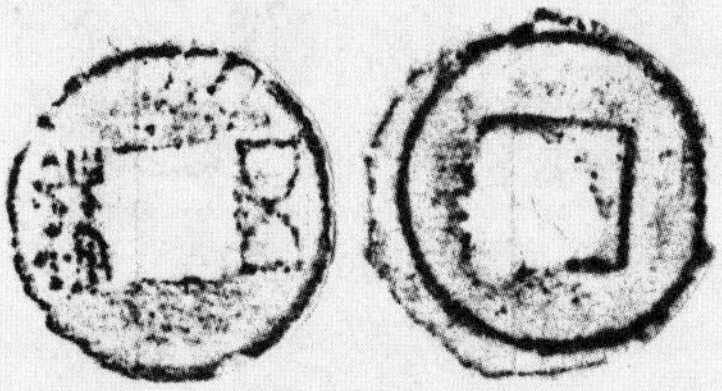

**铁质**　径21.7mm　重2.1克

**铁质**　径27mm　重4克

## 剪轮、綖环五铢及无文劣钱

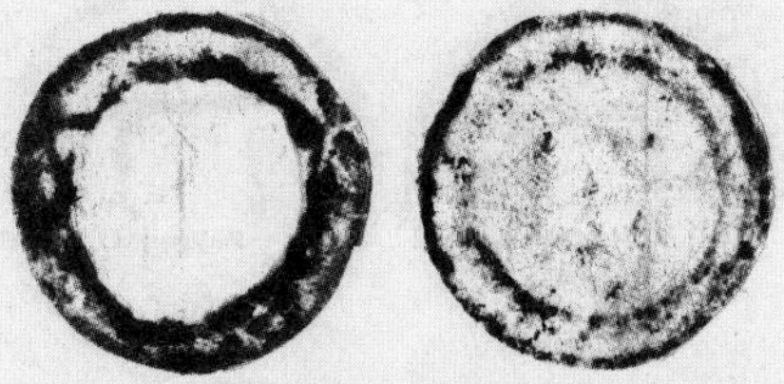

**綖环**　径26mm　重1.7克

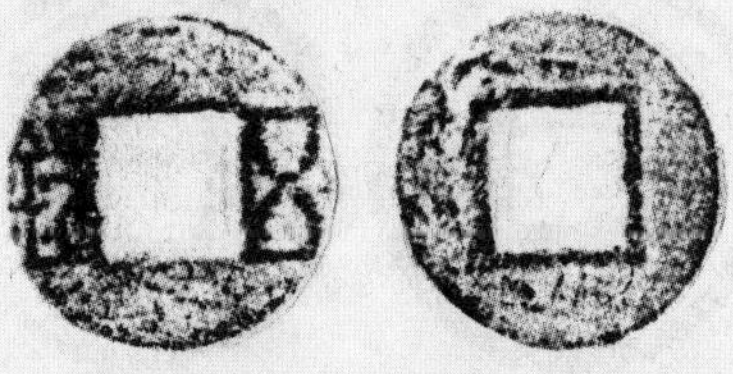

径22.5mm　重1.7克

径21.3mm　重1.4克

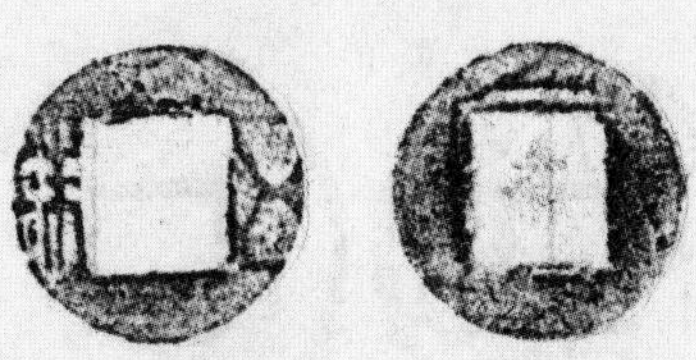

径20.1mm　重1.4克

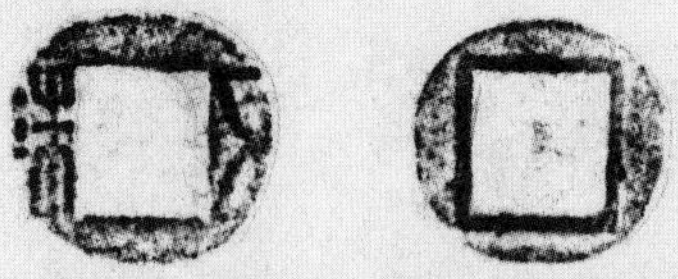

径17mm　重0.85克

径21.3mm　重1克

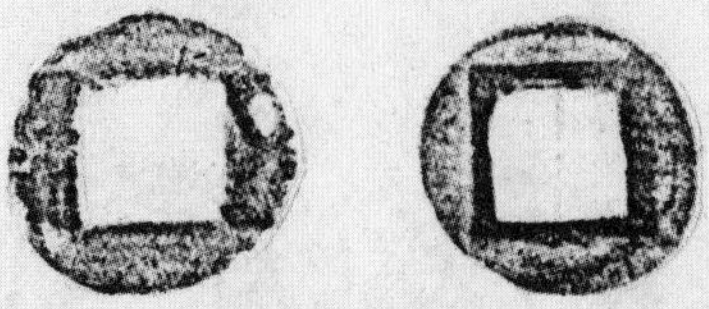

手工剪边缘不整
径18.7mm　重1.3克

无轮无廓字迹隐约可见
径24.5mm　重2.4克

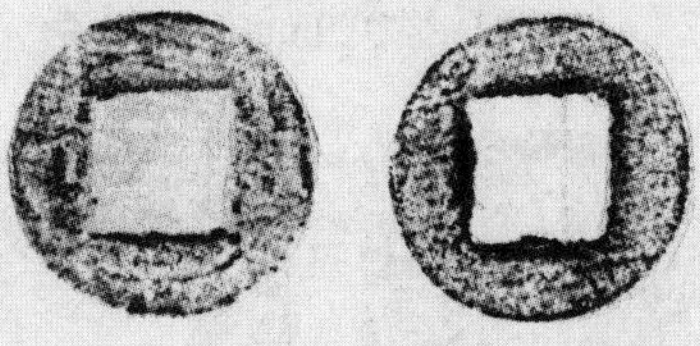

径21mm　重1.55克

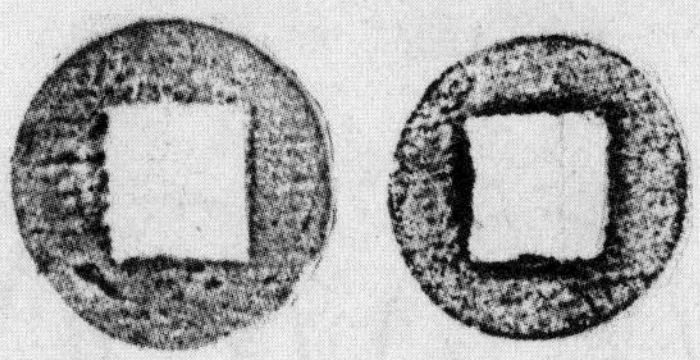

径22.2mm　重2克

## 新莽货币

### 大泉五十·初铸大样

径28.5mm　重8.7克

径28.4mm　重9克

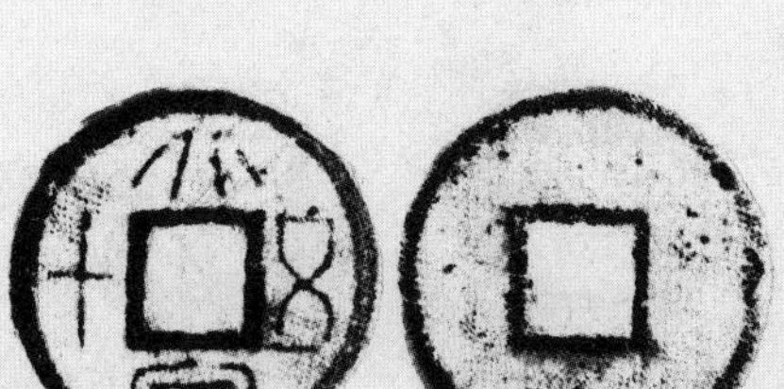

径27.9mm　重8.1克

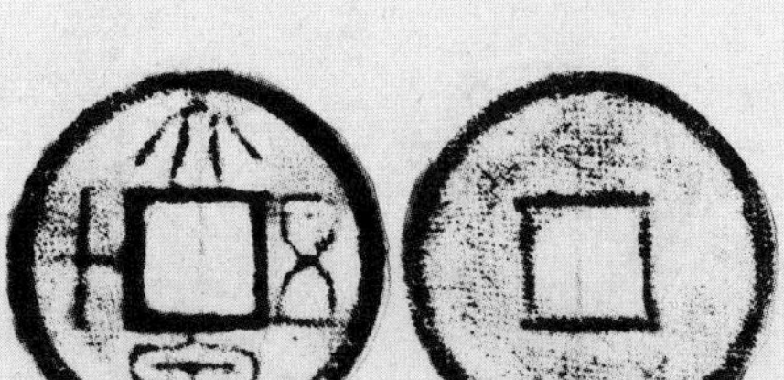

径28.5mm　重8.9克

## 大泉五十

径27.9mm　重6.4克

径27.5mm　重3.9克

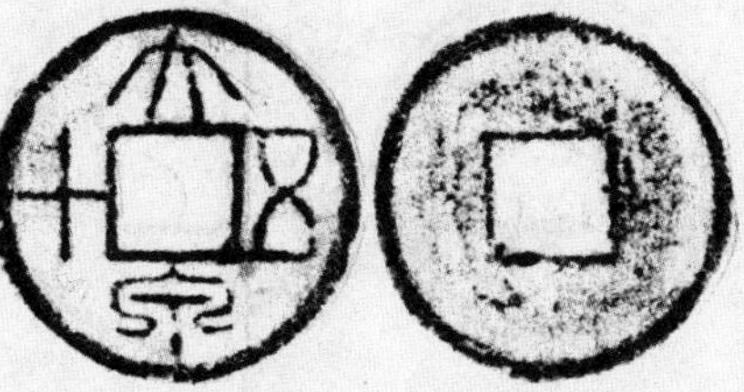

径28.2mm　重6.8克

径26.3mm　重3.9克

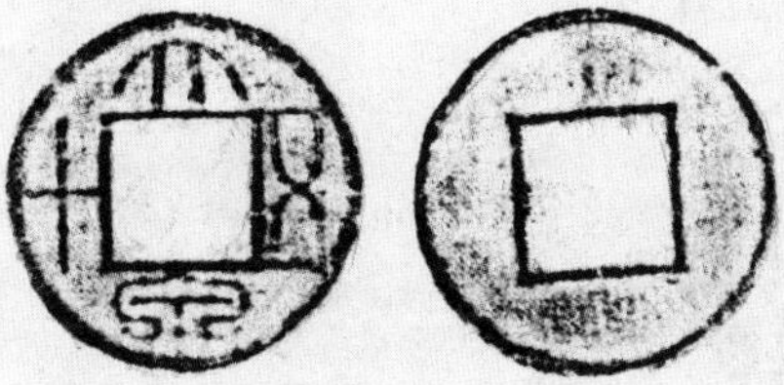

径25mm　重1.8克

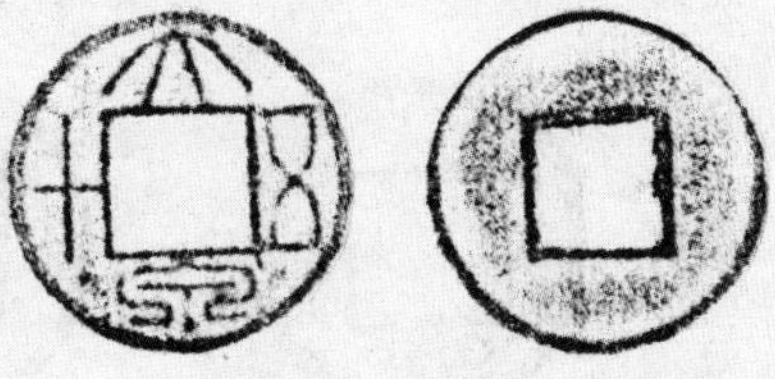

径23.6mm　重3.6克

径22.7mm　重1.33克

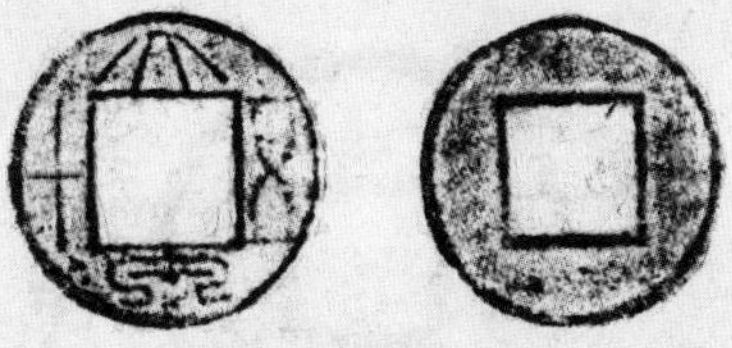

径21.4mm　重1.12克

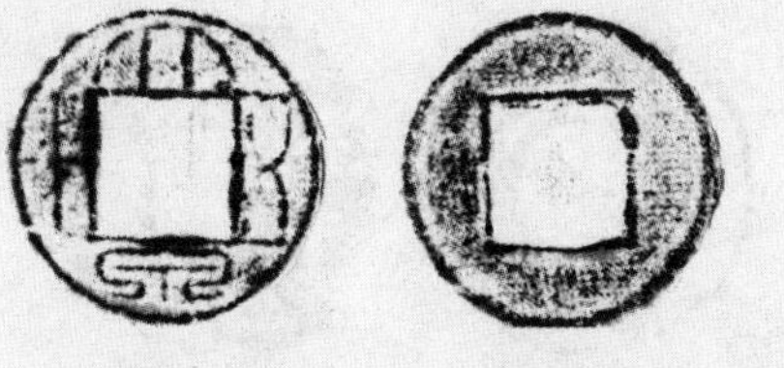

**宽大**　径22.2mm　重1.3克

**跛足大·背穿粟角**
径23mm　重2.3克

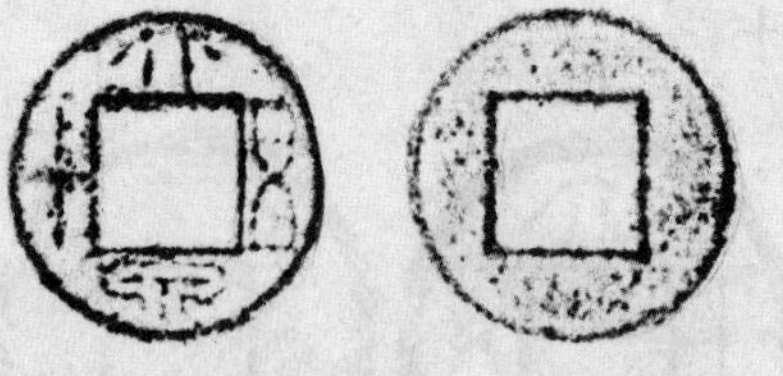

短冠大　径22.6mm　重1.6克

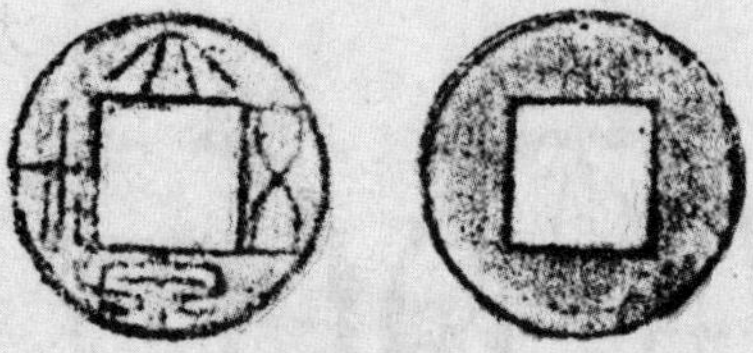

异十（下多两竖、似木）
径22.6mm　重1.4克

## 背四出

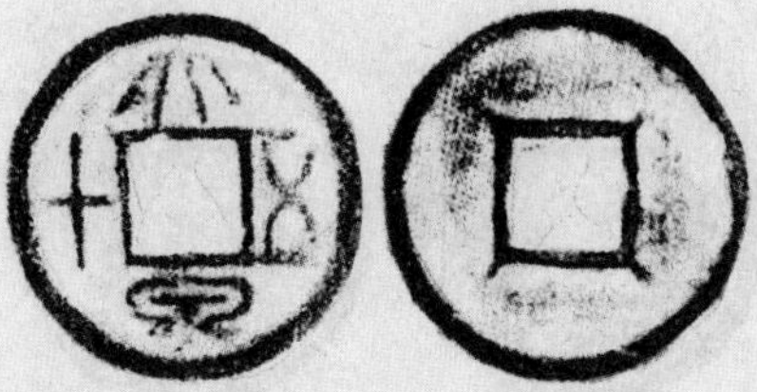

径26.8mm　重6.35克

## 重　轮

径26.8mm　重3.2克

## 传形（大泉五十）

径23.1mm
重2.4克

## 铁质大泉五十

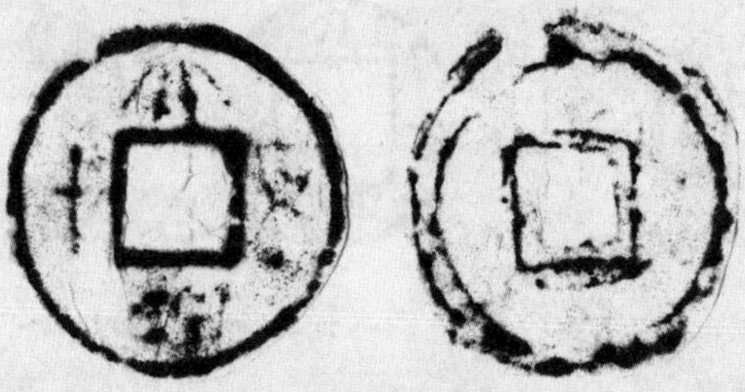

径29mm
重5克

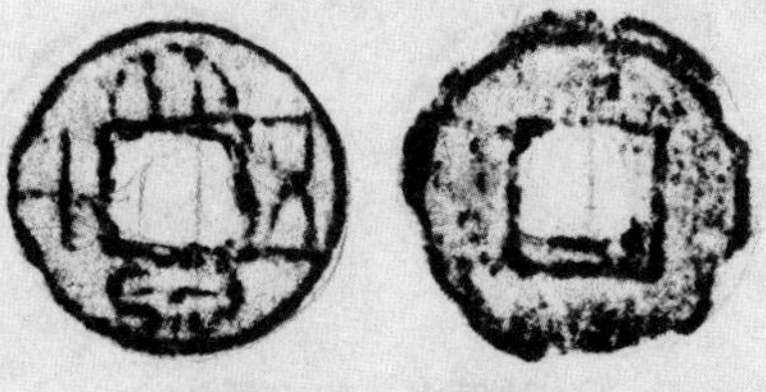

径24.5mm　重2.8克

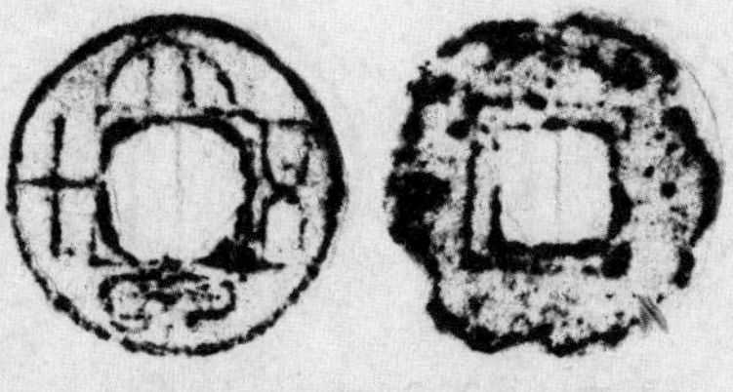

径24.6mm　重2.7克

# 连体未经凿开

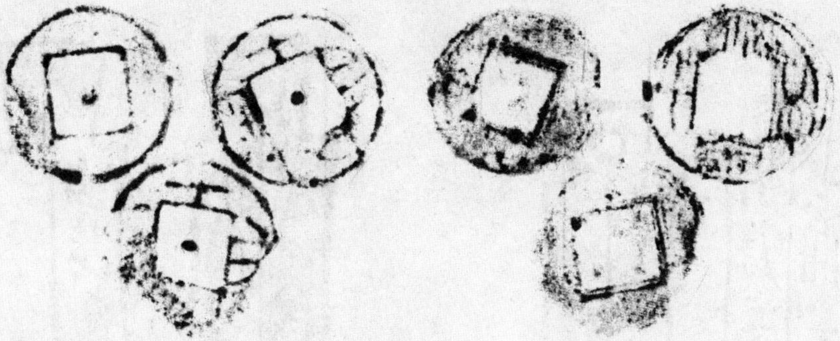

# 小泉直一

径15.1mm 重1.6克

径15.1mm 重0.98克

径14.7mm 重1.05克

# 幺泉一十

径16.7mm 重1.9克

# 幼泉二十

径17.8mm 重3.25克

# 中泉三十

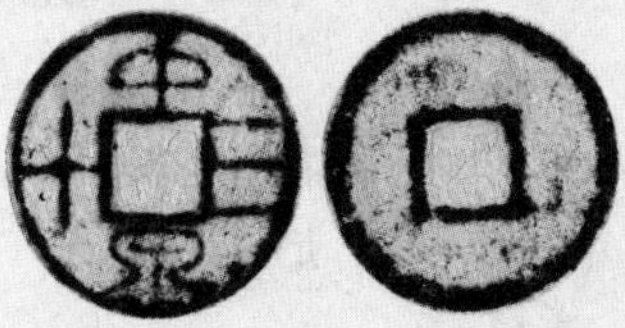

径20.6mm 重3.5克

# 壮泉四十

径23mm 重4.25克

## 壮布七百

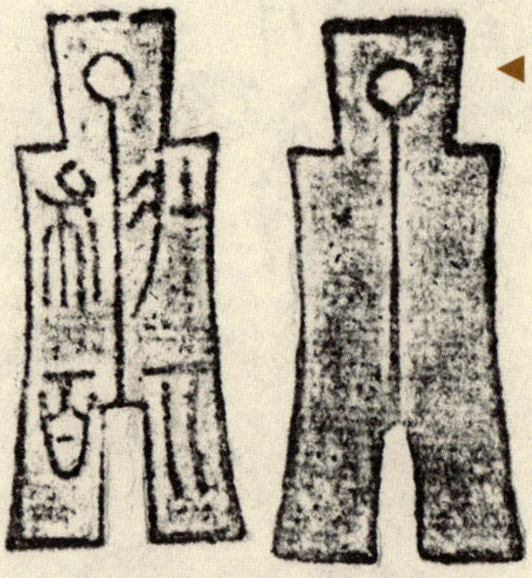

壮布七百为王莽“十布”中的第七布。传世罕少。

通长46.1mm　首宽12.4mm
背宽18.7mm　足宽9.2mm
首高10.4mm　足高11.3mm
重9.4克

## 大布黄千

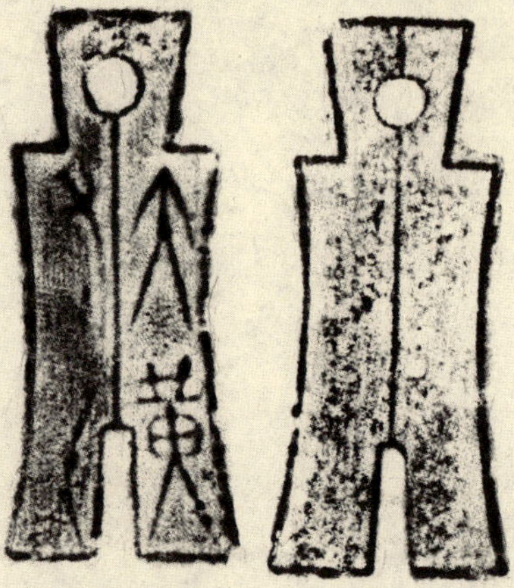

通长56mm　首长13mm
足长13mm　首宽16.3mm
背宽21.8mm　足宽11mm
重12.6克

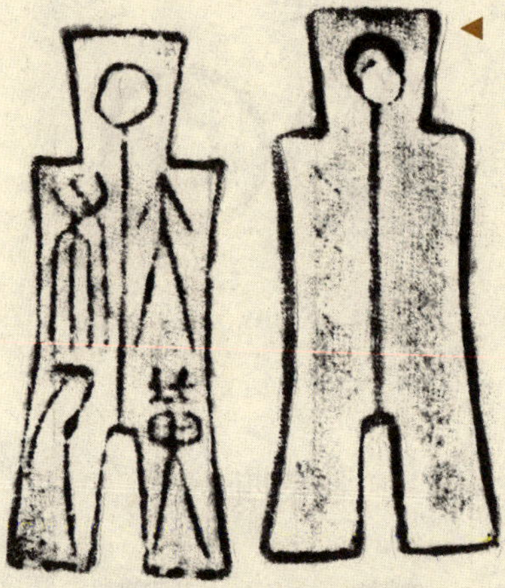

大布黄千为王莽“十布”中的第十布。传世稍多。

通长56.2mm　首长12mm
足长15mm　首宽14mm
背宽21.6mm　足宽11mm
重16.8克

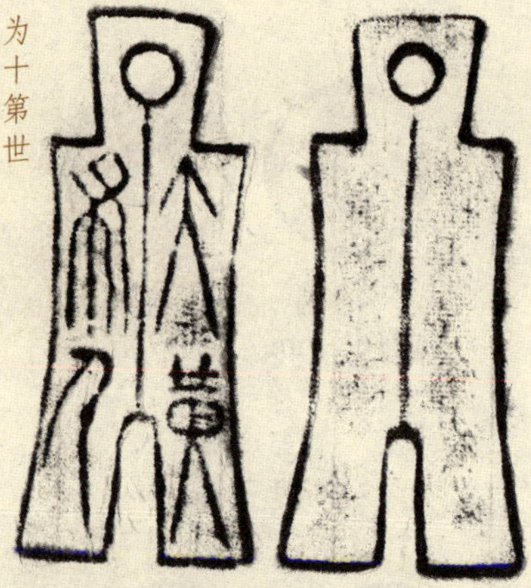

通长56.1mm　首长12mm
足长15mm　首宽14mm
背宽21mm　足宽11mm
重14.7克

# 货　布

**细字**　通长58.1mm
首长19mm　足长19mm
首宽19.4mm　背宽22.7mm
足宽10mm　重16.9克

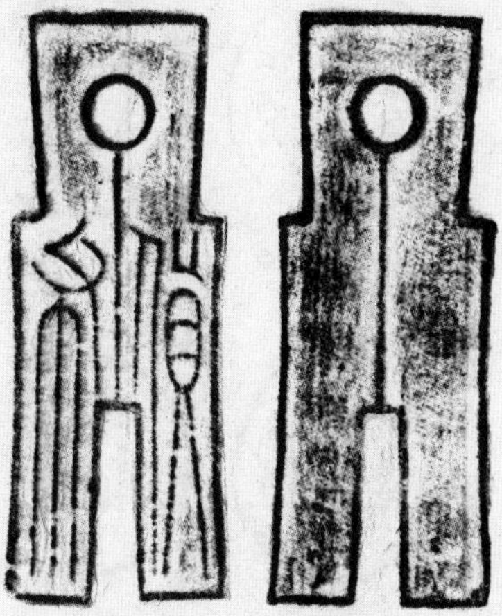

通长57.4mm　首长19mm
足长18.5mm　首宽18.2mm
背宽22mm　足宽9mm
重17.4克

**粗字、中样**　通长56.6mm
首长19.3mm　足长18.8mm
首宽18.6mm　背宽21.5mm
足宽9.2mm　重16.5克

通长55.6mm　首长18mm
足长18mm　首宽18.2mm
背宽21.7mm　足宽9mm
重17.85克

## 货　泉

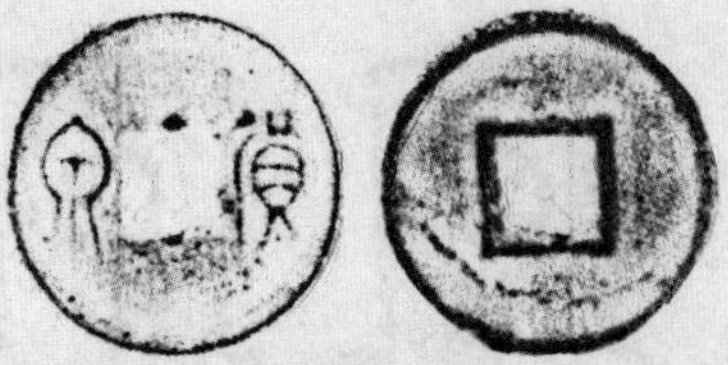

穿上半星·细字　径23.7mm　重3.5克

穿上半星 背廓半月　径23mm　重3.2克

穿上大半星　径22.7mm　重3.13克

穿上小星　径21.7mm　重2.35克

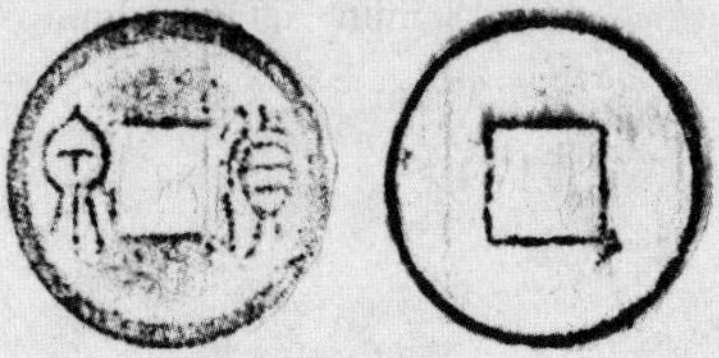

穿上小星　径22.8mm　重2.4克

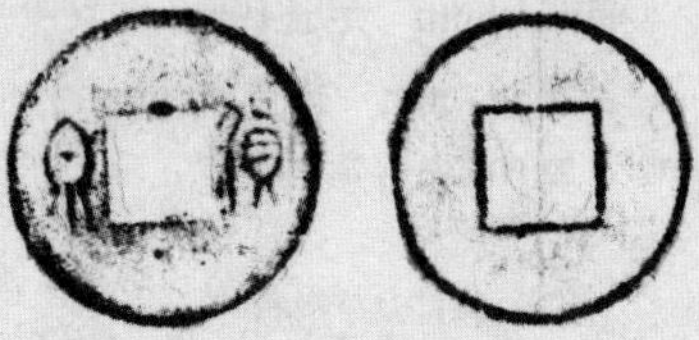

穿上半星·小字　径21.7mm　重2.1克

穿上半月　径23mm　重3.4克

穿下半星　径23.1mm　重4克

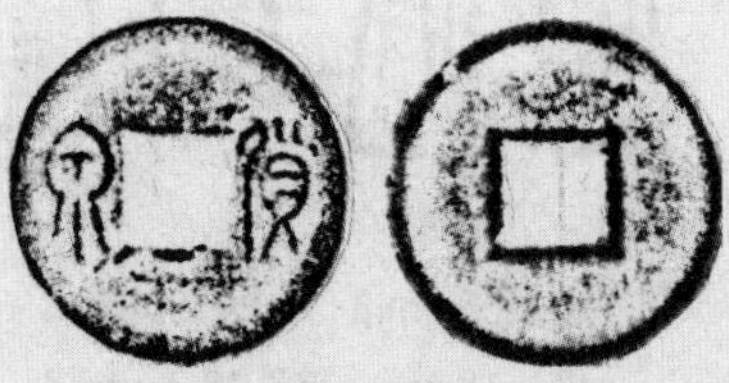

穿下半星·左下决文
径23.3mm　重3.25克

穿下半星
径22.9mm　重2.15克

**穿下半星**
径21.7mm　重2.6克

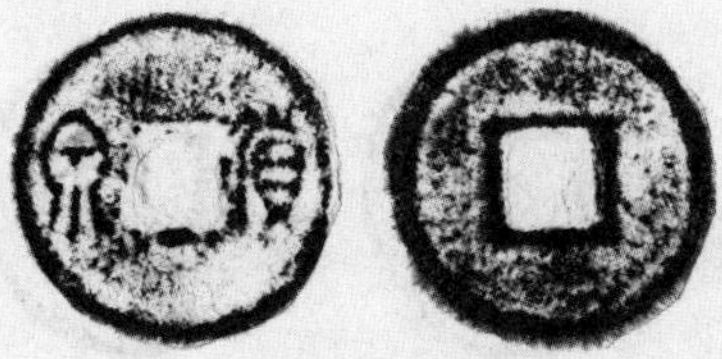

**穿下半星**
径22mm　重3克

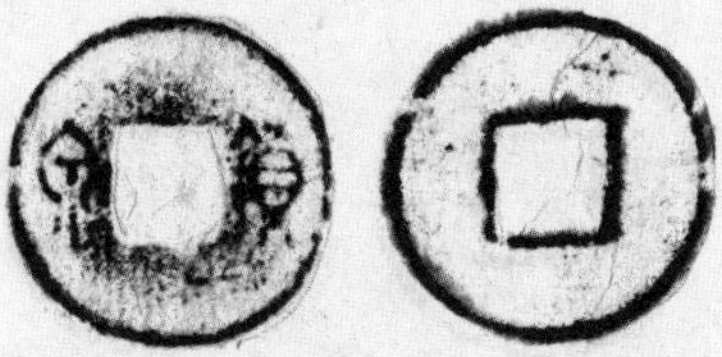

**穿左半星**
径22.8mm　重3.05克

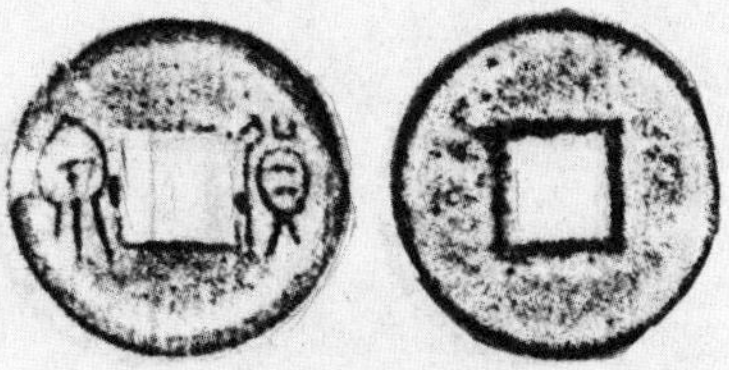

**穿左右双星**
径23.2mm　重3.2克

**穿左右双星·面上双星**
径23.3mm　重3.1克

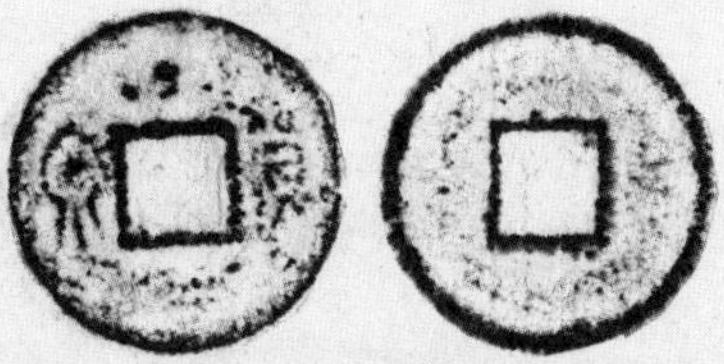

**面上双星**
径23.1mm　重3.02克

**面上星**
径22.7mm　重3.1克

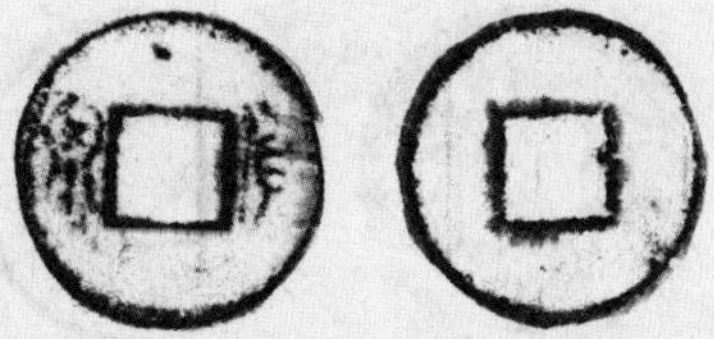

**面上星**
径21.5mm　重2.15克

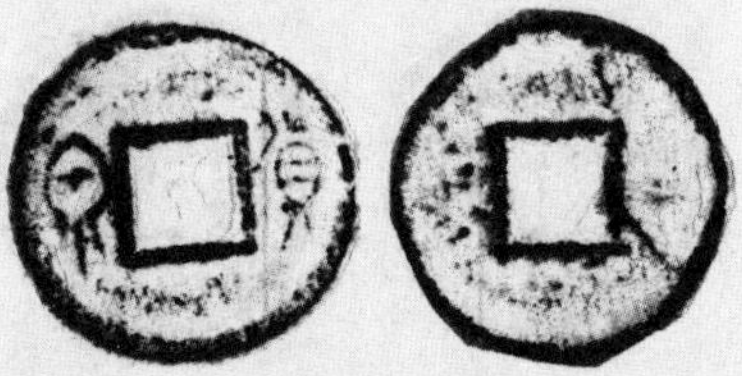

**面右上星**
径23.6mm　重3克

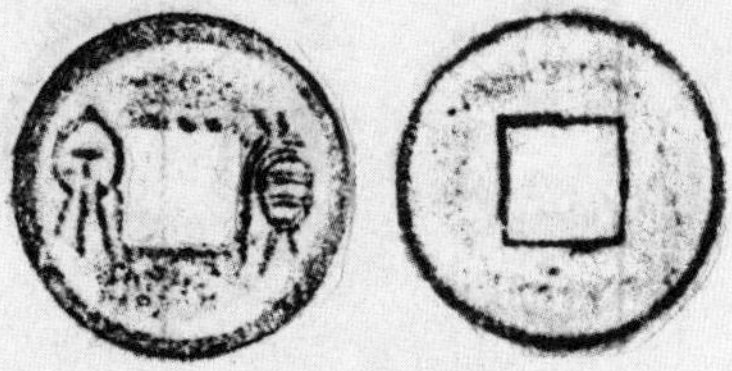

**穿上双星**
径23.2mm　重2.55克

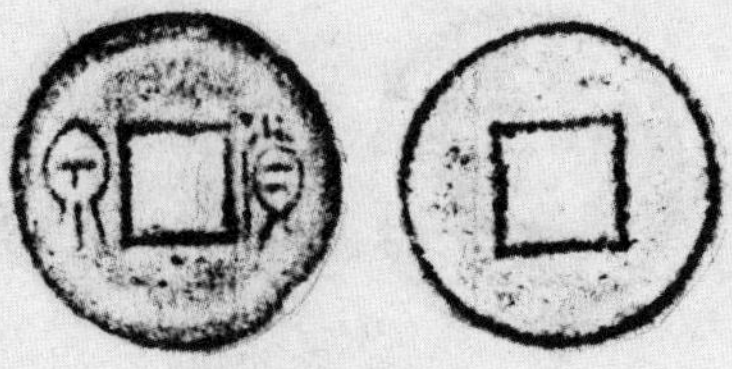

**面下星**
径23.3mm　重3.35克

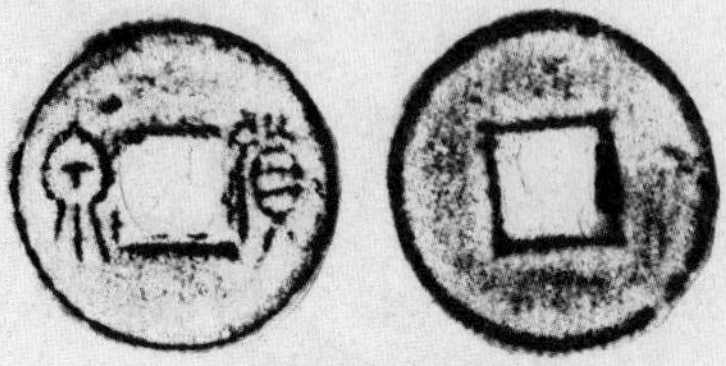

**泉上星**
径22.7mm　重3.3克

**泉下星**
径22.9mm　重2.93克

**货上星**
径22.5mm　重2.6克

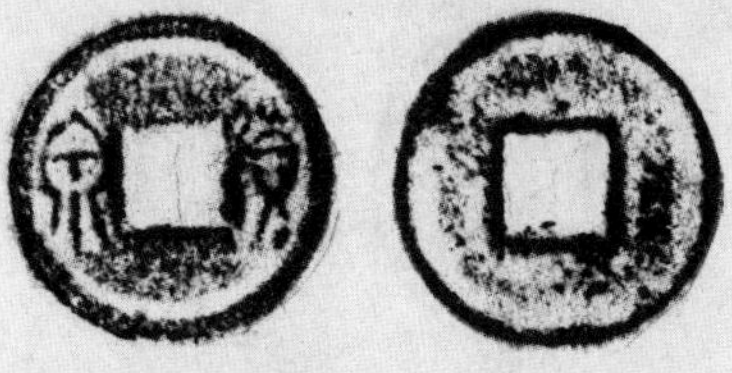

**货下星**
径22.5mm　重2.8克

**货下星・内外有廓**
径23.5mm　重3.25克

**上星・穿下半星**
径23.6mm　重3.1克

**穿上双星**
径23.1mm　重3.4克

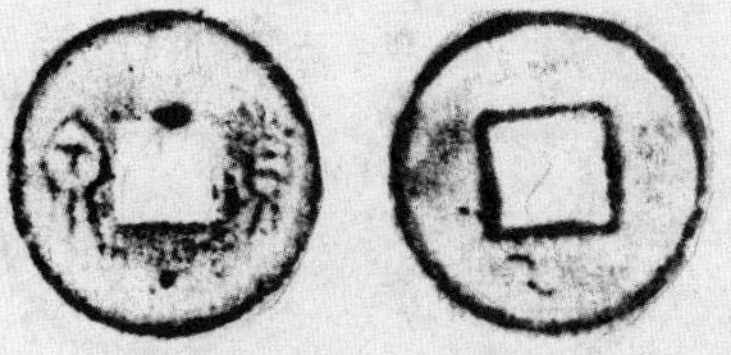

**穿上半星、下星**
径22.2mm　重2.13克

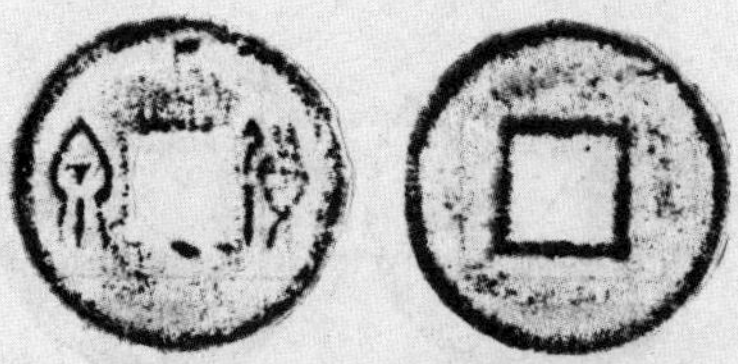

**上星、穿下半星**
径22.7mm　重2.15克

面上双星、右穿下决文、背穿上星
径23.3mm　重3.1克

穿下半星、左决文、泉下星
径22.4mm　重2.55克

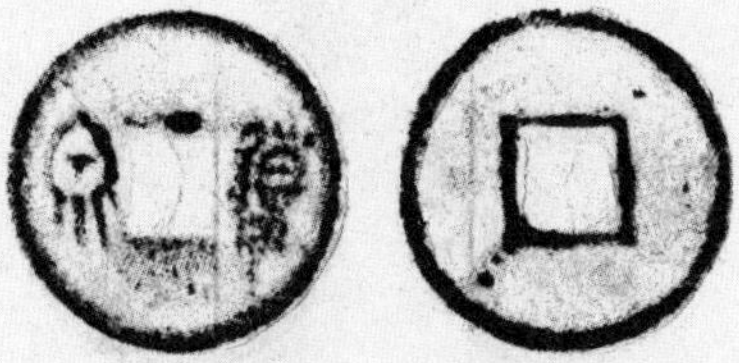

面穿上星、背左下星
径23.6mm　重3.55克

左下大决文
径23.6mm　重3.65克

左下决文
径22.9mm　重2.95克

左下长决文
径23.1mm　重3.5克

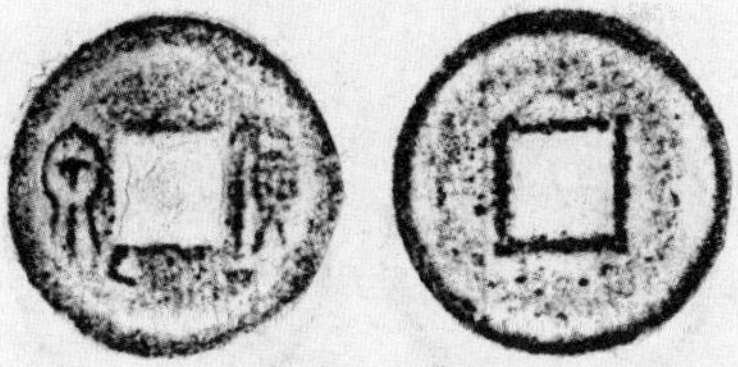

左下勾决文
径23.5mm　重3.4克

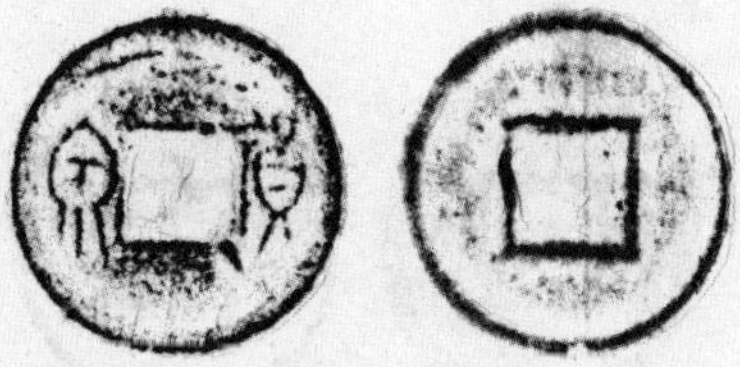

右下大决文
径22.9mm　重2.6克

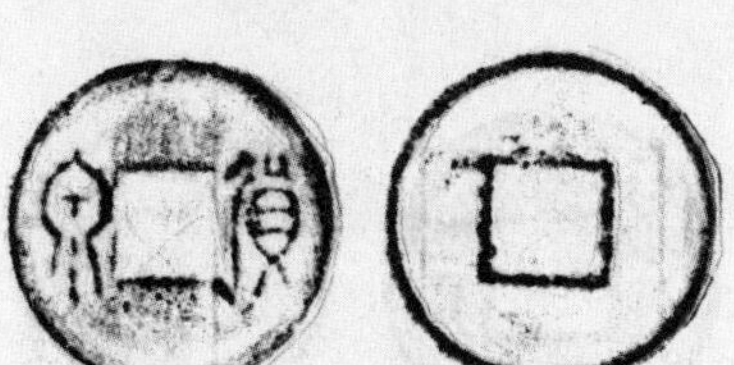

右下中决文
径22.8mm　重4.2克

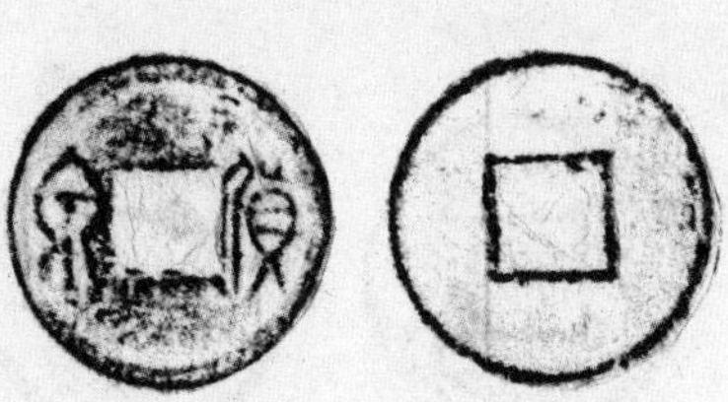

右下小决文
径22.7mm　重2.85克

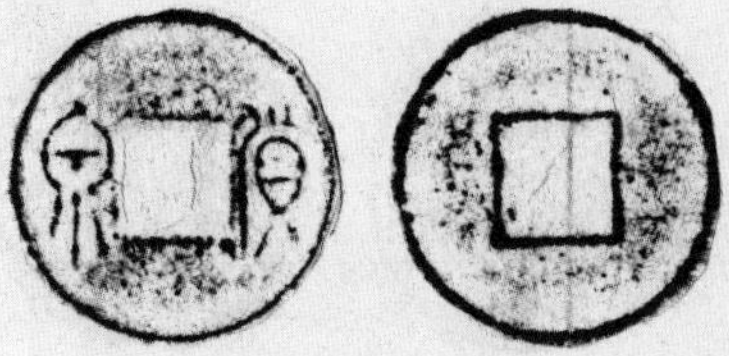

右下小决文·细字
径22.5mm　重2.5克

右下大决文·背穿上星
径22.7mm　重3.5克

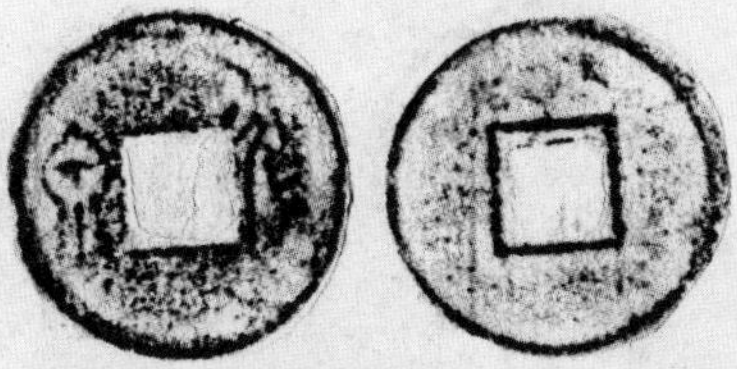

穿右上决文
径23.8mm　重3.1克

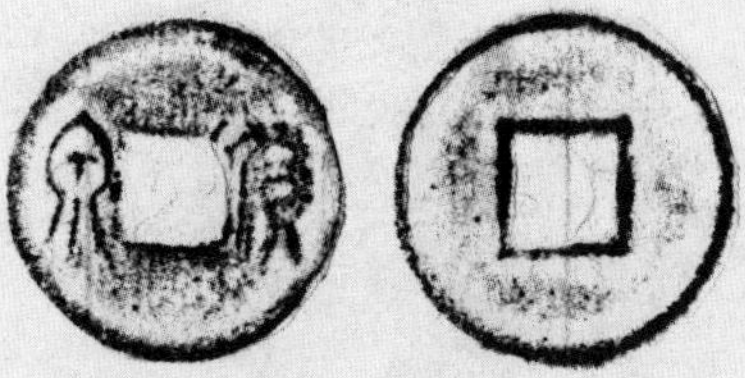

穿右上细决文
径23.7mm　重3.4克

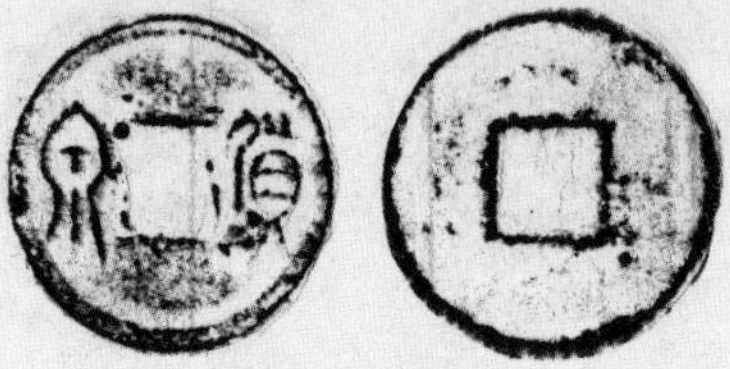

穿左上粟角决
径22.9mm　重2.9克

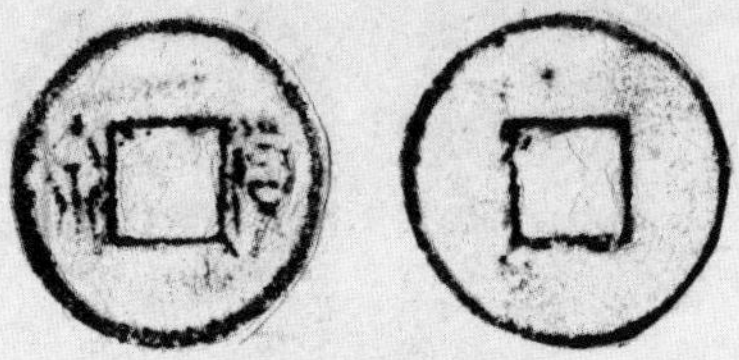

穿右下决文（有内廓）
径22.8mm　重3.35克

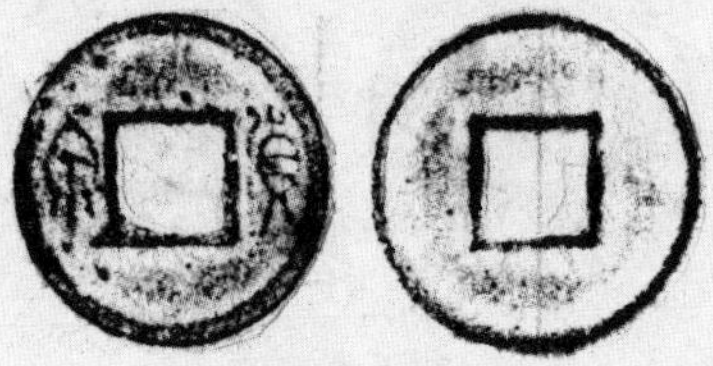

内廓左下决文
径23.1mm　重3.6克

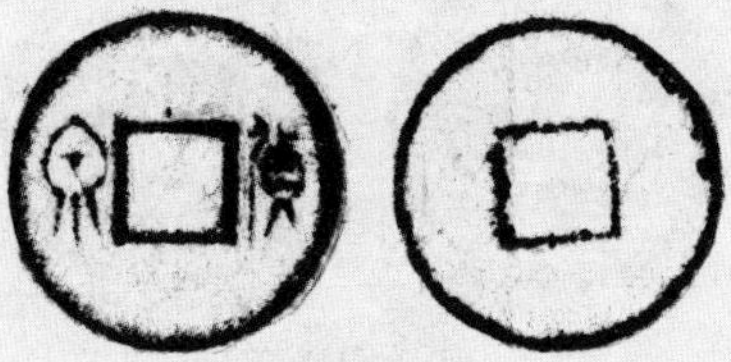

狭穿细廓　径23.3mm　重3.3克

中穿细廓　径22.8mm　重1.82克

广穿细廓　径22.6mm　重3克

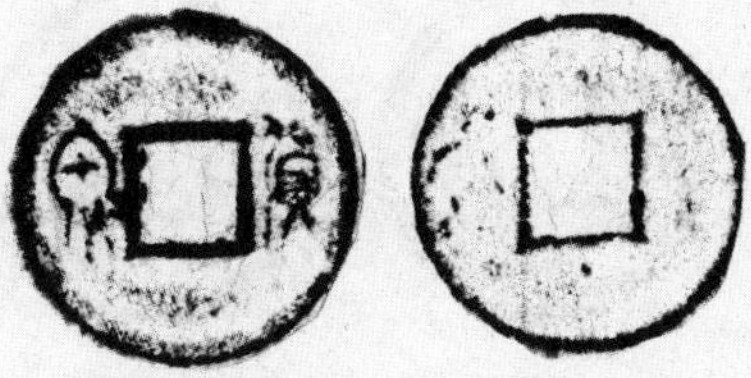

狭穿粗廓　径23.3mm　重3.25克

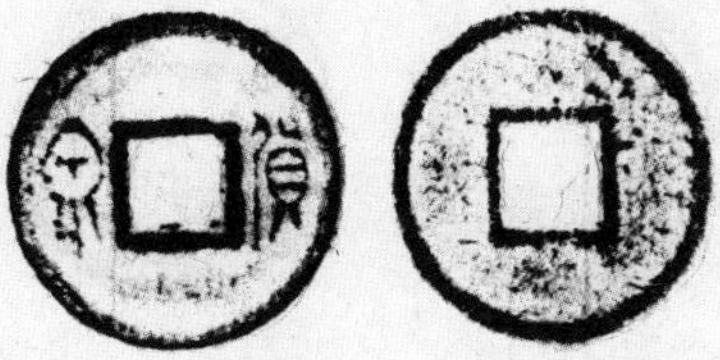

中穿粗廓　径22.8mm　重3克

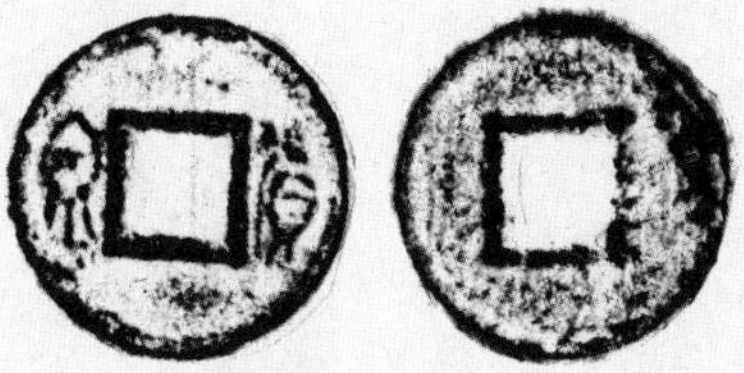

广穿粗廓　径23.4mm　重3.5克

重廓　径23.2mm　重3.1克

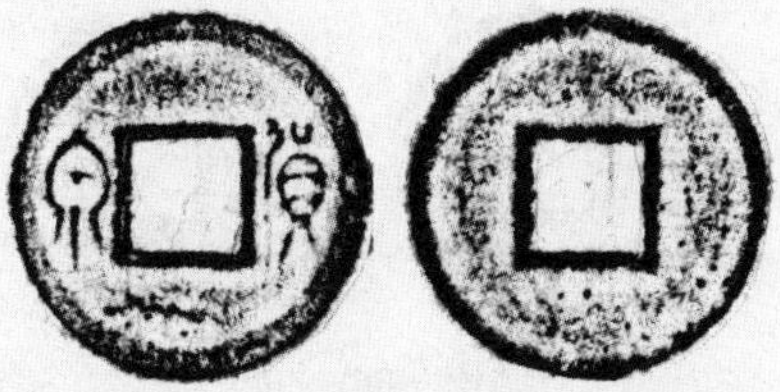

重廓　径24.1mm　重3.25克

重廓・细字　径23.2mm　重2.8克

重廓・背两出文　径23.3mm　重3.3克

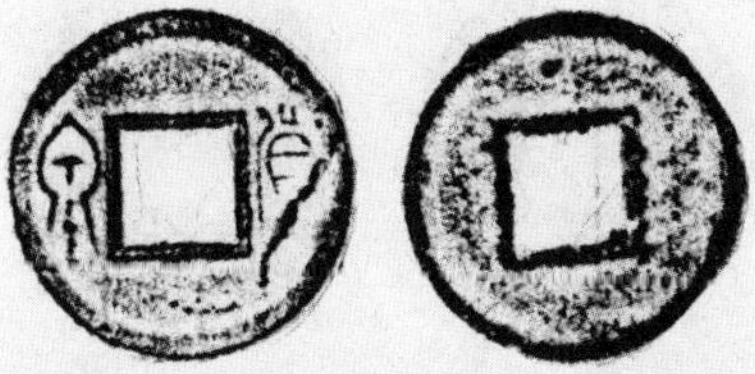

重廓・背上星　径23.7mm　重3.1克

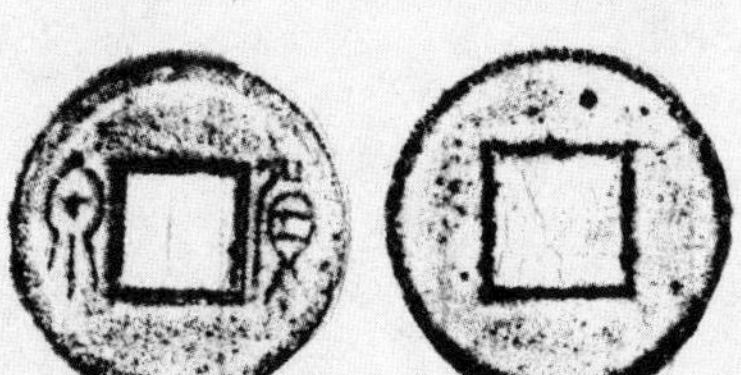

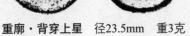

重廓・背穿上星　径23.5mm　重3克

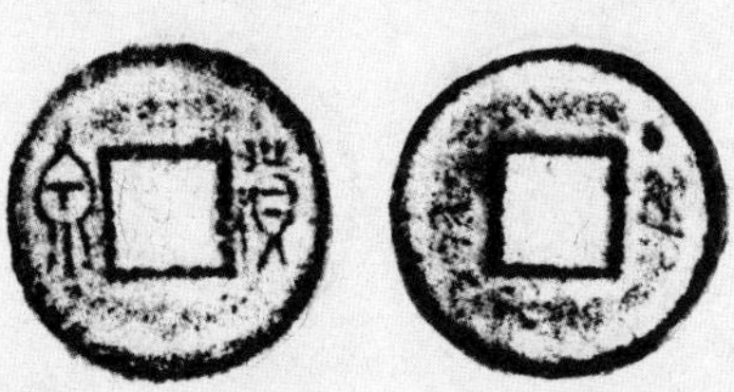

有内廓・背穿右星　径23.3mm　重3.5克

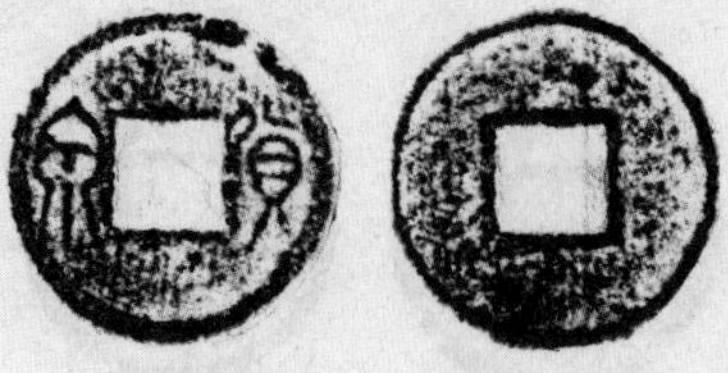
内廓·穿上星　径22.6mm　重2.57克

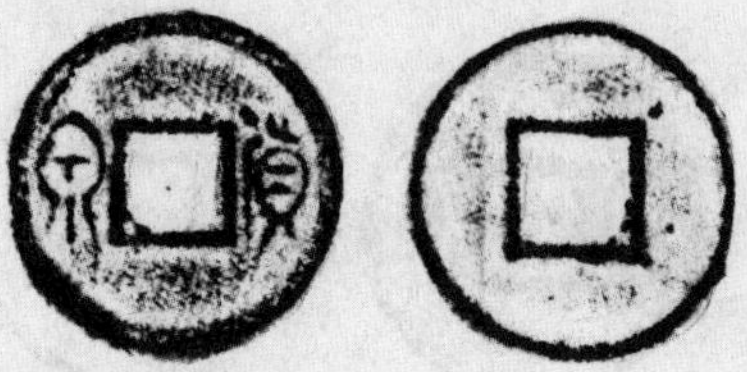
内廓、背右上星　径23.7mm　重3.2克

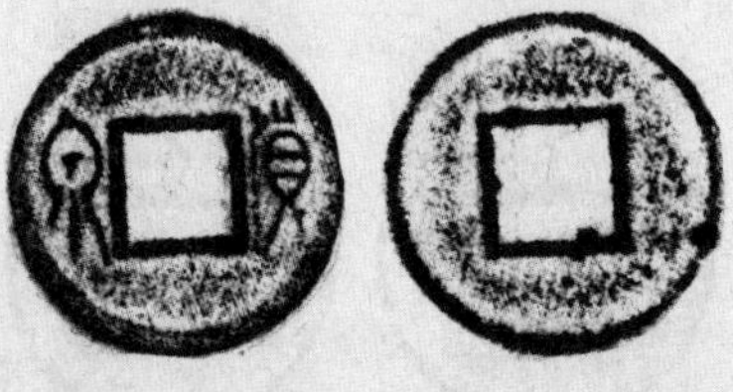
内廓、背外廓星　径23.5mm　重2.7克

## 私铸粗劣钱

径21.4mm　重2.4克

径19.6mm　重1.3克

## 厚重饼泉

径24.3mm　重6.7克

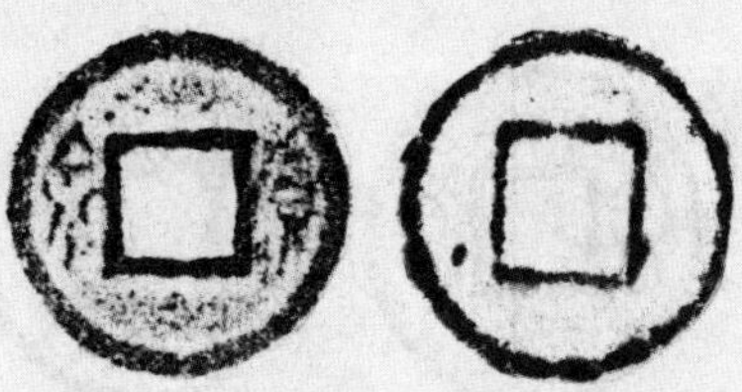
背左下星　径23.7mm　重5.7克

## 异　字

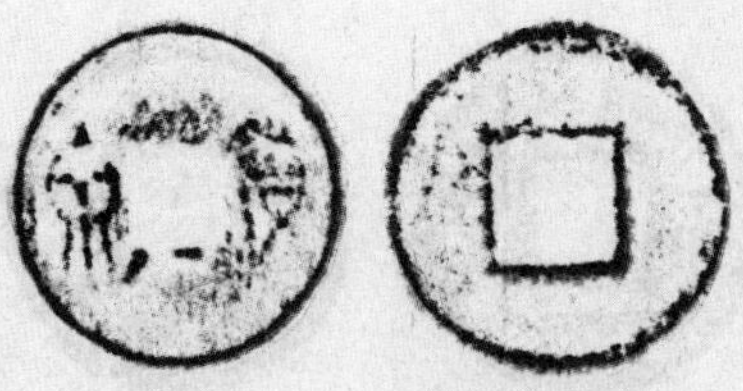
“将军头”、“娃娃脸”泉
径22.5mm　重3克
（本泉尚为左决文、穿下星）

◀ 本品之泉字，T字之横被断成两点，与短竖一起组合，酷似人的眼鼻，泉之顶部又刻意做成凸尖，似头盔之顶。整体看，酷似“将军头”、“娃娃脸”。

**“娃娃脸”、右下决文**
径22.9mm　重3.9克

◀ 本品泉字与上一品相似。只是形象不如上一品奇妙。

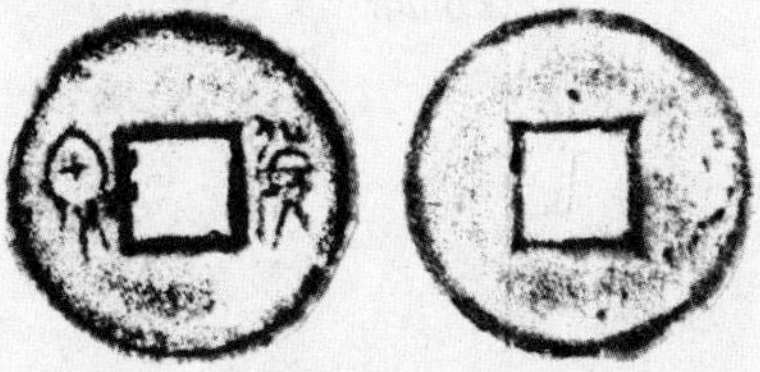

**十字泉（T字为一“十”字）**
径23.3mm　重3.2克

**一横泉（T字仅有一横）**
径23.3mm　重2.95克

**玉筋篆泉（非悬针篆）**
径22.1mm　重2.42克

**粟尖泉**
径22mm　重1.9克

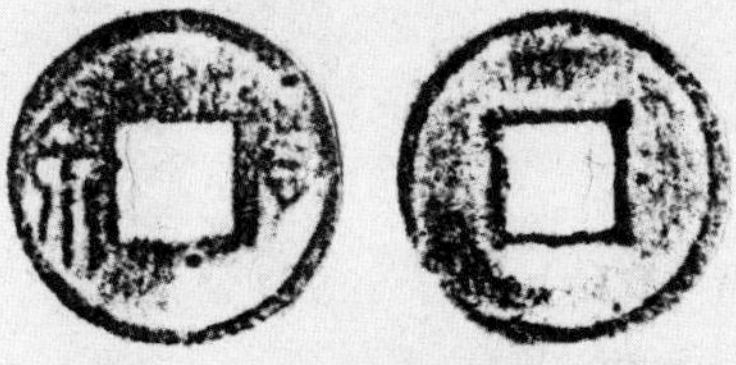

**异泉、平外廓、背四决**
径22.6mm　重2克

**重偏旁货**
径22.9mm　重3.2克

**重货**
径23mm　重2.9克

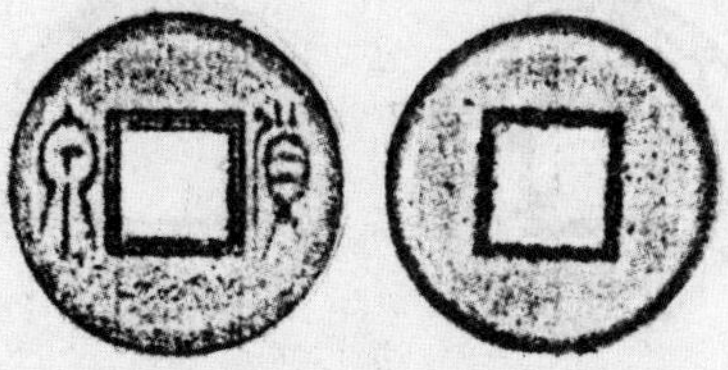

**双竖货（化字头为两竖）**
径23mm　重3.35克

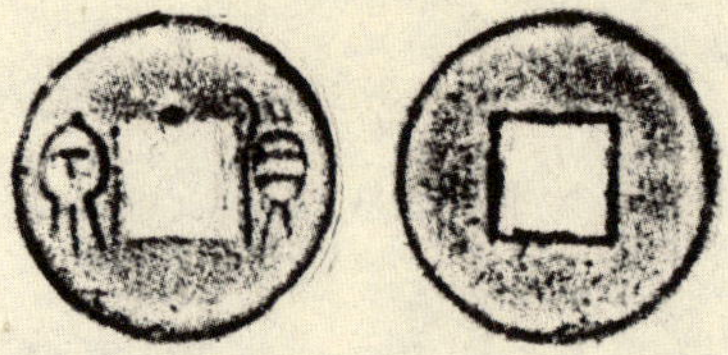

“扬手货”
径22.5mm　重2.1克

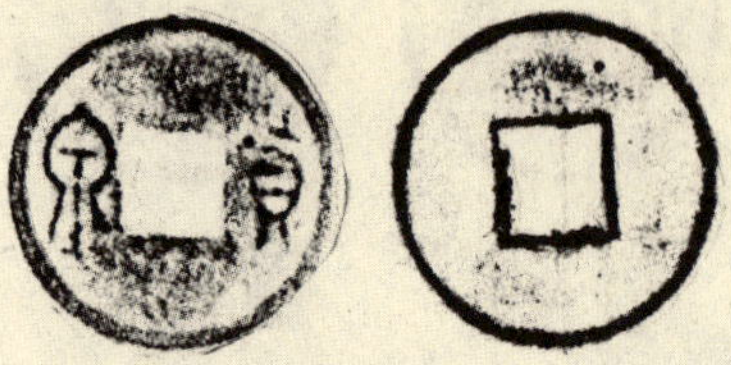

无偏旁货
径22.6mm　重2.5克

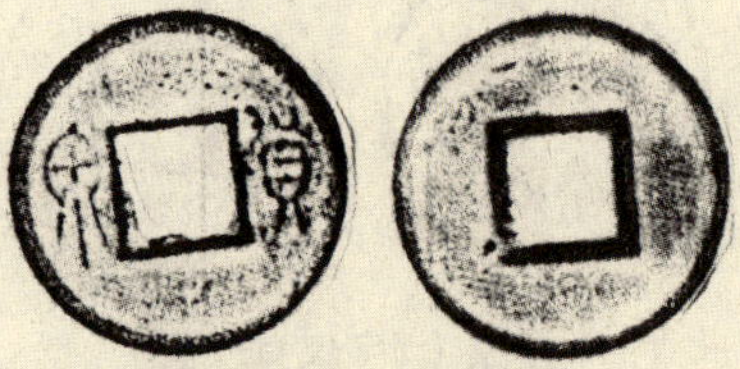

“戴冠货”（化字左右垂下）
径23.4mm　重2.6克

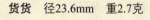

## 货泉异品

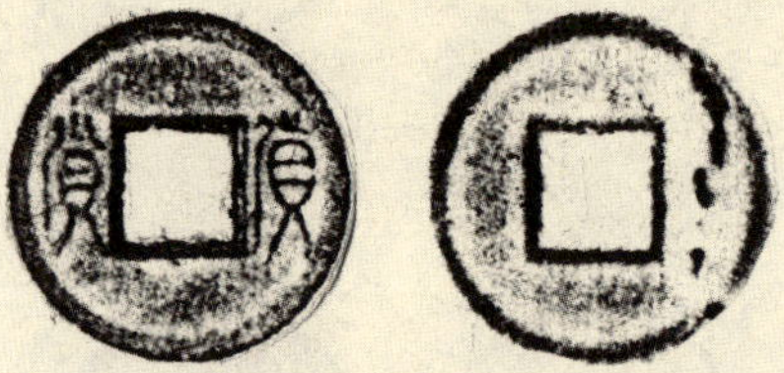

**货货**　径23.6mm　重2.7克

◀ 是品诸谱未见。西北大学出版社之《中国古代货币》曾说有“货货”，但无拓图。

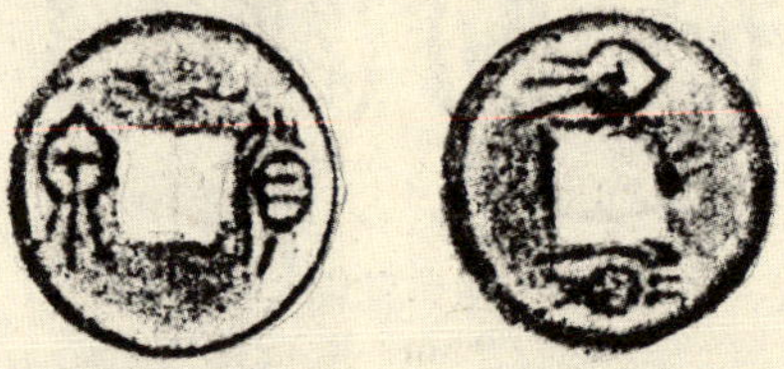

**合背（真品）**
径23.5mm　重3克

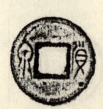

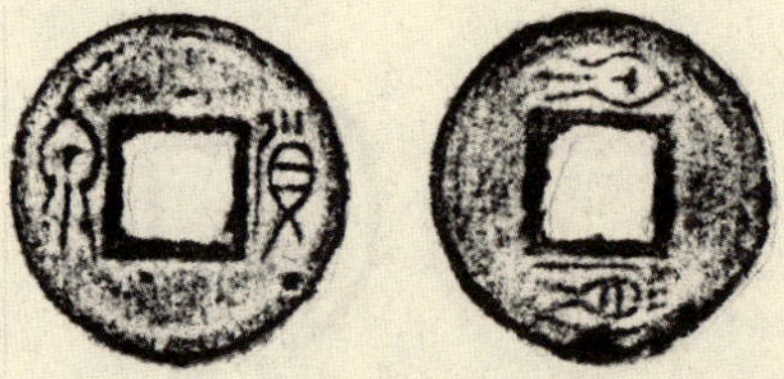

**合背（赝品）**　径23.9mm　重3.9克

◀ 本品为早年购买。为两枚货泉磨平后背粘合而成。

## 布　泉

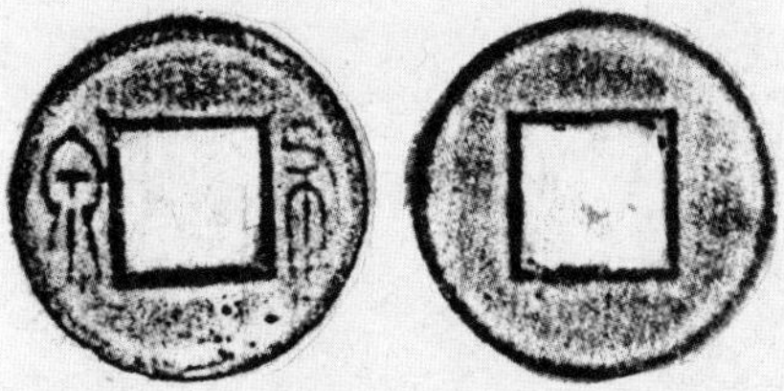

穿上左右决文
径26.1mm　重2.8克

重廓、穿下左右决文
径26.3mm　重3.3克

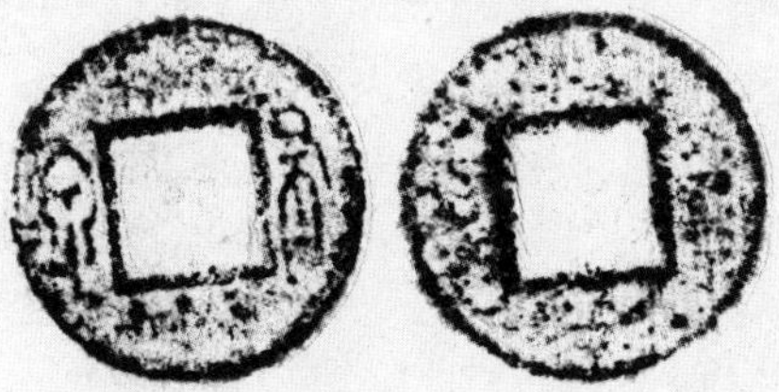

无决文·大样
径26.5mm　重2.7克

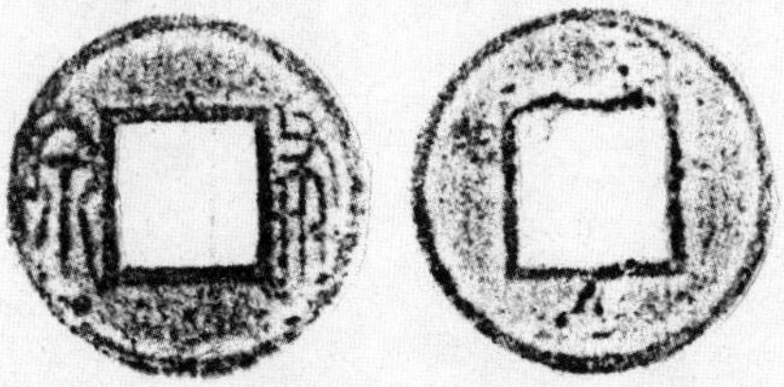

无决文·小样
径26.5mm　重3.6克

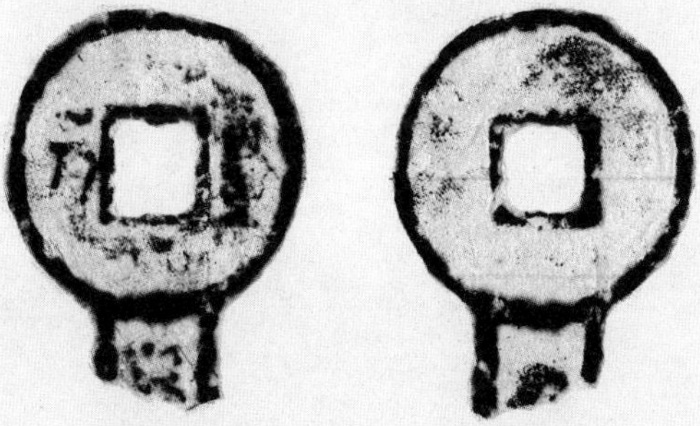

契刀头

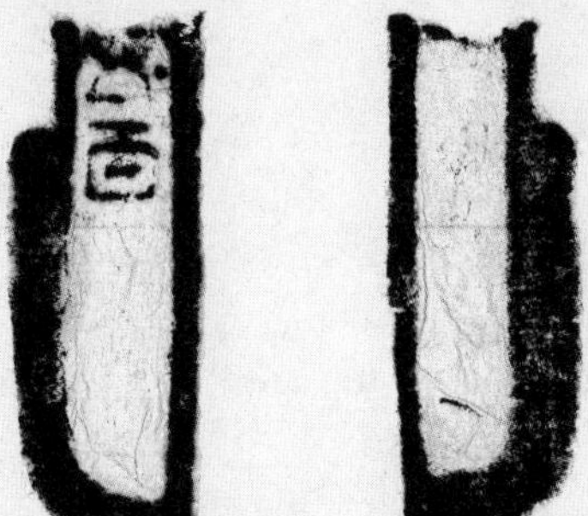

契刀柄

◀ 王莽铸的“金错刀”（一刀平五千）和“契刀五百”真品，笔者多年无缘集得，只获得“契刀五百”残品刀头和刀柄各一件。在此亦收入此书，可见集藏之不易。

# 五

# 三国货币

三国时期（公元220～265年），魏蜀吴鼎立，政治分裂，货币制度也随之分裂。

《三国志·魏书》记载，曹魏之世未铸新钱。民间交易主要使用的是前期旧钱。

蜀汉于建安十九年（公元214年）铸行“直百五铢”，一枚当旧五铢钱百枚使用。由于连年用兵，军费不足，后改铸形制较小的“直百”钱，均为方孔圆钱，前者面文为“直百五铢”，有光背、背文两种，背文有“工”、“为”、“王”、“七”、“十三”等；后者面文“直百”，径不足两厘米，仅重1～2克。蜀还铸有钱形与直百相似的“直一”小钱，另有“定平一百”和“太平百钱”，多认为亦是蜀铸。

东吴铸行的钱币主要有两种：“大泉五百”和“大泉当千”。钱文均为顺时针旋读，面背均有内外廓。初期大型厚重，以后逐渐减重。出土发现还有史书未载的“大泉二千”和“大泉五千”。

三国在历史上不过是区区几十年的匆匆过客，故铸钱数量有限。蜀“直百五铢”、“直百”、“定平一百”，传世稍多，“直百五铢”背文“为”者较为稀见，小钱“直一”则极为罕见。东吴钱传世较均少，最为稀罕的是“大泉五千”，属古泉名珍。

**蜀 钱**

**直百五铢**

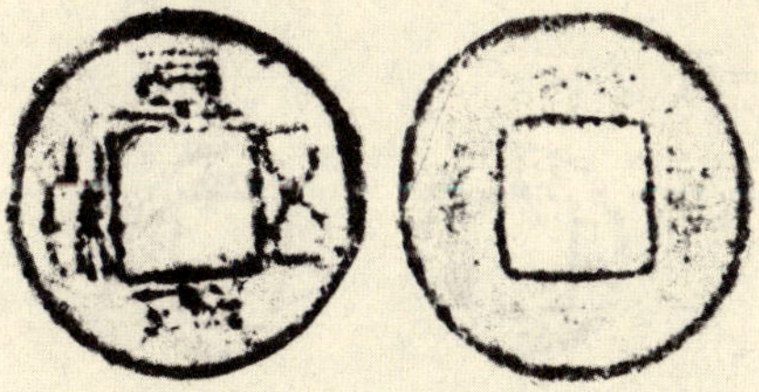

初铸 径27.3mm 重6.6克

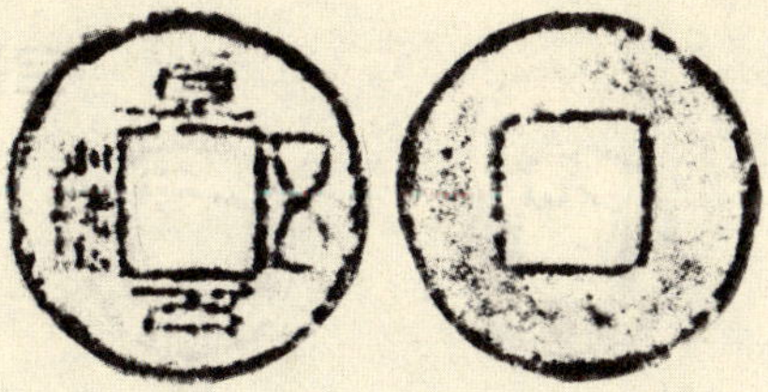

初铸 径27.2mm 重7.2克

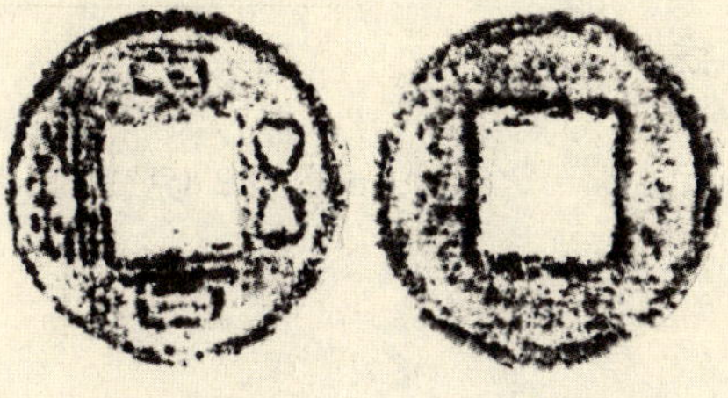

轻薄 径27.3mm 重3.73克

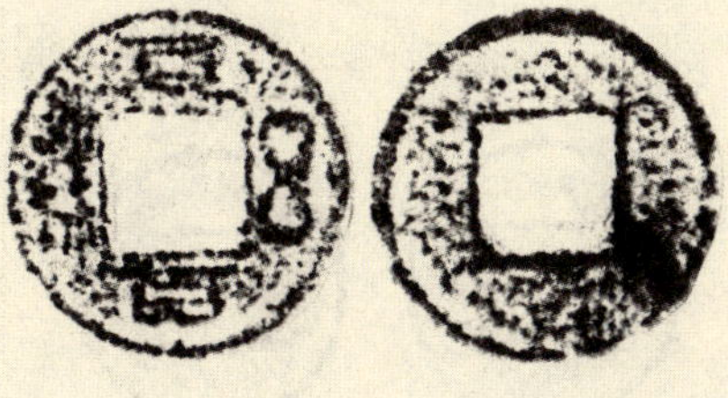

轻薄 径26.4mm 重3.1克

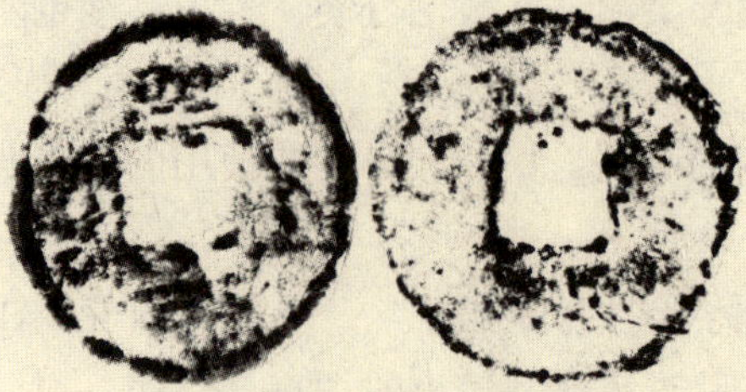

铁质　径29.3mm　重5.9克

铁质　径26.6mm　重5.2克

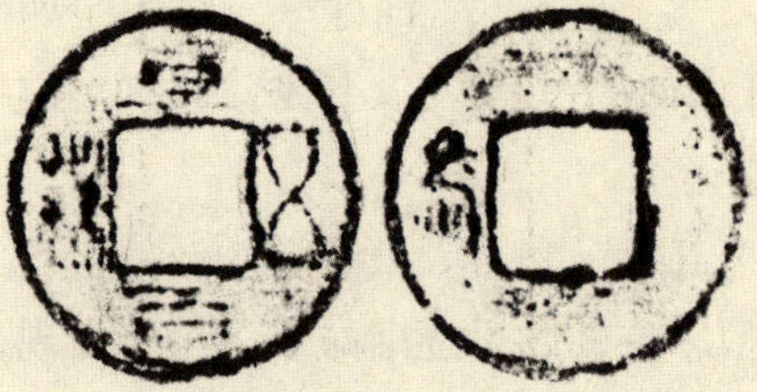

背为　径27.5mm　重6.3克

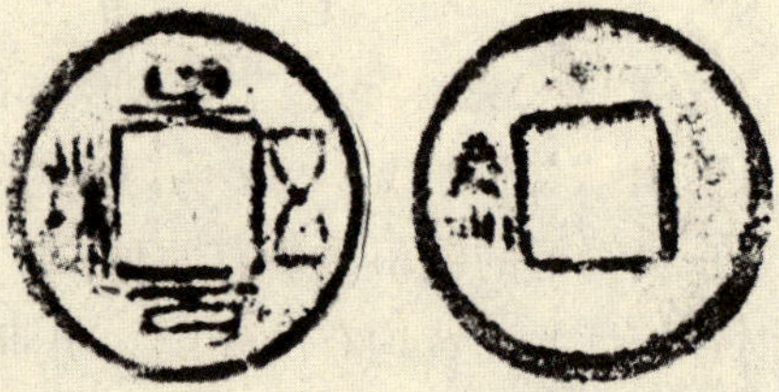

径26.7mm　重6克

## 太平百钱

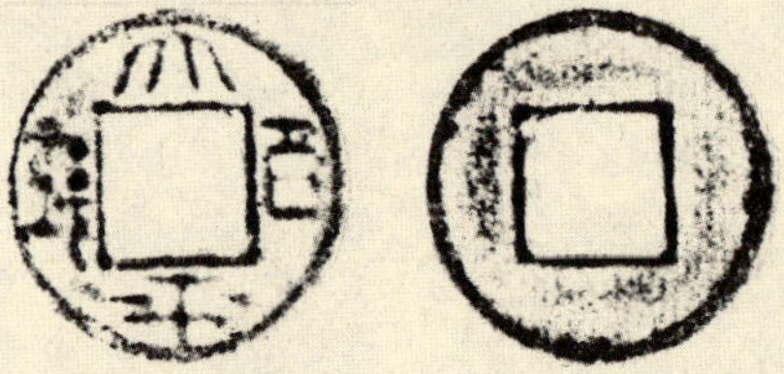

径24.8mm　重3.15克

## 直　百

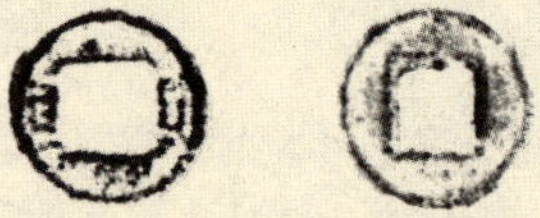

径1.36mm　重0.6克

## 定平一百

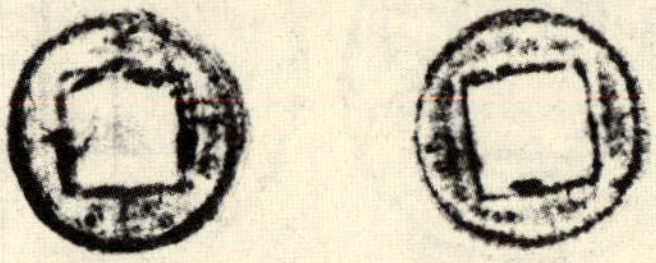

径1.61mm　重0.9克

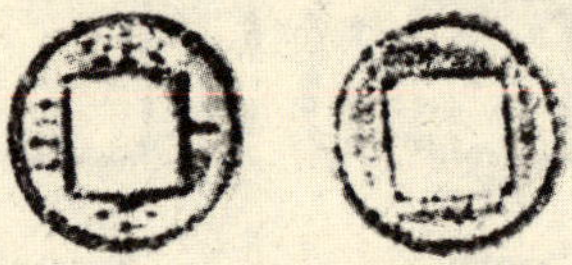

径1.61mm　重0.8克

## 蜀 五 铢

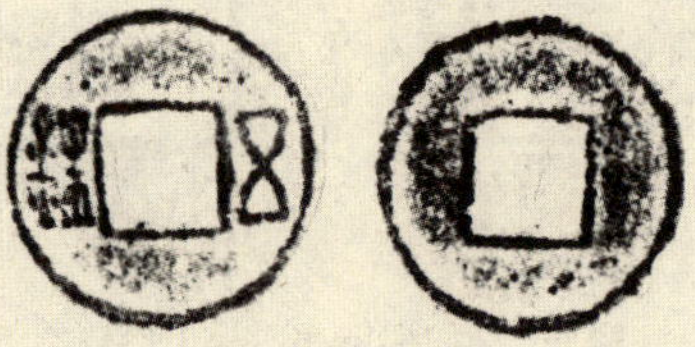

径21.6mm　重2.8克

◀ 此泉泉界习称“蜀五铢”。近年有学者据出土情况，提出其应为前凉张轨所铸。

## 吴　钱

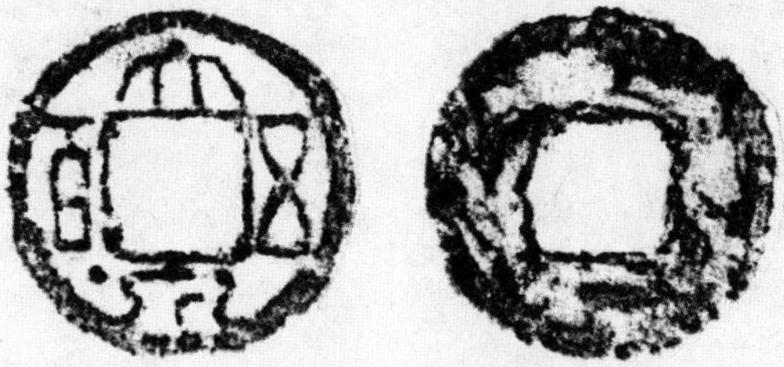

**大泉五百·百下星**
径30mm　重7.3克

**大泉五千**

径36.7mm　重13.3克

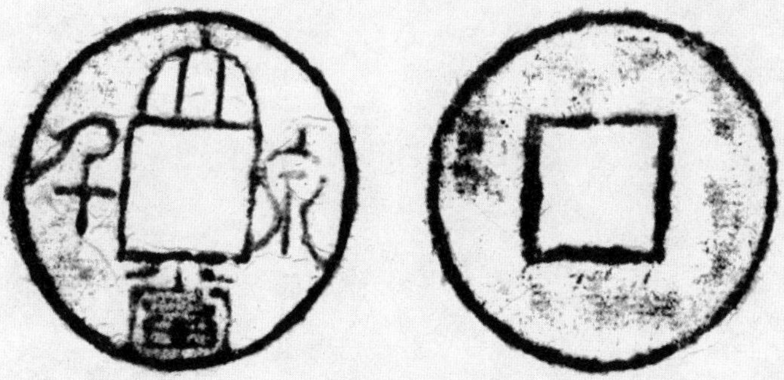

**特大型大泉当千**

径41.5mm　重21.6克

# 六 两晋、南北朝货币

司马氏代魏，兼并蜀、吴，于公元220年建立统一的西晋政权。一度有“太康之治”的短暂兴旺，但不久即陷入分裂，进入了我国历史上最长的两晋南北朝动乱时期。在长达三个多世纪里，全国各地政权割据，战祸连结，社会经济动荡不安，货币经济也受到严重影响，成为一个货币大混乱的时期。

### （一）两晋、十六国货币

1. 西晋、东晋货币。《晋书·食货志》载，西晋时沿用汉魏五铢钱，没有铸造新钱。东晋亦一直未铸新钱，在流通中主要沿用孙吴地区原来流通的旧钱，轻重杂行。

2. 十六国货币。西晋末年，由“八王之乱”为肇始，引发了一场空前的民族动乱，各族纷纷建立自己的政权，这就是历史上的五胡十六国时期。这一时期，各政权多自行铸造属于区域性的地方货币，形制皆为圆形方孔，钱文也打破铢、两相称的传统，出现了国号钱、年号钱。其中主要有以下几种。

汉兴：东晋成帝咸康四年（公元338年），成汉李寿改元“汉兴”，铸钱文“汉兴”钱，隶书，钱体轻小，有直读、横读两种。这是我国最早的以帝王年号命名的货币，传世少见。

丰货：东晋元帝大兴二年（公元319年），羯族首领石勒建立的后赵政权所铸。钱文“丰货”，篆书，文字苍劲古拙，传世少见。

大夏真兴：大夏赫连勃勃于真兴元年（公元419年）铸“大夏真兴”钱，制作较精。“大夏”为国号，“真兴”为年号，历史上国号与年号同铸于一枚钱币上，此为首例。该泉被泉界视为大珍。

凉造新泉：西晋末年凉州刺史张轨在河西地区建立前凉政权，铸“凉造新泉”钱，钱文篆书，文字瘦小端正，自成一格。传世罕少。另，史载张轨于公元313年曾恢复“五铢”钱制，铸行“五铢”钱。近年来，旧称“蜀五铢”的一种有内廓的小型五铢钱在武威等河西走廊一带常有出土，可能就是张轨铸的五铢。

### （二）南朝货币

南朝各国货币流通各自为政，流通区域有限。

1. 刘宋货币。宋文帝元嘉七年（公元430年）立钱署，铸“四铢”钱，重如其文，次年即废。孝建元年（公元454年），改铸面文“孝建四铢”钱，篆文，笔势飞动，有如翩翩舞袖，隽美异常，称“韭叶篆”，深为后世藏家喜爱。前废帝永光元年和景和元年（公元465年），又铸钱文“永光”、“景和”的两种两铢小钱，钱小穿大，轻薄如纸，极易损毁，传世极罕，为古钱名珍。

2. 萧齐货币。史载其在西汉铸钱旧址曾铸钱“千余万”，但至今不知所铸为何钱。

3. 萧梁货币。梁武帝于天监元年（公元502年）即始铸新钱，面文为“五铢”，重如其文，肉好周廓者称为“天监五铢”，无外廓者称为“公式女钱”。梁元帝承圣年间（公元552～555年），铸“二柱五铢”。钱文“五铢”，正面穿之上下各铸一星文，故称“二柱五铢”。太平二年（公元557年）改铸“四柱五铢”，面穿上下加背穿上下共有四个星点，谓之“四柱”。这两种五铢，传世比一般五铢少。

4. 陈的货币。陈初，延用梁末二柱及四柱五铢。陈文帝天嘉三年（公元562年）铸“五铢”钱，有内外廓，铸工较精，史称“陈五铢”。宣帝太建十一年（公元579年），铸“太货六铢”。钱面背肉好，周廓齐整，篆文清晰，匀称瑰丽，“太”字形如“叉腰天子”，制作精美绝伦，居南朝钱币之冠，极为钱币爱好者喜爱。

### （三）北朝货币

史载北朝交易多用谷帛，各政权铸钱不多。

1. 北魏铸币。北魏建国后相当长时间主要使用谷帛交易，直至孝文帝迁都洛阳后，作为其推行汉化的一个措施，始铸面文“太和五铢”钱，传世不多。孝庄帝永安二年（公元529年），改铸面文“永安五铢”钱，篆文，制作工整，传世尚多。

2. 西魏货币。北魏分裂为东魏、西魏后，双方征战不绝，却都沿用“永安五铢”，东魏曾改铸一次，但钱文依旧为“永安五铢”。永安五铢难以区分西魏、东魏铸品。

3. 北齐钱币。北齐代东魏之初，仍延用“永安五铢”，到文宣帝天保四年（公元554年），改铸钱文“常平五铢”钱，篆文，钱制规整，存世尚多。

4. 北周货币。北周初延用西魏五铢。武帝保定元年（公元561年）铸“布泉”，与五铢并行，一枚当五枚五铢。北周布泉与王莽布泉很易区别，莽钱为悬针篆，北周布泉为玉筋篆。武帝建德三年（公元574年），又铸行“五行大布”，以一当“布泉”十。静帝大象三年（公元581年），又铸“永通万国”，初铸时一枚当“五行大布”十枚。钱体厚重，篆书极为华美。北周所铸之“布泉”、“五行大布”、“永通万国”，制作精美、传世不多，永通万国尤罕，素为泉界追捧，被誉为“北周三品”。

两晋南北朝时期，政权割据，战乱频仍，币制分裂，却留下了众多美泉、珍泉，为中国货币文化增添了迷人的风采，也算是不幸中的一件幸事。

## 丰货（后赵石勒铸）

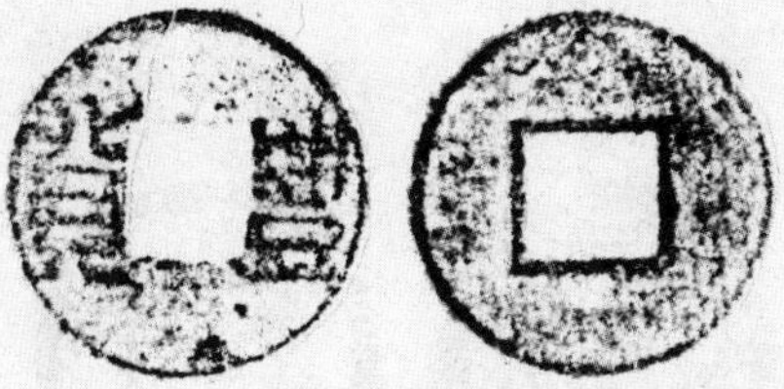

大字　径25.5mm　重3.5克

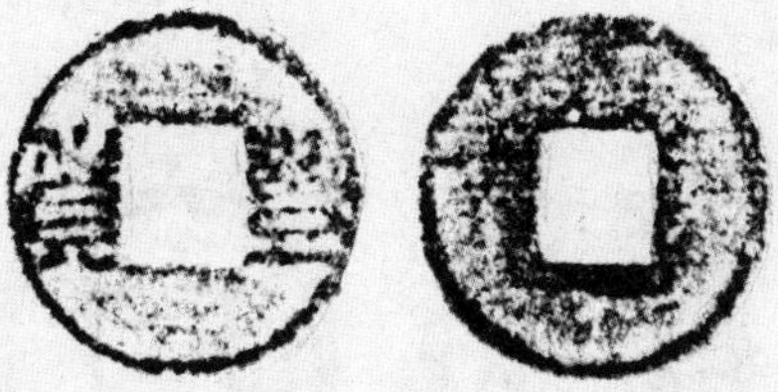

小字　径24.7mm　重2.8克

## 孝建四铢（南朝宋孝武帝铸）

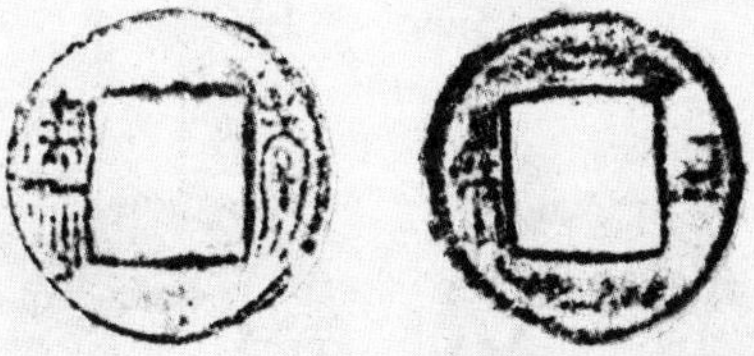

径22.6mm　重1.2克

## 永光、景和（南朝宋前废帝铸）

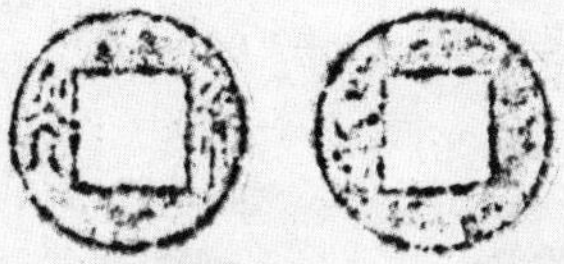

径16.6mm　重0.37克

径17.2mm　重0.43克

◀ 永光、景和钱轻薄如纸，钱小穿大、极易损敛，传世极罕，为古币名珍。

## 太货六铢（南朝陈宣帝铸）

▼ 太货六铢制作精美绝伦，居南朝钱币之冠。

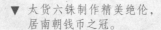

径25.7mm　重3.6克

径25.8mm　重3.4克

径25.1mm　重4克

径25mm　重3.5克

## 永安五铢（北魏孝庄帝铸）

初铸大样、背四决
径24.4mm　重3.3克

初铸大样
径24.5mm　重3.35克

背土　径22.3mm　重3.5克

径23.8mm　重3.62克

径23.3mm　重3.25克

缘上星　径22.7mm　重2克

## 常平五铢（北齐文宣帝铸）

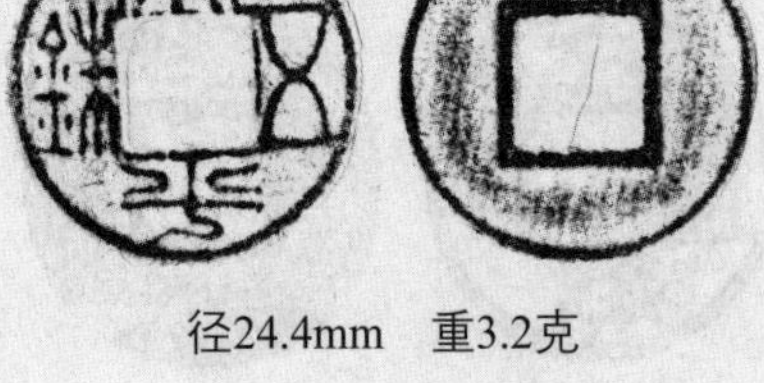

径24.4mm　重3.2克

径24.1mm　重3.4克

## 北周三品：永通万国、五行大布、布泉

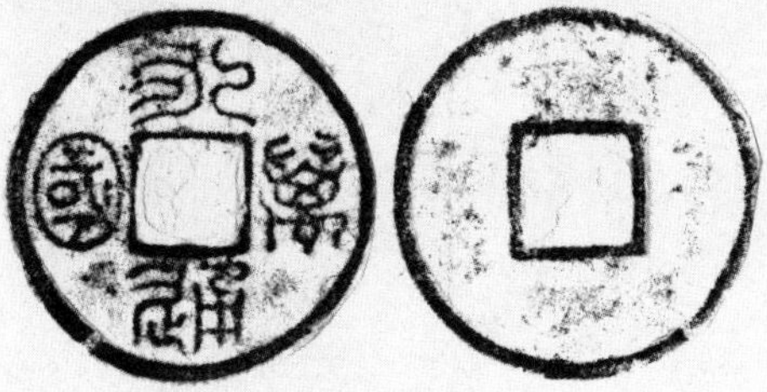

径30.5mm　重5.5克

径27.4mm　重3.8克

径27mm　重3.6克

径30.2mm　重4克

径27mm　重3.6克

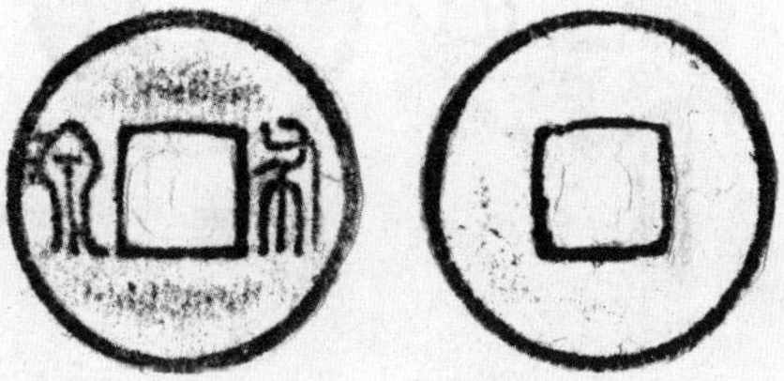

径26mm　重3.8克

径29.2mm　重5.95克

厚重　径26mm　重6.3克

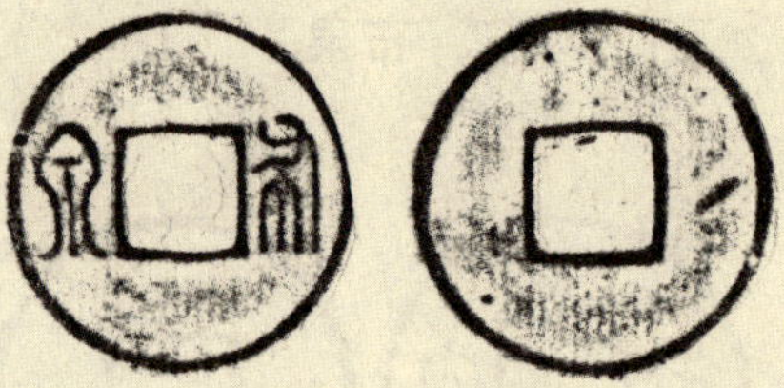

背右月　径25.8mm　重3.05克

## 五　铢

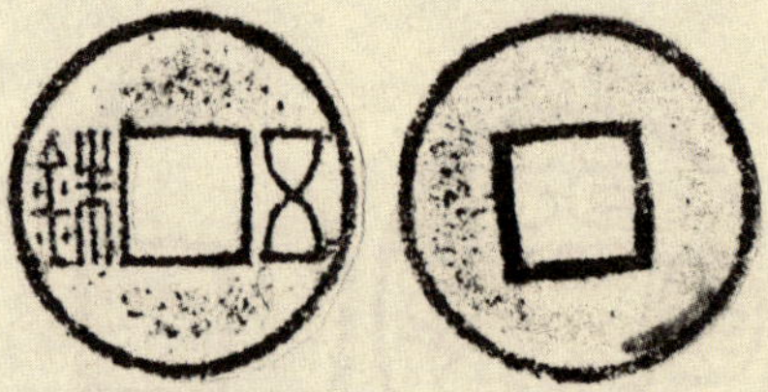

径25.2mm　重2.95克

是品五铢泉界旧称“陈五铢”，认为是南朝陈文帝所铸。亦有人认为其为“天监五铢”，为梁所铸。近年有人论证其应为北周所铸。可与“北周三品”合称“北周四品”。

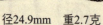

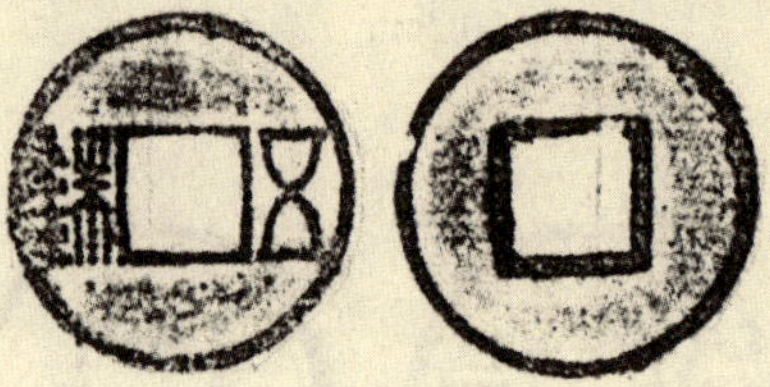

径24.9mm　重2.7克

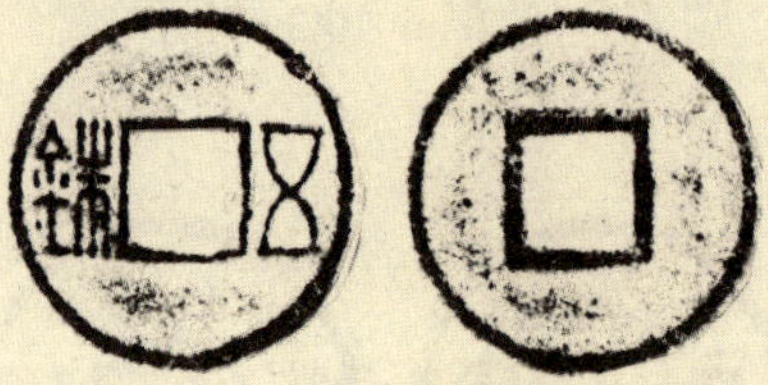

径24.7mm　重3克

## 太清丰乐

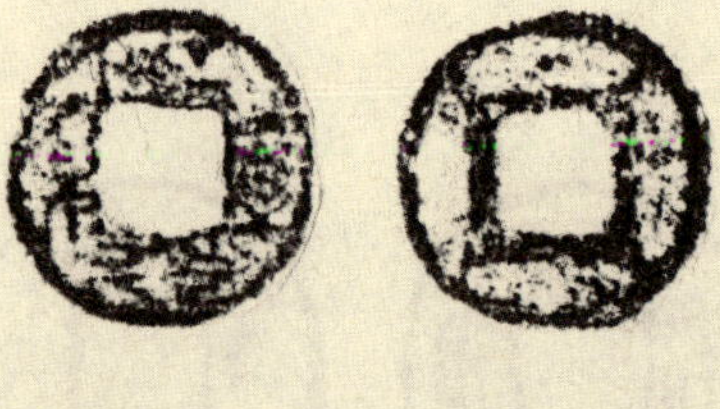

太清丰乐一说为梁武帝所铸，一说为前凉张天锡称太清年时所铸。

# 七

# 隋代货币

隋朝（公元581～618年）结束了三国两晋长期分裂割据的局面，重新建立了统一的多民族国家。政治安定，经济出现了空前的繁荣景象。隋文帝开皇元年开始整顿币制，铸行新样式的标准五铢钱，钱文“五铢”，重如其文，史称“开皇五铢”。为严禁一切旧钱和私铸钱的流通，隋文帝命令在各地关卡置百钱为样，凡合乎标准的钱才可入关，不合格的则一律销毁为铜。故“开皇五铢”又被称为“置样五铢”。至隋炀帝大业年间（公元605～618年）铸行“五铢”白钱。钱体比开皇五铢轻小，有“五”字双笔交叉和交股弧曲两种，因币材含锡、铅多，铜色青白，故称“白钱”。“五”字交股弧曲者较少。

隋五铢传世稍多，“置样五铢”较少。

**开皇五铢（置样五铢）**
径25.5mm 重3.5克

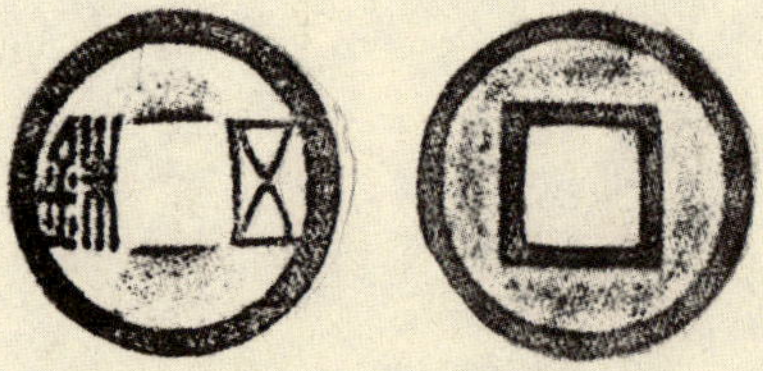

径23.3mm 重2.8克

**大五** 径23.7mm 重2.2克

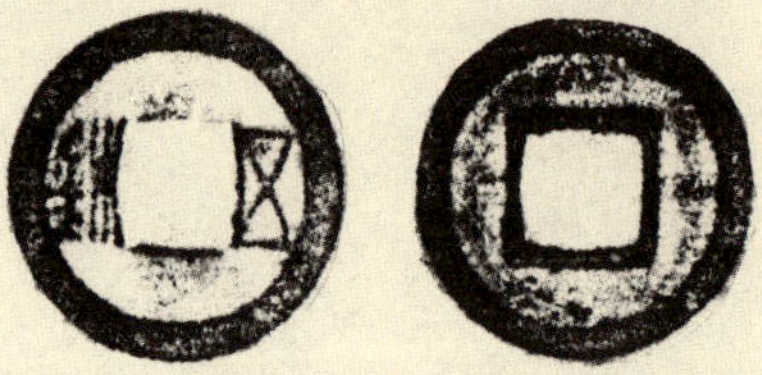

**小字·细字** 径23.5mm 重2.6克

**粗字** 径22.6mm 重1.9克

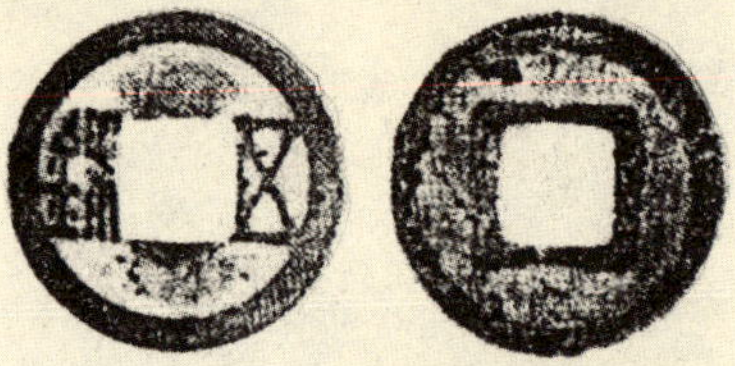

**轻薄** 径23.2mm 重1.8克

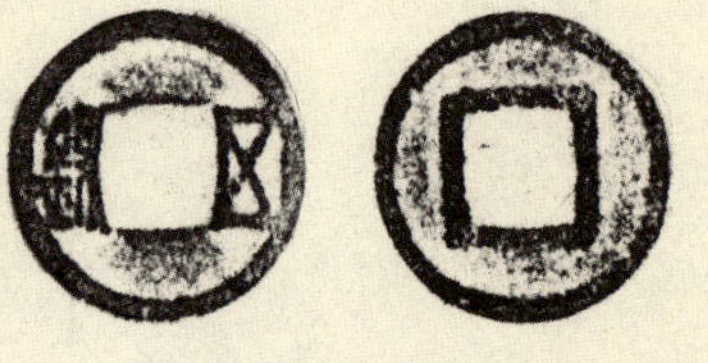

径20.9mm 重1.45克

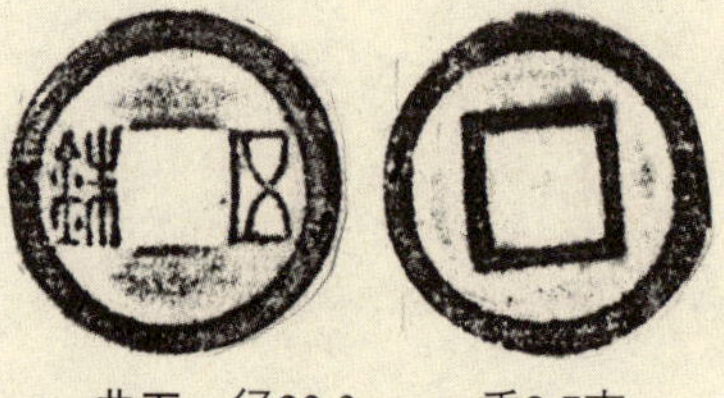

**曲五** 径23.3mm 重2.7克

径23.3mm　重2.5克

**面异纹**　径23.8mm　重2.85克

**面下月纹**
径23.5mm　重2.45克

**背上斜月**
径22.8mm　重2.75克

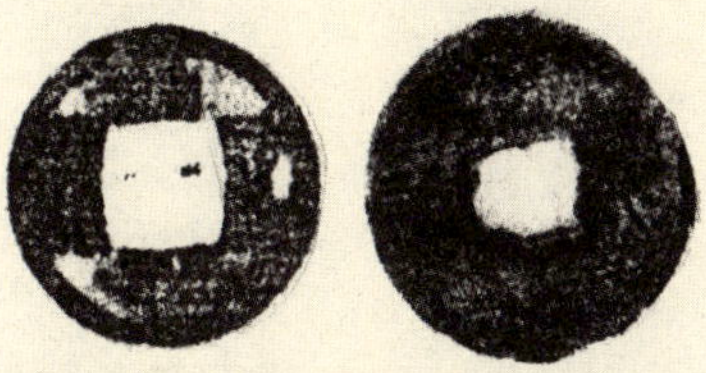

**待考**　径22.1mm　重3.3克

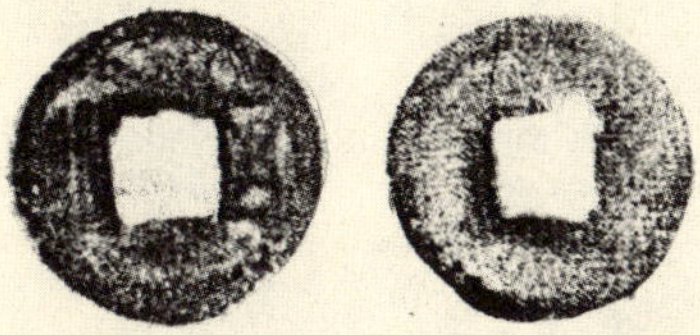

**私铸**　径21mm　重1.45克

# 八

# 唐代货币

唐朝（公元618～907年），封建地主经济在全国范围内得到较长时间稳定发展，经济、文化都呈现出一派繁荣景象，我国封建社会已进入了它的成熟时期。

唐初仍沿用隋朝的“五铢”钱。武德四年（公元621年），朝廷宣布废止“五铢”钱，改行“开元通宝”钱，俗称开元钱。“开元”即开国，表示创立一种新的钱制的意思。“通宝”，即流通的宝货之意。“开元通宝”钱制的建立，是我国货币史上继汉五铢钱制之后的一件划时代的大事。它标志我国金属货币脱离了以重量为名的“五铢”钱系统，发展为更高一级的铸币形式。自此以后，历代的铜钱都不再以重量命名，而皆名之“通宝”、“元宝”、“重宝”等。这种“通宝”钱制，自唐初一直持续了一千多年；而开元钱的大小轻重，也被后世作为“制钱”的楷模。

“开元通宝”的行用很是成功。终唐一世289年中，除高宗、肃宗时偶铸以年号为名的“乾封泉宝”、“乾元重宝”等钱外，一直铸行的是“开元通宝”。

唐开元通宝的铸行，大体可分为早、中、晚三期。

早期为武德开元。武德四年（公元621年）铸，轮廓规整，铜质纯净，铸工考究，钱文深峻，钱文传为大书法家欧阳询手书，四字端庄沉稳。高宗时期，铸行一种背部有一划痕的开元，但钱文、铸造工艺均与武德开元相似。

唐中期主要铸行各种式样的掐纹钱，主要为月形掐纹开元。

唐晚期主要流通背文铸州名、监名的“开元通宝”，因为是武宗会昌五年（公元845年）始铸，故称会昌开元，质薄量轻，铜质不纯，铸造工艺差别悬殊。背文为手工打制，见有京、洛、益、梓、昌、荆、蓝、襄、越、宣、洪、潭、兖、润、鄂、平、兴、梁、广、福、桂、丹、永共23个字，“平、福、桂、永、丹”五种较少，其中“永”字者最罕。

除官铸外，各时期还出现了数量不等的私铸开元通宝，主要有仿武德开元，小径掐纹开元、合背开元、花穿开元（方穿铸成花孔状）等。

唐代主要通行开元通宝，但在几个时期，也先后铸行过几种年号钱，主要为：

乾封泉宝：乾封元年（公元666年）铸，钱文楷书，极精。这是一种虚值钱，与开元通宝大小相似，却以一当十，不久停铸，故传世很少。

乾元重宝：肃宗乾元元年（公元758年）铸，面文“乾元重宝”，与开元通宝并行，以一当十；乾元二年（公元759年）又铸“乾元重宝”大钱，钱背外轮为重廓，故称“重轮乾元钱”，一当开元钱五十，因值虚难行，宝应二年（762年）改为当一文使用，以后遂铸行“乾元重宝”小钱，钱背铸有月、星等纹饰。

大历元宝：代宗大历年间（公元766～779年）铸，钱体轻薄，制作不精，偶有大而精美者。传世罕少。

建中通宝：德宗建中初年铸，存世罕少。

咸通玄宝：懿宗咸通十一年（公元870年）桂阳监铸，铸工不精，不久即废，存世极少，为唐钱第一珍。

此外，安史之乱期间，史思明据东都洛阳，初铸“得壹元宝”，钱体重大，外廓很宽，以一当开元通宝一百枚。即而恶“得一”非长祚之兆，改其文为“顺天元宝”。这两种钱文字生拙，字口深峻，存世均少，尤以“得壹元宝”为甚，故有“顺天易求，得一难得”之说。

此外，唐初高昌国尚铸有“高昌吉利”钱，钱文隶书，形制厚重，存世罕少。

**开元通宝**

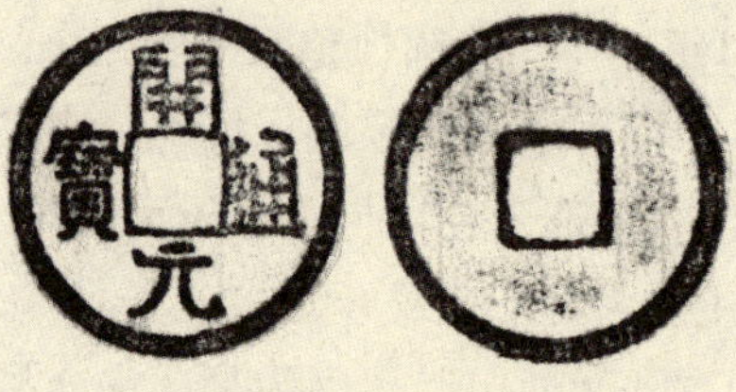

白铜、短一元　径25.2mm　重4.2克

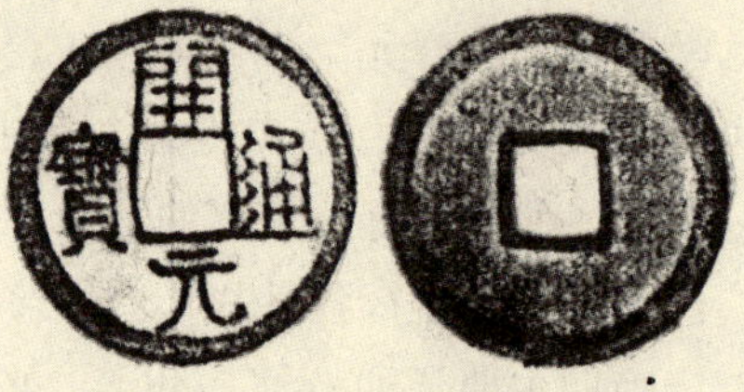

径25.7mm　重4克

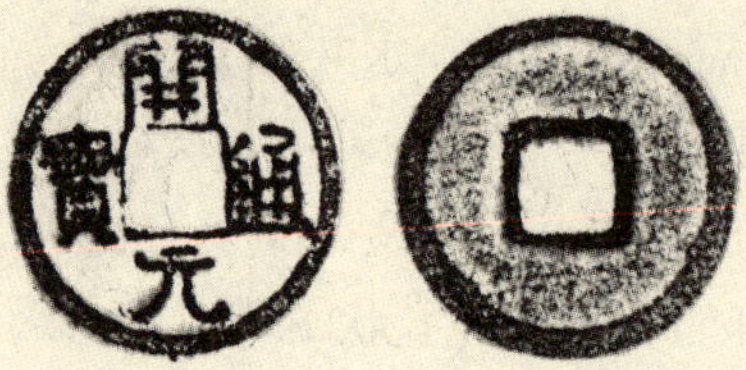

径23.6mm　重3.1克

径22mm　重2克

径22.8mm　重1.9克

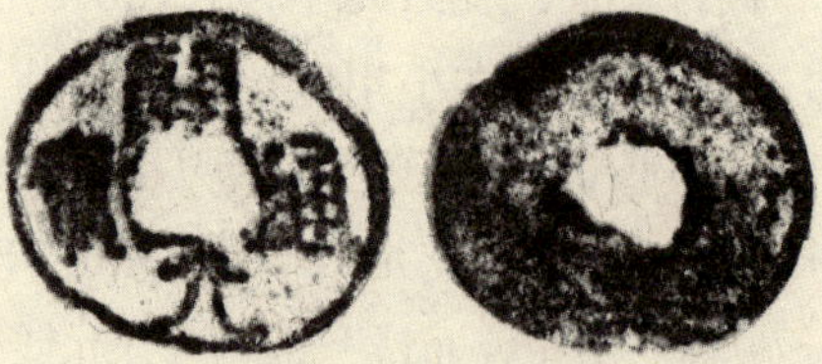

径23.6mm　重3.4克

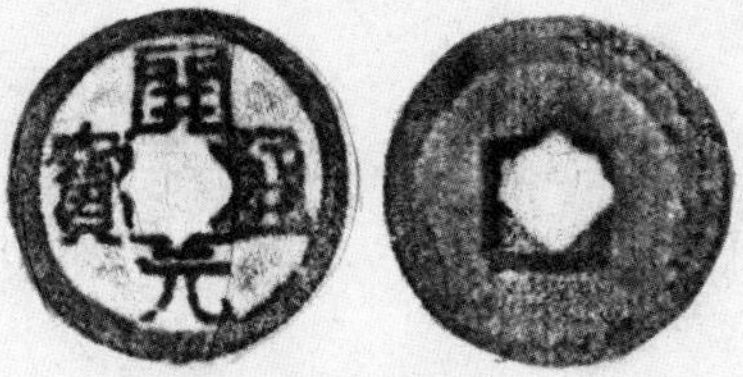

径24mm　重3克

径23.8mm　重3.3克

**大字小开元**

径22.9mm　重2.9克

径21.4mm　重1.95克

**字平夷·私铸**　径22.6mm　重1.6克

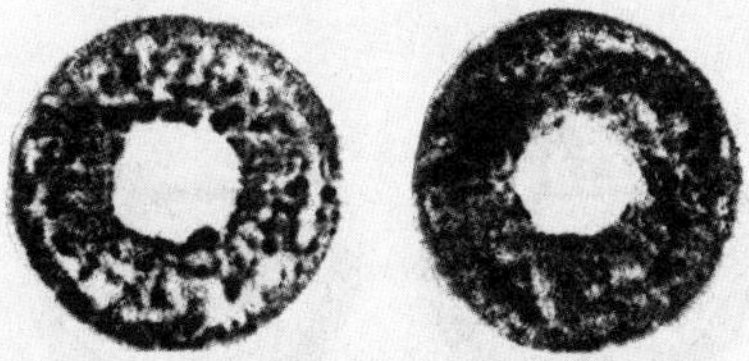

**粗劣私铸**　径22.5mm　重2.22克

**私铸薄小粗劣**　径20mm　重1.25克

**左挑元**　径26mm　重3.8克

**背无内廓**　径25mm　重4.12克

**右挑元**　径25.5mm　重4.12克

微右挑　径25.4mm　重3.65克

勾右挑·平背　径24.4mm　重4.2克

径24.1mm　重3.35克

径25.1mm　重3.6克

径23.6mm　重2.9克

径25.3mm　重3.95克

径24.8mm　重2.6克

白铜　径24mm　重2.55克

背宽沿　径25.2mm　重4.1克

◀ 是品元字左撇上出头连上横，形成“无”字

右挑元、背双月
径25.4mm　重4.25克

右挑元、宝下星、异元
径25.2mm　重4.5克

## 双挑元

双挑元（双短横）
径25.6mm　重4.4克

双挑元（双长横）
径24.5mm　重3.75克

小双挑、平背
径23.9mm　重3.12克

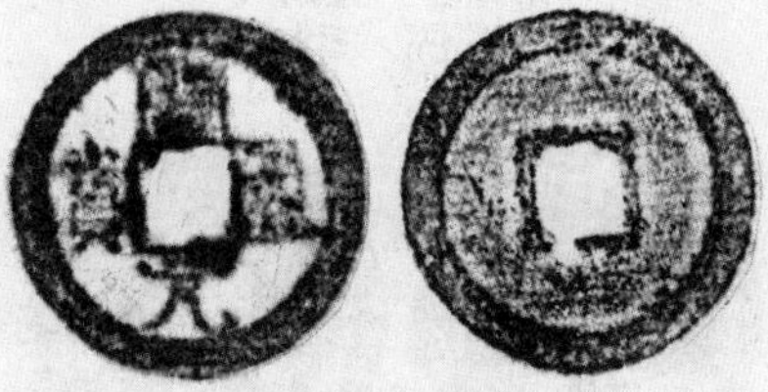

宽缘、双挑元
径25.5mm　重3.7克

双挑元、背上月
径25.5mm　重4.25克

白铜、通下星、背月
径24.8mm　重3.9克

双挑元、背上月
径25.1mm　重3.5克

双挑元、背上下双月、右星
径24.2mm　重4.5克

背左划痕
径25mm　重4.1克

背左粗划痕
径24.6mm　重4.4克

薄穿左下直划痕
径24.2mm　重3.15克

背左下划痕
径25.4mm　重4.12克

背右横划痕
径24.9mm　重3.75克

背右横纹
径24.6mm　重4克

背右上划痕
径25mm　重4.4克

背上右划痕
径25mm　重3.8克

**背右上划痕**
径24mm　重3.45克

**背右下划痕**
径24mm　重3.6克

**背下划痕**
径25mm　重4.25克

**背上仰月**
径25.7mm　重4.46克

径25.4mm　重5克

**背上断月**　径25.5mm　重4.9克

径24.3mm　重4.2克

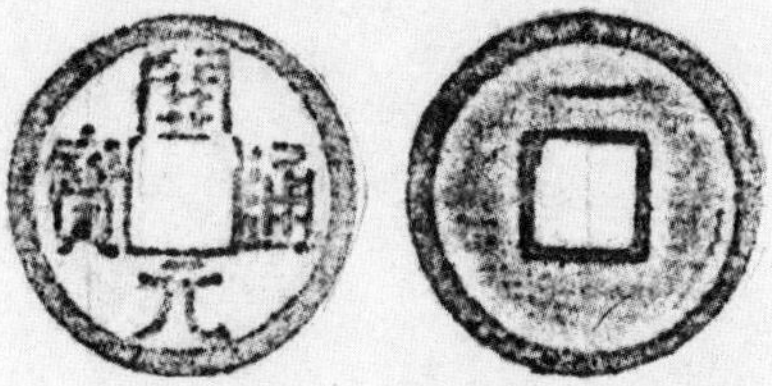

径24.7mm　重3.8克

径24.6mm　重4克

径24.6mm　重4克

径23.6mm　重3.4克

**背断月**

径25mm　重3.15克

**上腑月**

径25.7mm　重4克

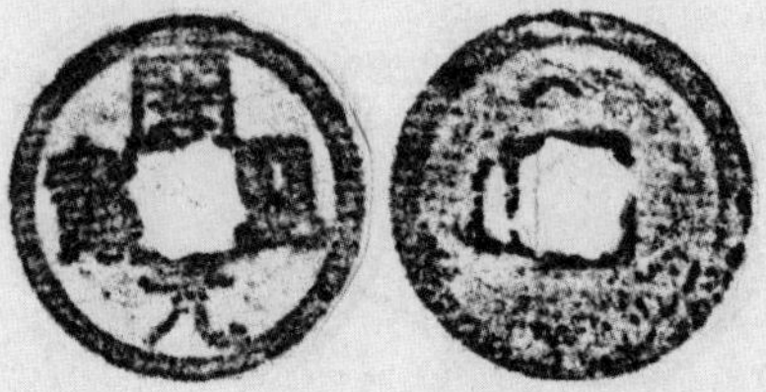


**上腑月・菱花穿**

径25.4mm　重3.75克

径24.8mm　重3.5克

径25.5mm　重4.15克

**背下俯月**

径25mm　重3.75克

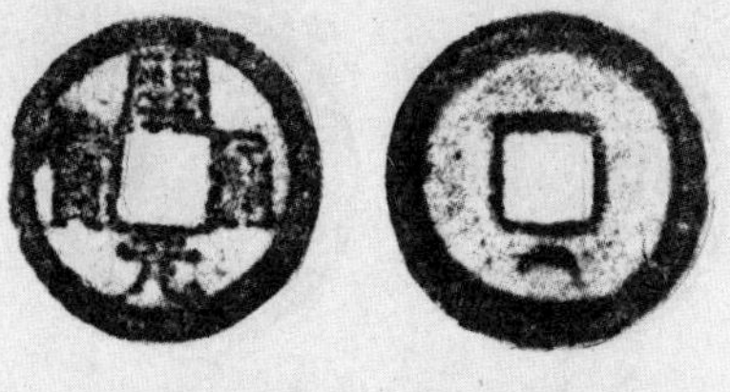


径23.5mm　重4.4克

**背下月・大字大样**

径26mm　重3.6克

径23.7mm　重3.6克

径24mm　重2.65克

背下“c”形月
径23.5mm　重3.6克

背左仰月
径25.5mm　重3.85克

径25.3mm　重4.7克

径25.6mm　重4.3克

径24.5mm　重3.9克

背左俯月
径24.9mm　重4.2克

背左上月
径24.8mm　重3.7克

背右月 · 宽沿厚重
径25.6mm　重5.1克

左下角月
径25.6mm　重4.15克

径25.1mm　重4克

直角左挑元、左下角月
径24.5mm　重3.55克

右上角月
径24.7mm　重4.2克

径25mm　重3.7克

左下角月
径24.6mm　重3.55克

下立月
径25mm　重3.9克

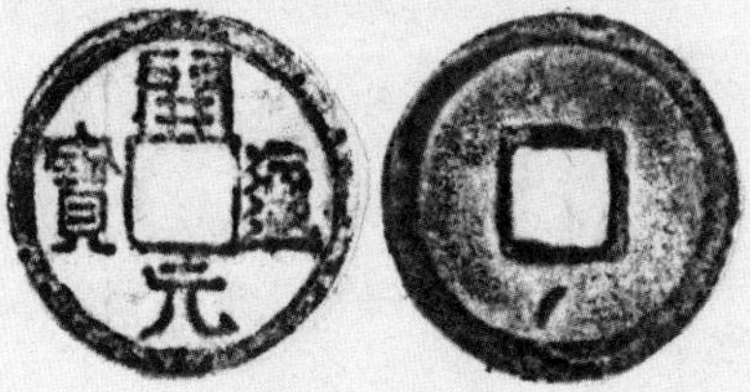

径25.5mm　重4.15克

径25.2mm　重4.16克

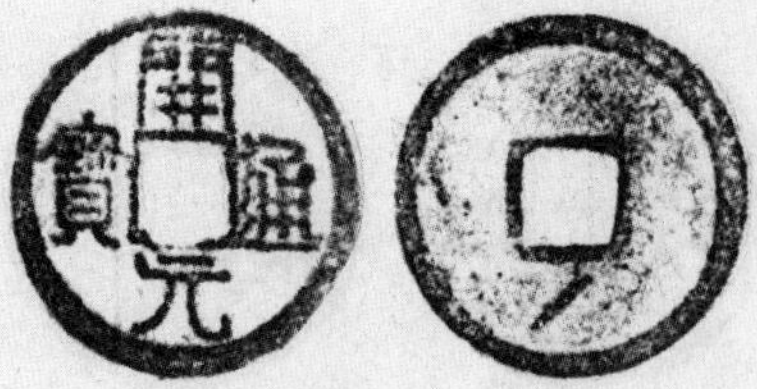

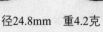

径24.8mm　重4.2克

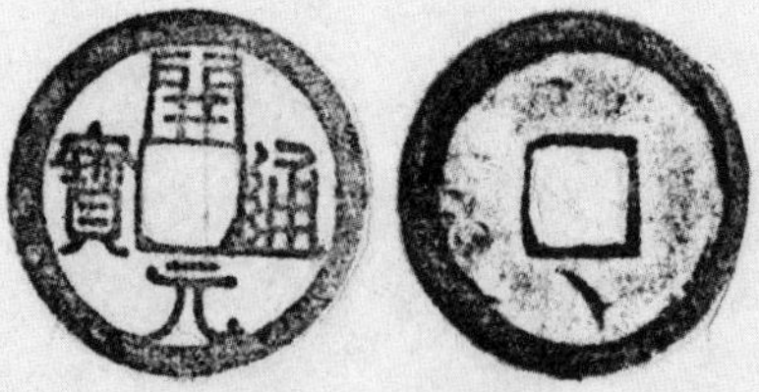

径25.2mm　重4.16克

径25.5mm　重3.7克

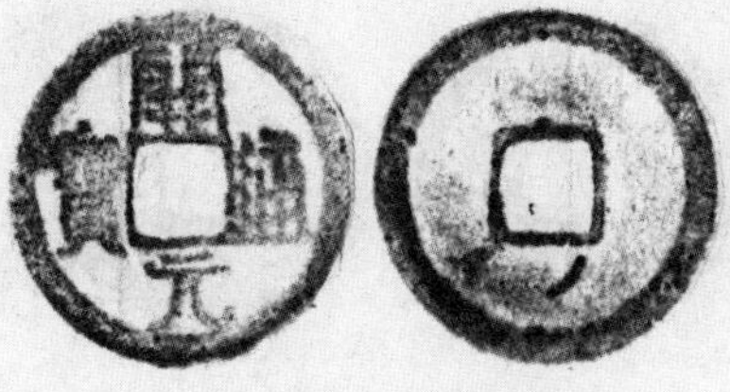

径25.5mm　重4.5克

上立月
径25.6mm　重3.85克

下“双棒”立月
径25.3mm　重4.57克

左“双棒”月、下“双棒”月
径24.8mm　重4.1克

◀ 是两品铸工在划刻月纹时，刻意连划两刀，形成孪生双月。奇趣！诸谱未见。

上仰月右一字纹
径24.3mm　重3.65克

上月左划痕
径25.2mm　重3.85克

右上孕月
径24.6mm　重4克

径25mm　重4.05克

径23.8mm　重3.5克

径24.7mm　重4.7克

径24.6mm　重4.3克

径25.4mm　重4克

径25.5mm　重4.6克

径25mm　重4.2克

径24.6mm　重3.3克

## 双月纹·多月纹

背上仰月，右巨月（诸谱未见）
径25mm　重3.75克

上下大双月
径24.5mm　重3.8克

**“雁飞”双月**
径25mm　重3.85克

径23.5mm　重3.35克

径23.5mm　重3.65克

径24mm　重3.95克

径24mm　重3.65克

径23.9mm　重3.1克

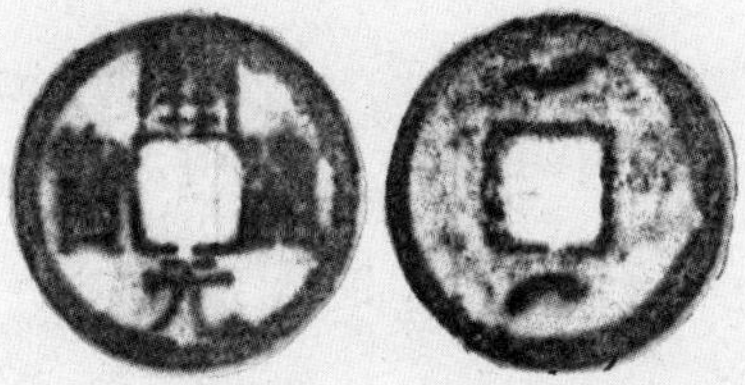

径24.1mm　重3.65克

**双月・上月挂星**
径24.7mm　重4.9克

径25mm　重3.1克

**上日下月**
径23.7mm　重3.95克

径24.3mm　重4.3克

径24.2mm　重4.1克

径22.8mm　重3.3克

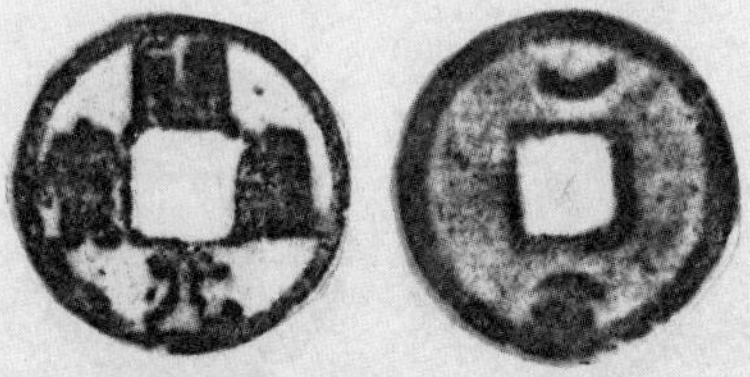

**背三月：上仰月、下叠月**

径23.7mm　重4.15克

**背三月**

径24mm　重4.22克

径24.1mm　重4.1克

径24.5mm　重4.3克

径24.1mm　重4.2克

径24.1mm　重4.1克

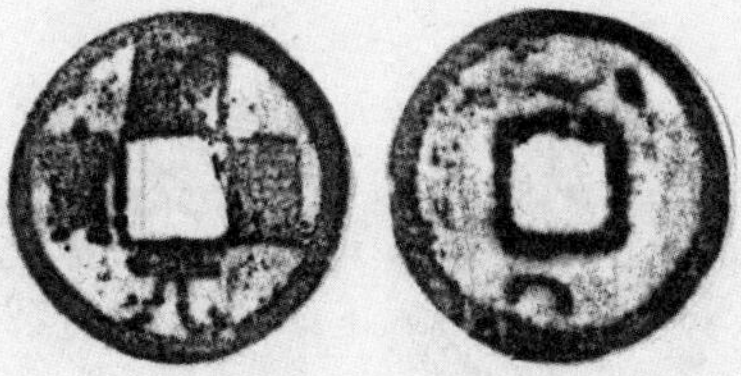

径23.7mm　重4.4克

径23.6mm　重4.12克

背上月下双连月
径23.6mm　重3.92克

上下月左右三划痕
径23.8mm　重4.1克

背四月
径23.6mm　重3.1克

背四月
径24mm　重3.95克

径24mm　重4.12克

## 星　纹

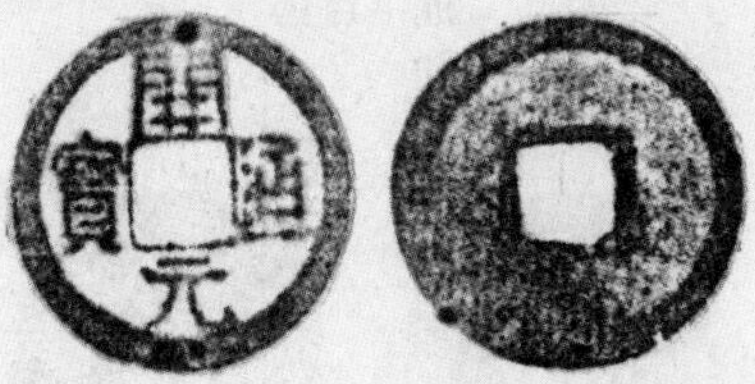

缘上星
径24.2mm　重3.75克

缘上星
径24.4mm　重4.24克

▲ 此两品外廓上星纹，清晰、端正，为铸工特意刻画，绝非流铜。诸谱未见。

**通上星·背月**
径25.2mm　重3.9克

**通上星、菱花穿**
径23.9mm　重3.8克

**宝上星·背月**
径24.6mm　重4.7克

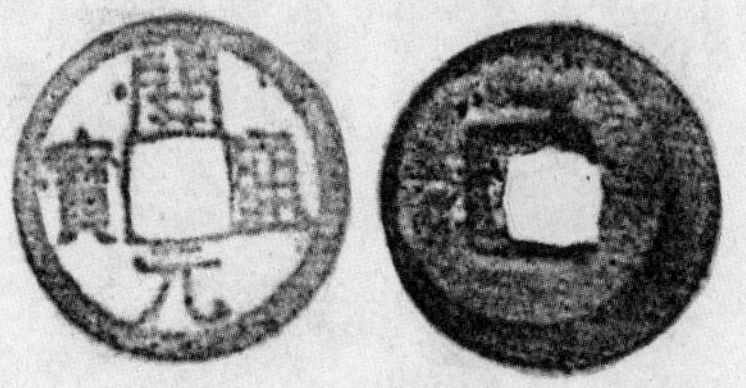

**宝上星·背月**
径24mm　重3.4克

**宝上星·背月**
径25mm　重3.6克

**通下星**
径25mm　重4克

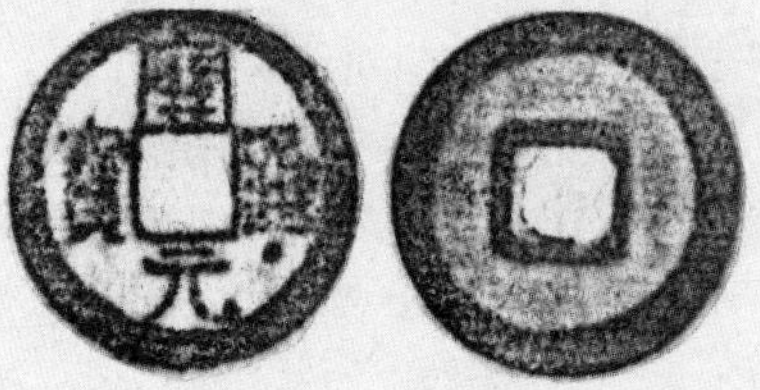

**通下星、宽缘**
径24.7mm　重4.3克

**通下巨星**
径23.3mm　重3.2克

**通下星·菱花穿**
径23.8mm　重3.5克

**小开元、通下星**
径22.4mm　重2.5克

**薄小、通下星**
径21.7mm　重2.1克

**大样·通下星**
径25.7mm　重4克

**通下“顿号”星**
径24.9mm　重4.05克

**通下小星**
径25.1mm　重4克

**宝下星**
径24.5mm　重3.8克

**宝下巨星**
径23.7mm　重3.85克

**宝下连足星**
径22.7mm　重3克

**宝下星·背月划痕**
径24.2mm　重3.8克

**宝下星·背上月**
径23.8mm　重3.53克

**润缘、宝下巨星、背细月**
径24.3mm　重3.6克

**通下连缘星**
径23.7mm　重2.7克

**宝上接缘星**
径23.4mm　重3.4克

**通下接缘星**
径23.3mm　重3克

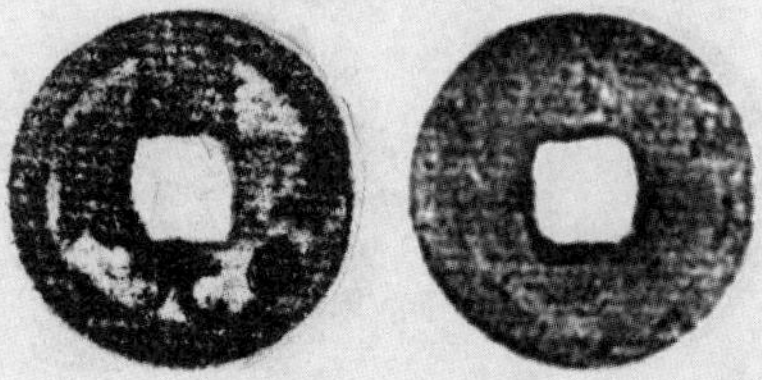

**通下接缘巨星**
径23.8mm　重3.4克

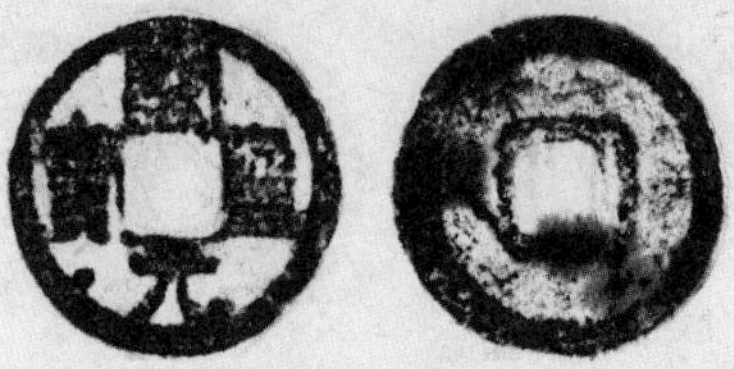

**宝下接缘星**
径22.4mm　重2.5克

**宝上长星、背一月一划痕**
径25.1mm　重4克

**宝下长星、背月**
径24.9mm　重4克

**开字长角通下星**
径25.3mm　重3.9克

**宝下星**
径24.3mm　重3.7克

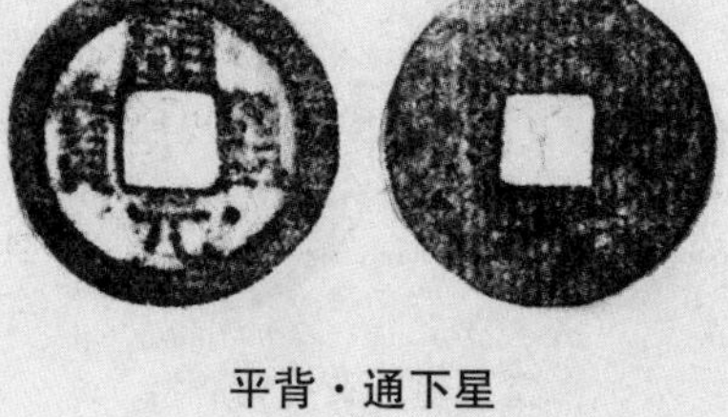

**平背·通下星**
径23.8mm　重4克

宝上划痕
径24.9mm　重4.2克

宝上星、背月
径25mm　重3.6克

元字档中星
径24mm　重3.12克

宽缘、元字档中星
径25.3mm　重4克

小开元、元字档中星
径23mm　重2克

右挑元、元字档中星
径24mm　重3.95克

通下星、元字档中星
径24.3mm　重3.5克

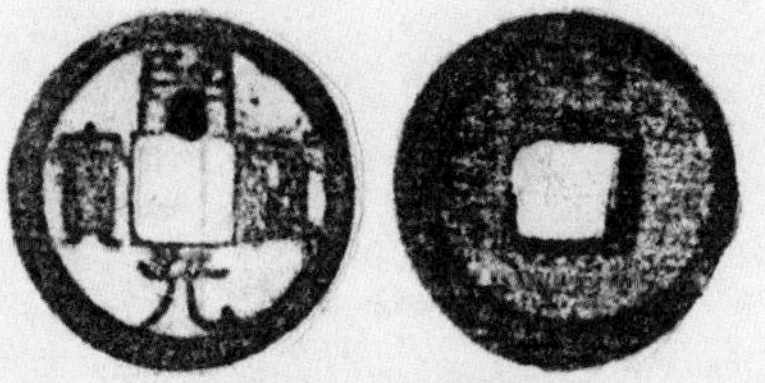

开字档中星
径24.4mm　重3.75克

背上星
径25.6mm　重4.25克

背上小星
径25mm　重4克

背上大星
径24.3mm　重2.8克

背左星
径24.2mm　重3.3克

背右星
径24.6mm　重3.4克

背下星
径24.9mm　重3.85克

面通下星、背左星
径22.4mm　重3.4克

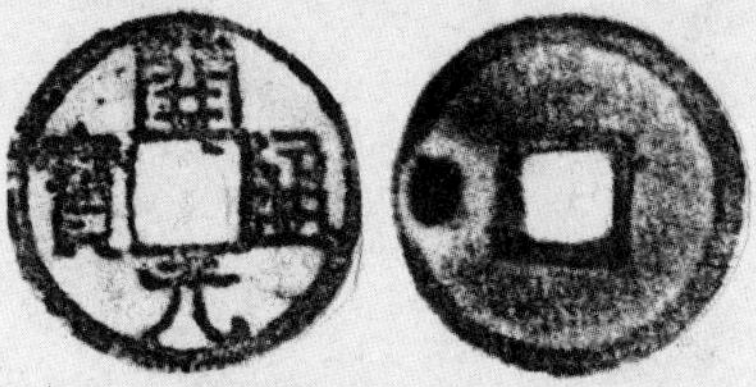

背左巨星
径24.8mm　重4.05克

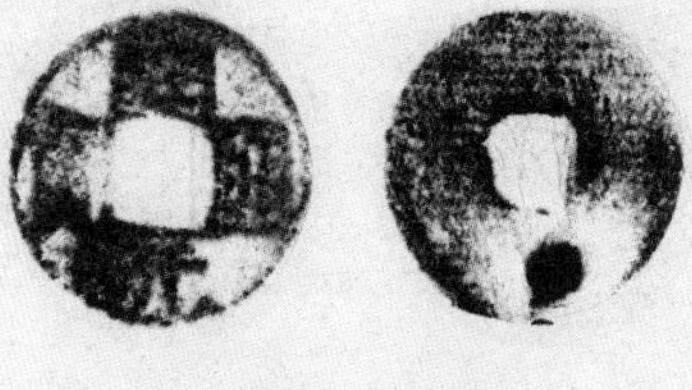

小开元背下巨星
径21.2mm　重2.8克

孕星（上仰月）
径24mm　重3.8克

孕星（上仰月）
径23.9mm　重3.6克

元字档中星、背下孕星（日孕星）
径25.3mm　重3.7克

面通下星、背下孕星（立月）
径25.8mm　重4.62克

下孕星（立月）
径24.8mm　重3.8克

一月孕群星（下腑月）
径25.5mm　重4.62克

双月・上月孕星
径23.6mm　重4克

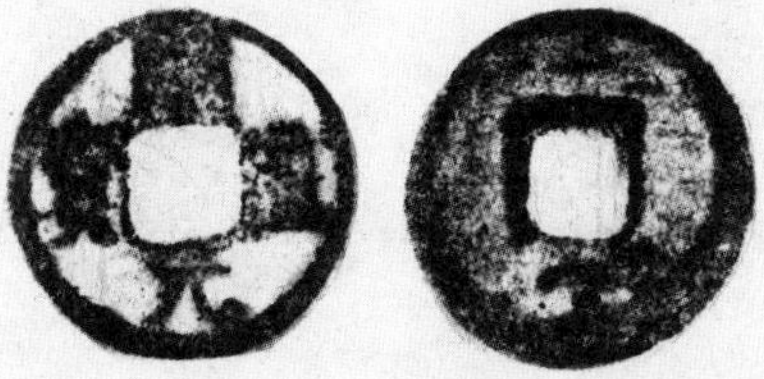

上下双孕星
径23.7mm　重4克

上孕星
径24.2mm　重3.5克

宽缘・背左星
径25.2mm　重4.2克

宽缘・背右星
径25.3mm　重3.7克

背上星月
径24.4mm　重3.8克

面缘上星・背上星月
径25.6mm　重3.5克

背上月左星
径25.3mm　重4.35克

背上月右星
径25mm　重2.95克

背上星月纹、背左星、缘上星
径25.3mm　重4.6克

背上月左星、下星
径25.6mm　重3.95克

背上月右巨星
径25.2mm　重3.5克

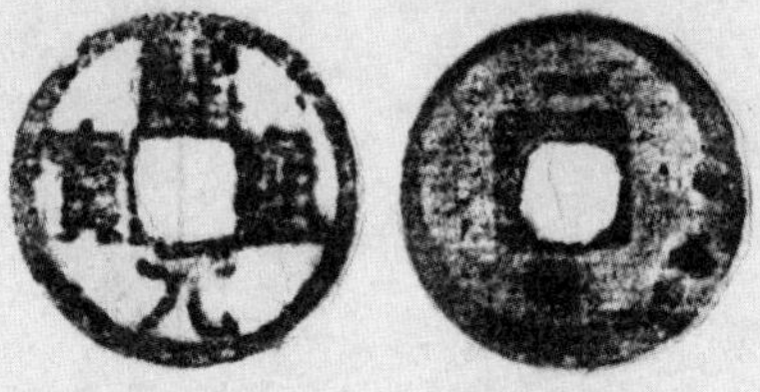

背上月下巨星
径24.2mm　重3.6克

背上月右星
径24.9mm　重4.05克

背上月左星、缘上星
径24.4mm　重3.8克

背上星下月
径24.1mm　重4.6克

上月下星
径25.2mm　重3.9克

上月下圈星
径25.2mm　重3.95克

背下月右星
径23.5mm　重4.32克

上月下双星
径24.8mm　重4克

上下月左右双星
径23.7mm　重3.5克

上月右三角星
径25.2mm　重3.95克

上月左巨星
径24.3mm　重3.85克

背上月左连缘巨星
径25.3mm　重3.4克

背缘上三星
径25.4mm　重4.4克

## 背异纹·异背（多为诸谱未见）

“眼”纹
径25.5mm　重4.3克

径25.6mm　重4.05克

径24.8mm　重4克

背左一
径23.3mm　重3克

异背　24.2mm　重3.9克

面通下星、背满天量
径24.5mm　重3.6克

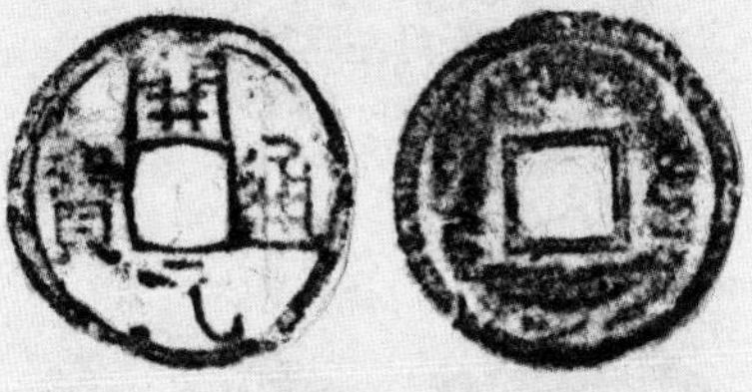

面重轮、背异纹
径24.5mm　重4.2克

径23mm　重3.4克

径24mm　重3.8克

## 刻花开元（古人自刻后用于佩戴）

**面轮刻花**
径24.6mm　重3.8克

**背轮刻花**
径24.5mm　重3.4克

**平背刻花**
径24.1mm　重3.2克

**背上月、面背轮刻花**

**宽缘大样**
径26.7mm　重4.55克

**大字大样**
径26mm　重3.95克

**大字中样**
径24.7mm　重3.3克

**厚重**
径25.5mm　重5.95克

大样
径26mm　重3.8克

白铜厚重小字小样
径24.2mm　重4.55克

**感言开元的纹饰：**唐开元钱背上多有月痕。据郑虔《会粹》称，系高祖时初进开元钱蜡样，文德皇后掐的指甲纹。后世又有喜美艳传奇者改称为是唐玄宗时杨贵妃所掐的甲纹。孙仲汇早就指出："开元钱背的月痕位置不定，形态多异，说成是人的甲痕纯属无稽，正确地说这是一种炉别的标志。"

笔者曾过手数批，总数达万枚的唐开元钱。发现开元钱的纹饰千姿百态，且有的精致、精美，给钱币平添了迷人的艺术感；有的则随意、草率，只不过是为了炉别的标记而已。从中很可以看到不同炉工的不同审美修养，也能看出古时人亦有的"不同的工作态度"吧！

**乾元重宝**

白铜大样
径29.9mm　重7.8克

白铜
径29.5mm　重7.4克

乾元背一
径23.2mm　重3.2克

◄ 华光普在其《中国古钱目录》中录有一乾元背二，并称"乾元背二钱在历史上仅行用三天"。
是品背一是否其时所铸，待考。

**大字光背**
径26mm　重4.9克

径24.6mm　重3.5克

径21.6mm　重1.9克

**背下月**
径25.7mm　重4.8克

径25mm　重3.55克

径25.3mm　重4.2克

**“无”字元（元字左撇出头）**
径24.5mm　重3.8克

径24.1mm　重3.55克

径22.8mm　重3.15克

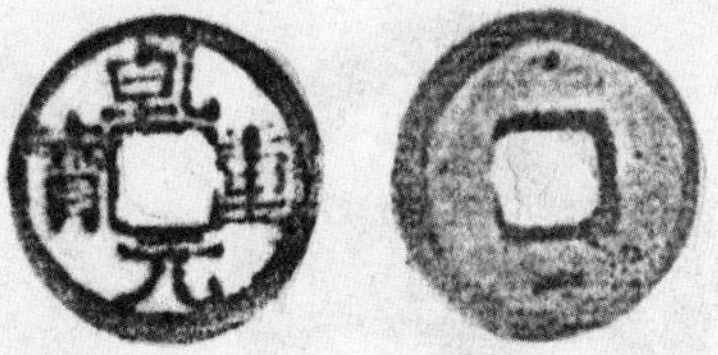

**背上星下月**
径22mm　重2.6克

白铜宽缘小字光背
径25.4mm　重4.05克

宽缘小字光背
径24.7mm　重3.85克

白铜宽缘小字背上月
径26.1mm　重4.1克

宽缘小字背下立月
径24.8mm　重3.16克

宽缘小字背上月
径24.9mm　重3.8克

白铜宽缘小字
径23.5mm　重4.2克

重轮大钱
径35.1mm　重15.8克

径34.1mm　重15.4克

径33.8mm　重13.8克

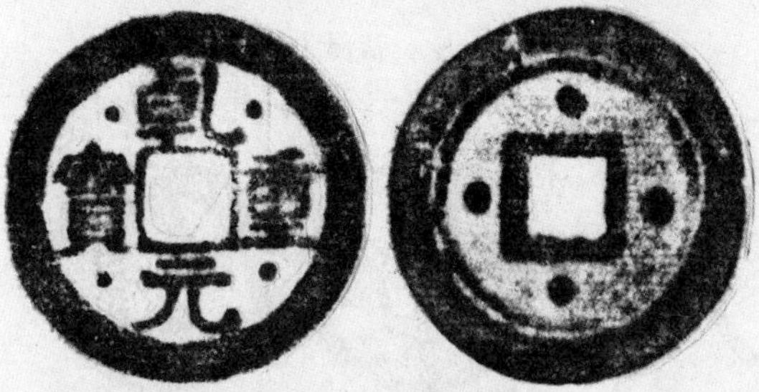

**面背八星重轮钱**

径35.1mm　重16.3克

◀ 是品面背八星。华光普认为乃寓八星高照之意，为开炉铸造之吉祥钱。传世罕少。

**重轮减重钱**

径25.9mm　重3.7克

**重轮小平样**

径24.3mm　重3.3克

径25.4mm　重3.2克

## 大历元宝

径23.6mm　重3.15克

径24.2mm　重3.65克

## 会昌开元

背昌（小昌）
径24mm　重4.1克

背昌（扁昌）
径23.3mm　重3.6克

背昌（大昌）
径23.2mm　重4.1克

背大昌（右挑元）
径22.8mm　重3.5克

背京（反京）
径24mm　重5.25克

背京下月
径24mm　重3.95克

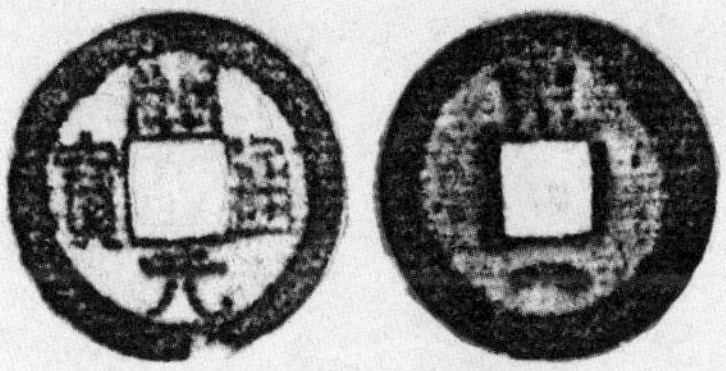

背京下月
径23.5mm　重4.45克

背京双月
径24.8mm　重5.25克

背京下月、花穿
径23.9mm　重3.95克

背洛（小洛）
径24.4mm　重5克

**背洛（大洛）**
径24.1mm　重4克

**背洛（半字）**
径24.4mm　重4.15克

**背益（小益）**
径24.1mm　重3.85克

**背益（大益）**
径23.2mm　重3.75克

**背荆（小荆）**
径24mm　重3.7克

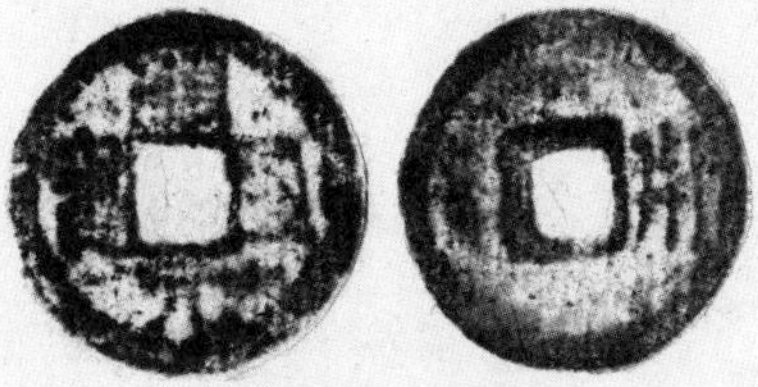

**背荆（大荆）**
径24.7mm　重5.1克

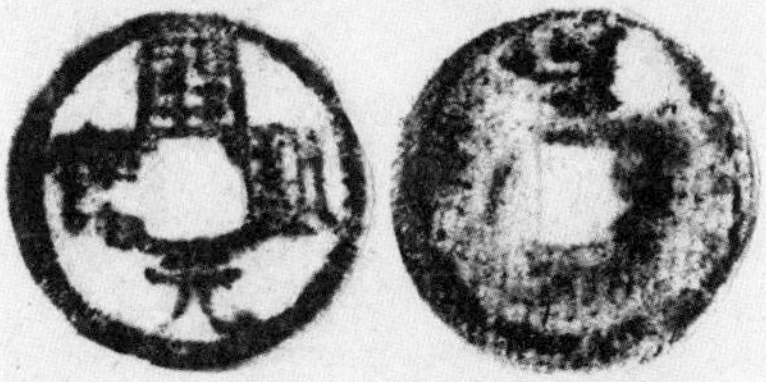

**背襄**
径24.2mm　重4.1克

**背兰（小兰）**
径23.8mm　重3.65克

**背兰（大兰）**
径23.7mm　重4.6克

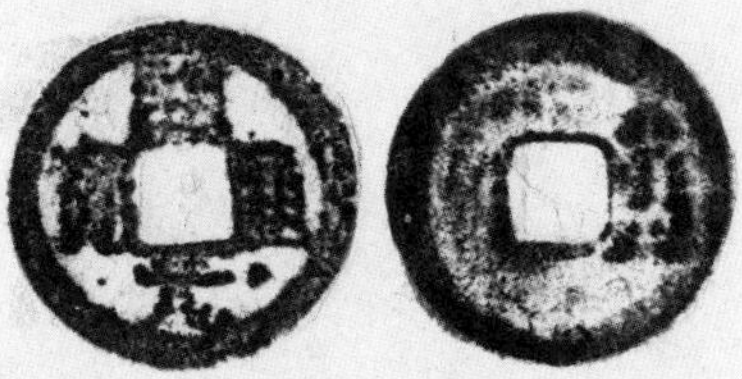

**背兰、通下星**
径24mm　重4.7克

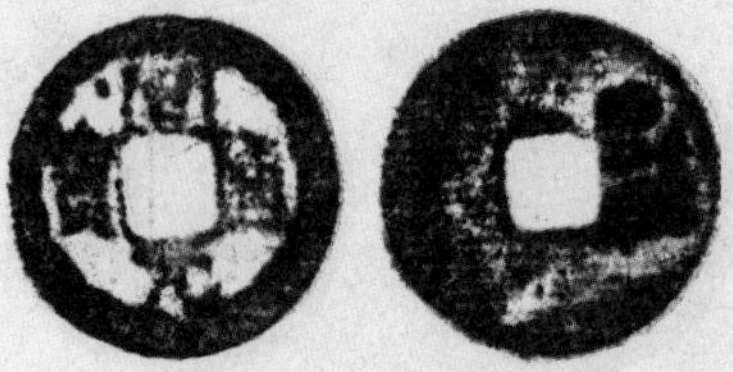

**宝上星·背兰**
径23.2mm　重4.1克

**背兰·上月**
径24mm　重4克

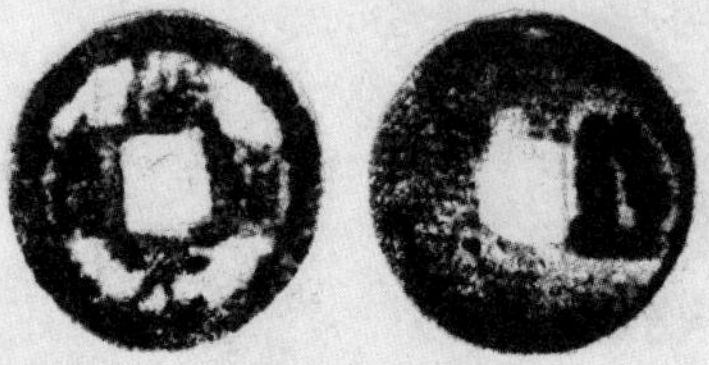

**背兰·左星**
径22.6mm　重4克

**背左宣上月**
径23.8mm　重3.05克

**面通下星、背左宣上月**
径23.5mm　重3.5克

**背下越**
径24mm　重3.7克

**背下越、菱花穿**
径23.4mm　重4.25克

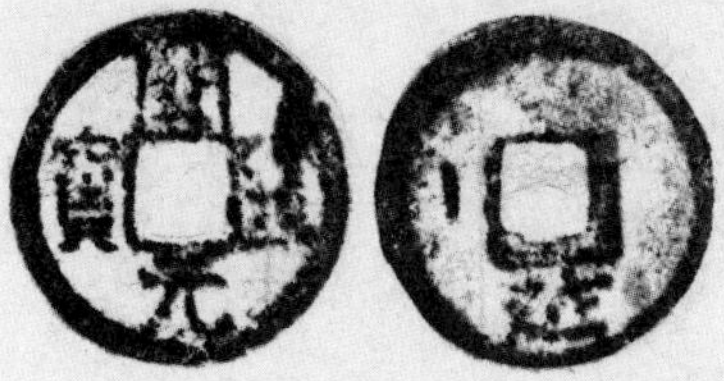

**背下越左月**
径23.7mm　重4.5克

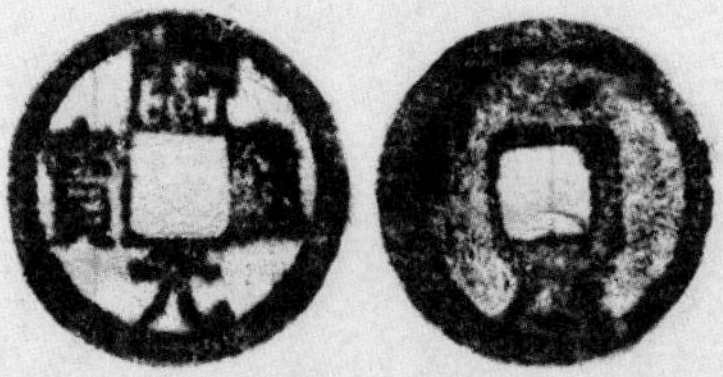

**背上星下越**
径23.9mm　重3.8克

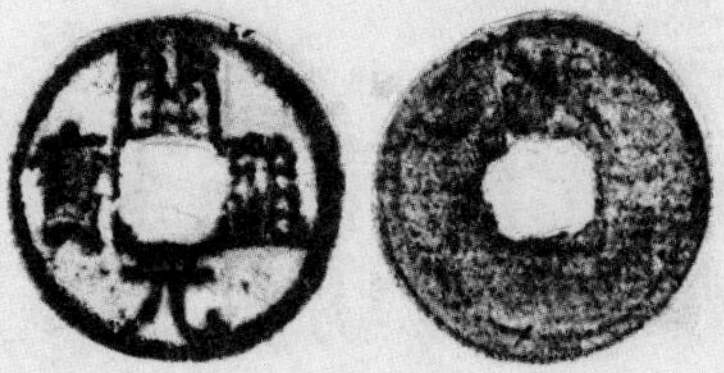

**背上洪**
径23.3mm　重3.6克

背下倒洪
径24.2mm　重3.8克

背上月右洪
径23.5mm　重3.8克

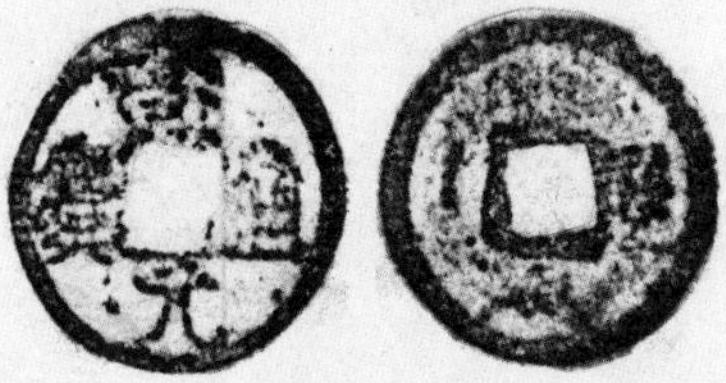

背左月右洪
径24mm　重4.7克

双挑元、背上月下倒洪
径23.5mm　重3.95克

左、下双洪
径23.9mm　重3.7克

通上星、背左上洪
径24.4mm　重4.2克

花背左洪
径23.9mm　重3.8克

背润（小润）
径24mm　重3.75克

背大润
径24mm　重4.15克

右挑元、背润
径23mm　重3.9克

元字档中星、背润
径24.3mm　重3.9克

背潭
径23.2mm　重3.7克

背鄂（小鄂）
径23.7mm　重4.8克

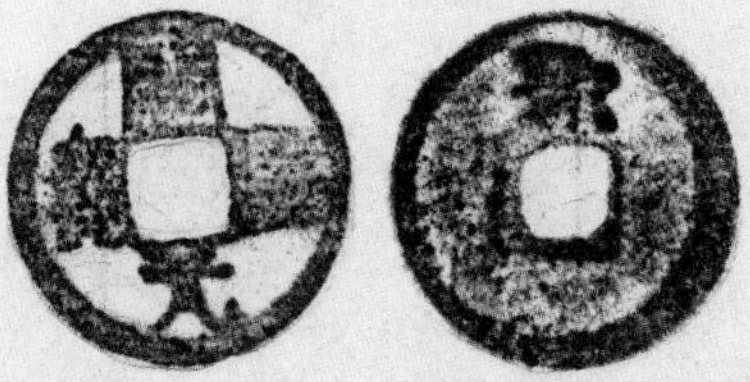
背鄂（大鄂）
径24.1mm　重3.95克

背兖
径23.3mm　重4克

背平（倒平）
径23.6mm　重3.1克

背兴
径24.4mm　重4.1克

“无”字元、背兴
径24.6mm　重3.9克

背大梁
径23.6mm　重4.7克

背小梁
径23.4mm　重3.3克

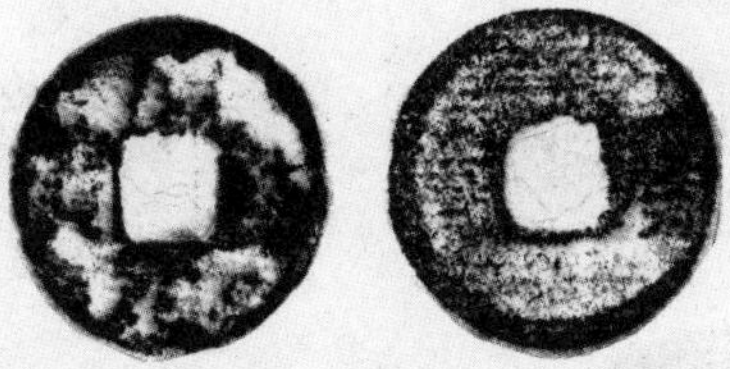

**背右广**
径22.9mm 重2.8克

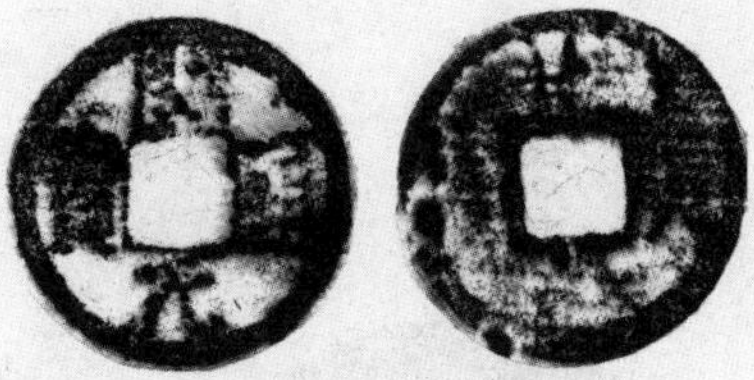

**背右大广**
径23.8mm 重3.8克

**背梓**
径24.8mm 重4.25克

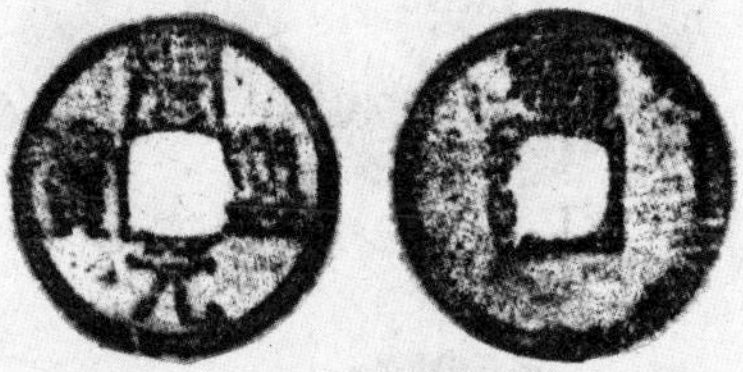

**背上福**
径23.2mm 重4.5克

**背永**
径22.8mm 重3.65克

**背永**
径23.2mm 重3.05克

**背上丹**
径25.1mm 重4.7克

**背丹**
径25.1mm 重3.9克

▲ 唐会昌开元，各地以州都名为背文。孙仲汇《钱币词典》言，计有23个字。其中“平、福、桂、永、丹”五字存在最少、尤以永字、福字为罕。笔者经多年集藏，已近乎收齐（尚缺“桂”字一品），且不少背字亦有多种版别，已近乎“会昌开元”“大全套”。

## 顺天元宝（安史之乱史思明铸）

**背星月大样**
径39mm　重22.95克

**背上月**
径37mm　重17.85克

# 九 五代十国货币

唐末，王仙芝、黄巢等大规模农民起义后，继之军阀混战，李唐政权很快瓦解。先后有梁、唐、晋、汉、周五个政权出现，同时有前蜀、后蜀、南汉、北汉、南唐、南平、吴越、吴、闽、楚十国各据一方，史称“五代十国”时期（公元907-960年）。由于政治分裂，币制亦告分裂。各政权为应付财政困难，纷纷铸钱，据统计，这一时期新铸币达30余种，且大钱多、铁钱多、铅钱多，制作粗精不一。

### （一）五代铸币

1. 后梁货币。存世有“开平元宝”、“开平通宝”各一枚，传为五代梁朱温年号钱，真伪莫辨。

2. 后唐货币。“天成元宝”，后唐天成年间铸（公元926～930年），形仿开元，大而厚重，传世极罕。

3. 后晋货币。“天福元宝”，天福三年（公元938年），公私同铸，官铸者“福”字特大，“元”字左挑，制作较精，存世不多。私铸钱大多文字拙劣，轻薄粗糙，存世稍多。

4. 后汉货币。“汉元通宝”，乾祐元年（948年）铸，形制、书体仿开元通宝，唯改“开”字为“汉”字，存世尚多。

5. 后周货币。“周元通宝”，周世宗显德二年（955年）始铸，它是五代时期铸量最大，质量最精的一种铜钱。当时因连年战乱，铜材奇缺，周世宗逐下令裁并天下寺院，毁铜佛像以铸钱，此举遭致佛教徒和一些朝臣的反对，但周世宗搬出佛教中舍身饲虎的典故，声言：“吾闻佛说以身世为妄，而以利人为急，使其真身在世，苟利于世，犹欲割截，况此铜像，岂有所惜哉？”弄得反对者哑口无言。周元通宝存世较多，且因与佛像有缘，后世附会，言手持此钱可治疾病，可治难产，故后世仿造较多。

### （二）十国货币

1. 楚的货币。木匠出身的马殷投身军旅，凭借才能勇气，终于成了地方割据的首领，并效唐太宗故事，求封天策上将军，开天策府，称楚王。开府庆典铸“天策府宝”，既是纪念币又是通货，有铜、铁、鎏金三种，存世极罕，属古泉大名誉品。

2. 闽的货币。闽王审知龙德二年（922年）铸“开元通宝”，王延羲永隆四年（942年）铸“永隆通宝”，王延政天德年间（943～945年）铸“天德重宝”、“天德通宝”。这几种钱均有铜、铁钱，有的还有铅钱，传世均罕见。闽钱的特征是钱背有“闽”字或巨星、月纹，其文字粗犷浑厚，笔画雄健沉着，造伪者很难做到神似。

3. 南汉货币。乾亨重宝、乾亨通宝，刘龚乾亨元年（917年）铸，制作不精，极少见，其又铸有“乾亨重宝”铅钱，出土较多。

4. 前蜀货币。前蜀铸钱品种较多。高祖永平年间（911～915年）铸“永平元宝”，存世极罕；通正元年（916年）铸“通正元宝”，存世不多；天汉元年（917年）铸“天汉元宝”存世尚多；光天元年（918年），铸“光天元宝”，存世尚多；后主王珩乾德年间（919～924年）铸“乾德元宝”，传世较多；咸康元年（925年）铸“咸康元宝”，存世尚多。

5. 后蜀货币。孟昶广政年间（938～965年）铸小平钱“广政通宝”，存世极罕；铸“大蜀通宝”小平钱，亦罕见。

6. 南唐货币。南唐铸行的货币品种亦多。

大齐通宝：南唐开国者徐知诰升元元年（937年）建国号大齐时所铸，存世极罕，现今发现仅两枚，一枚缺一角，称“缺角大齐”；一枚上有四个人为小孔，称“四眼大齐”。

保大元宝：李璟于保大年间（943-957年）铸，发现仅几枚，有背“天”字的，存世极少，大珍。

唐国通宝：李璟于显德六年（959年）铸，有折十型铜质篆文大钱，世极罕少。小平钱有铜铁二种，篆楷成对，首开对钱流行之先河，传世较多。

大唐通宝：铸于唐国通宝之后，铜质，制作逊于唐国通宝。

开元通宝：习惯称之为“南唐开元”，有大、小两种，篆、隶二种书体，形体不同于唐开元通宝，孔小阔缘，存世很多。

永通泉货：李璟于显德五年（958年）铸，当十大钱，有篆、隶两种书体，存世罕少。

盘踞幽州的刘仁荣、刘守光父子也铸有大批大面值的劣质铁钱和少量铜钱，铜钱主要为“永安”钱，有面文“永安一十”、“永安一百”、“永安五百”、“永安一千”等种，存世极罕，永安一十、永安五百，仅存孤品。

“五代十国”割据不过五十多年，但铸行钱币却达几十种之多，而其中传世极罕，被列为中国古泉五十名珍的就达16种之多，真是应了一句藏界谚语：“乱世出珍泉”。

## 天福元宝（五代后晋铸币）

官铸　径22.2mm　重2.9克

私铸　径21.1mm　重2.05克

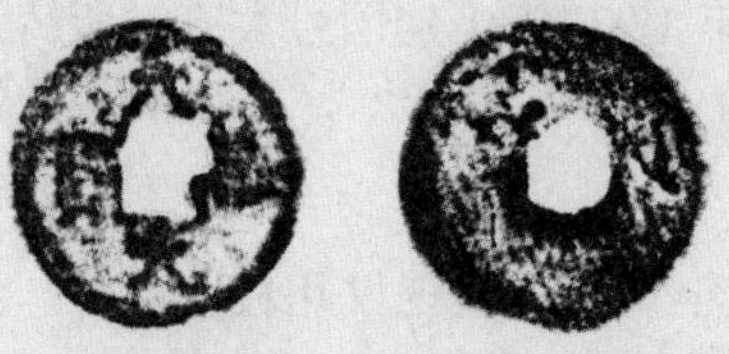

私铸　径20.8mm　重1.9克

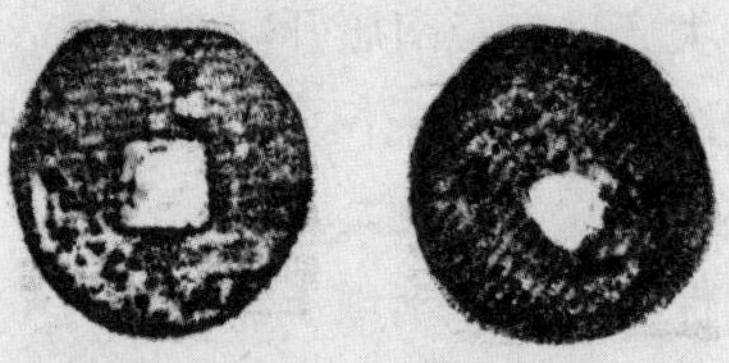

私铸　径21.3mm　重2.05克

## 周元通宝（五代后周铸币）

宽缘大样背下月
径26mm　重3.95克

宽缘大样背左下角月
径25.9mm　重4.42克

宽缘大样背右星
径25.6mm　重4.5克

宽缘大样背下月
径25.9mm　重3.1克

小样光背
径23.8mm　重3.1克

小样背右星
径24.6mm　重4.2克

小样背右月
径24mm　重3.2克

光背
径24.6mm　重3.8克

背下月
径24.6mm　重3.5克

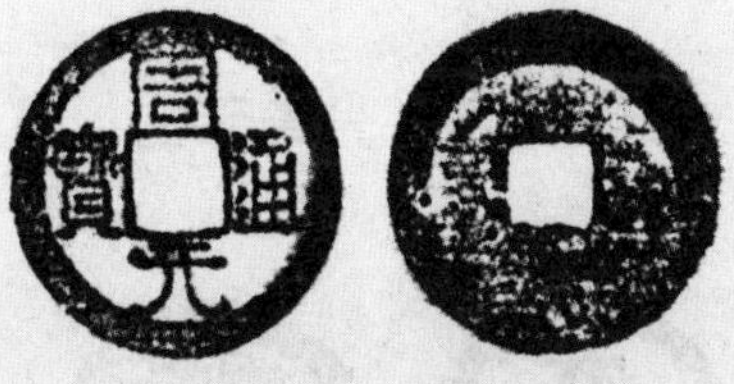

小样背左上角月
径23.4mm　重3.2克

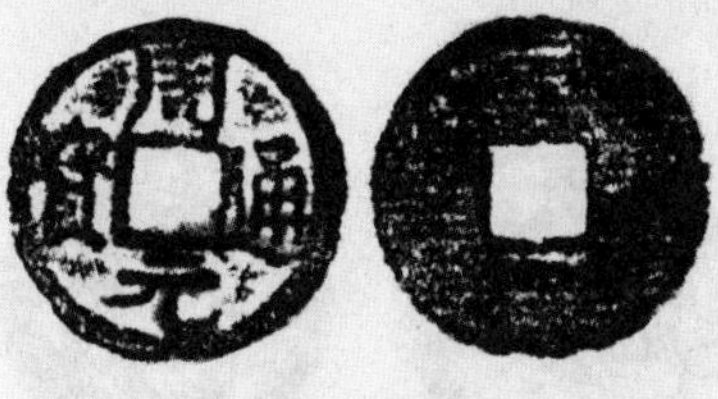

异书·待考
径23.1mm　重2.15克

## 乾亨重宝（南汉铸币）

铜质（罕见）
径23.4mm　重2.1克

铅质
径26.8mm　重4.2克

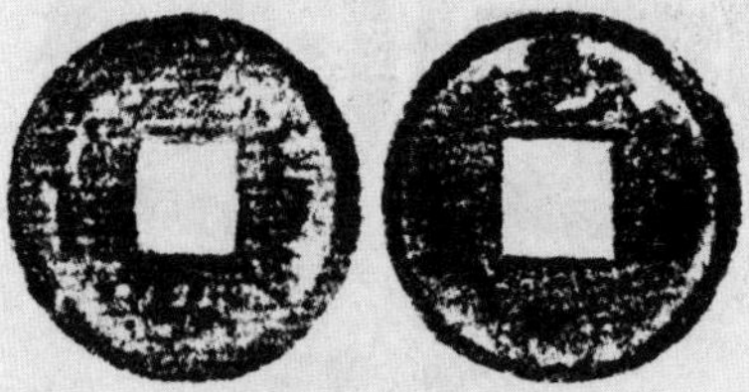

铅质·背邑
径25mm　重4.3克

## 天汉元宝、光天元宝、咸康元宝、乾德元宝（前蜀铸币）

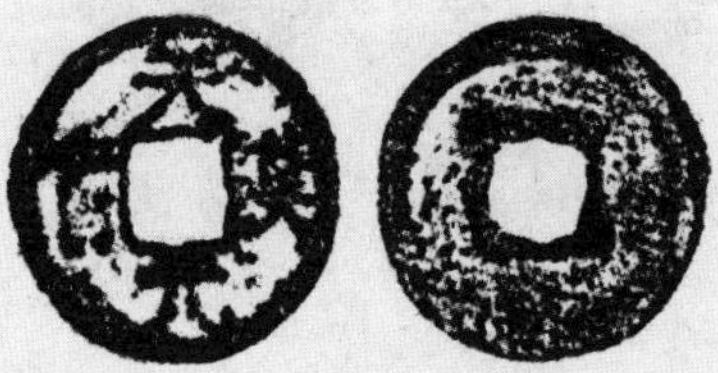

径23.3mm　重3.1克

径22.5mm　重3.1克

径23.5mm　重3.1克

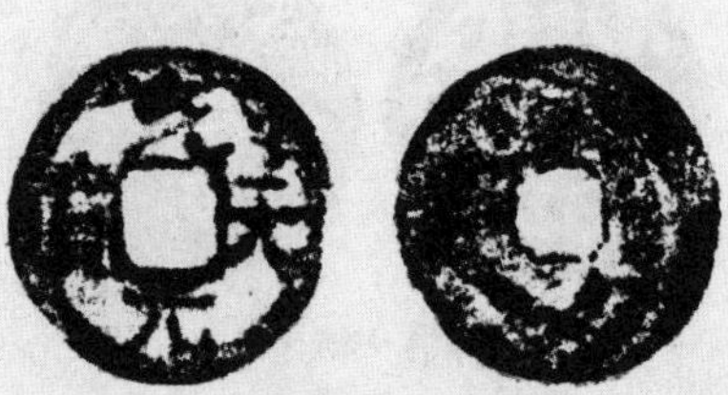

径24mm　重4.75克

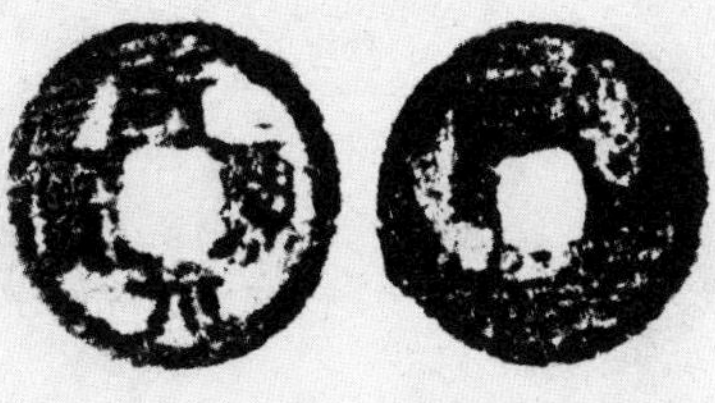

径23.5mm　重4.1克

径24.3mm　重3.6克

径24mm　重4.15克

径23.6mm　重4克

## 唐国通宝（南唐铸币）

**折十初铸大样**
径33.6mm
厚3.3mm
重17.3克
◄　传世罕见

**折十初铸大样**
径34mm
厚3mm
重17.1克

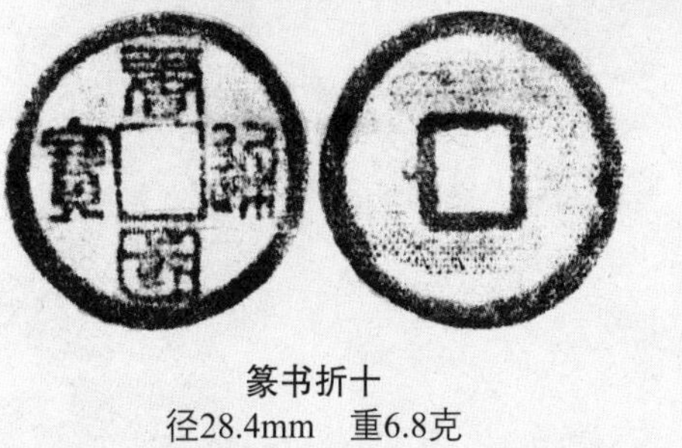

篆书折十
径28.4mm　重6.8克

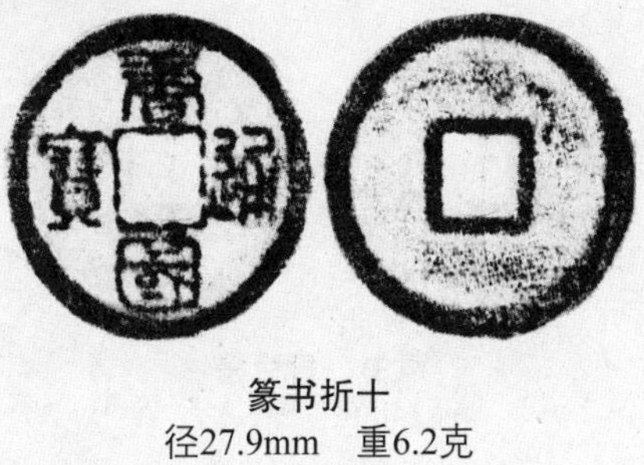

篆书折十
径27.9mm　重6.2克

**篆书小平**
径25mm　重4.5克

径24.4mm　重4.7克

**背下星**
径25mm　重4.1克

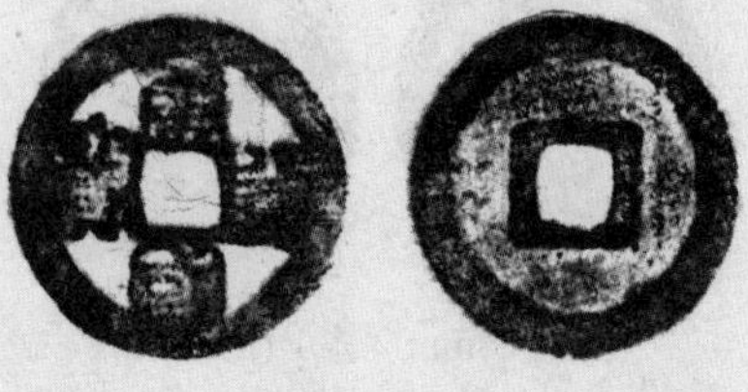

**小样**
径23.8mm　重3克

**篆书小平背月**

径24mm　重3.75克

◀ 背月纹诸谱未见。马定祥在《历代古钱图说》中批：“背月纹者，稀。”

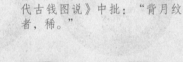

**真书（初铸）**
径25.2mm　重4.2克

径25mm　重3.2克

**隶书、背巨星**
径24mm　重3.3克

# 开元通宝（南唐铸币）

**篆书大字大样**
径26.1mm　重4.25克

**大字**
径25.2mm　重4.05克

**小字**
径26.1mm　重3.6克

**小字**
径25mm　重3.2克

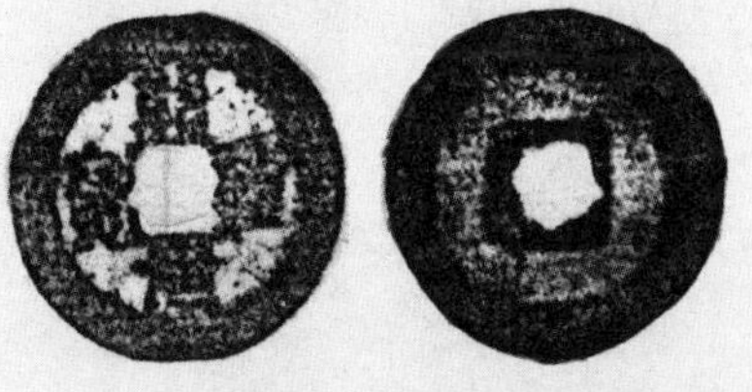

**小字·菱花穿**
径24.4mm　重4.7克

**隶书**
径25.8mm　重4.4克

径25.5mm　重5.2克

▲ 收藏中感到：南唐隶书开元仿唐开元，与一些宽缘唐开元不易区分。笔者以细字、狭穿、宽缘为判断标准。

# 十

# 两宋货币

赵宋政权结束了五代十国的分裂局面，重新建立了中央集权的封建国家，但它在我国历史上一直是一个国势衰弱的国家。北宋时期，长期处于契丹、西夏的威胁之下；南宋时，金已兴起，不得不与金在南北对峙中长期偏安一方。

两宋时期的商品经济较前已有了显著的发展，宋代铸钱工艺又采用了先进的母钱翻铸法，因而，宋代钱的铸量之大，为历代所罕有。

宋钱有几个值得注意的特色：

1. 盛行年号钱、宋朝开国后，最初沿用唐开元通宝钱制，铸行“宋元通宝”钱。至太宗太平兴国年间（976—984年），铸行年号钱“太平通宝”，为宋实行年号钱的开始。其后，太宗第四次改元“淳化”时，又改铸“淳化通宝”。自此以后，历朝每次改元，都更铸新的年号钱基本上成为定制。仅宋仁宗在位40年，就改元9次，铸钱8种之多。

2. 版别复杂，钱文书法真、草、隶、篆皆备。从“淳化”钱开始，宋太宗赵炅亲笔以真、草、篆三体书写钱文，从此便创造了宋钱多书体的钱制形式。

3. 盛行“对子”钱。宋代各朝铸造的同一种年号钱，往往同时有两种书体，或一篆一楷，或一行一隶，相配成对，一对钱的轮廓形制、大小、厚薄、穿孔，以及铜质全部相同，故俗称“对子”钱。

### （一）北宋货币

宋初，太祖始铸钱，文曰“宋通元宝”，或读作“宋元通宝”，这是宋代的开国钱币。其后：

宋太宗时（976—997年），铸有太平通宝、淳化元宝、至道元宝三种年号钱。

宋真宗时（998—1022年）铸有四种年号钱，为：咸平元宝、景德元宝、祥符元宝和通宝、天禧通宝。

宋仁宗时（1023—1063年）改元九次，铸钱八种，计为：天圣元宝、明道元宝、景祐元宝、皇宋通宝、康定元宝、庆历重宝、皇祐龙宝、至和元宝及通宝和重宝、嘉祐元宝和通宝。

宋英宗（1064—1067年在位）治平年间，铸治平元宝、通宝年号钱。

宋神宗时（1068—1085年）铸熙宁、元丰两种年号钱，即熙宁元宝、熙宁通宝；元丰通宝、元丰重宝，铸量之大，居两宋之冠。

宋哲宗（1086—1100年在位），铸有元祐、绍圣、元符三种年号钱，即元祐通宝；绍圣元宝、通宝和重宝；元符通宝、重宝。

宋徽宗时（1101—1125年），铸钱工艺极为精湛考究，钱文书法独具一格，尤其是其亲手书写的“崇宁通宝”钱文，铁画银钩，称为瘦金体、铁线书，飘逸劲拔，在中国书法史上自成一家。故徽宗被称为是继王莽之后的中国铸钱第二好手。宋徽宗时期铸有建国通宝；圣宋元宝、圣宋通宝；崇宁通宝、崇宁重宝、崇宁元宝；大观通宝；政和通宝、政和重宝；重和通宝；宣和通宝、宣和元宝。徽宗钱在我国方孔钱中是最精美的，其版别之繁也创历史之最，尤以政和、宣和为甚，一种钱版别就多达数百种。

宋钦宗（1126—1127年在位）为北宋最后一个皇帝，在位不到一年时间，就遇金人入侵，与其父徽宗同被掳入金，史称“靖康之耻”。 钦宗铸有靖康元宝、靖康通宝，铸量很小，版别很多。

北宋是我国历史上铸钱最多的历史时期，平均年铸行量达200多万贯，最高年份达四五百万贯，相当于唐代年产量的十多倍，连续100多年的高额铸造，使北宋铜钱的存世量相当巨大。

北宋9个皇帝，使用35个年号，共铸造27种年号钱和3种非年号钱，币值有小平、折二、折三、折五、当十等，钱文篆、隶、真、行、草样样俱全、版别十分繁多。

《古泉大全》(丙集)收宋钱达3500多种，现代学者已扩充到5000多种。其中，建国通宝、圣宋通宝、靖康通宝等均是赫然列入古泉五十珍的“大名誉品”，康定钱，“至和重宝”背“坊”、背“虢”，九叠篆皇宋通宝、元丰重宝、祥符元宝折十大钱、重和通宝等都是难得一见的珍品。淳化元宝、圣宋元宝、大观通宝、宣和元宝、宣和通宝、政和通宝等铜钱中也皆有一些罕见的版别钱，历来为藏家所推崇；同时，由于北宗已实行先进的母钱翻铸法，还有不少的母钱、铁母存世。

普通的北宋铜钱，由于存世量很大，历来不为一般收藏者重视，有的甚至视其为“垃圾”钱，不屑一顾，这主要是受“物以稀为贵”的传统收藏理念的影响。其实，北宋钱币素来以工艺精美、书法俊美、品种和品类繁多著称，从而为宋钱的收藏研究提供了极为广阔的天地。更何况，普通北宋钱价格不高，很少有仿品，对于初涉钱币收藏的人来说，更是入门的一个捷径。

### （二）南宋货币

南宋承袭北宋，依然实行的是年号钱制，各朝各年号均有铸钱。只是数量规模不及北宋。初期仍铸行“对子”钱，至淳熙七年(公元1180年)起，不再铸行“对子”钱，而改为在钱背铸明年代，并出现纪地名、监名，纪值文字等，钱文书体也逐渐以宋体为主。

南宋高宗时（公元1127—1162年）铸有建炎通宝、重宝、元宝和绍兴元宝、重宝两种年号钱。通宝有小平、折二、折三等铜、铁钱，铸量较多，版别复杂；元宝铸量极少，传世少见。绍兴元宝、通宝亦有小平、折二、折三等铜钱，铸量颇多，绍兴元宝小平者稀见。绍兴通宝还有折五、折十旋读大钱，钱文楷书似瘦金体，传世极罕见，折十仅孤品，可能当时并未正式铸行。

宋孝宗时（公元1163—1189年）铸有隆兴元宝、通宝；乾道元宝、通宝；淳熙元宝、通宝三种年号钱。前两种铜钱篆楷成对。淳熙钱初铸时亦篆、楷、隶成对，自淳熙七年（公元1180年）起逐渐不铸对钱，而在背面铸纪年数字，如柒为七年铸造，后改为小写，至“十六”年止，这是世界钱币纪年最早的例证。这种做法延至南宋末，宋以后不再有纪年钱币。

宋光宗时（公元1190—1194年）铸绍熙元宝、通宝，有小平、折二等铜钱，均为纪年钱，有元、二、三、四、五等，铸工比其他南宋钱为优，绍熙通宝折五型背“四”，绍兴元宝折五均为试铸性质，极罕见。

宋宁宗时（公元1195—1224年），铸有庆元、嘉泰、开禧、嘉定四种年号钱，均有通宝、元宝两种。背纪年自元至七，还有纪监名，有同、春、汉、永、川、利、州等，折五型背“永”大钱，瘦金体，存世极罕。还值得一提的是嘉定年间，还铸有名目极为繁多的铁钱，折二铁钱有通宝、元宝、之宝、重宝、折三铁钱有兴宝、安宝、新宝、洪宝、万宝、正宝、真宝、崇宝、泉宝；折五铁钱有元宝、通宝、封宝、重宝、之宝、全宝、兴宝、至宝、真宝、隆宝等，“宝”名之多，可谓创造了中外钱币史之最。

理宗时（公元1225—1264年），铸有非年号钱大宋通宝、大宋元宝和皇宋元宝。所铸年号钱有六种：绍定元宝、通宝；端平元宝、通宝、重宝；嘉熙通宝、重宝；淳祐元宝、通宝：开庆通宝；景定元宝。其中“大宋通宝”背“当拾”大钱极罕见，端平重宝稀少，端平元宝、通宝也不很多。度宗时（公元1265—1274年），铸年号钱咸淳元宝。有小平、折二两种，这是南宋最后一种年号钱，其后金兵入侵，再未铸钱。

南宋政府内外交困，通货膨胀严重，高宗时曾铸行巨额的临安府铜质钱牌，为长方形，牌面书“临安府行用”，背面分别为“准贰百文省”、“准叁百文省”、“准五百文省”。存世罕少，亦为中国古泉五十名珍。

南宋铸钱规模不及北宋，存世量亦远少于北宋货币，且大多出土于南方，锈蚀比较严重，北方专积南宋钱币者不多。

两宋时期，历次农民起义军也都铸有地方性货币。李顺大蜀政权，于北宋淳化五年（994年）曾铸“应运元宝”、“应感通宝”铜、铁钱，存世极罕。高宗初年，刘光世为招降北兵，铸“招纳信宝”，分发降者，传有金、银、铜三种，传世亦极罕。

## 北宋钱币

### 宋元通宝

长通
径25.7mm　重3.95克

大字
径24.9mm　重3.65克

小字
径24.4mm　重3.5克

背上横
径26mm　重3.45克

背上月
径25.8mm　重3.85克

通下星
径24.9mm　重3.5克

通上下双星
径25.3mm　重4.12克

宝上下双星
径24.4mm　重3.59克

## 太平通宝

正字
径24.8mm　重3.7克

小字
径24.3mm　重3.45克

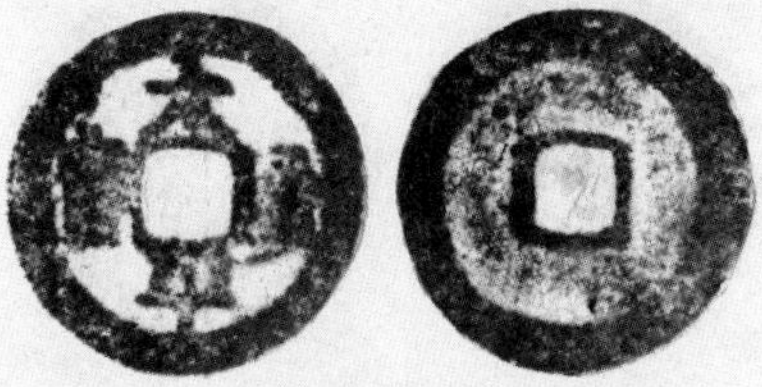


润缘粗字
径24.5mm　重3.3克

背鉴纹
径24.8mm　重3.3克

铁母
径25.1mm
厚1.3mm
重3.3克

## 淳化元宝

隶书大字　径25.1mm　重3.45克

隶书小字
径24.5mm　重3.9克

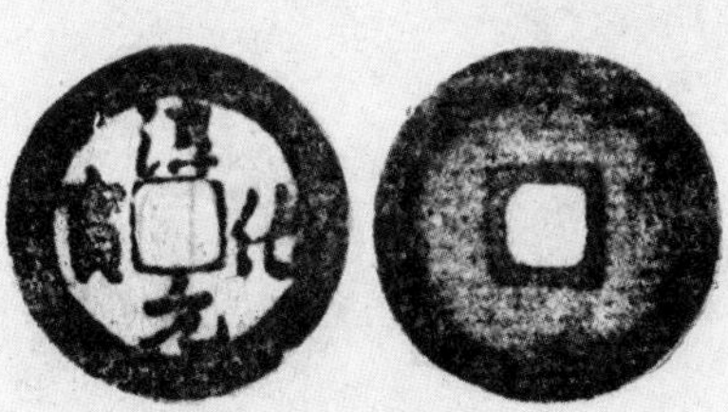


行书润缘大字
径25.1mm　重3.35克

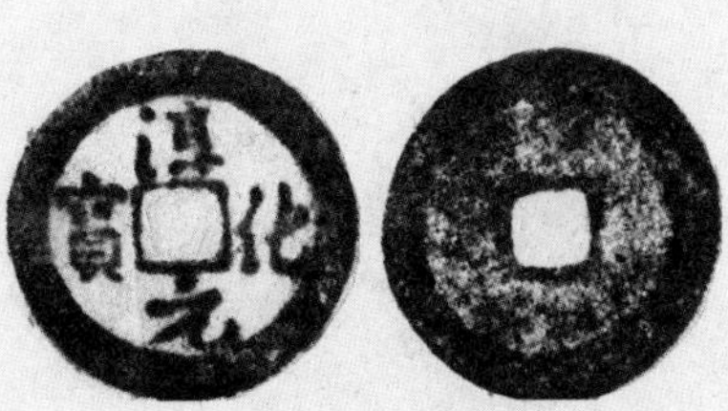


行书润缘小字
径24.4mm　重3.6克

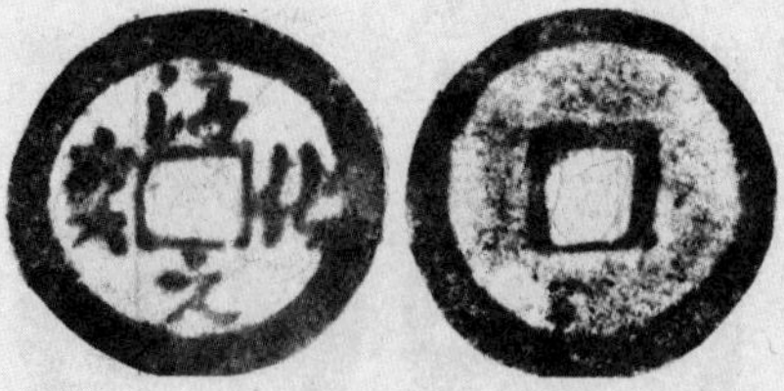

草书小字
径25mm　重4.68克

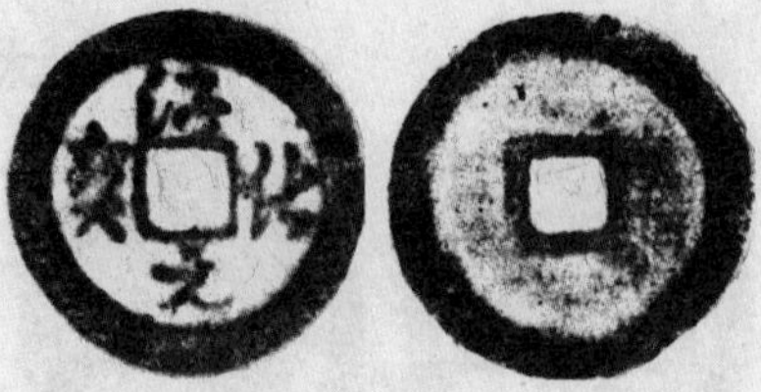

草书润缘
径25mm　重4.1克

## 至道元宝

隶书
径25mm　重3.95克

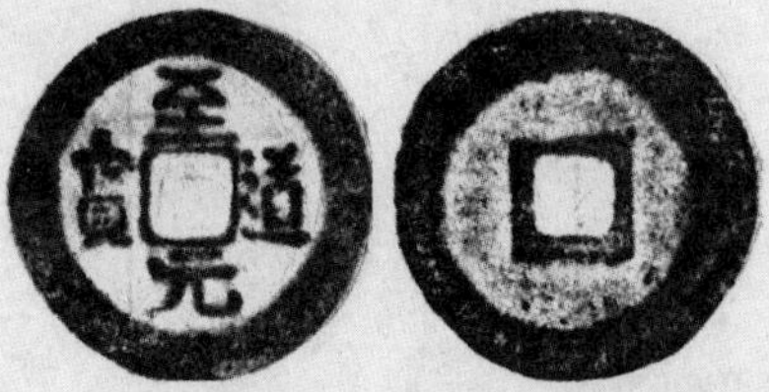

隶书、白铜
径25.1mm　重4.25克

行书润缘
径24.8mm　重4.17克

行书背隐廓
径25mm　重2.8克

草书
径25.3mm　重4.6克

草书、轻薄
径25.2mm　重2.65克

## 咸平元宝

正字
径25mm　重4.2克

广廓
径25mm　重3.8克

小字长平
径25mm　重3.6克

小样背隐廓
径24.7mm　重2.6克

## 景德元宝

大字大样
径25.5mm　重3.75克

小字长元
径24.2mm　重2.95克

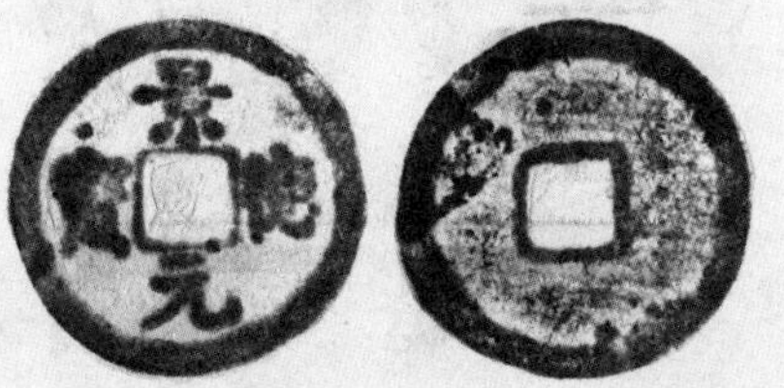

宝上星
径24.6mm　重4.4克

小字隔轮
径25.2mm　重3.4克

## 祥符元宝、通宝

阔缘大字
径25.7mm　重3.7克

阔缘小字
径25.5mm　重3.5克

小字隔轮
径25.3mm　重3.8克

大阔缘小元
径25.7mm　重3.1克

大字阔祥
径24.3mm　重4.2克

大字
径24.9mm　重4克

阔缘
径26mm　重3.75克

小字阔通
径25.5mm　重4.15克

小字
径26mm　重3.75克

小字接廓
径25.3mm　重3.5克

中字
径26mm
重3.95克

## 天禧通宝

**大字大样**
径26.2mm　重4.4克

**中字**
径25.7mm　重4.15克

**阔禧宽通**
径25.4mm　重4.05克

**小字**
径24.4mm　重4克

## 天圣元宝

**真书大字大样**
径25.9mm　重4.95克

**降圣阔元**
径25.7mm　重4.4克

**细廓**
径25.4mm　重4.5克

**大字广穿小样**
径25.1mm　重3.4克

特小样
径21.2mm 重1.5克

篆书大样
径26.6mm 重4.4克

狭穿小样
径25mm 重4.1克

广穿降圣
径25.5mm 重4.2克

昂宝昂圣
径25.5mm 重4.1克

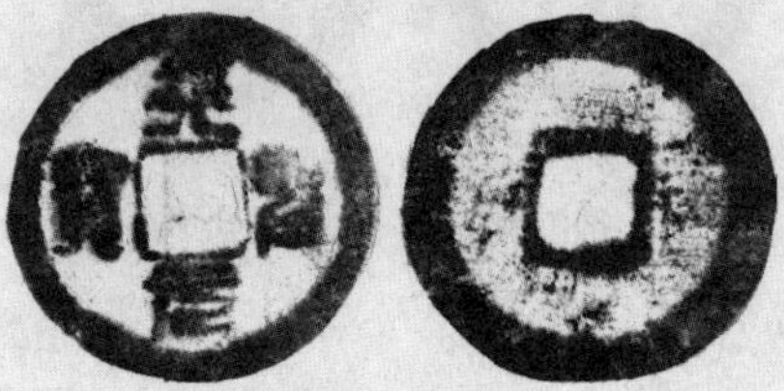

长天狭元
径25.3mm 重4.85克

## 明道元宝

径25.8mm
重4.25克

## 景祐元宝

真书阔缘大字大样
径25.7mm 重4.25克

阔缘小样
径25mm 重3.35克

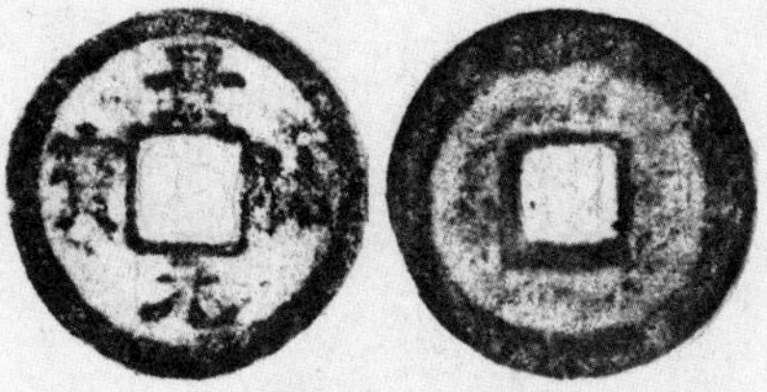

狭缘小字广穿
径25.7mm　重4.4克

篆书
径25.3mm　重3.63克

背穿决文
径25.3mm
重3.9克

## 皇宋通宝

真书大字
径24.5mm　重3.25克

狭宋背月
径25.2mm　重4.55克

阔缘中字大样
径26mm　重3.45克

阔缘小字小样
径24.5mm　重3.4克

降通
径25mm　重3.4克

阔缘细字
径24.7mm　重4.1克

真书小样
径22.4mm　重2.5克

篆书大字
径24.1mm　重3.8克

狭宋
径25.05mm　重3.6克

狭宋背隐廓
径25.3mm　重3.75克

阔缘狭皇
径25.5mm　重3.9克

小样背月
径24.5mm　重3.6克

菱花穿
径25mm　重3.75克

阔缘细字花穿
径24.3mm　重3.3克

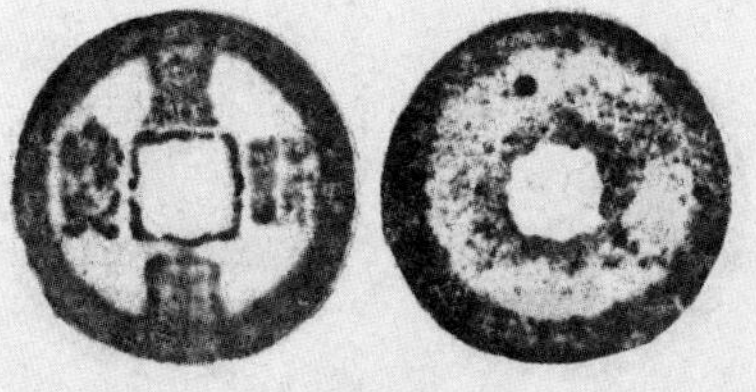

小样
径23.8mm　重4.55克

篆书阔缘大样
径26mm　重3.8克

狭缘
径24.9mm
重4.1克

## 庆历重宝

直读阔缘正样
径31.3mm　重7.9克

直读大字
径30.3mm　重9.2克

阔缘小字昂重大样
径32mm　重7.05克

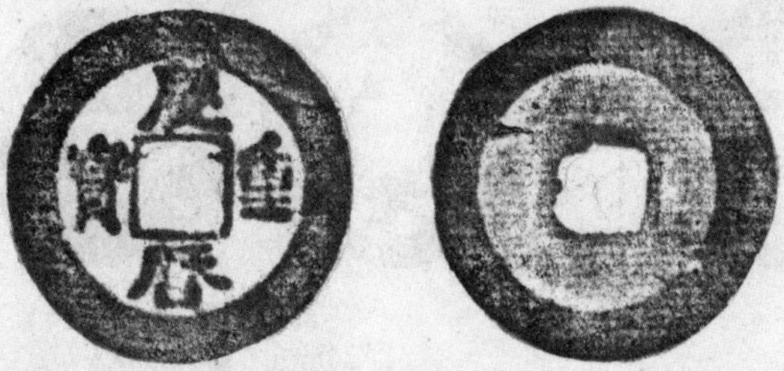

背划痕
径31.6mm　重7.2克

## 至和元宝、通宝

真书广穿
径24.9mm　重4.2克

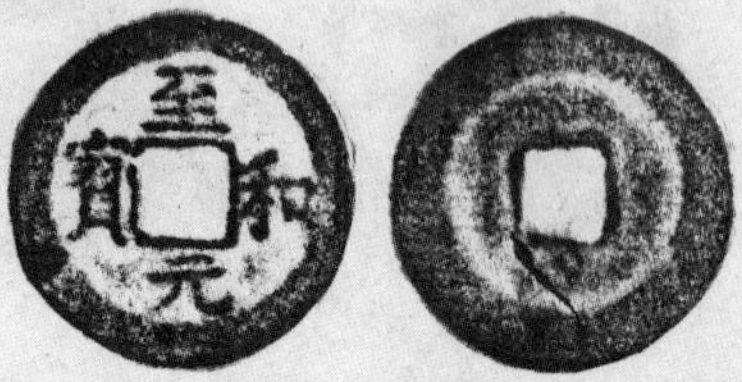

狭穿背划纹
径24.1mm　重4.1克

小字降和
径23.8mm　重3.5克

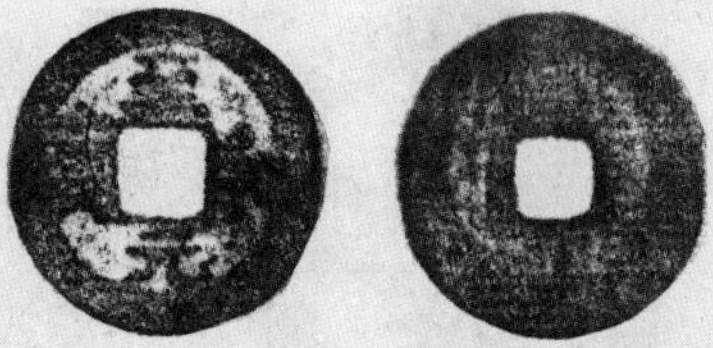

小样
径21.7mm　重1.9克

篆书广穿
径24.7mm　重3.65克

狭穿
径23.8mm　重3.65克

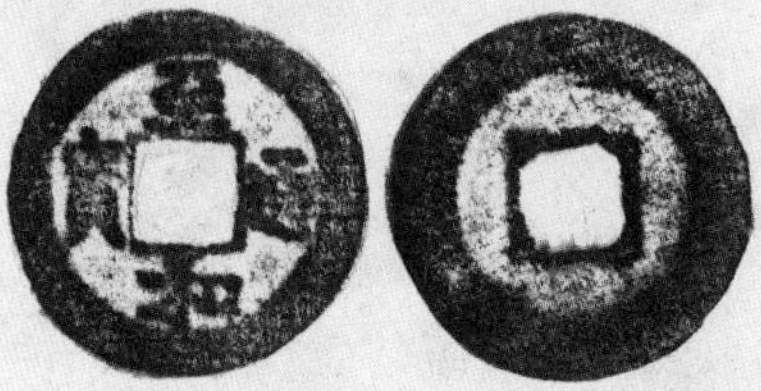

真书

篆书狭宝

## 嘉祐元宝、通宝

美制
径25.4mm　重4.2克

真书小字
径24mm　重4.83克

**阔嘉扁元**
径23.8mm　重3.3克

**篆书**
径24mm　重3.45克

**篆书小字**
径23.6mm　重3.45克

**真书阔缘大样**
径26mm　重4.1克

**面穿四决文**
径24.7mm　重4.05克

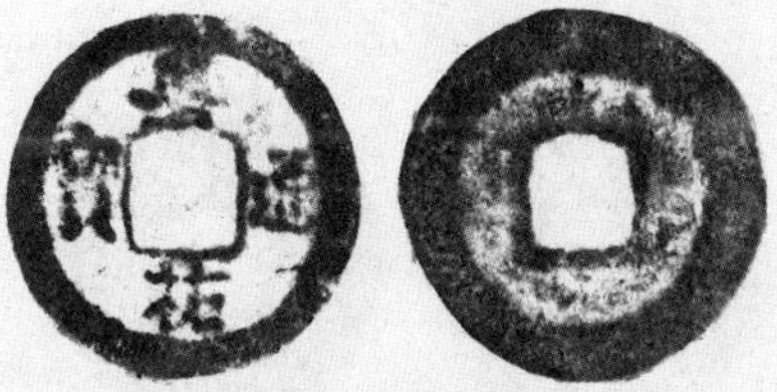

**楷通**
径24.9mm　重3.55克

**长通阔宝**
径23.8mm　重3.15克

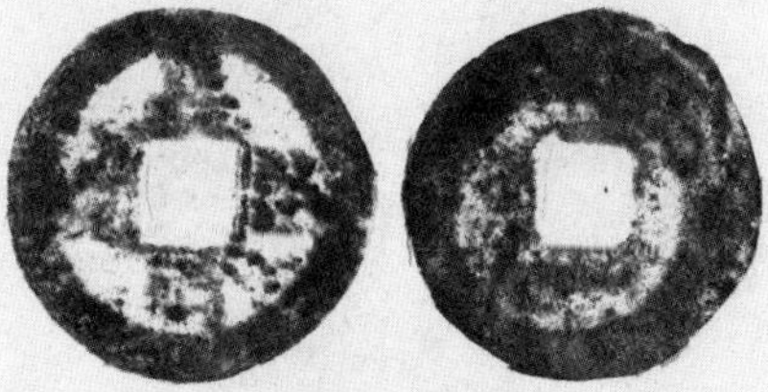

**篆书通宝大样**
径26mm　重4.6克

**小样**
径24.6mm　重3.55克

## 治平元宝、通宝

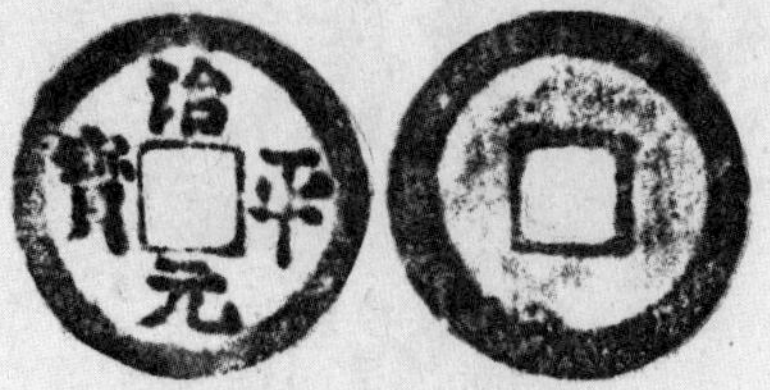

正字
径24.5mm 重3.7克

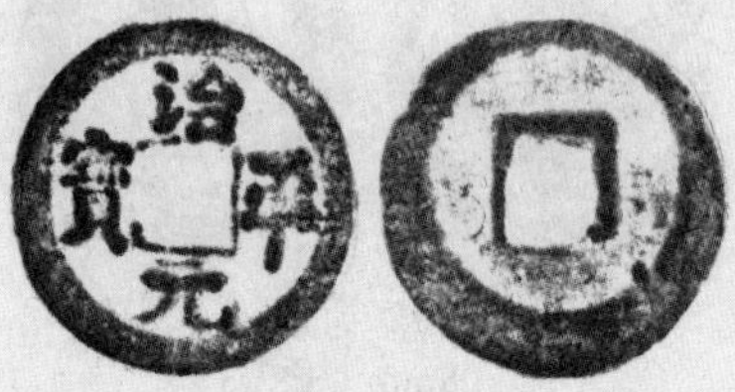

退治大平
径24mm 重3.5克

进治斜平
径23.5mm 重4.7克

大字长平
径24.6mm 重3.7克

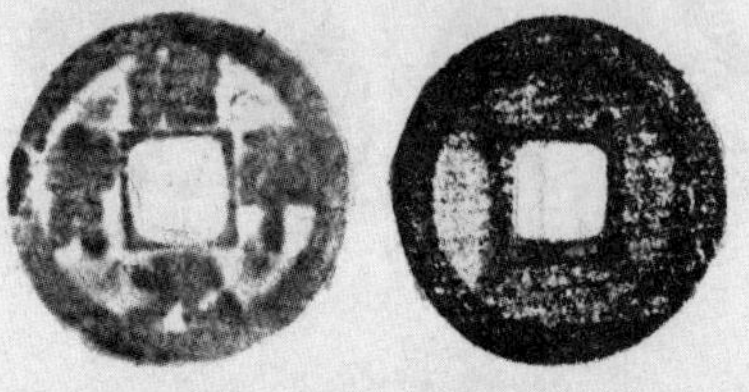

小字背四出
径23.5mm 重3.2克

昂宝降平
径24.3mm 重4.1克

篆书小平
径24.3mm 重4.15克

大平
径23.5mm 重4.05克

大样圆贝宝
径24.7mm 重4.85克

真书通宝长字
径23.5mm 重2.35克

篆书通宝长字
径25mm
重4克

## 熙宁元宝、重宝

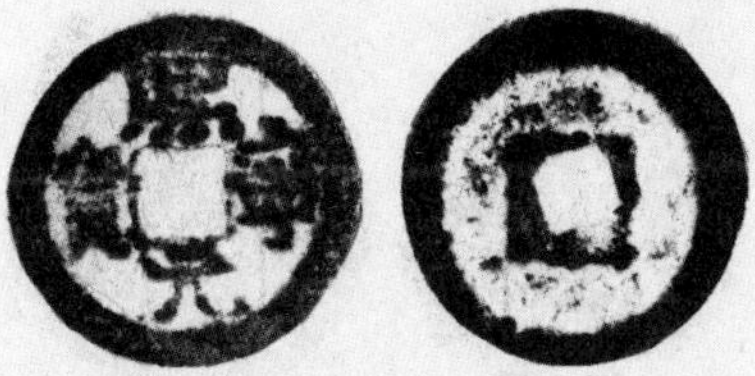

阔字
径23.7mm 重3.9克

大字
径25.1mm 重3.35克

面四决广穿
径24.5mm 重4.05克

面四决狭穿
径24.4mm 重4克

左挑元小字
径24.8mm 重3.6克

长宁狭宝
径24.3mm 重4克

长竖熙行元
径23.8mm 重4.4克

背月
径24.3mm 重4.5克

**俯宝降元**
径24mm　重3.25克

**昂宝阔元**
径23.8mm　重3.3克

**楷书**
径23.3mm　重3.7克

**小字**
径24.3mm　重4.4克

**省冠熙**
径23.8mm　重4.3克

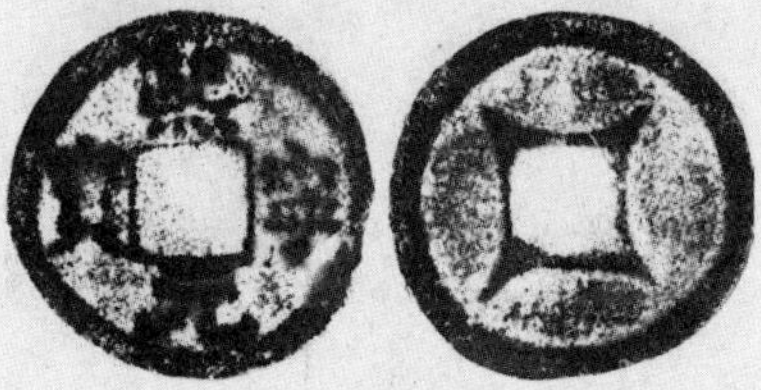

**背四出**
径24.8mm　重3.15克

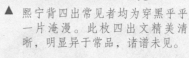

▲ 熙宁背四出常见者均为穿黑乎乎一片淹漫。此枚四出文精美清晰，明显异于常品，诸谱未见。

**面四决大字**
径24.9mm　重4.5克

**大字**
径23.3mm　重4.15克

**面四决背四出**
径24.8mm　重4.45克

小字
径24mm　重4克

背月
径24.1mm　重4.3克

狭元
径23.8mm　重4.15克

缩字
径23.8mm　重4.35克

背左月
径23.5mm　重3.9克

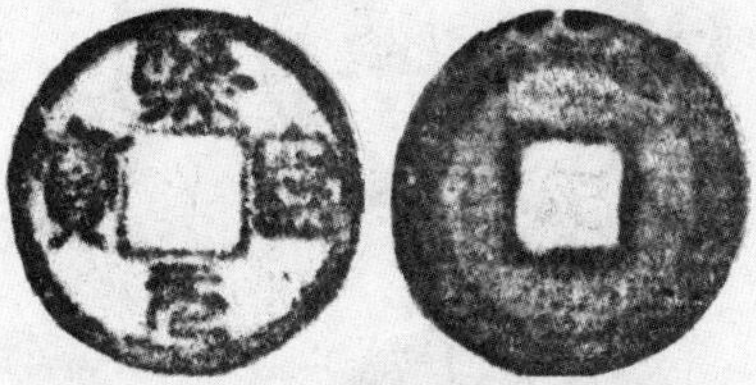

阔字
径24.4mm　重4.15克

大字长冠宝
径24mm　重4克

大字背隐廓
径24.9mm　重3.85克

隶书润字
径32.2mm　重7.65克

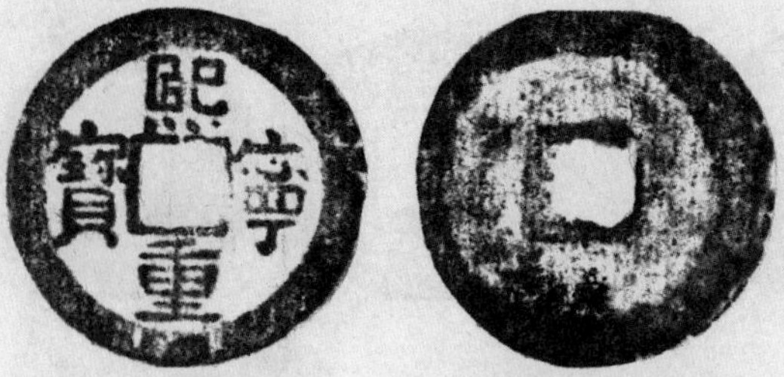

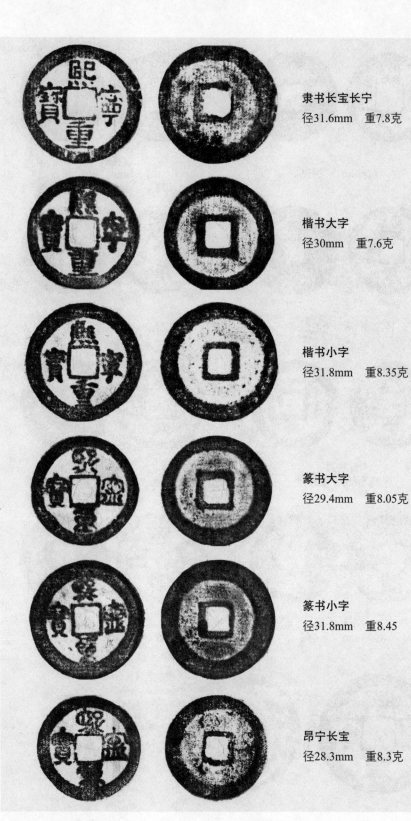

隶书长宝长宁
径31.6mm　重7.8克

楷书大字
径30mm　重7.6克

楷书小字
径31.8mm　重8.35克

篆书大字
径29.4mm　重8.05克

篆书小字
径31.8mm　重8.45

昂宁长宝
径28.3mm　重8.3克

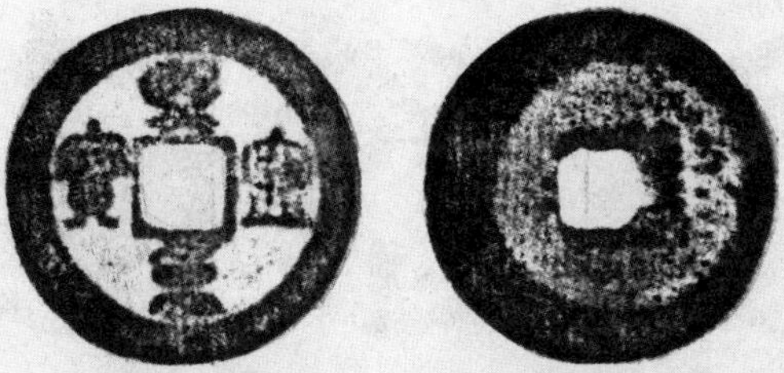

小字
径29.5mm　重7.25克

矮熙
径28.7mm　重7克

## 元丰通宝

大样
径25.8mm　重4.12克

背上月
径25.4mm　重3.65克

径25.6mm　重3.4克

小字
径25mm　重3.5克

寄廓
径25.3mm　重3.25克

方冠宝
径25mm　重3.5克

细字
径25mm　重4.25克

昂宝
径25mm　重4.05克

降宝昂丰
径25mm　重3.62克

径24mm　重4克

小字
径25.3mm　重3.5克

圆贝宝
径25.6mm　重4.4克

阔缘背月
径25.4mm　重4.05克

昂宝
径24.7mm　重3.3克

缩字
径24.8mm　重3.25克

径25.2mm　重4.45克

长冠宝
径25mm　重4.25克

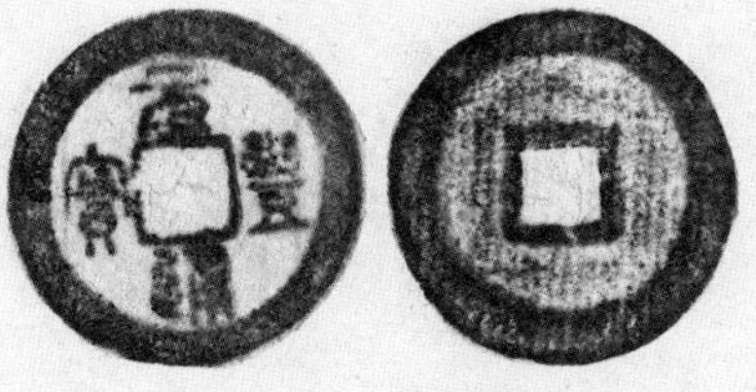

中冠宝
径24.5mm　重3.9克

径24.1mm　重3.5克

背月
径24.5mm　重4.3克

径24mm　重3.45克

行书
径25mm　重3.45克

大字
径24.8mm　重2.75克

阔缘小字
径25.5mm　重3.8克

花穿
径25mm　重3.45克

丰下星
径24.4mm　重3.7克

背星
径24.6mm　重4克

背左月
径24.7mm　重4.35克

背上月
径24.8mm　重4.3克

径24.2mm　重3克

径24.3mm　重4.8克

背隐廓
径24.2mm　重3.25克

小字
径24.4mm　重4克

隶书
径23.4mm　重2.5克

篆书阔缘大字
径30.4mm　重7.55克

阔缘小字
径30.1mm　重7.8克

径29.4mm　重7.8克

昂丰
径28.7mm　重7.55克

降宝
径28.7mm　重7克

背错范
径28.7mm　重8.65克

寄廓
径29.6mm　重8.25克

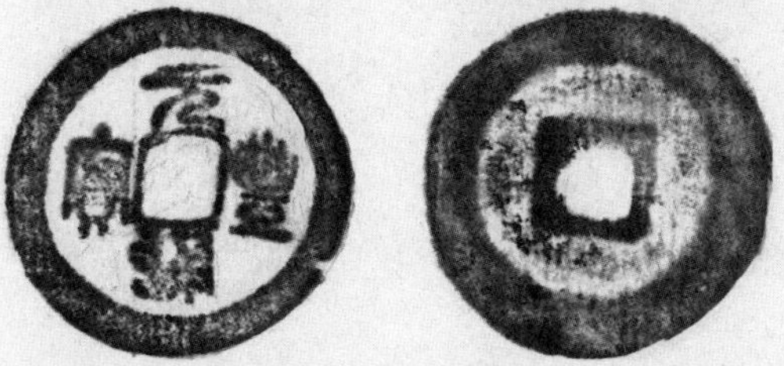

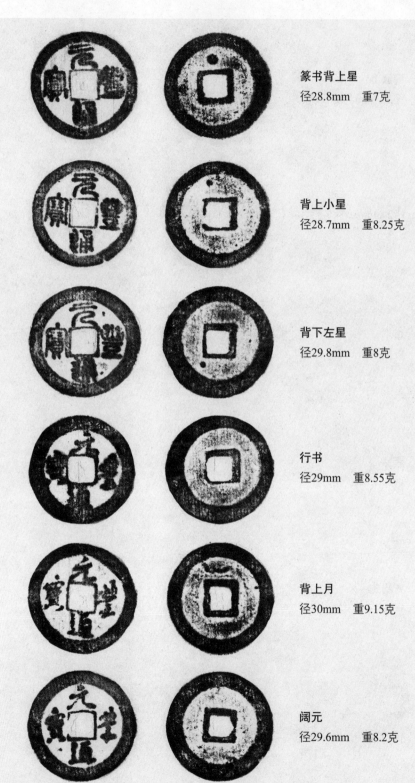

篆书背上星
径28.8mm　重7克

背上小星
径28.7mm　重8.25克

背下左星
径29.8mm　重8克

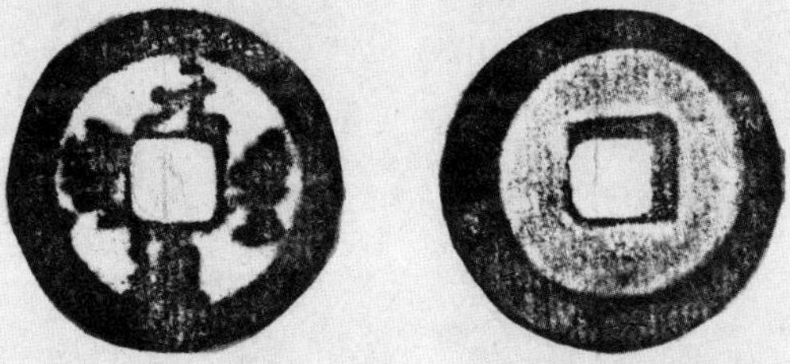

行书
径29mm　重8.55克

背上月
径30mm　重9.15克

阔元
径29.6mm　重8.2克

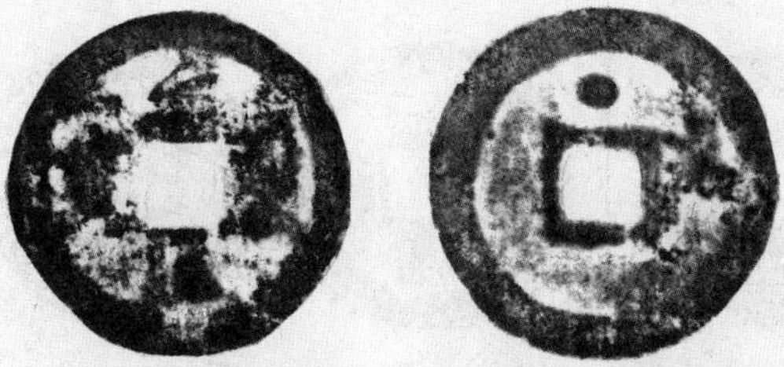

铁质
背上星
径30mm　重7.23克

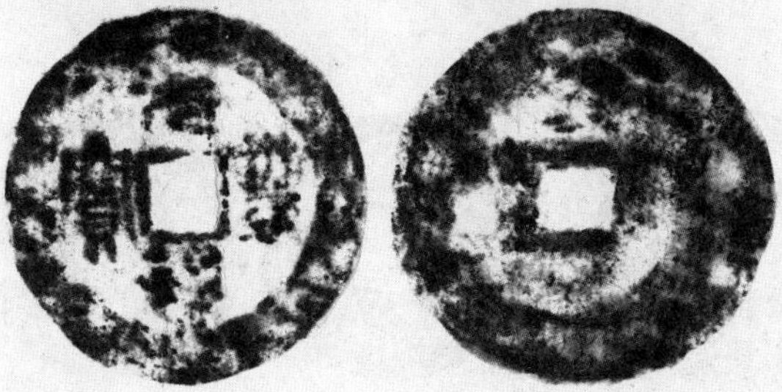

铁质
径34.5mm　重12.4克

## 元祐通宝

大字长足宝
径25.1mm　重4.95克

小字
径25mm　重4克

广穿狭宝
径24.9mm　重3.3克

降祐
径24.3mm　重3.9克

小样
径23.6mm　重2.8克

阔缘
径25.4mm　重4.25克

径25mm　重4.35克

径24.7mm　重4.2克

背上星
径25.7mm　重3.2克

宝上星
径24.8mm　重3.55克

径25.1mm　重3.75克

昂宝降祐
径25.2mm　重3.9克

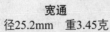

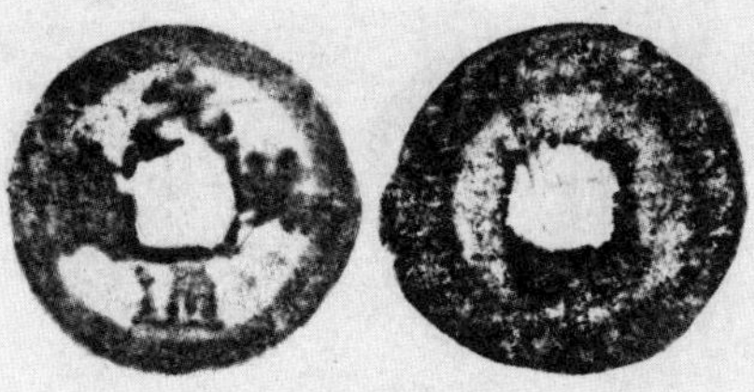

宽通
径25.2mm　重3.45克

阔缘狭穿
径25.2mm　重3.9克

径24.9mm　重3.7克

径24.1mm　重4.5克

径24mm　重3.3克

阔缘寄廓
径30.4mm　重8.7克

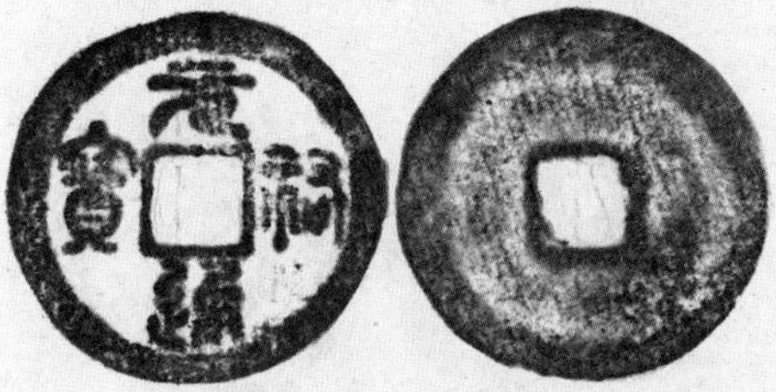

圆贝宝
径29.3mm　重6.4克

径28.5mm　重9.85克

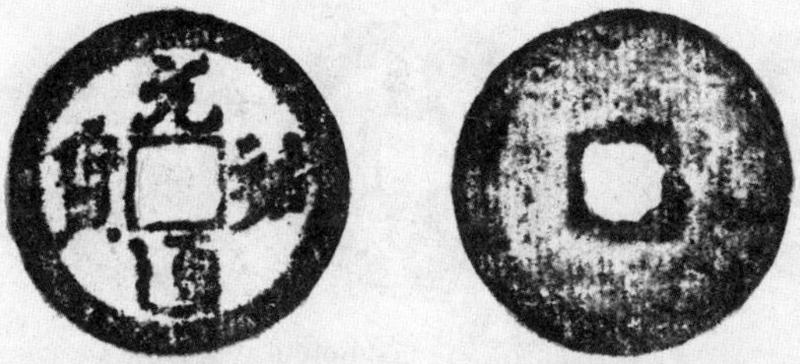

径30.3mm　重8克

铁质
径33mm　重12.5克

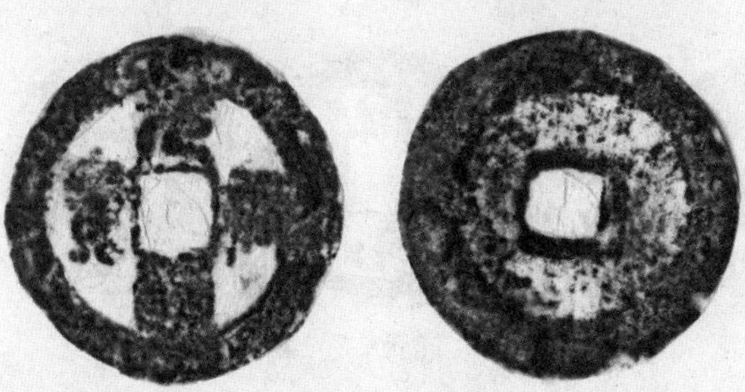

铁质
径34.4mm　重12.45克

## 绍圣元宝通宝

背下月　径25.5mm　重4克

昂宝降圣　径24.2mm　重3.2克

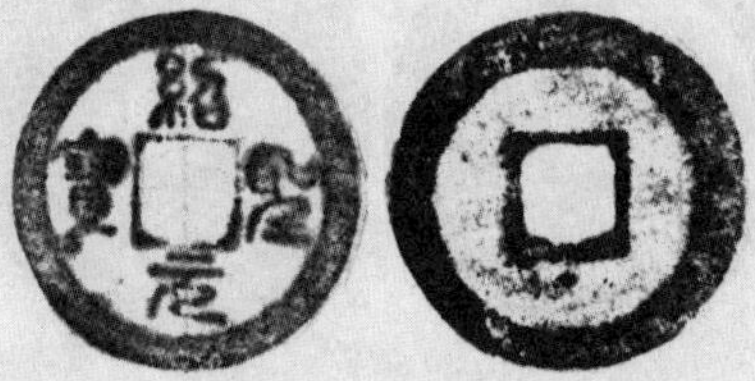

径24.1mm　重4.25克

阔元　径23.7mm　重4克

径24mm　重3.75克

径24.8mm　重3.5克

径24.7mm　重4克

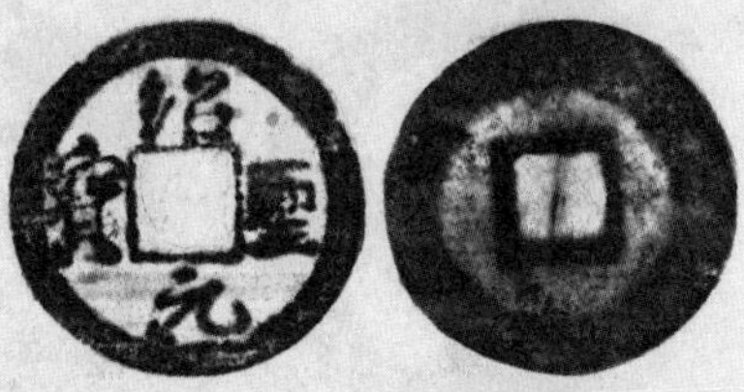

大字　径24.8mm　重4.25克

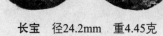

长宝　径24.2mm　重4.45克

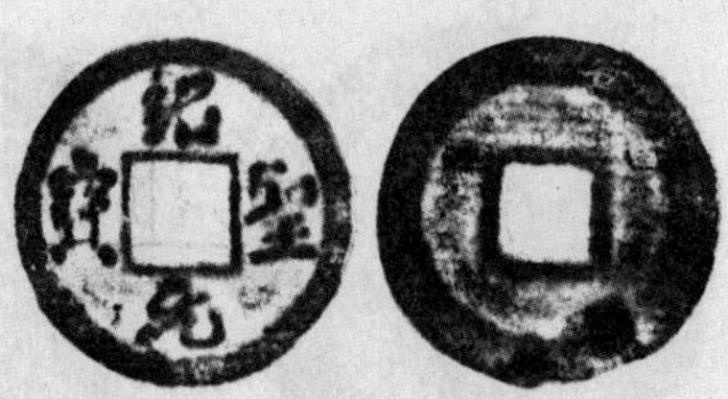

连元　径24.5mm　重3.75克

阔缘小字　径24.7mm　重4.15克

进绍降圣　径24.2mm　重3.82克

退绍　径24mm　重3.65克

通宝　径23.1mm　重3.95克

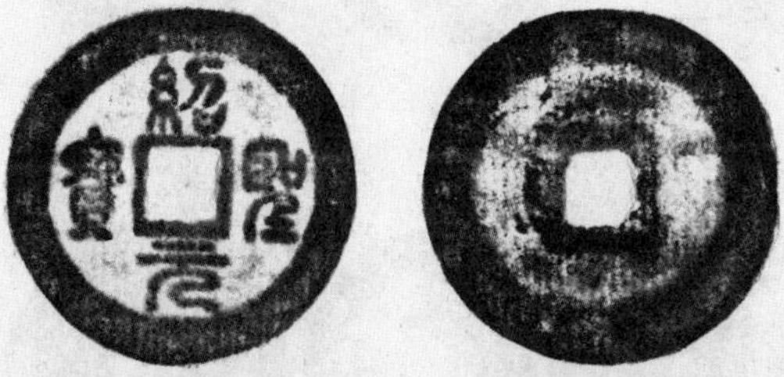

径31.2mm　重8.6克

径30.8mm　重7.2克

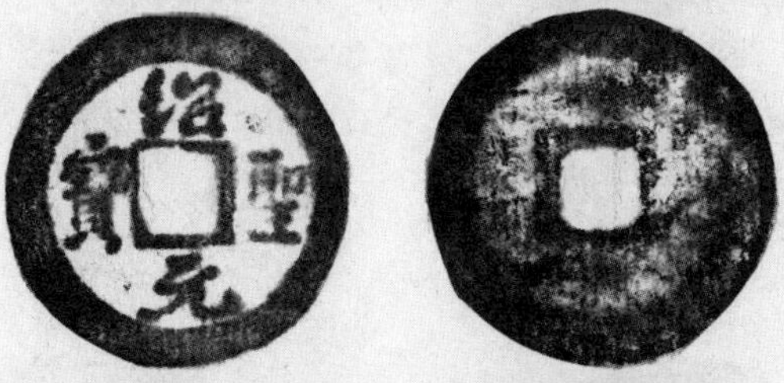

径30mm　重6.15克

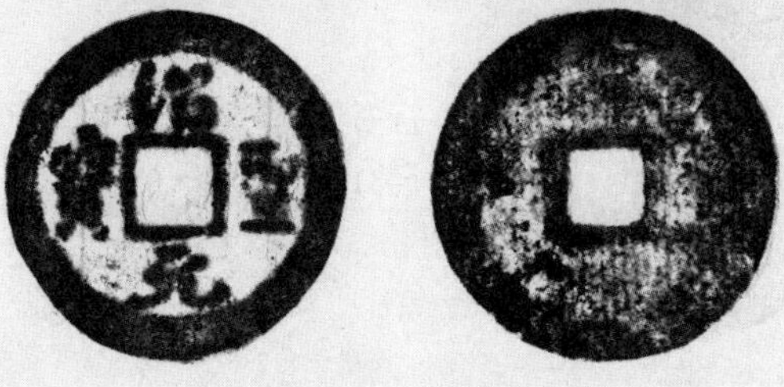

径29.4mm　重7.35克

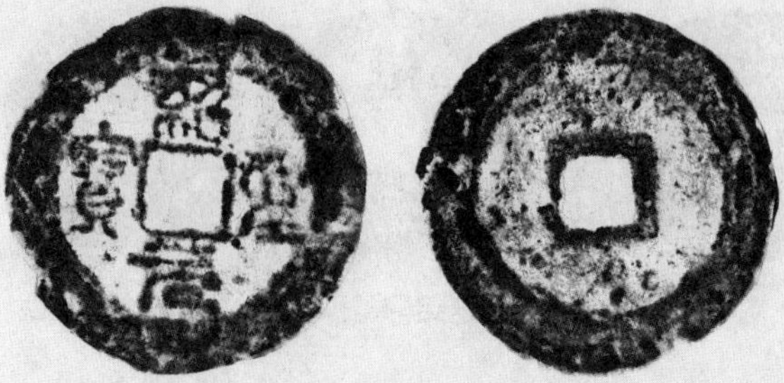

铁质
径35mm　重11.4克

## 元符通宝

径24.1mm　重3.7克

径24mm　重4克

径24.4mm　重4.05克

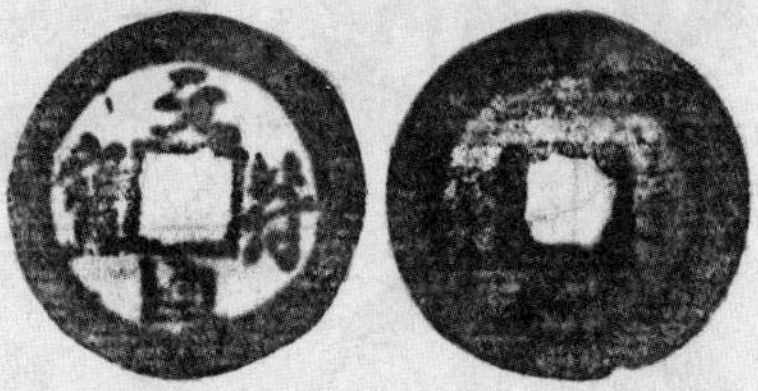

径25mm　重4.1克

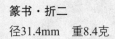

篆书·折二
径31.4mm　重8.4克

行书·折二
径31.7mm　重8.05克

## 圣宋元宝

美制
径25.2mm　重3.95克

径24.6mm　重3.53克

径24mm　重3.75克

小字
径24.7mm　重3.45克

径24.4mm　重4.15克

白铜
径24.1mm　重4.2克

背隐廓
径23.4mm　重2.85克

径24.7mm　重3.7克

径24mm　重4.2克

径25mm　重4.2克

径25.3mm　重3.65克

离廓
径25.4mm　重4.25克

径25.2mm　重4.6克

阔缘小字
径24.2mm　重4.05克

阔缘细字
径24.2mm　重2.7克

阔缘细字小元
径24.9mm　重3.4克

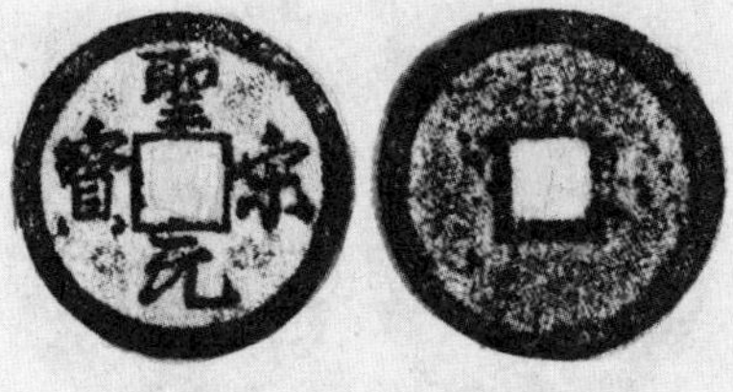

正字
径24.7mm　重3.05克

径24.7mm　重4.2克

径25.5mm　重3.9克

径24.5mm　重4.32克

小圣
径23.9mm　重0.75克

小样
径22.85mm　重1.6克

大字退圣
径25.4mm　重4.3克

小字退圣
径25.2mm　重3.9克

结圣
径24.5mm　重4.32克

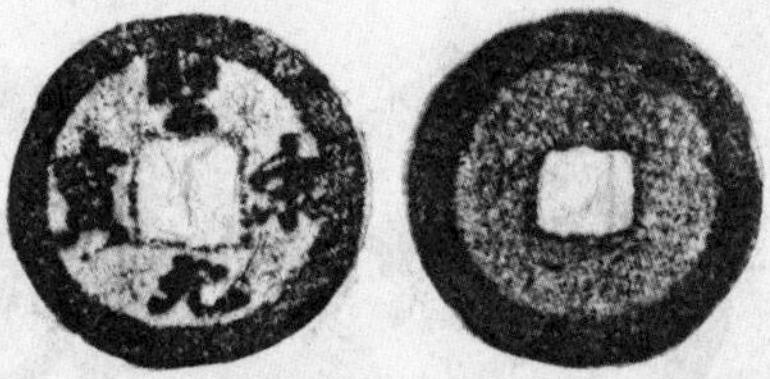

径23.9mm　重3.75克

细字
径24.8mm　重3.25克

木宋
径26.3mm　重5.75克

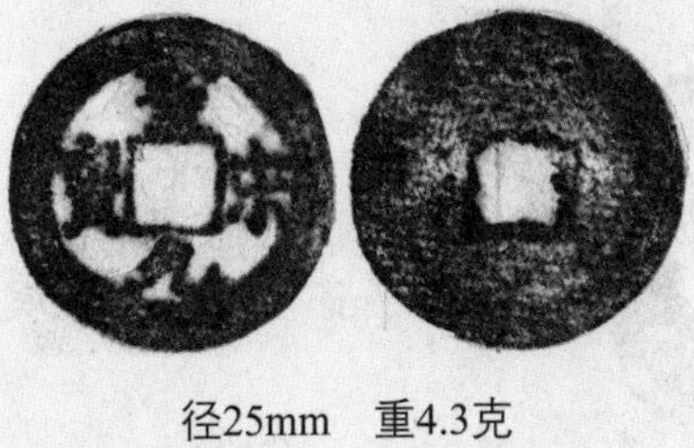

径25mm　重4.3克

隶书
径25.1mm　重6.05克

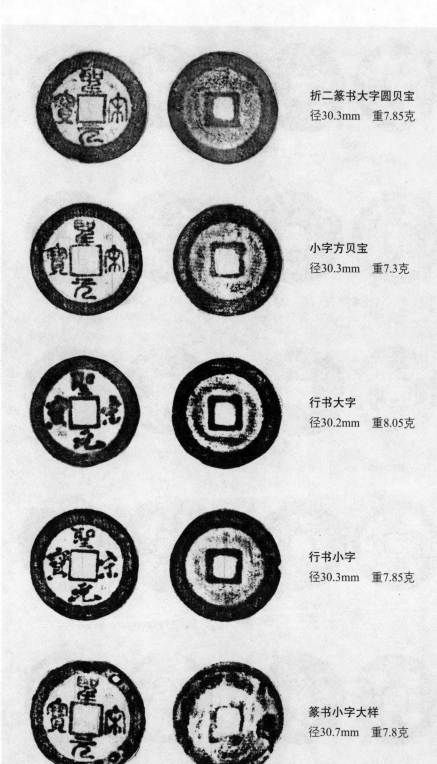

折二篆书大字圆贝宝
径30.3mm　重7.85克

小字方贝宝
径30.3mm　重7.3克

行书大字
径30.2mm　重8.05克

行书小字
径30.3mm　重7.85克

篆书小字大样
径30.7mm　重7.8克

折三铁母（珍罕）
径36.3mm
厚2.7mm
重20.3克

## 崇宁元宝、通宝、重宝

崇宁元宝（珍罕）
径24.4mm　重3.55克

通宝小平细字
径24.6mm　重3.9克

折十正字
径35mm
重12.3克

白铜广穿木崇
径34.7mm
重11.22克

狭宁背月
径35.3mm
重13.8克

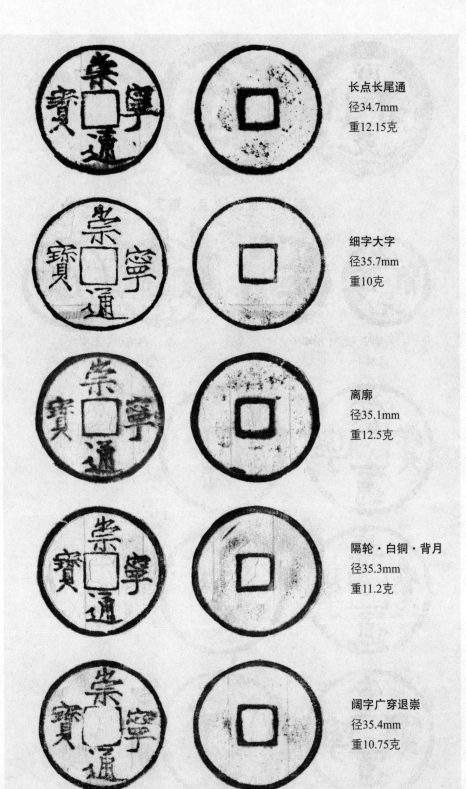

长点长尾通
径34.7mm
重12.15克

细字大字
径35.7mm
重10克

离廓
径35.1mm
重12.5克

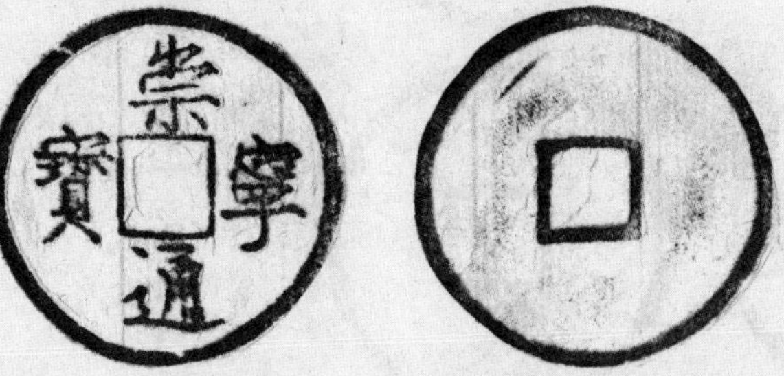


隔轮·白铜·背月
径35.3mm
重11.2克

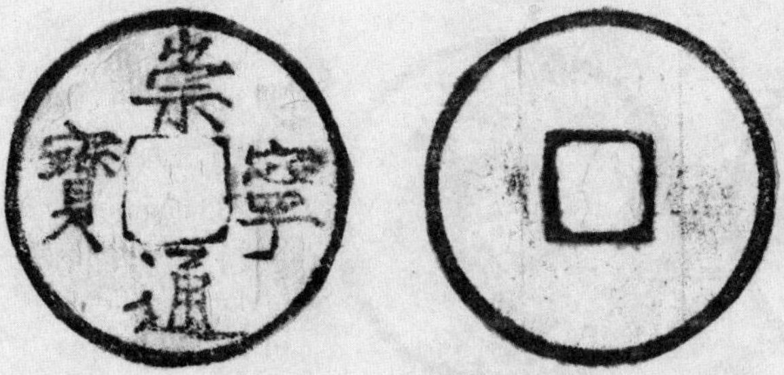


阔字广穿退崇
径35.4mm
重10.75克

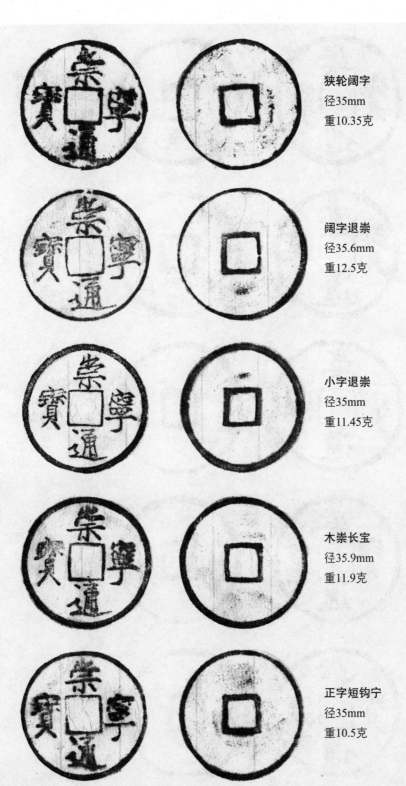

狭轮阔字
径35mm
重10.35克

阔字退崇
径35.6mm
重12.5克

小字退崇
径35mm
重11.45克

木崇长宝
径35.9mm
重11.9克

正字短钩宁
径35mm
重10.5克

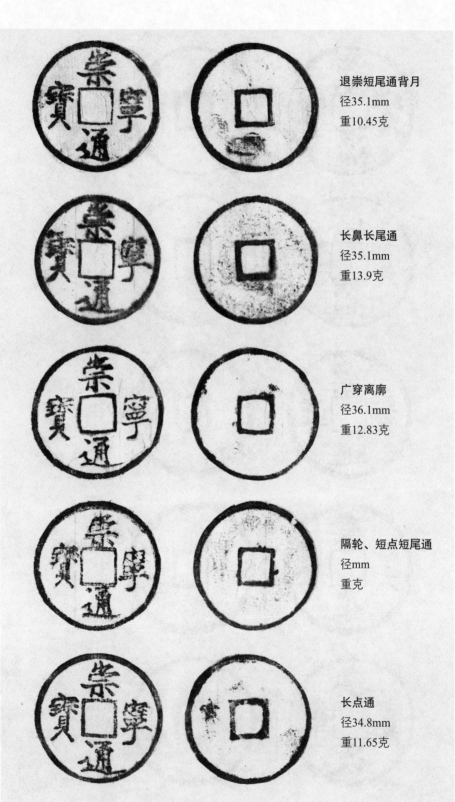

退崇短尾通背月
径35.1mm
重10.45克

长鼻长尾通
径35.1mm
重13.9克

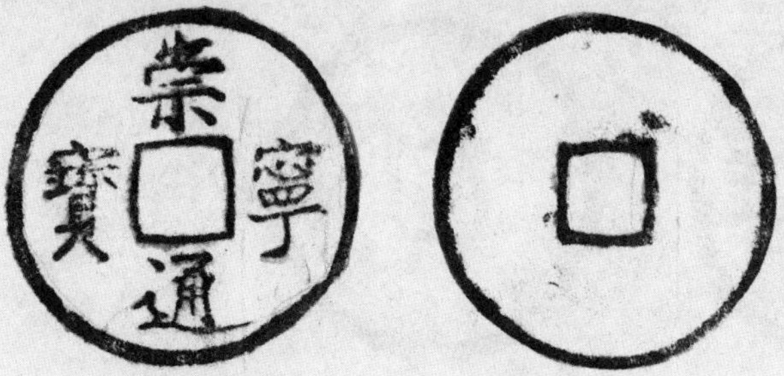


广穿离廓
径36.1mm
重12.83克

隔轮、短点短尾通
径mm
重克

长点通
径34.8mm
重11.65克

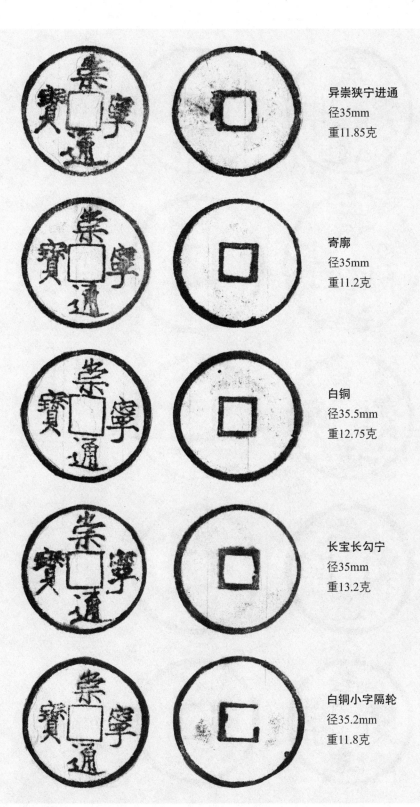

异崇狭宁进通
径35mm
重11.85克

寄廓
径35mm
重11.2克

白铜
径35.5mm
重12.75克

长宝长勾宁
径35mm
重13.2克

白铜小字隔轮
径35.2mm
重11.8克

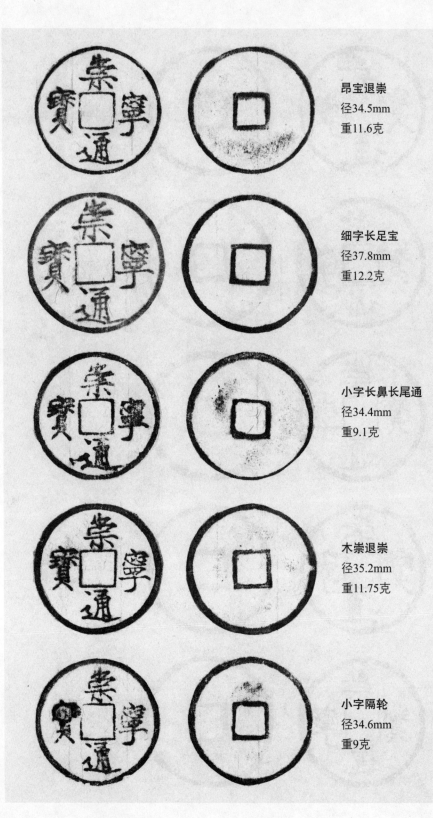

昂宝退崇
径34.5mm
重11.6克

细字长足宝
径37.8mm
重12.2克

小字长鼻长尾通
径34.4mm
重9.1克

木崇退崇
径35.2mm
重11.75克

小字隔轮
径34.6mm
重9克

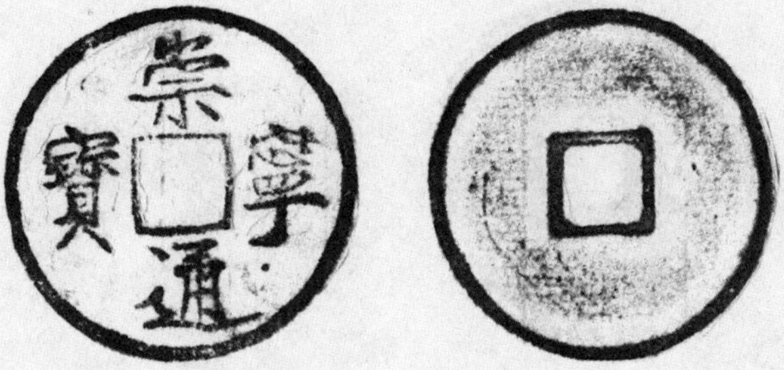

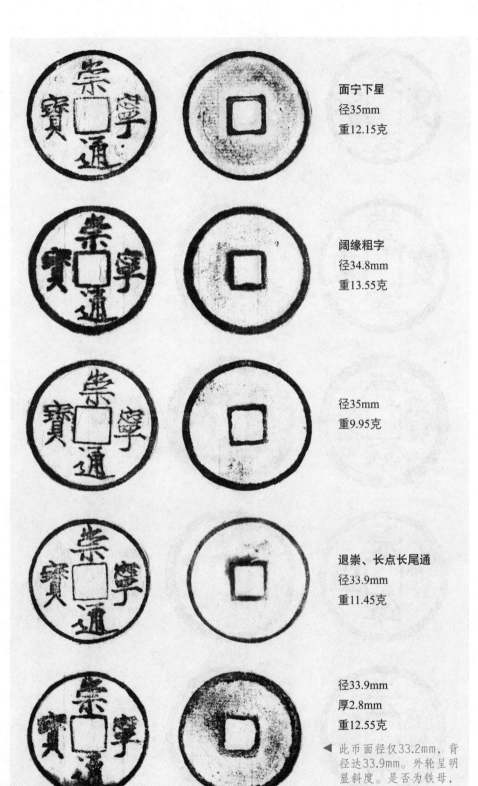

面宁下星
径35mm
重12.15克

阔缘粗字
径34.8mm
重13.55克

径35mm
重9.95克

退崇、长点长尾通
径33.9mm
重11.45克

径33.9mm
厚2.8mm
重12.55克

◀ 此币面径仅33.2mm，背径达33.9mm。外轮呈明显斜度。是否为铁母，存疑待考。

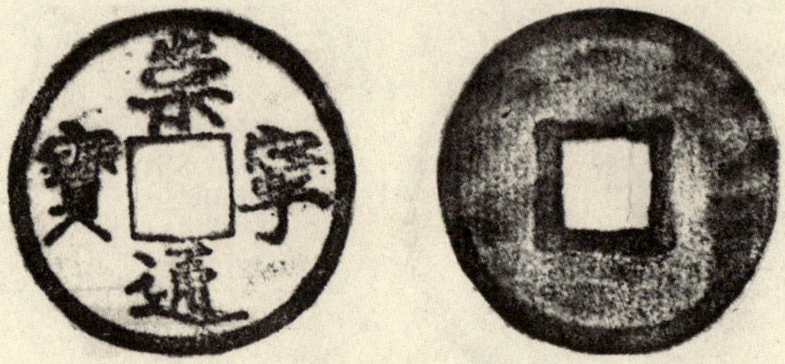


径31.5mm

厚1.4 mm

重6.01克

◀ 此币形制、文字皆与铁母如出一辙。但币身轻薄，似不够铁母。疑为铁范铜。

纤字

径36mm

重12克

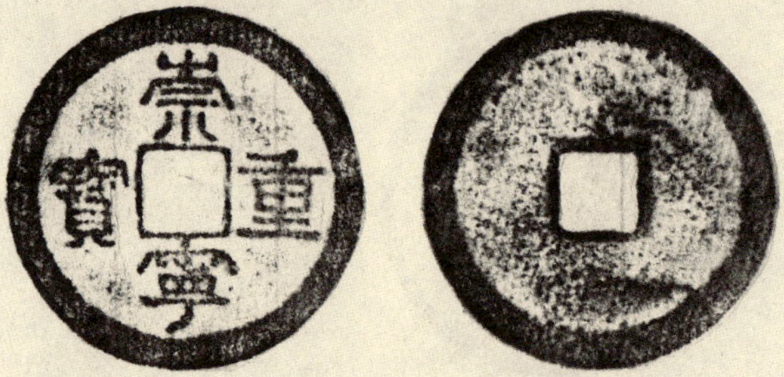


纤字润缘

径35.8mm

重10.7克

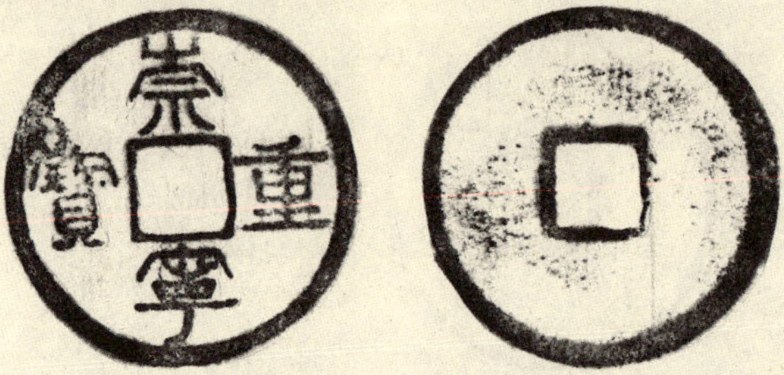


宽示

径35.4mm

重10.5克

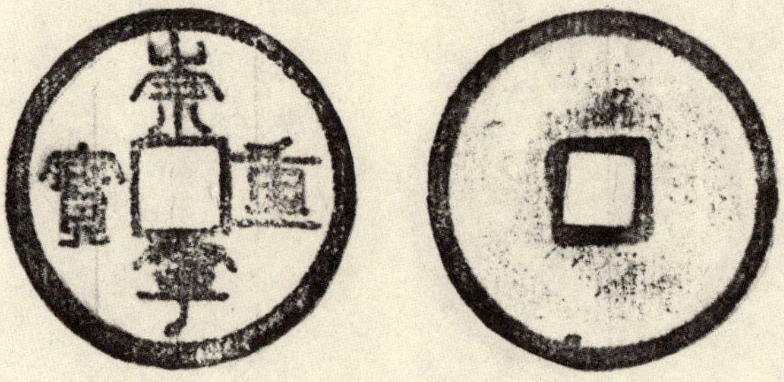


狭示

径35.4mm

重12克

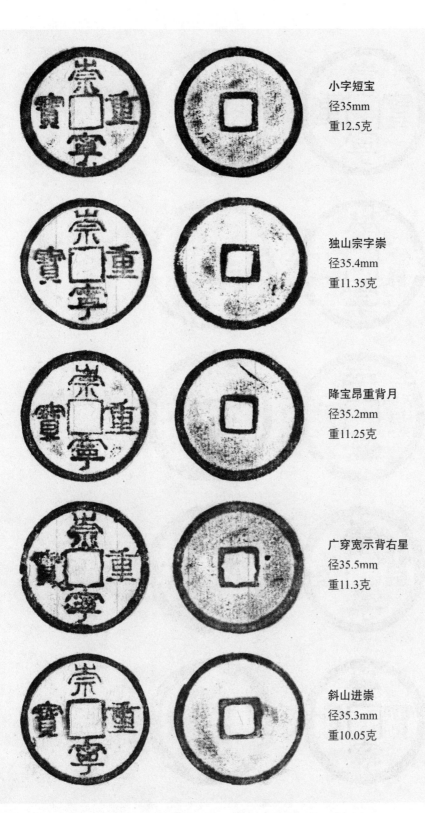

小字短宝
径35mm
重12.5克

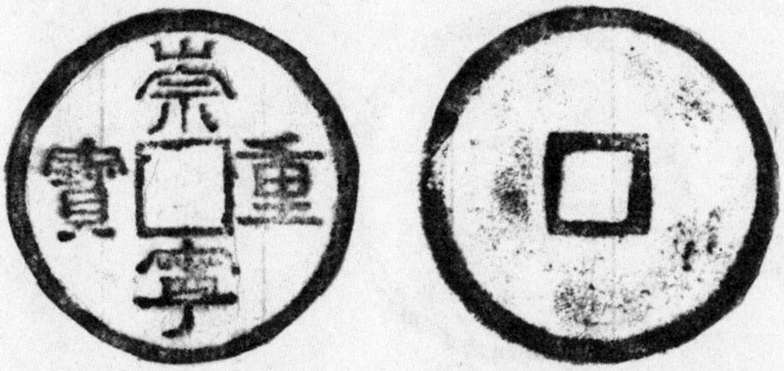


独山宗字崇
径35.4mm
重11.35克

降宝昂重背月
径35.2mm
重11.25克

广穿宽示背右星
径35.5mm
重11.3克

斜山进崇
径35.3mm
重10.05克

宽山狭示方冠宝
径34.7mm
重9.93克

降宝
径35.4mm
重10.5克

狭宝背下星
径35.1mm
重12.1克

阔缘宽贝宝
径34.6mm
重12.1克

阔缘狭贝宝
径34mm
重16克

阔缘退崇
径35mm
重14.3克

隔轮
径34mm
重12.1克

润缘正字
径34mm
重9.9克

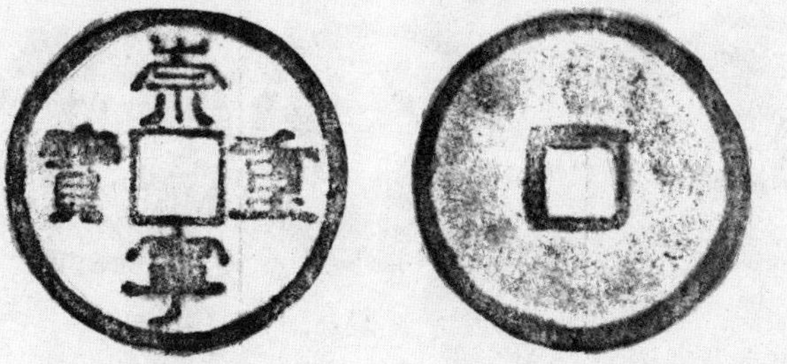


小字小样
径33.5mm
重12.2克

背星月
径32.8mm
重8.65克

背下星
径32mm
重7.7克

剪轮
径28.5mm　重7.5克

私铸
径27.5mm　重2.7克

## 大观通宝

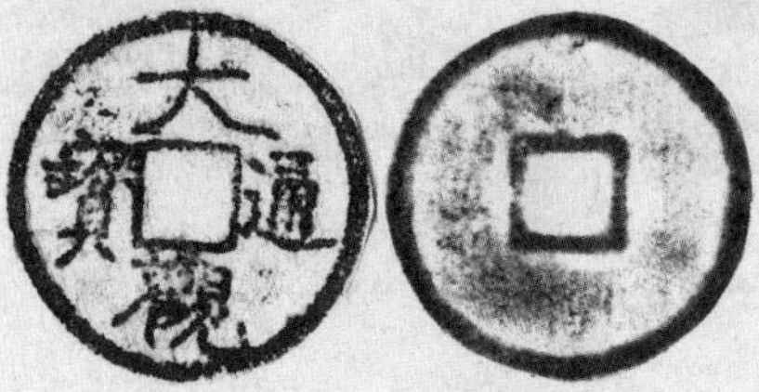

大样
径26.9mm　重5.1克

昂宝宽观
径25.7mm　重3.15克

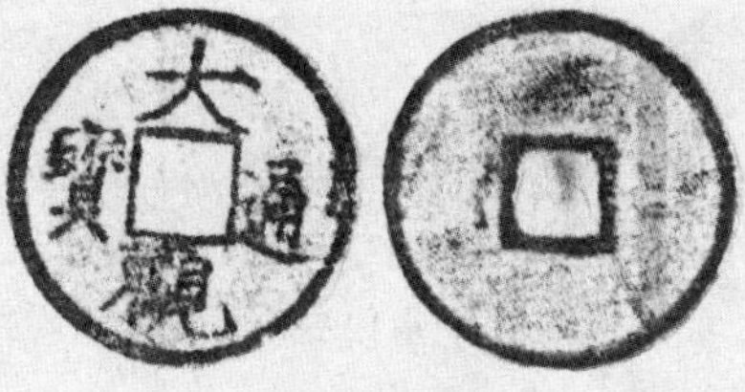

短大小通
径25.3mm　重4.05克

径25.1mm　重3.5克

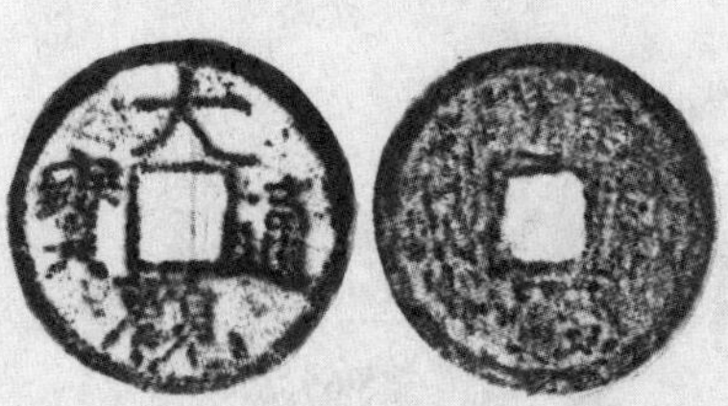

昂宝斜通
径25mm　重4.6克

退大进观
径25mm　重3.25克

短大降通
径25.1mm　重3.95克

大大降通 背月
径25.4mm　重3.85克

昂宝斜通　背月纹
径24.4mm　重3.9克

花穿
径24.5mm　重3.95克

俯大退大
径24.9mm　重4.2克

异大
径24.6mm　重3.95克

腑大·径25mm　重4.5克

隔轮小通
径25mm　重4.55克

短大昂宝降通·径25.2mm　重4.8克

进观
径24.5mm　重4.85克

狭观
径24.3mm　重4.35克

昂宝
径24.4mm　重3.95克

短草观
径24.5mm　重4.15克

润缘
径24.7mm　重4.5克

小字
径24.7mm　重4.1克

折五短通狭宝
径34.2mm
重14克

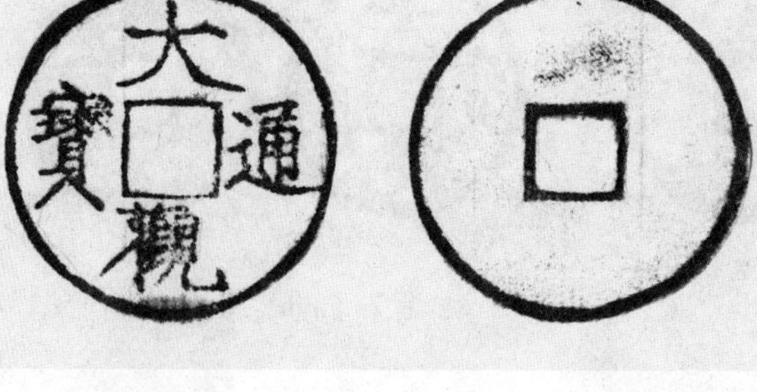

折五长足宝
径33.3mm
重12.55克

铁质
径31.3mm
重8.55克

折十大样
径41.7mm
重16.45克

平背
径42mm
重16.25克

降通
径41.2mm
重18.75克

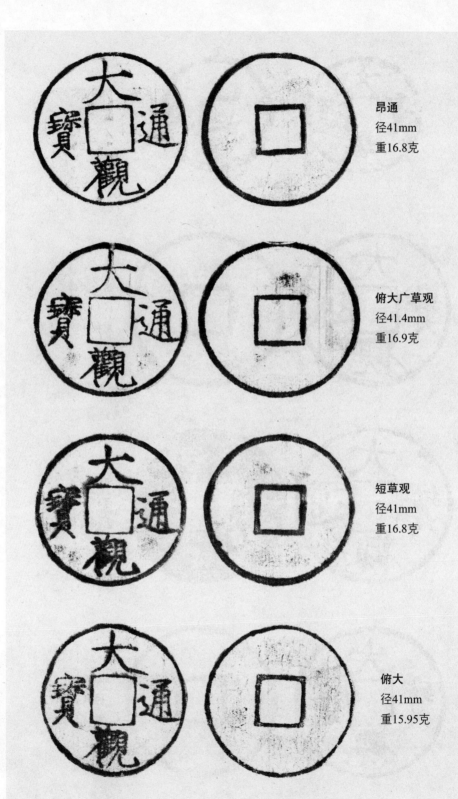

昂通
径41mm
重16.8克

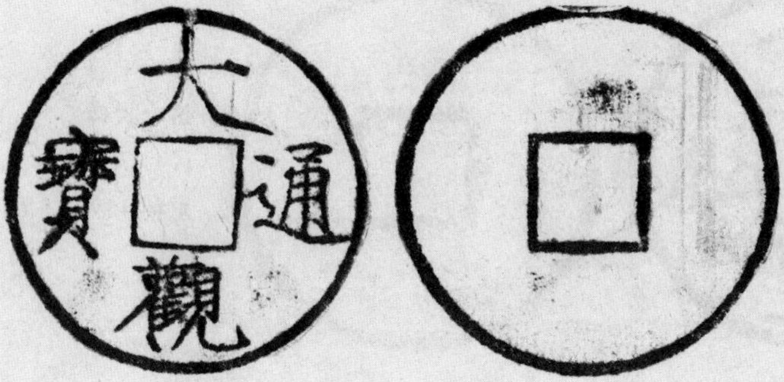


俯大广草观
径41.4mm
重16.9克

短草观
径41mm
重16.8克

俯大
径41mm
重15.95克

长尾大背隐廓
径41mm
重14.35克

## 政和通宝

大字文政
径25.1mm　重2.7克

径25.4mm　重4克

径25.4mm　重3.8克

径24.4mm　重4.5克

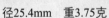

径25.4mm　重3.75克

径25.1mm　重3.35克

径24.5mm　重3.65克

径24.5mm　重4.7克

径24.8mm　重3.4克

阔缘　径25.3mm　重4克

径25.2mm　重4.1克

径25.2mm　重3.9克

昂宝　径25mm　重4.3克

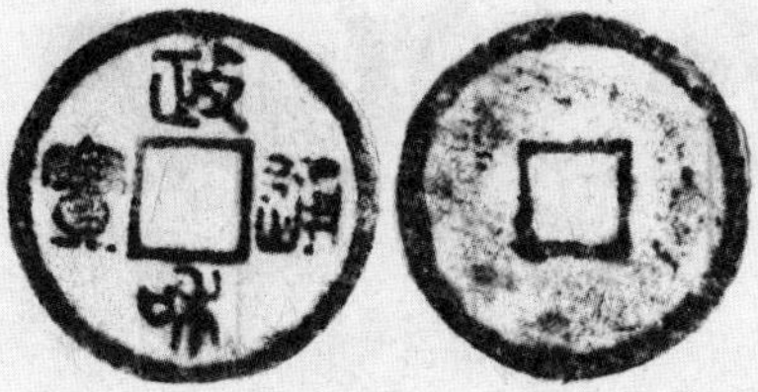

小和　径25.2mm　重3.9克

径25mm　重4.1克

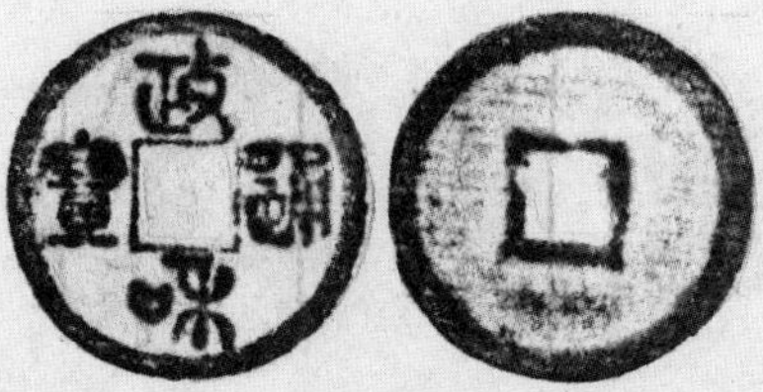

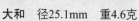

大和　径25.1mm　重4.6克

斜和
径24.9mm　重4.5克

径24.7mm　重3.7克

锐禾
径24.5mm　重3.25克

缩字
径24.7mm　重3.75克

小字缩轮
径24.8mm　重4.1克

径25.4mm　重3.95克

折二　小字文政
径28.5mm　重5.15克

小字文政阔缘
径28.5mm　重6.5克

径29.7mm
重7克

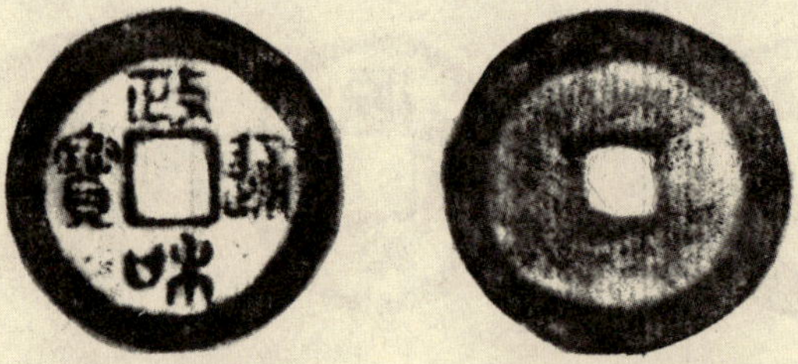

径29.8mm
重8.6克

狭穿
径28.2mm
重6.5克

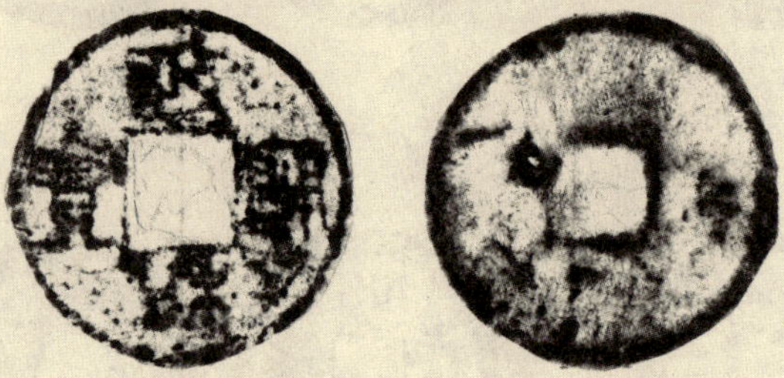

铁质
径32.2mm
重6.75克

## 重和通宝

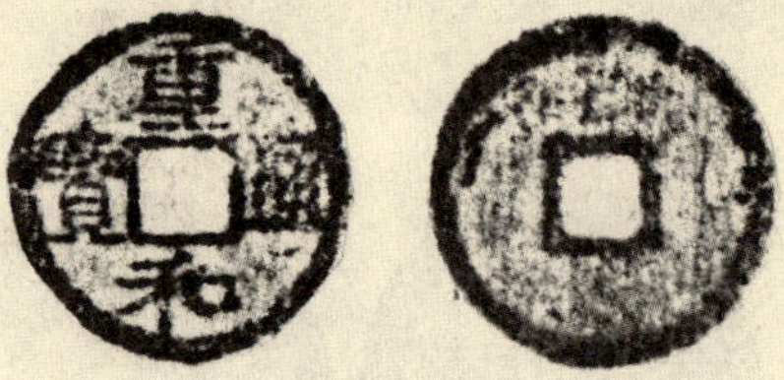

径24.1mm　厚1.6mm　重4.15克

◀ 重和年号钱只铸有小平铜钱篆、隶一对共两品。传世罕少。篆书者尤甚。

## 宣和元宝、通宝

径23.7mm　重5.1克

大字圆贝宝
径25mm　重4.46克

**中字圆贝宝**
径24mm　重3.6克

**小字圆贝宝**
径24.3mm　重4.2克

**楷宣·白铜**
径24.7mm　重3.6克

径24.3mm　重3.5克

**短宝开足宽禾**
径25mm　重3.1克

**短宝开足小字**
径24.6mm　重3.2克

径24mm　重2.74克

**阔缘**
径23.6mm　重3.1克

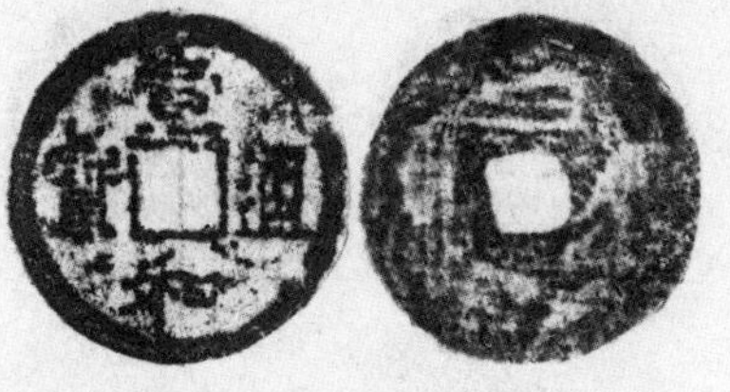

**楷和**　径25mm　重3.72克

径25mm　重4.35克

**离廓**
径24.9mm　重3.7克

**窄宝阔和**
径24mm　重3.85克

径24.6mm　重3克

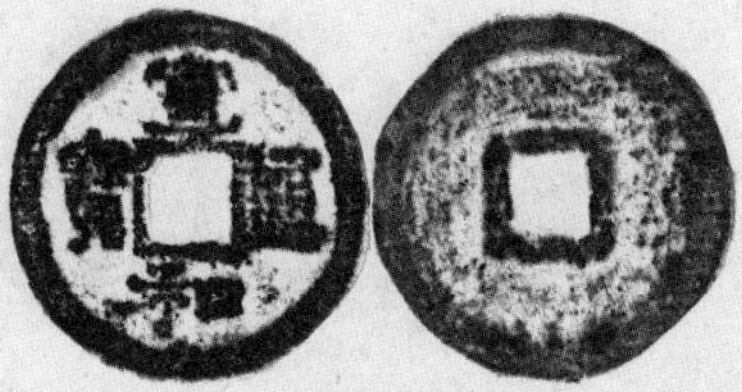

**寄廓**
径25mm　重3.8克

径24mm　重2.85克

**狭宣**
径24.4mm　重4克

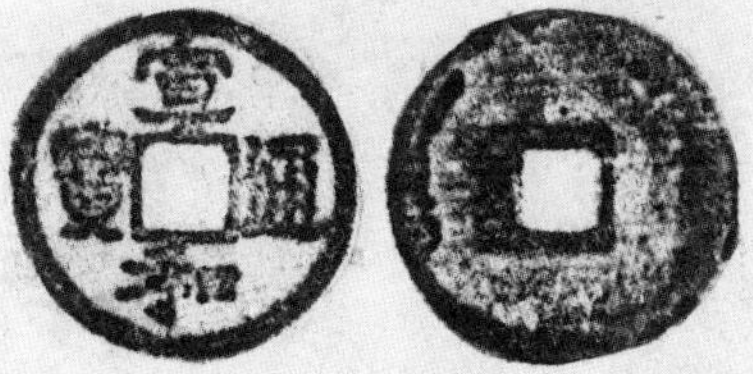

径24.5mm　重4克

径23.8mm　重3.2克

径25mm　重3.44克

径24.4mm　重4.32克

径24.4mm　重3.6克

美制
径25.3mm　重3.4克

径23.7mm　重3.65克

径24mm　重2.75克

大字
径24.8mm　重3.52克

径25mm　重3.9克

径24.8mm　重3.95克

径24.2mm　重3.32克

昂宝降通
径24.5mm　重2.93克

径24.5mm　重3克

径24.6mm　重65克

径24.1mm　重3.4克

径23.8mm　重3.5克

径24mm　重2.6克

径24.5mm　重34.1克

径24.3mm　重3克

径25.1mm　重4.65克

锐禾　径24.6mm　重4克

短宝进和
径24.7mm　重3.8克

径24.9mm　重4.05克

**长宝退和**
径25mm　重4.2克

**寄廓**
径25mm　重3.82克

**隔轮小字**
径24.7mm　重4.45克

径25.2mm　重4.4克

径25.1mm　重2.65克

**离廓**
径24.4mm　重3.15克

径24.4mm　重3.3克

**阔缘小字**
径24.2mm　重3.2克

径23.8mm　重4.8克

径24.7mm　重3.32克

径30.3mm
重8.35克

径30.4mm
重8.55克

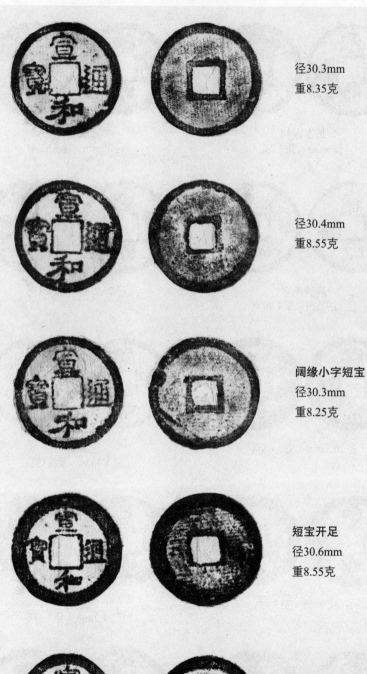

阔缘小字短宝
径30.3mm
重8.25克

短宝开足
径30.6mm
重8.55克

楷通
径28.4mm
重8.4克

背月
径27.6mm
重5.9克

径30.1mm
重6.15克

长足宝
径30.5mm
重7.6克

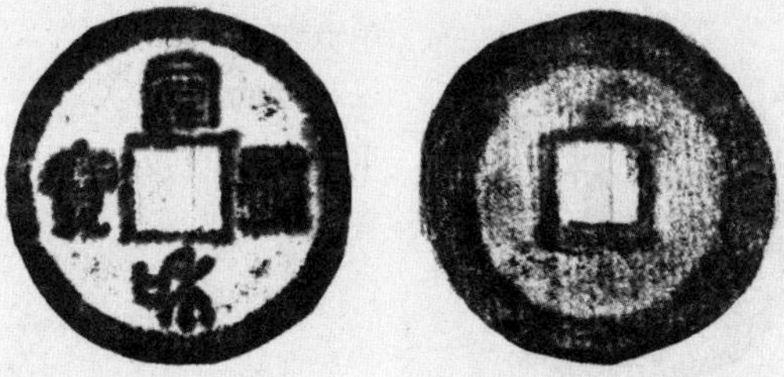

润缘小字短宝
径30.3mm
重8.25克

径29.2mm
重5.63克

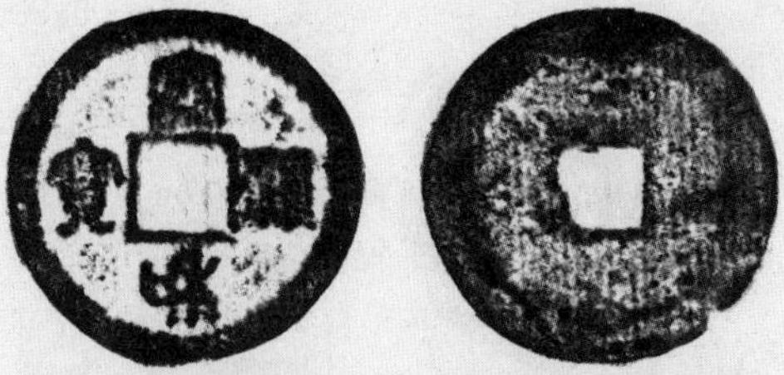

隔轮小字
径28.8mm
重6.25克

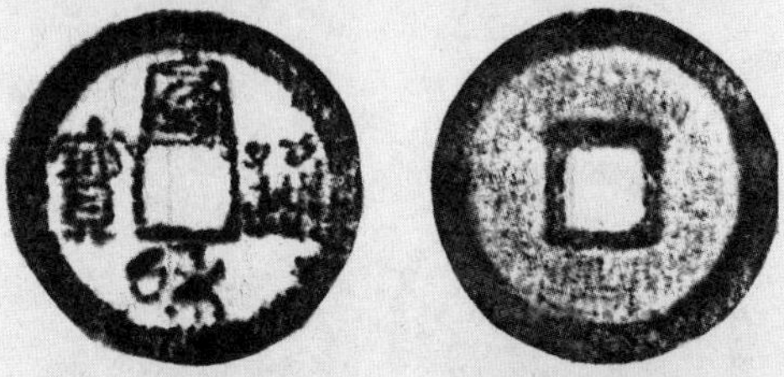

润缘小样
径28.5mm
重6.2克

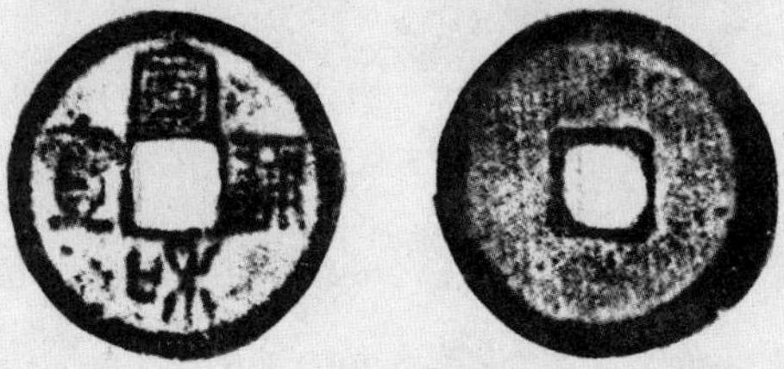

径27.2mm
重3.65克

## 靖康通宝

篆书小平
径23.7mm
重3.3克

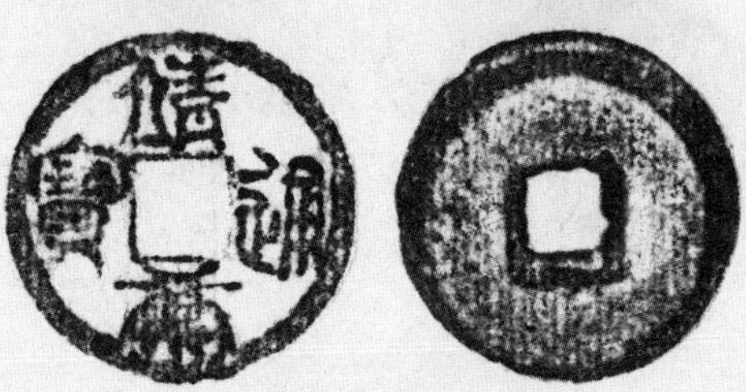

篆书折二大字
径29.4mm
重5.85克

◀ 靖康是北宋的最末一个年号，在屈辱和流血中存在不到短短的一年，铸币的数量极少。除一种靖康元宝篆书折二对钱及靖康通宝小平钱稍多外，其他的极罕见。本人有幸集得此两品靖康，均十分珍罕，折二大字一品尤为珍贵。

## 宋末义军钱•应感通宝

径23mm 重4.45克

◀ 是品为北宋末李顺起义军攻克成都，建元应运时私铸。传世极罕。

# 南宋钱币

## 建炎通宝

篆书小平
径24mm　重2.95克

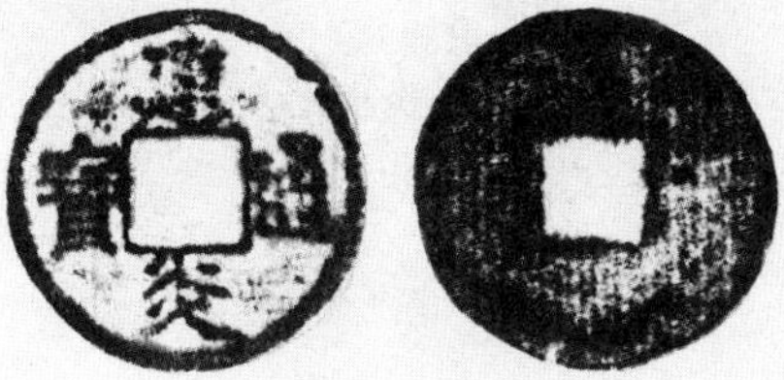

隶书小平
径25.1mm　重2.5克

折二大字
径30.9mm　重8克

正字
径29mm　重6.8克

退炎
径29.3mm　重5.9克

斜炎
径29.3mm　重8.6克

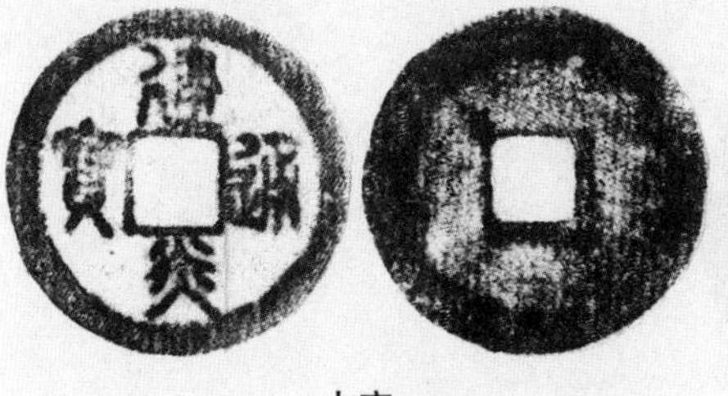

小字
径28.5mm　重3.6克

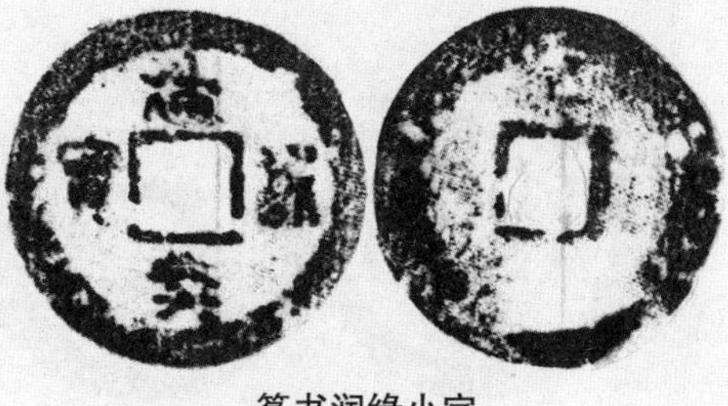

篆书润缘小字
径30.2mm　重9.2克

斜炎小样
径28.3mm　重5.2克

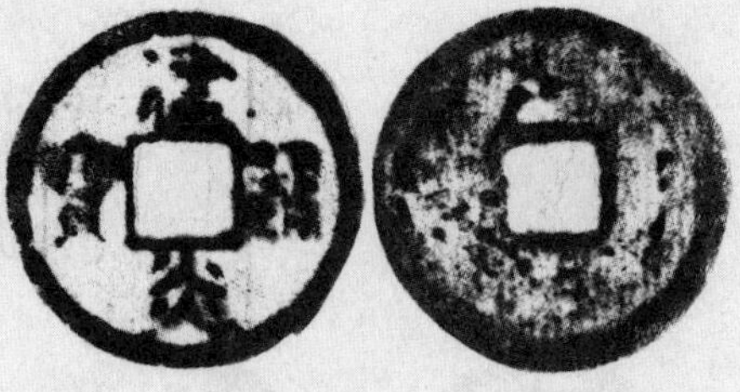

短宝
径28.9mm　重4.4克

径30.3mm　重7.6克

径28mm　重5.2克

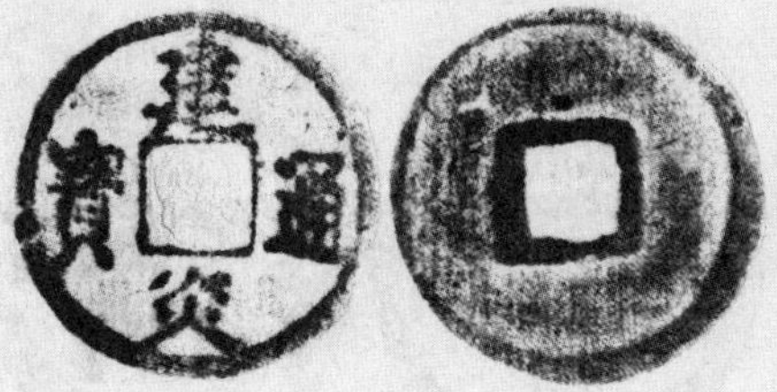

长宝
径28mm　重3.4克

楷书阔缘小字
径30.2mm　重6.8克

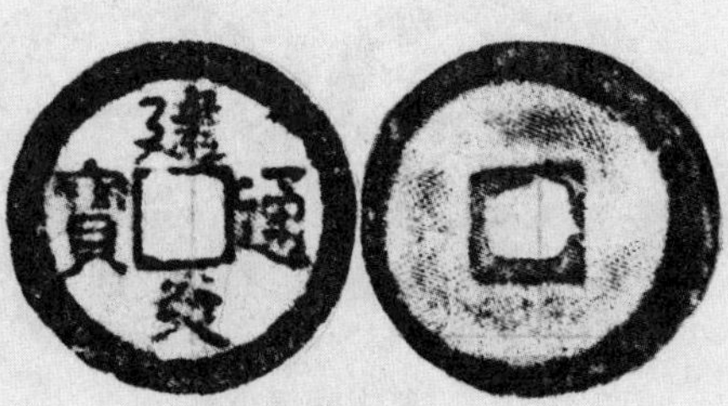

径28.6mm　重7.5克

## 绍兴元宝、通宝

**矮元背星月**
径29.8mm　重6.65克

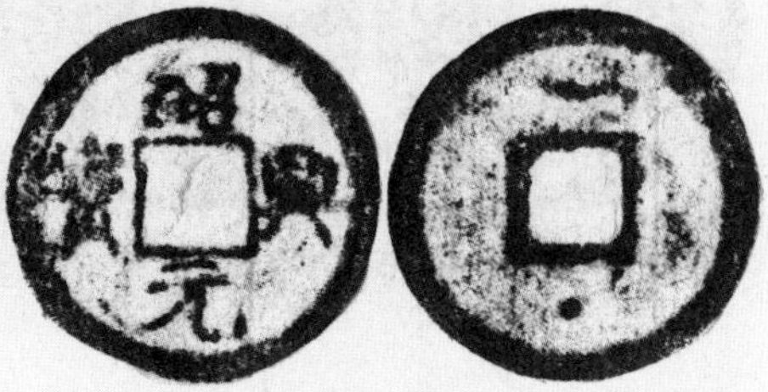


**长元背星月**
径29.8mm　重8.3克

**小字背星月**
径28.6mm　重5克

**细缘小样背星月**
径27.4mm　重5.5克

**背月**
径28.9mm　重6.53克

**大字光背**
径28.9mm　重6.35克

**小字**
径28.5mm　重5.35克

**小样**
径26.9mm　重3.6克

篆书大字
径30mm　重5.45克

篆书背星月
径29mm　重5.83克

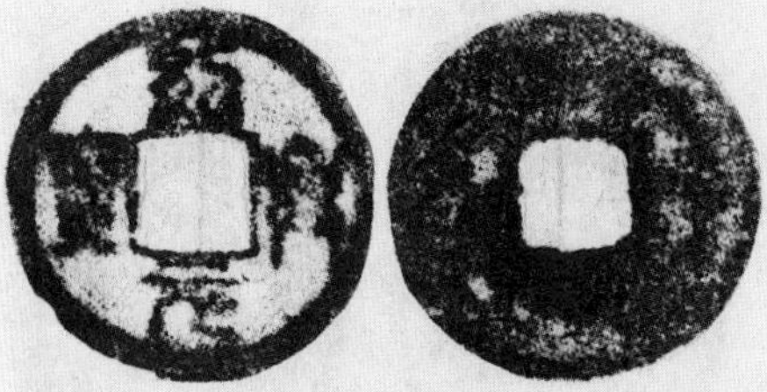

篆书小字
径28.5mm　重5.32克

元宝、菱花穿
径27.8mm重5.2克

通宝·楷书大字
径30.2mm　重7.5克

楷书小字
径29.1mm　重7.6克

白铜阔缘
径30.2mm　重6.7克

广穿
径28.6mm　重5.75克

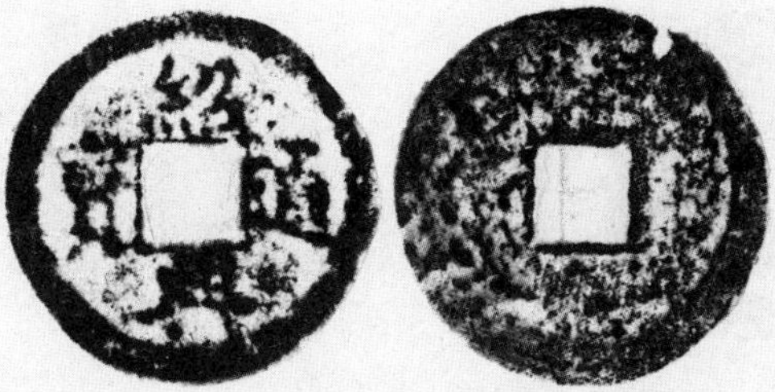

径31.5mm
重6克

## 隆兴元宝

径29.9mm
重4.8克

## 乾道元宝

**铜质小平背春**
径20mm
厚1.9mm
重3.25克

◀ 诸谱多载：乾道年间未铸小平铜钱。铁钱有小平多种。笔者集得这一铜质小平背春。不知是铁母还是新发现品种，待考。

**折二背星月**
径28.5mm　重6.2克

**楷书光背**
径27.8mm　重5.15克

**篆书**
径28mm
重5.9克

径28.2mm
重6.6克

## 淳熙元宝

**小平大字背星月**
径24.5mm　重3.8克

**中字背星月**
径24.4mm　重3.3克

**小字背星月**
径24.3mm　重3.95克

**右挑元、背星月**
径24.3mm　重3.7克

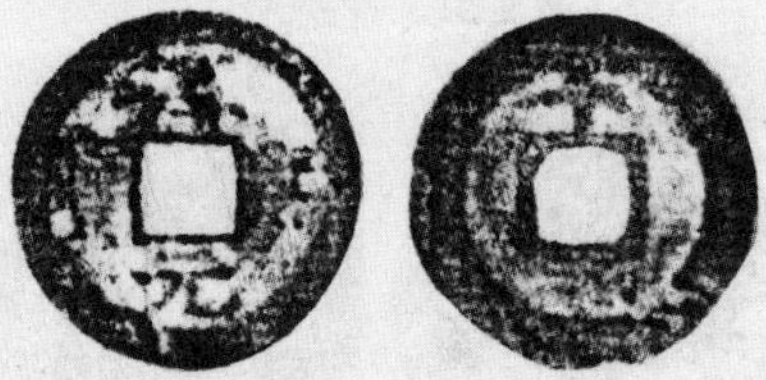

**背十**
径24mm　重3.35克

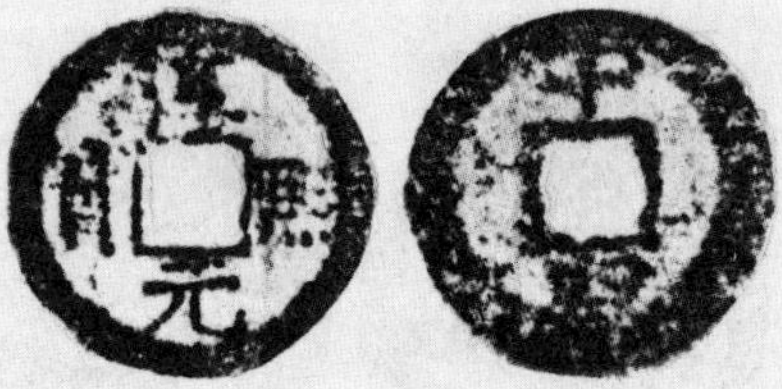

**背十四**
径24.7mm　重3.55克

**背十五**
径25mm　重3.3克

**背十六**
径25mm　重3.2克

**折二大字背星月**
径29.4mm　重6.85克

**阔缘小字背星月**
径29.6mm　重6克

**背星月、划痕**
径29.6mm　重7.3克

**背上月下孕星**
径30mm　重8.7克

**大字背柴**
径29.8mm　重7.3克

**小字背柴**
径29.3mm　重4.7克

**背捌**
径29.6mm　重7.3克

**背九**
径29.3mm　重6.75克

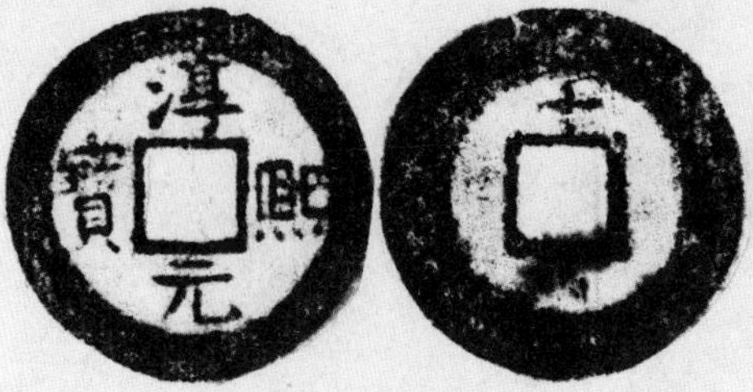


**阔缘大样背小十**
径31mm　重5.5克

**狭缘小样背大十**
径29.5mm　重7.9克

**背十一**
径29.4mm　重8克

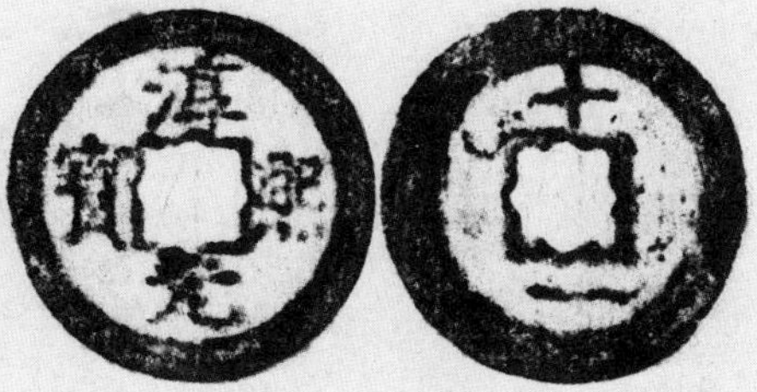

**菱花穿**
径29.4mm　重6.1克

**背十二**
径29.4mm　重5.65克

**背十三小字**
径29.6mm　重5.65克

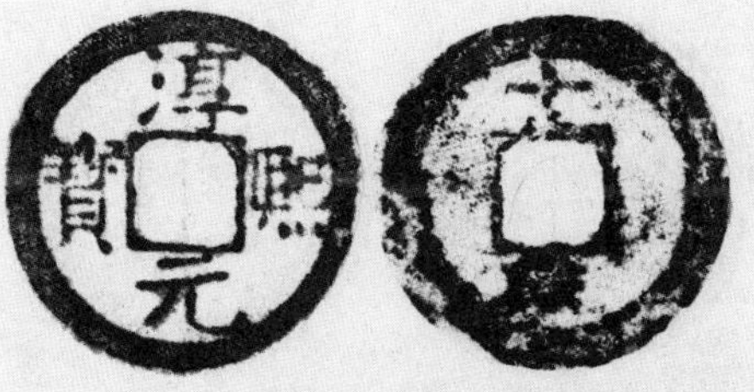


**背十三大字**
径29.9mm　重6.9克

**背十四**
径29.7mm　重6.8克

背十五
径30mm　重6.7克

背十六
径29.9mm　重7.9克

## 绍熙元宝

小平背二
径24.3mm
重2.6克

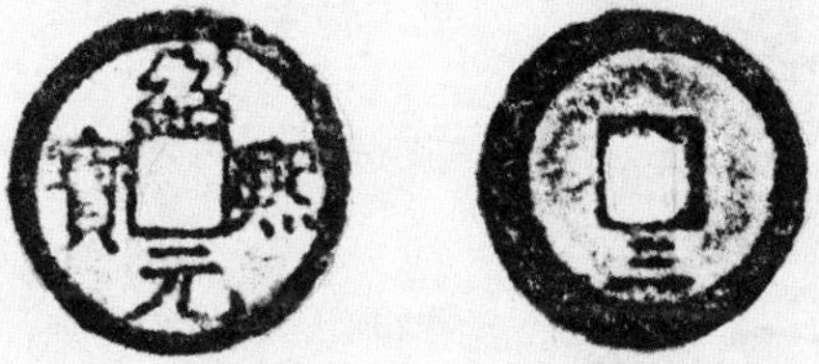

背三
径24.2mm
重4.55克

背五
径23.8mm
重3.2克

背王
径23.9mm
重2.75克

◀ 此币背下为一清晰的王字。不知是铸造质量问题，还是有意划写。

折二背元、初铸
径29.8mm
重7.8克

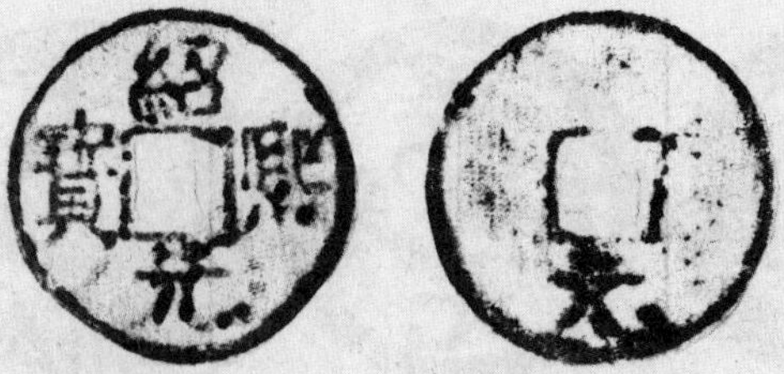

**背元**
径28.4mm
重4.65克

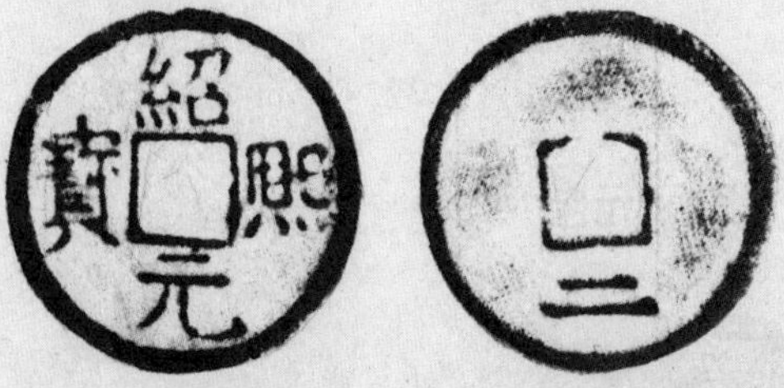

**背二**
径29.7mm
重6.3克

**背三**
径29.7mm
重7.1克

**背四**
径29.3mm
重6.1克

**背五**
径29.3mm
重5.9克

**铁质**
径34.2mm
重12.8克

◀ 此钱比图录中常见的折五铁钱径略小，且书体相异，不知是新见品还是真伪有疑。

## 庆元通宝

小平背三
径23.7mm　重3.1克

背四
径25.1mm　重3.8克

背五
径24.5mm　重2.55克

折二背元
径30mm　重6.7克

背二
径29.5mm　重6.4克

背三
径29mm　重7.6克

背四
径30.2mm　重6.8克

铁质・背春三
径29.6mm　重6.8克

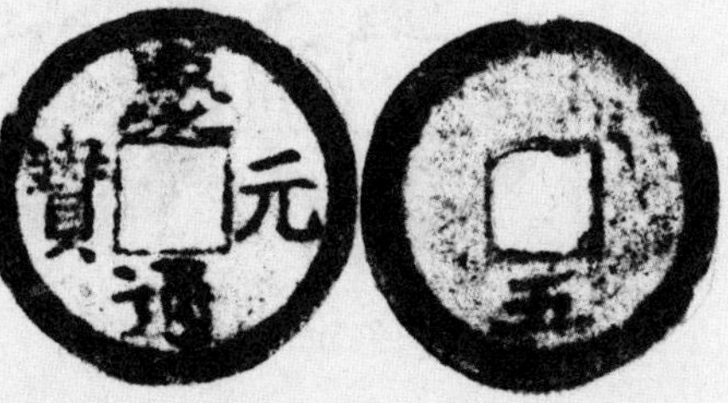

背五
径29.7mm　重6.6克

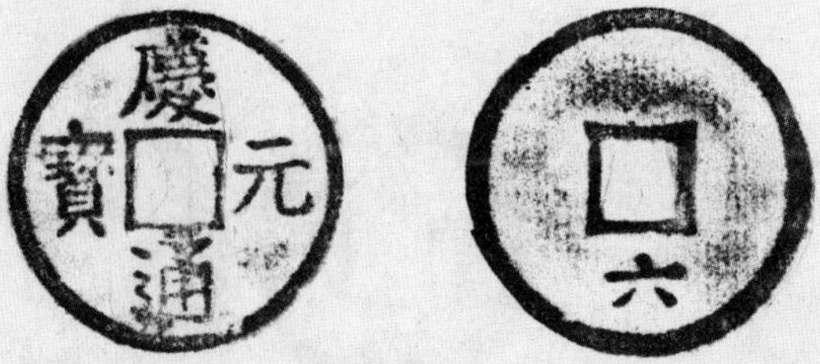

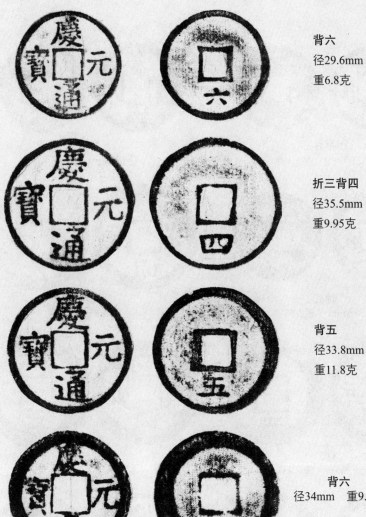

背六
径29.6mm
重6.8克

折三背四
径35.5mm
重9.95克

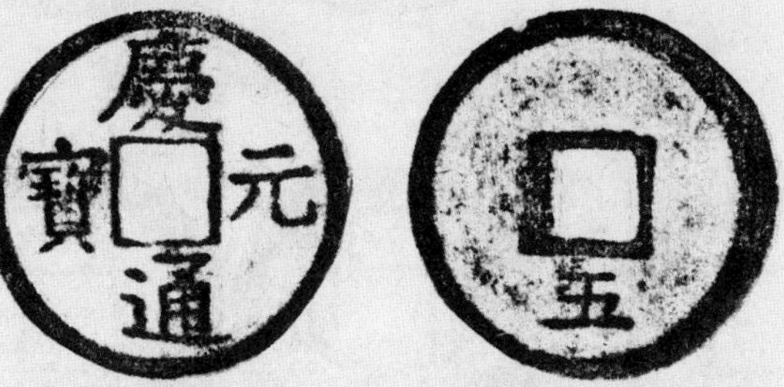


背五
径33.8mm
重11.8克

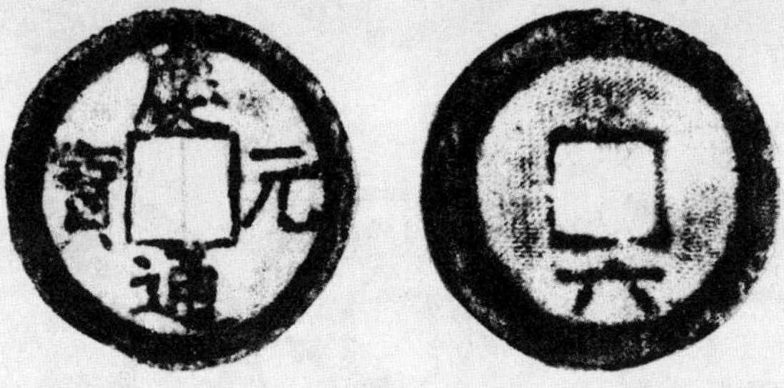


背六
径34mm　重9.8克

## 嘉泰通宝

小平光背
径24.4mm　重23.5克

背三
径25mm　重4.45克

折二背元
径28.4mm　重6.2克

背三
径30mm　重6.4克

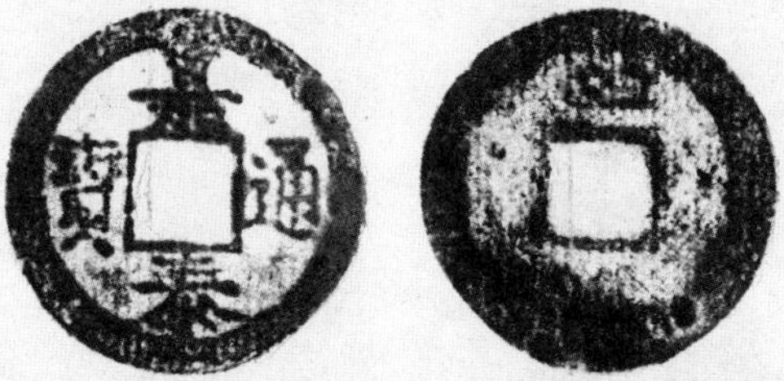

背四
径30.2mm
重5.7克

## 开禧通宝

折二光背
径30mm
重6.6克

背二
径29.8mm
重6.8克

## 嘉定通宝、元宝、重宝

小平、背二
径25.2mm　重3.95克

背十
径24.5mm　重3.15克

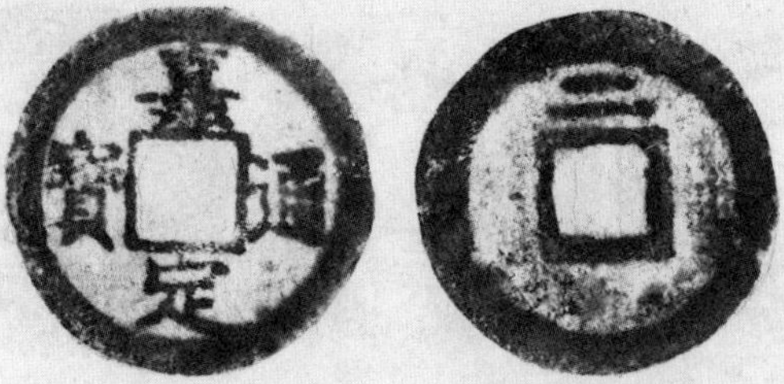

折二背二
径30.5mm
重5.1克

背三
径30.3mm
重6.9克

背六
径29.7mm
重5.5克

背七
径28mm
重5.3克

背九
径30.6mm
重6.6克

背十
径29.4mm
重6.2克

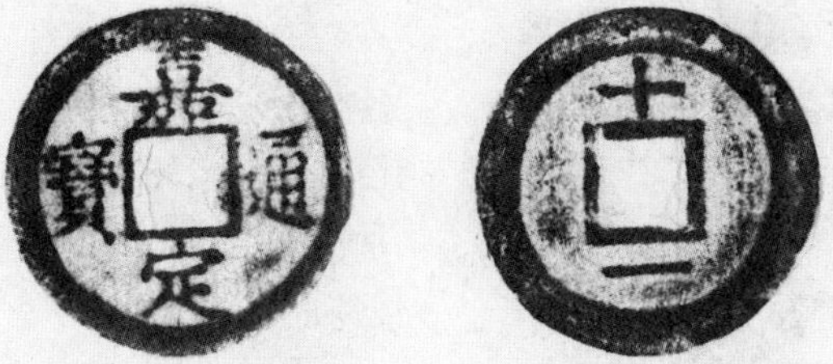

背十一
径29.5mm
重5.6克

铁质·元宝背川二
径33.2mm
重7.5克

铁质
径35mm
重10.04克

铁质、元宝背利五
径33.6mm
重8.5克

铁质、旋读元宝
径35mm
重12.2克

铁质、之宝背正五
径33.2mm
重9.3克

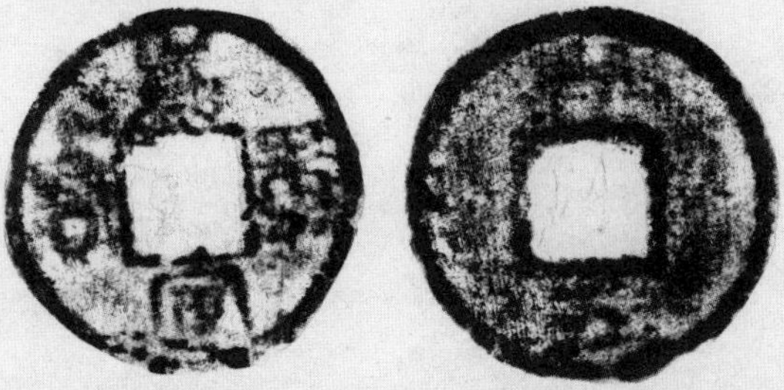

铁质、重宝行五
径33.4mm
重6.9克

铁质、至宝背西五
径35mm
重9.3克

## 绍定通宝

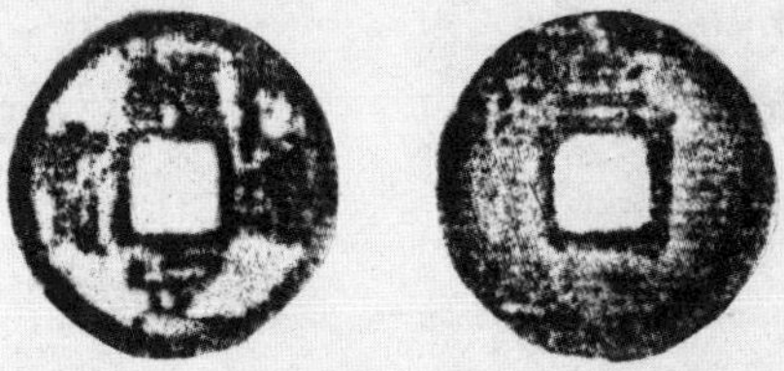

小平背三
径24.3mm
重3.6克

折二背元
径30mm
重9.1克

背二
径29.7mm
重6.15克

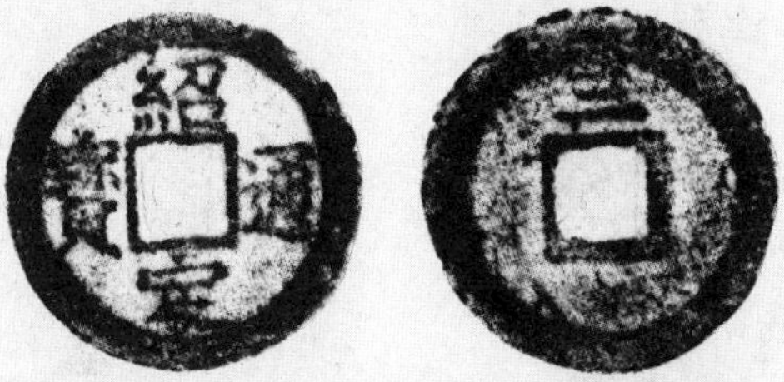


背三
径29.9mm
重6.3克

背四
径29.8mm
重7.1克

背六
径29.6mm
重6.3克

## 端平通宝

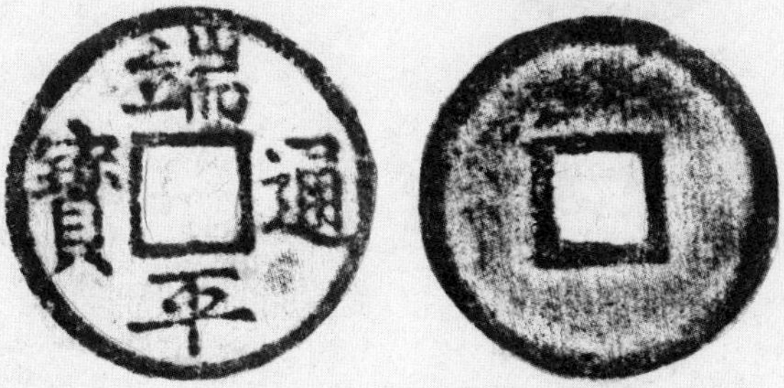


折二、长宝短平
径35.4mm
重12.8克

厚重
径35.1mm
重14.55克

## 嘉熙通宝

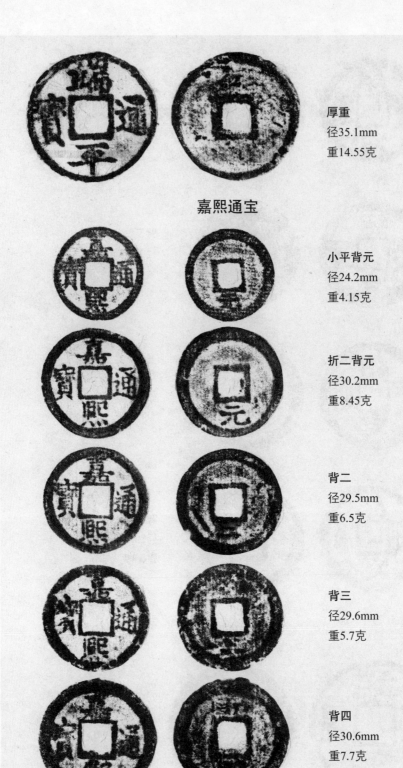

小平背元
径24.2mm
重4.15克

折二背元
径30.2mm
重8.45克

背二
径29.5mm
重6.5克

背三
径29.6mm
重5.7克

背四
径30.6mm
重7.7克

## 淳祐元宝

小平背三
径24mm　重3.05克

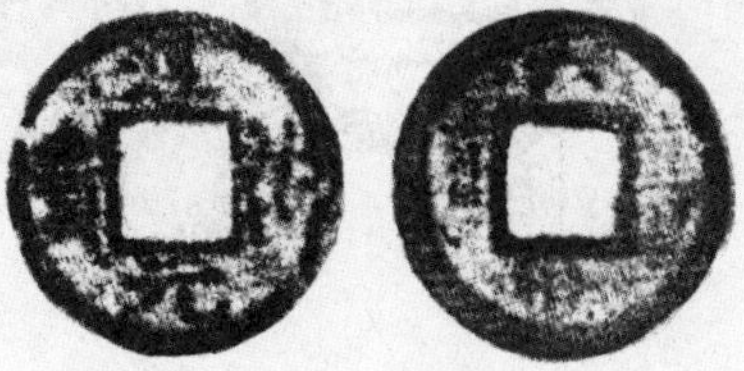

背六
径23.3mm　重3.15克

## 皇宋元宝

小平背祥云　径24.5mm　重3.3克

◀ 皇宋元宝小平有光背和背纪年从元至六。而此品为背上祥云，诸谱未见。

小平背六
径24.5mm　重2.55克

折二背元
径30mm　重7.5克

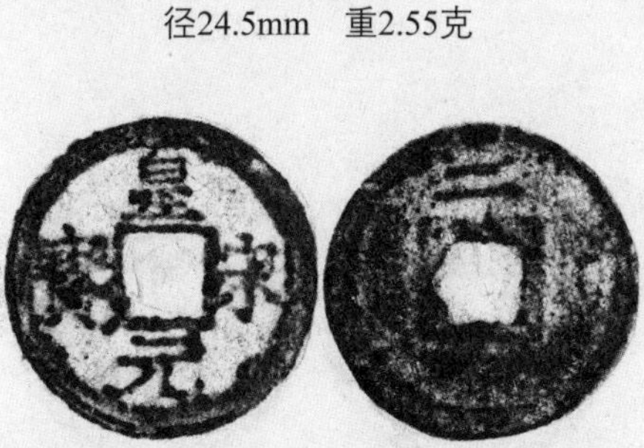

背二
径29.8mm　重5.4克

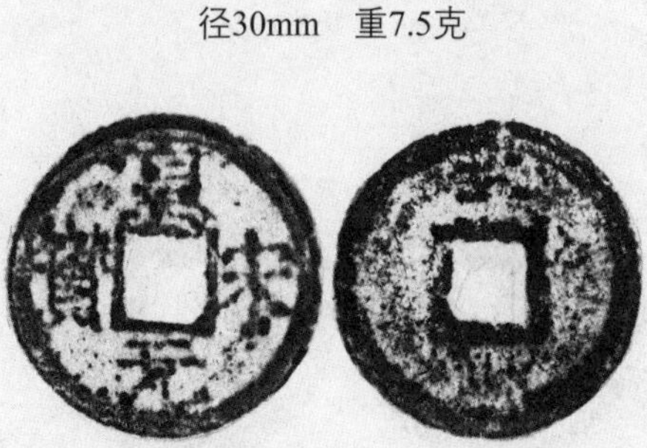

背三
径30.2mm　重7.5克

背四
径29.5mm
重7.35克

## 景定元宝

小平背三
径24.2mm　重2.75克

折二背四
径29.2mm　重5.5克

## 咸淳元宝

小平背元
径24.4mm　重3.25克

折二背元
径28.9mm　重6.2克

背二
径28.1mm　重5.9克

背三
径28mm　重6.3克

**背四**
径27.5mm　重5.4克

**背五**
径27mm　重5.1克

## 太平通宝

径23.8mm

厚1.9mm

重4.55克

◀ 此品太平通宝南宋年间铸，与北宋太平通宝不同。为非年号钱，字文楷书，俊美异常。有铜、银两种，为吉语宫钱性质。传世稀少。是品是铜、是银，未做成分检测。从包浆上尚难断定。

# 十一 辽、西夏、金的货币

北宋时，契丹族建立的辽和党项族建立的西夏分处北宋的北方和西部边陲，呈鼎立之势；南宋时，东北女真族的金政权雄踞北方，与南宋长期对峙。这些少数民族政权受汉族的先进文化和先进生产交换方式影响，也曾铸造钱币，形成各自不同的货币流通体系。

## （一）辽代货币

契丹为北方游牧民族，长期使用皮张、牛羊、布帛等实物交换，后逐渐大量流入唐宋钱币。辽代自铸币可分为早期和中晚两大期。

早期为辽钱的萌芽和初步发展时期。从太祖天赞元年始至辽景宗时（922—982年），铸有天赞通宝、天显通宝、天禄通宝、应历通宝、保宁通宝。这五种钱都传世极少。据说天显通宝仅一枚孤品，惜已流入日本，其他的存世数量也在一二十枚之间。伪造者因无法觅得蓝本，伪品亦少。

辽圣宗到天祚帝时期（982—1125年），为辽货币制度的建立时期，圣宗统和年间铸统和元宝，存世也少，但比早期辽钱略多。兴宗重熙年间在长春州设钱帛司，铸重熙通宝，铸量比以前大大增加。道宗一朝铸有清宁通宝、咸雍通宝、大康通宝和元宝、大安元宝、寿昌元宝五种年号钱。辽末天祚帝铸有“乾统元宝”和“天庆元宝”两种。这些小平钱传世稍多。尚有“大辽天庆”折十大钱，世仅两枚。

另有“助国元宝”、“壮国元宝”，过去误认为是五代后晋所铸，从近年出土资料考证当属辽铸。此外，1974年辽上京遗址出土一枚契丹文“天朝万顺”钱，考证为辽早期所铸。另，传世有“千秋万岁”钱，传亦为辽铸。

辽钱两百年间形制一脉相承，皆用汉字，旋读，字含八分，笔意古朴，铜色较红，钱背常有错范，风格独具特色，且存世罕少，故历来为藏家喜爱，近些年市场上伪品众多，有的甚至可以乱真。

## （二）西夏货币

西夏是党项族于宁夏一带建立的国家。从公元1038年正式建国，至1227年为蒙古军队所灭，历时约200年。西夏的畜牧业十分发达，与宋的贸易十分活跃，建国前境内交易多为物物交换或使用宋朝钱币。建国后，西夏本身开始铸币，传世和出土的西夏钱币有西夏文、汉文两种。

西夏文钱有：福圣宝钱、大安宝钱、贞观宝钱、乾祐宝钱、天庆宝钱，传世均不多见。

汉文钱的铸造晚于西夏文钱，可以确定的是以下六种年号钱：

元德通宝、重宝。崇宗元德年间（1119—1127年）铸，传世罕少，元德重宝存世仅二三枚。

天盛元宝。仁宗天盛年间（1149—1169年）铸，铜钱多见，铁钱较少。

乾祐元宝。仁宗乾祐年间（1170—1193年）铸，铜钱少见，铁钱多见。

天庆元宝。桓宗天庆年间（1194—1205年）铸，制作比辽“天庆元宝”精美的多，存世罕少。

皇建元宝。襄宗皇建年间（1210—1211年）铸，铸量稍多。

光定元宝。神宗光定年间（1211—1223年）铸，有楷、篆两种书体，楷书者较多，篆书者极罕见。

西夏钱钱形统一，铸造精良，字体庄重，历来为泉界所喜爱。

### （三）金代货币

崛起于白山黑水的女真族，其完颜部首领完颜阿骨打于1115年称帝，建国号曰“金”。1125年灭辽，1127年灭北宋，强盛一时。金受汉人先进的经济、文化的影响，迅速从奴隶制发展为一个封建国家。海陵王贞元元年（1163年）迁都燕京（今北京）后，商品经济更有了长足的发展。

金国建国之初，一直使用辽宋旧钱，直到海陵王正隆二年（1157年），才开始自行铸年号钱。钱形仿宋钱，文曰“正隆元宝”。此钱传世和出土甚多，但“正”字末笔左向或下向出头者称“五笔正隆”，少见。世宗大定十八年（1178年）铸大定通宝，钱文仿瘦金体，有光背和背“申”、“酉”，精美异常，传世多见。

金章宗泰和年间（1201—1208年）铸泰和通宝、重宝。金章宗以善书瘦金书著名，其楷书钱文有北宋宣和、政和遗风。泰和通宝有小平、折二、折三、折五和折十大钱，铸量均不多，楷书大钱极为难得，折十钱世仅三枚。泰和重宝当十大钱稍多见，玉筋篆文，书体华美，甚为精妙，当今市场上赝品充斥，求一真品亦难。

金卫绍王崇庆年间（1212—1213年）铸崇庆通宝、元宝，精美异常。通宝存世仅几枚，元宝仅有篆文孤品一枚。金卫绍王至宁元年（1213年）铸至宁元宝，传世仅孤品一枚。

金宣宗贞祐年间（1213—1217年）铸贞祐通宝、元宝，亦以精美著称，传世罕少。“贞祐元宝”为孤品，与“崇庆”、“至宁”合称为金代钱币“三珍”。

另，由金人扶持的刘豫大齐政权，亦铸有阜昌元宝、通宝和重宝。元宝系小平钱，通宝为折二钱，重宝是折三钱，各有楷、篆两种书体，钱文精美异常。传世均罕少，历来为藏家追捧。

金钱承袭北宋铜钱风韵，字文秀美明净，肉好峻整。历来为藏家所珍爱。当今市场上除正隆、大定钱尚不难寻觅外，其他钱皆难得一求，而伪品泛滥。

## 辽代货币

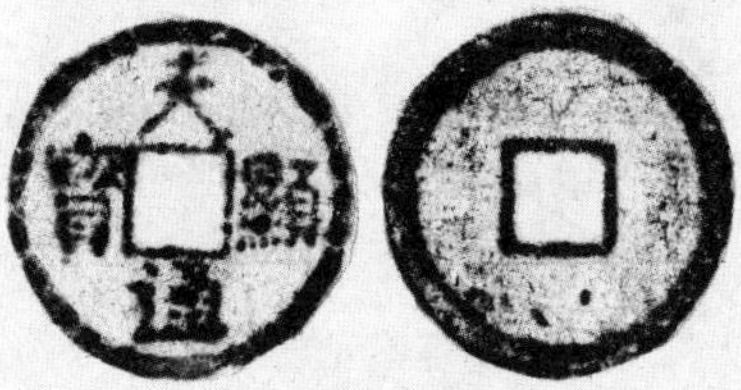

天显通宝
径24.5mm　重5.43克

◀ 天显通宝是传世最早的辽国钱币，传世罕少。本品系一友人农村老家挖地建房所出，锈蚀入骨，当为真品。

重熙通宝
径23.6mm　重4.4克

径23.7mm　重4.65克

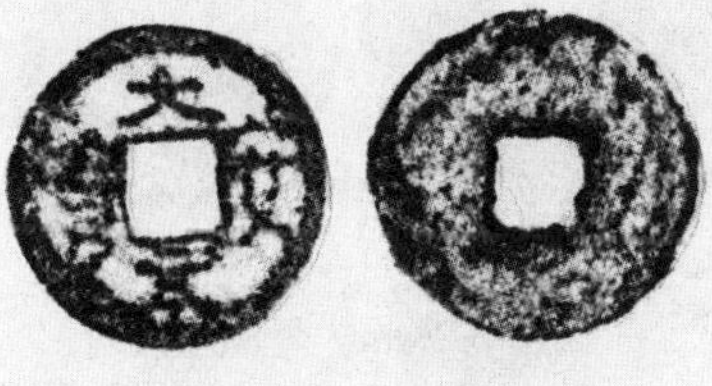

大安元宝长安
径22.8mm　重5克

咸雍通宝
径24.1mm　重2.2克

径22.6mm　重3克

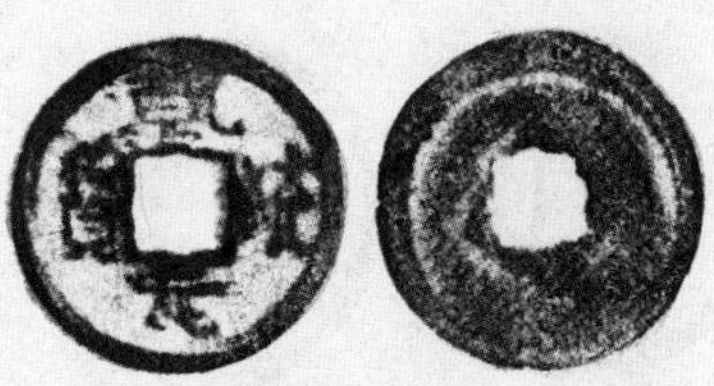

乾统元宝
径23.1mm　重2.8克

**大康元宝**
径23.7mm　重2.7克

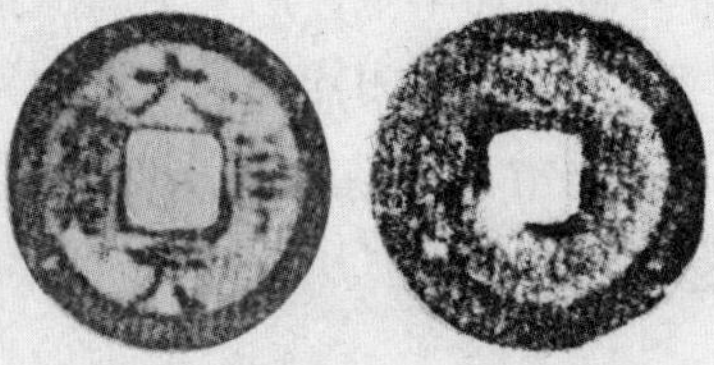

径23.2mm　重3克

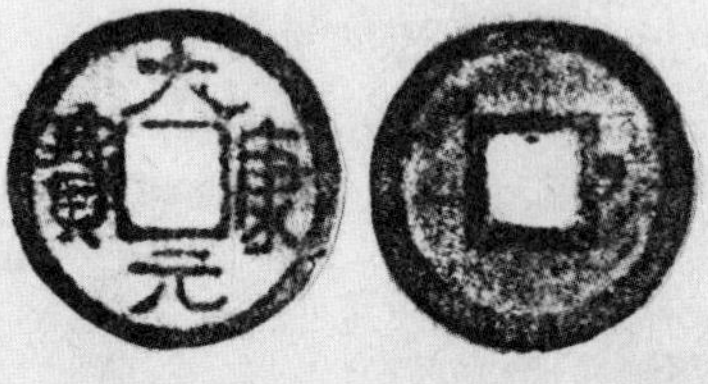

径22.4mm　重4.5克

**寿昌元宝**
径23.8mm　重3.25克

径23.2mm　重3.6克

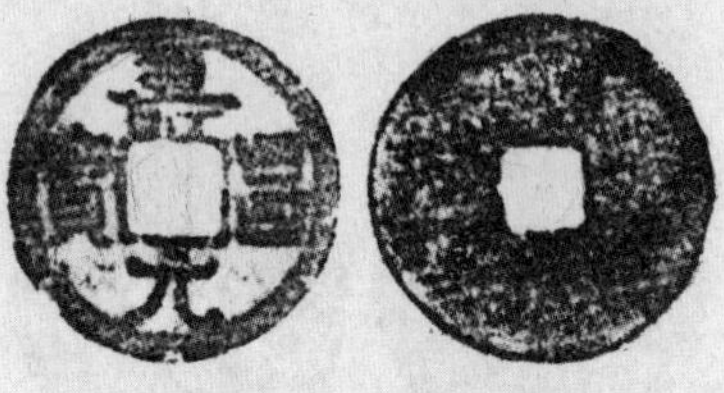

**双挑元寿昌**
径23.8mm　重3.55克

**千秋万岁**
径18.7mm　重3.55克

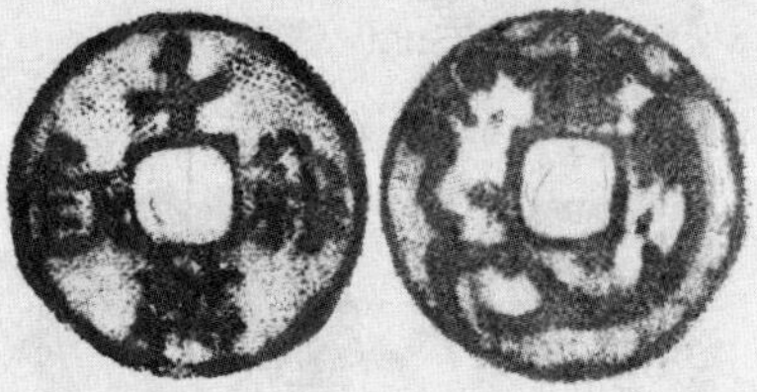

**背龙纹**
径25.3mm　重8.3克

## 西夏钱币

**西夏文乾祐宝钱**
径24.7mm　重5克

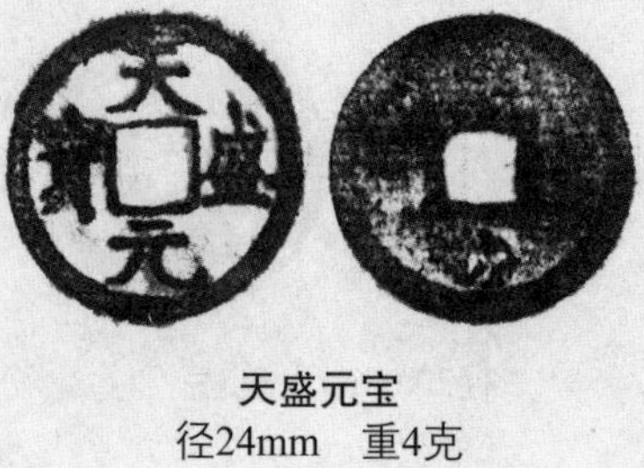

**天盛元宝**
径24mm　重4克

径24.7mm　重5.45克

径23.7mm　重4克

铁质
径22.7mm　重2.6克

乾祐元宝　铜质
径23.6mm　重4.15克

铁质
径23.8mm　重3.55克

天庆元宝
径24.3mm　重4.1克

皇建元宝
径25.6mm　重3.35克

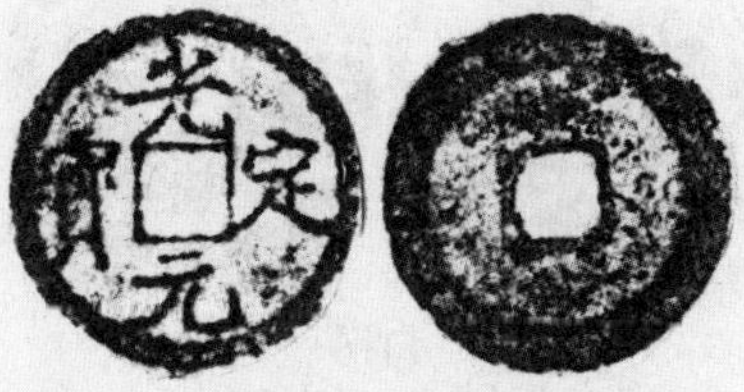

光定元宝 真书
径24.6mm　重4.4克

篆书
径24.7mm
重5克

◀ 篆书“光定元宝”孙仲汇《简明钱币词典》言“世仅一枚”。华光普《古钱大鉴》说“世仅两枚”。可见其之罕少。

## 金代货币

正隆元宝
径25.8mm　重5.35克

菱花穿
径25.5mm　重4.8克

径24.9mm　重4.2克

大定通宝
径25.3mm　重4.1克

白铜
径25.3mm　重3.7克

背上申
径25.5mm　重4.1克

背上申・小样
径23.6mm　重3.65克

背下申
径25.1mm　重3克

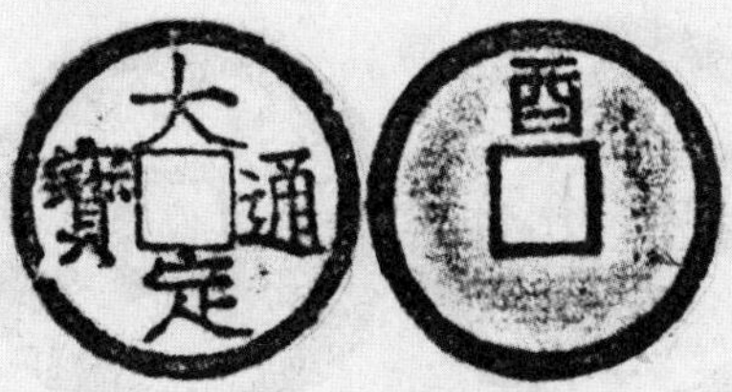

背上酉（小酉）
径25.1mm　重3.2克

背上酉（大酉）
径25.3mm　重3.7克

铁母
径25.2mm
重6.6克

◀ 是品肉质厚重、字廓精峻，背穿四决。

大定通宝小样背下月
径21.6mm
重1.65克

## 泰和通宝

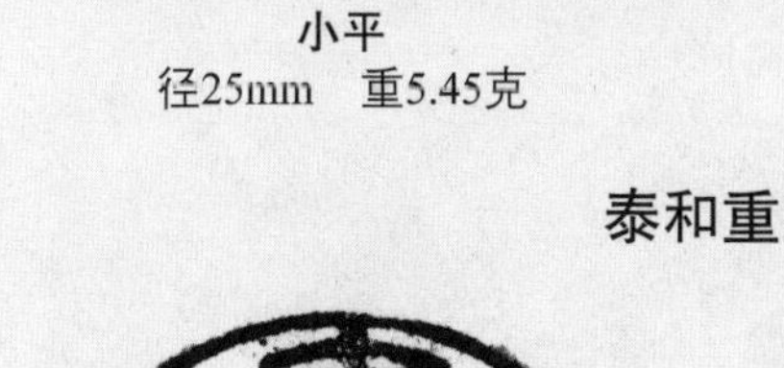

小平
径25mm　重5.45克

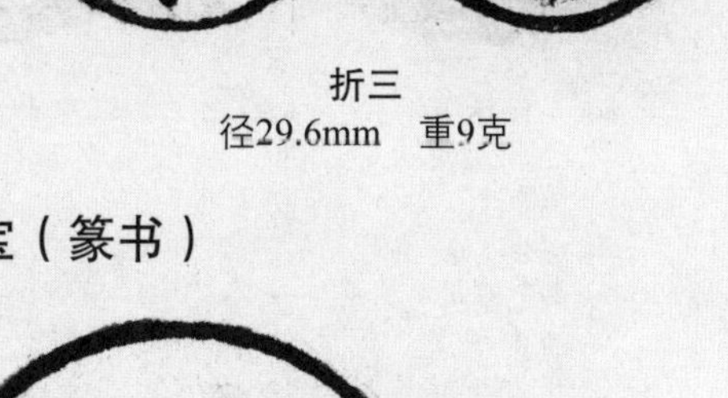

折三
径29.6mm　重9克

## 泰和重宝（篆书）

折十
径45.2mm
重14.85克

**阜昌元宝**
径26.1mm　重4.2克

**阜昌通宝**
径29.5mm　重5.95克

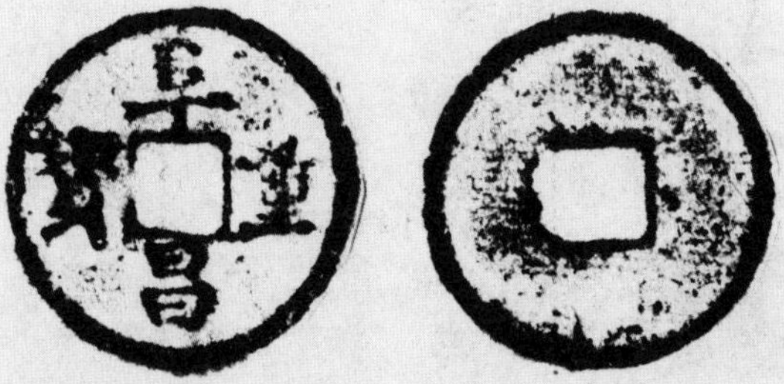

**阜昌重宝**
径33.1mm
重15.5克

◀ 阜昌元宝、通宝、重宝为金人扶植的刘豫大齐政权所铸。

**承安宝货**
径36.7mm
重15.35克

▲ 丁福保著《历代古钱图说》载有此品拓图、定为“无定价”。并引《金史·章宗本纪》:“承安二年十一月，铸承安宝货，五年罢之。”《续通鉴纲目》：“宋庆元四年，金造承安宝货，其文楷书，制极美。钱之大小轻重，似宋之当五钱。”新中国成立后，有承安宝货银锭之发现，故圆钱被泉界认定为后人臆造之伪品。至发现于何时伪造，尚未见有人考证出来。

# 十二 元代货币

我国北方的游牧民族蒙古族到1206年铁木真统一各部落时才开始建国。从此开始了一系列对外扩张的征战。1234年灭金，1271年改国号为“元”。1279灭南宋，建立起横跨欧亚大陆的元帝国。

元代建立了统一的纸币制度，除早中期武宗年间（1307—1311年）和元末至正年间（1341—1370年）出现两个铸钱高潮外，其余时间铜钱都铸量很少。

世祖忽必烈即位（1260年），开始铸年号钱，铸有“中统元宝”和“至元通宝”钱。“中统元宝”为小平钱，篆、楷成对，文字优美，铸工考究，传世极罕，名列古泉五十名珍。至元通宝有汉文、蒙文两种，小平、折二、折三几型，仅铸行几个月，存世稀少。

成宗元贞年间（1295—1297年）铸有“元贞通宝”和“大德通宝”。铸量很少，仅为象征性质，故传世不多。

元武宗时为弥补财政亏空，大量铸钱，是元代铸钱的第一个高峰。“至大通宝”、“至大元宝”为年号钱，铸量可观，版别复杂，传世多见；“大元通宝”为非年号钱，有汉文及蒙文两种。折十蒙文者传世较多，藏界俗称“巴思巴文大元”（蒙文即巴思巴文）；汉文分大、小两种，传世较少。至大年间（1307—1311年）还铸有“大元国宝”大钱，文字极为精美，大部分背有龙纹，可能是开炉试样钱，传世罕少，亦名列古泉五十名珍。

元至正年间（1341—1370年），为第二次铸币高潮，面文为汉文“至正通宝”，背为八思巴文纪年、纪值。有小平至折十等多种。纪年从至正十年至十四年（1350—1354年），分别以巴思巴文寅、卯、辰、巳、午代表，各分小平、折二、折三型，传世稍多；背纪年纪值钱，背文为蒙汉两种文字，有“戌五”、“亥十”等，背小字“戌十”、“亥十”等较少；背纪值、纪重钱，背蒙文或蒙、汉文参用，传世也少。

至正年间还铸有“至正之宝”，穿背上有一“吉”字，穿右为“权钞”二字，穿左分别为“伍分”、“壹钱”、“壹钱伍分”、“贰钱伍分”、“伍钱”共五等，以铜钱权钞行使，又称“至正权钞”，均为大钱。这类铜钱钱文书体特别俊秀流畅，传世极罕见，亦为古泉五十名珍之一。

除此外，元各朝皇帝也都铸有铜钱，但多为寺观供钱，称为供养钱。但它们又是足值的铜钱，故也能进入流通领域。元代供养钱亦以年号钱为主，其小型者居多，计有中统元宝、至元通宝、元贞通宝、大德通宝、至大元宝、大元通宝、皇庆元宝、延祐元宝、大元至宝、泰定元宝、至和元宝、天历元宝、至顺元宝、至顺壬申、元统元宝、穆清铜宝，等等，传世均不多见。

传世有与北宋瘦金书钱文不同的“大观通宝”，俗称“米书大观”，过去认为是边铸，后铸钱，近年考证应为蒙古汗国时铸钱，另有“交钞半分”、“大观通宝”背“半分”，似也是金末元初所铸的折钞、折银钱，这类钱存世较少。

元末，农民起义大爆发。各地农民起义军也各自铸行有铜钱。主要有：

天佑通宝。张士诚天佑年间（1354—1357年）铸，仿至正钱，分小平、折二、折三、折四等。

龙凤通宝。韩林儿龙凤年间（1355—1366年）铸，有小平、折二、折三型。

天启通宝。徐寿辉天启元年（1318年）铸，有小平、折二、折三。钱文楷书，异于明朝天启通宝钱文，俗称“徐天启”。

天定通宝。徐寿辉天定年间（1359—1360年）铸，有小平、折二、折三铜钱。

大义通宝。陈友谅大义年间（1360—1363年）铸，有小平、折二、折三铜钱。

大中通宝。至正二十一年（1361年）朱元璋铸，习惯上将其划入明钱。

以上诸钱中，除大义通宝外，均书体极佳，铸造精美，故藏界有“精天定，烂大义”之说。这几种钱除大中通宝外，存世均少，伪品很多。

**中统元宝**

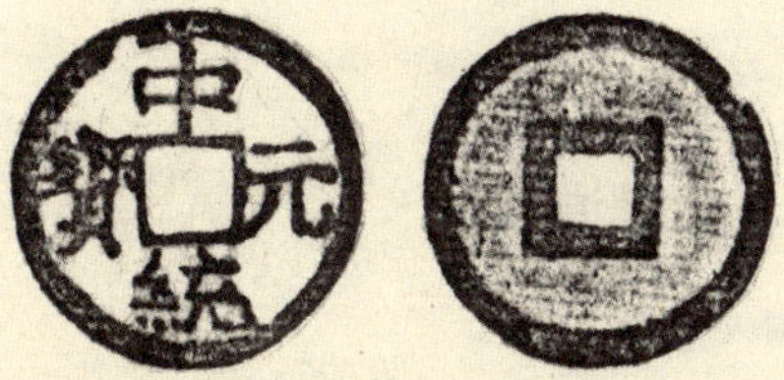

楷书　径24.6mm　重5.5克

篆书　径23.3mm　重3.6克

▲“中统元宝”为蒙古汗国时所铸。篆、楷成对，传世极罕，为古泉五十名珍。

**至元通宝**

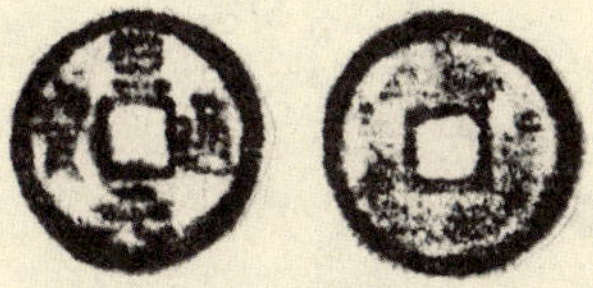

供养钱
径18mm　重1.8克

径23.6mm　重5.6克

蒙文（巴思巴文）至元
径32.8mm　重10.15克

## 至大通宝

径24.3mm　重3克

径23.5mm　重3.65克

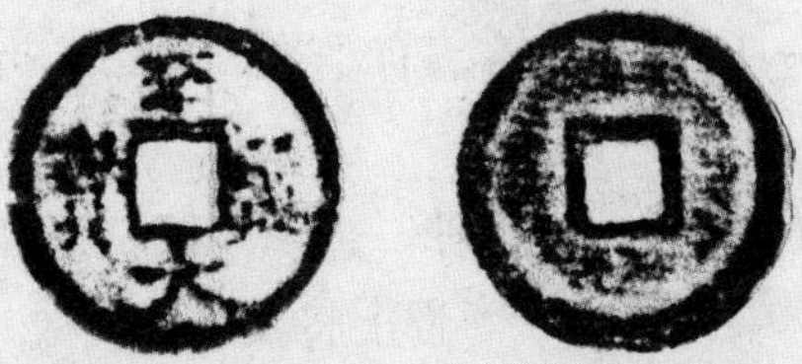

径23.2mm　重3.45克

**赝品**

◀ 此品“至大元宝”为笔者初学收藏时购得。其为一北宋真钱“至道元宝”改刻而成。“大”字乃“元”字改刻。

## 蒙文（巴思巴文）大元通宝

**大字特大样（罕见）**

径45mm

重23克

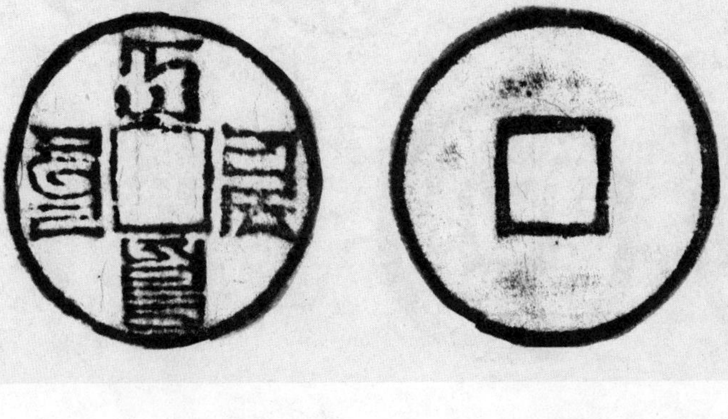

**小字（字口深峻、厚重异常）**

径41mm

重25.7克

径42mm
重18.85克

径41,2mm
重20.3克

径41.15mm
重21.15克

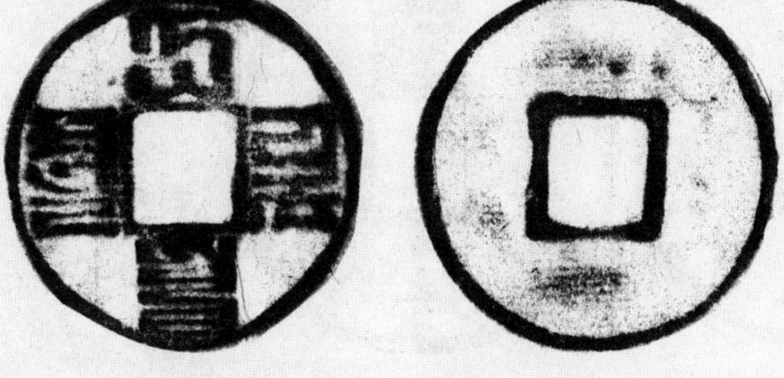

径41.1mm
重22.8克

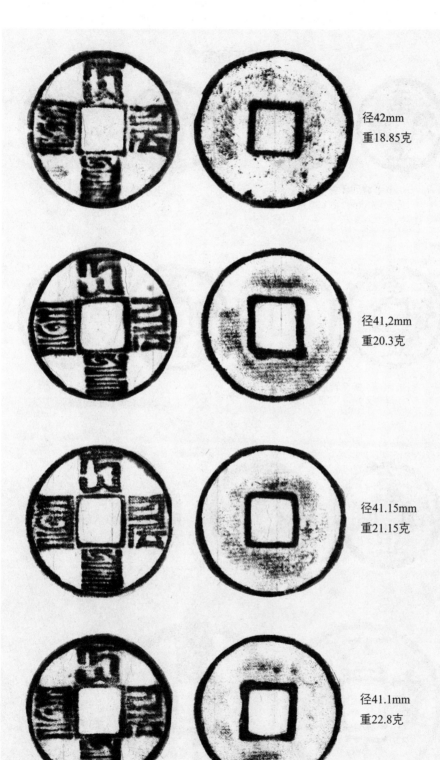

## 至正通宝

小平背卯（纪年）
径25.4mm　重4.35克

小平背辰（纪年）
径26.2mm　重4.15克

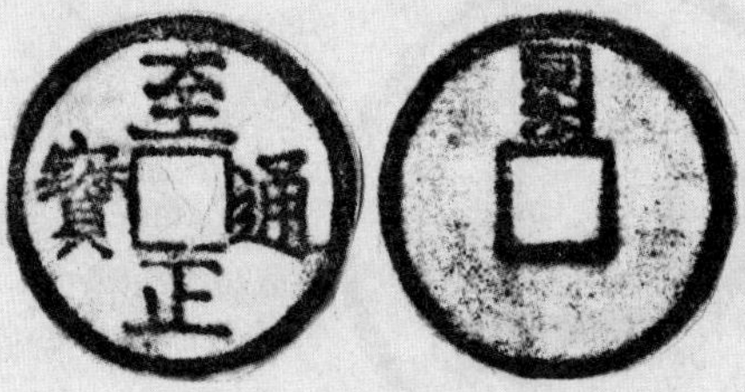

折二背辰
径28.3mm　重6.4克

折二背己
径29.2mm　重5.9克

折二背己（纪年）
径29.7mm　重7.8克

至正戊十（纪年）
径45.8mm
重30.9克

至正戌十（纪年）

径44.2mm

重25.7克

至正亥十（纪年）

径45.8mm

重26.05克

延祐通宝

径21.6mm　重4克

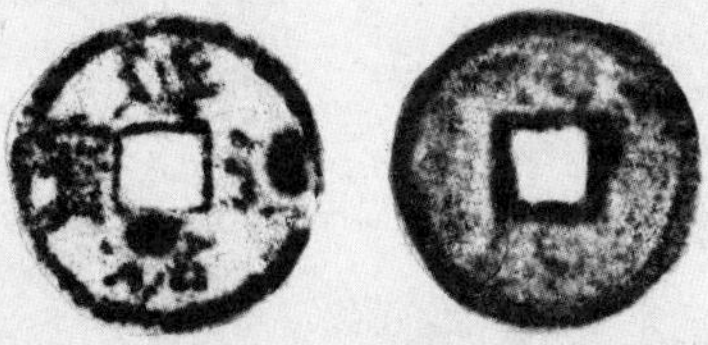

径21.8mm　重4.4克

## 元末起义军钱

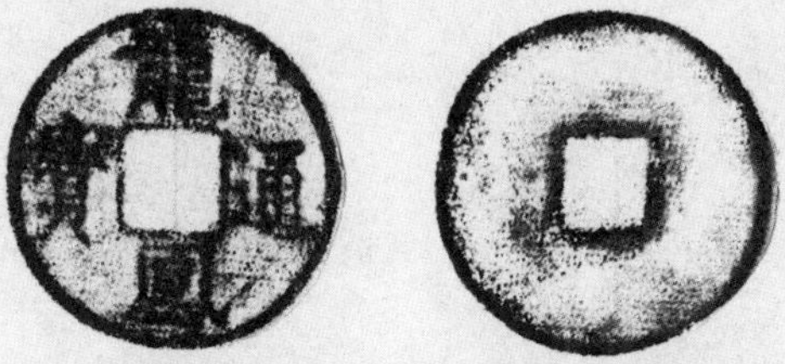

折二龙凤通宝（韩林儿铸）

径27.8mm　重7.6克

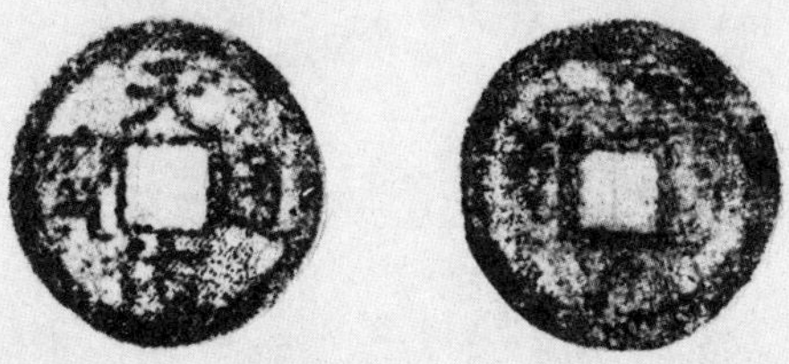

小平天佑通宝（张士诚铸）

径25.3mm

重5.25克

◀ 龙凤通宝传世罕少，此折二型尤为稀罕。天佑通宝亦传世罕少。

# 十三

# 明代货币

朱元璋在元末农民反元斗争胜利的基础上重新建立了以汉族为主体的统一的封建专制主义国家——大明（1368—1644年）。

明汲取元亡的教训，注重农业生产，减轻赋役，经济迅速恢复、发展，工商业出现前所未有的活跃。明时，贵金属白银已成为流通的主要货币。又因铜价高昂，铸钱得不偿失，故而明朝铜钱铸量较少，除明初尚多外，中期一度停铸，直至万历以后到明末，才出现第二个铸钱高潮。

有明一代，废除“元宝”之称，专以“通宝”为钱文。一则避讳朱元璋名讳，二则避“元宝”可能附会为“元朝之宝”。明朝的钱文，前期挺秀，以大中、洪武为典范，自嘉靖、万历起，文字由传统的楷书转向于不标准的宋体，钱文书法艺术从此走向衰落。

明亦实行年号钱制。铸钱计有：

大中通宝。朱元璋尚未建明时于1361年在应天府设宝源局铸，后又在江西省设宝泉局鼓铸。有小平、折二、折三、折五、当十共五等。规定五等钱的重量依次自一钱至一两。除光背者外，余各铸出局名，如北平、京、浙、济、桂、广、福、豫、鄂等；折二以上有的另加数字纪值，如桂二、福五、广十等。由于各局铸量参差不等，因而存世也多寡悬殊。

洪武通宝。洪武元年（1368年）铸，与“大中”钱同样，钱分五等，背多有纪局、纪值，各局铸量多寡不一，传世亦多寡悬殊。

永乐通宝。永乐六年（1408年）铸，仅有小平钱，传世多见。传世有一枚右上角缺失的折三孤品，可能是初铸试样。推测永乐钱也曾铸五等钱，随即又销毁。

洪熙通宝。洪熙为明仁宗年号，传世有“洪熙通宝”二品，对其真伪尚有争议。

宣德通宝，宣德八年（1433年）铸，小平钱。铸量、传世均远少于永乐钱，其中，有“德”字省去中间一横者，称“省一宣德”，少见。

弘治通宝。弘治十六年（1503年）铸，小平钱，铸量、传世与宣德近似。传世有一枚当十大钱，可能是初铸试样，珍罕。

建文、正统、景泰、天顺、成化、正德年间均未正式铸行年号钱。后世盛传天下正德钱仅两枚半，有些人偶得一枚，则宝之若头目。实际上现存的正德钱都属明末清初后铸，其数量当以万数。

嘉靖通宝。嘉靖元年（1527年）铸，小平光背，存世较多。嘉靖二十三年（1544年）又仿洪武钱制，铸折二、折三、折五、当十大钱，背分别为：“二钱”、“三钱”、“五钱”、“一两十”，流传至今已是凤毛麟角，另有重轮大钱存世。

隆庆通宝。隆庆四年（1570年）铸，小平钱，传世较少。

万历通宝。万历四年（1576年）铸，有小平、折二两种。小平光背者多见，背有“工”、“天”、“公”、“正”、“江”和日、月纹者较少。背“户”、“河”、“鹤”者极少。折二钱铸量略少，制作精美，有“万历通宝”折五十大型样钱，可能系开炉纪念性质，珍罕。

天启通宝。天启年间（1621—1627年）铸，天启时全国设炉156座，同铸“天启通宝”，故铸量多、版别复杂。小平钱除光背者外，尚有背有日、月、星纹等标记的；有纪局、纪地的，如工、新、京、镇、密、浙、福等；有纪重的，如一钱、一钱一分、一钱二分等。铸量多寡不一，传世亦多寡悬殊。其中，背“一钱”、“一钱一分”者最少，背“密”、“奉旨”者亦少。折二型天启通宝较少，有背星纹、纪局名等，初铸背纪值“二”，世仅数枚。当十大钱铸量很多，轻重不一，背上多有“十”、“一两十”、“镇”、“府”、“镇十”、“密十”等纪值、纪地文字，其中背“一两密十”较少。

泰昌通宝。天启年间补铸，有小平及宽沿折二两种，铸量不多。“泰”字左方少一点称“心泰”者，罕见。

崇祯通宝。崇祯元年(1628年)铸，崇祯钱种类浩繁、版式复杂，有小平、折二、折三、折五、当十五等，小平钱又分为背星、日、月纹者；背纪局、纪地者，如工、户、监、江、广、官、贵、京等；背纪天干者，有甲、乙、丙、丁、戌、已、庚七种；背纪重量者，如“一钱”、“八钱”等；背“奉旨”、“旨”、“忠”、“府”、“制”者；还有背马形图案者，俗称跑马崇祯。折二钱背有“工二”、“户二”、“局二”等，当五钱背有“工五”、“户五”、“监五”三种，这些钱铸量多寡不一，传世亦多寡悬殊。当十钱铸量不多，多光背。有背“十二两”者制作粗糙，或可能是民间私铸。

明末农民起义军也各自铸有钱币。

永昌通宝。李自成大顺政权永昌年间（1644—1645年）铸，有小平、当五两种，传世稍多。

大顺通宝。张献忠大西政权于大顺年间（1644—1646年）铸，小平钱，制作较精。有背“工”、“户”、“川户”等字，“川户”者罕见，余皆多见。

西王赏功。亦为张献忠所铸，有金、银、铜三品大钱，真品极为罕见，赝品充斥市场。

兴朝通宝。张自忠养子东平王孙可望于1649年铸钱，有小平、折二、折五背“五厘”、折十背“壹分”等几种，存世尚多。

明亡后，南方各地设立的南明政权，福王、鲁王、唐王、桂王也都纷纷自铸钱币。

弘光通宝。福王朱由崧于1644年铸，有小平、折二两种，小平钱存世较多，背“凤”者稍少，折二钱存世少，行弓折二者罕见。

大明通宝。鲁王朱以海于1644年铸，小平钱，有光背及背“户”、“工”、“帅”等，背“招”者罕见，背“帅”字亦少，余皆尚多。

隆武通宝。唐王朱聿键于1645年铸，有小平、折二钱，小平有背穿上星纹及“工”、“户”、“南”等字，背“南”者极少。

永历通宝。桂王朱由榔于1647年铸，种类较繁，铸量较多。小平钱背文有：户、工、御、束、督、部、道、府、留、粤、辅、明、定国，连读为一句完整的话，其中背“府”者仅一品，背“道”也少，余则尚多见。另有折三背“五厘”、折十背“壹分”的折银钱，存世较多。折二钱有楷、行、篆书三种。行、篆书者非朱由榔铸，乃郑成功收复台湾时所铸。

明清之际，割据滇、闽的吴三桂、吴世璠祖孙和耿精忠等也曾各自铸钱。

吴三桂铸有利用通宝、昭武通宝。利用通宝有小平钱和背“厘”、“二厘”、“五厘”等折银钱。大写“壹文”者少见，余皆存世尚多。昭武通宝有小平、折五、折十型。楷书者存世多，篆书者略少。

洪化通宝。吴世璠于洪化年间(1678—1687年)铸，小平钱，有光背，背“工”、“户”等。有背“一厘”钱，存世极罕，余皆多见。

裕民通宝。耿精忠铸，有小平光背，折二背“一分”，折五背“一钱”、“浙一钱”几种类型，背“一钱”、“浙一钱”者略少，余皆多见。

**大中通宝（朱元璋尚未建明时铸）**

小平大样
径25.5mm　重3.6克

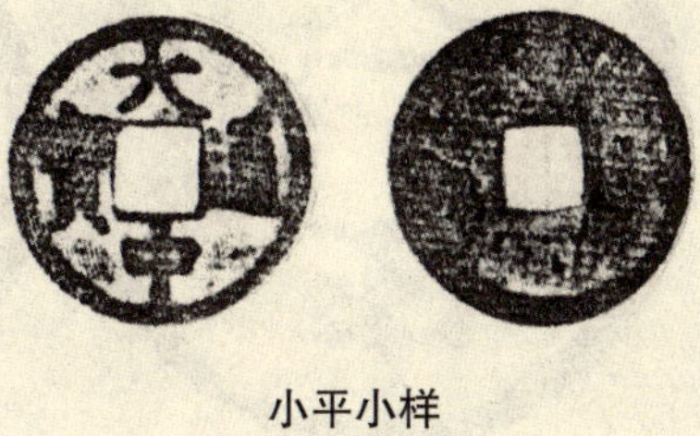

小平小样
径23m　重2.8克

小平背豫
径23.8mm　重4.6克

折三背浙
径34mm　重14.1克

初铸大样背十（粗字大十）
径46.2mm　重24.9克

背十（细字小十）初铸大样
径46.3mm　重21.6克

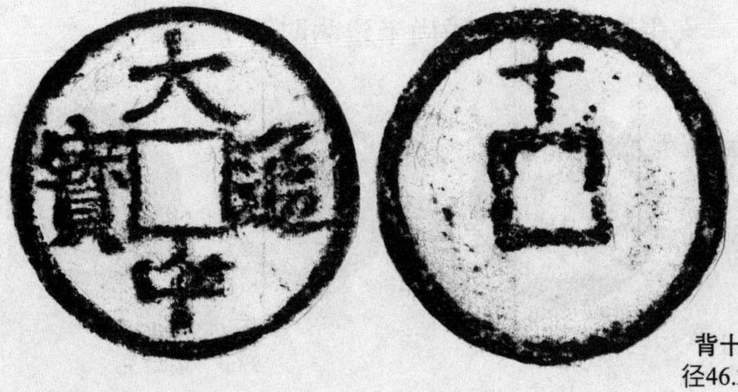


背十（粗字小十）
径46.2mm　重24.9克

背十小样（粗字大十）
径44.5mm　重20.6克

广十（纪值纪地）
径45.4mm　重20.4克

豫十（纪值纪地）
径45.7mm　重22.1克

## 洪武通宝

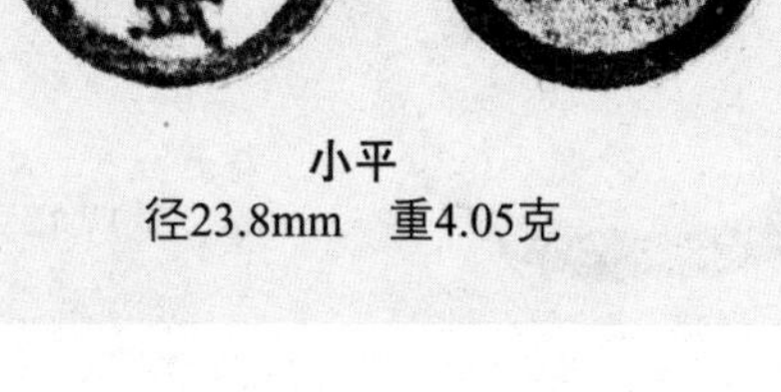


小平
径23.8mm　重4.05克

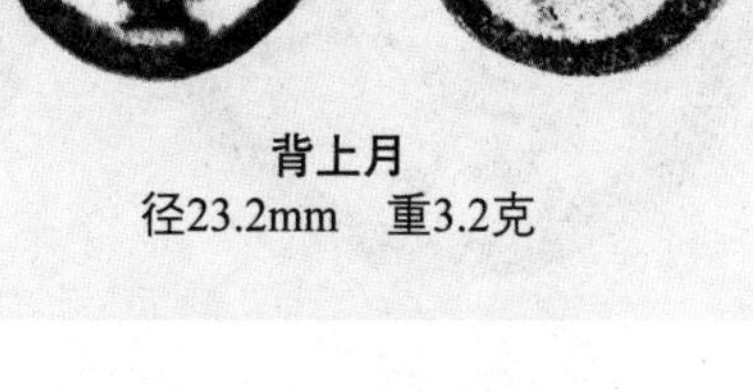

背上月
径23.2mm　重3.2克

**穿右上决文**
径22.6mm　重2.8克

**鎏金**
径22.8mm　重3.15克

**背浙**
径24.5mm　重3.4克

**背北平**
径23.5mm　重2.9克

**背一钱（折银）**
径23.1mm　重3.6克

**背十一两（折银）**
径45.6mm　重25.7克

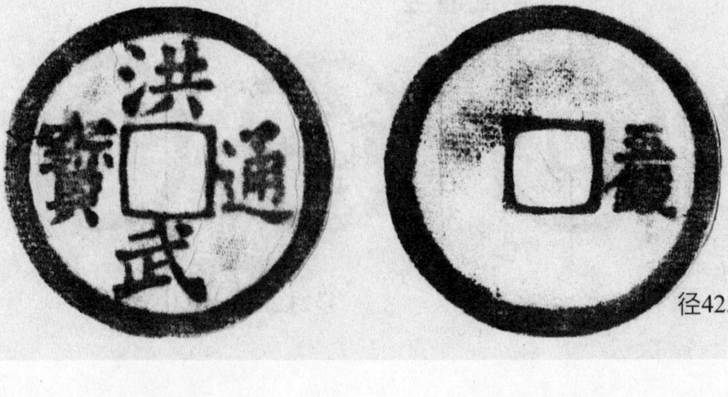


**背五钱**
径42.2mm　重17.12克

## 永乐通宝

**大字**
径25mm
重3.95克

◀ 在钱谱图录中，永乐小平钱多仅一种版别。笔者在集藏中发现，永乐通宝小平并非只有一个版别。

**中字**
径25.2mm
重3.7克

**小字**
径24.2mm
重3.65克

## 宣德通宝

**初铸**
径25.6mm　重4.3克

**宽宣**
径25.2mm　重5.45克

**狭宣**
径25.4mm　重4克

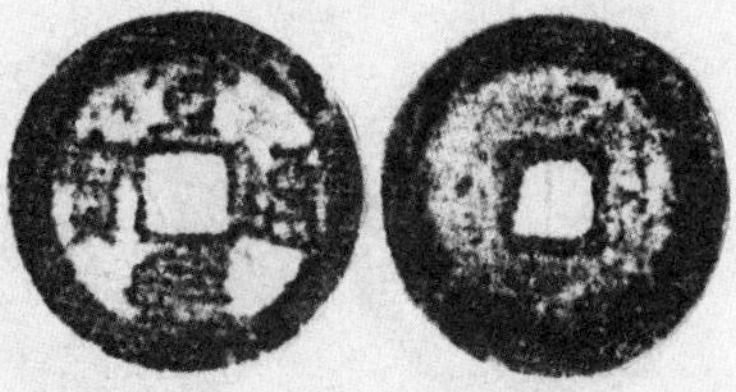

**小字**
径24.5mm　重3.55克

## 弘治通宝

行弓连水治大字
径25.2mm　重4.3克

连水治小字
径24.5mm　重3.9克

大字分水治
径24.5mm　重3.9克

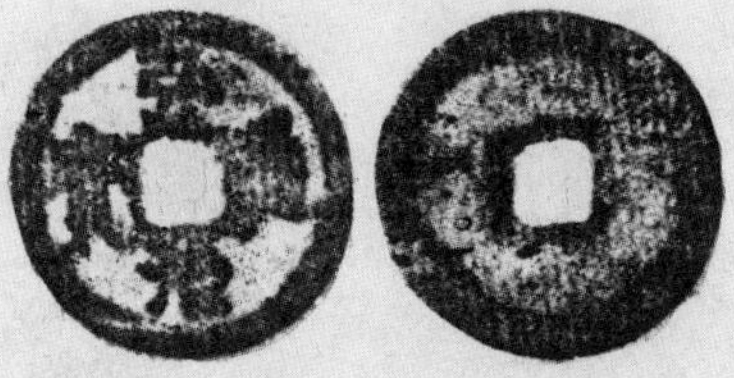

分水治小字
径24.1mm　重2.9克

平背
径24.4mm
重3.25克

## 嘉靖通宝

初铸大样大字
径26.9mm　重5.6克

斜立靖大字
径25.4mm　重4克

斜立靖小字
径25.8mm　重3.9克

直立靖小字
径25.4mm　重3.95克

直立靖小字（镏金）
径25mm　重3.95克

镏金、背龙纹
径25.4mm　重4.4克

## 万历通宝

初铸
径26.2mm　重4.7克

镏金
径25.3mm　重3.85

细字·连禾历

大字
径25.7mm　重4克

普品
径25.2mm　重4克

径25.2mm　重4.3克

面背花纹
径26mm　重4.65克

小字、直腿历
径25mm　重3.3克

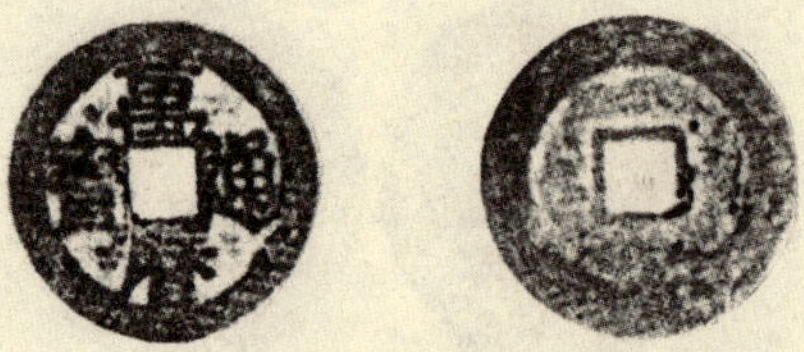

光背·小样
径21.8mm　重1.8克

镏金·小字直腿历
径25.3mm　重5.15克

背厘（折银）
径21.7mm　重1.5克

背钱（异书）
径23.3mm　重3.25克

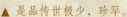

▲是品传世极少，珍罕。

折二初铸
径28.6mm　重5.25克

折二
径28mm　重4.7克

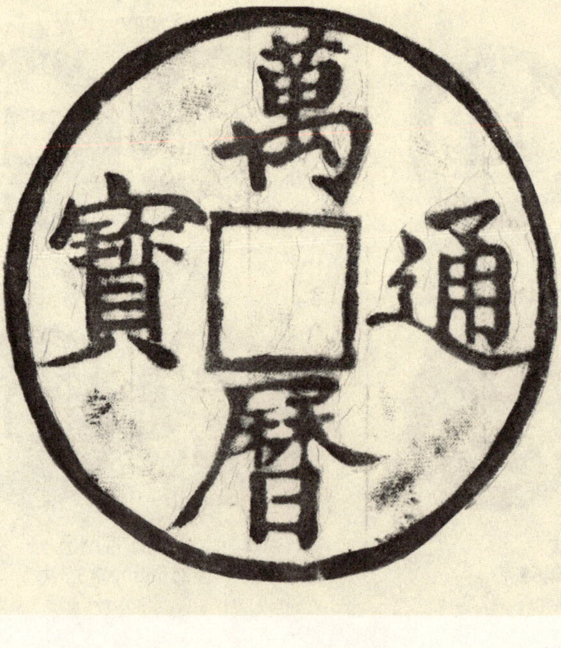


折五十
径77.5mm
厚4.8mm
重107.8克

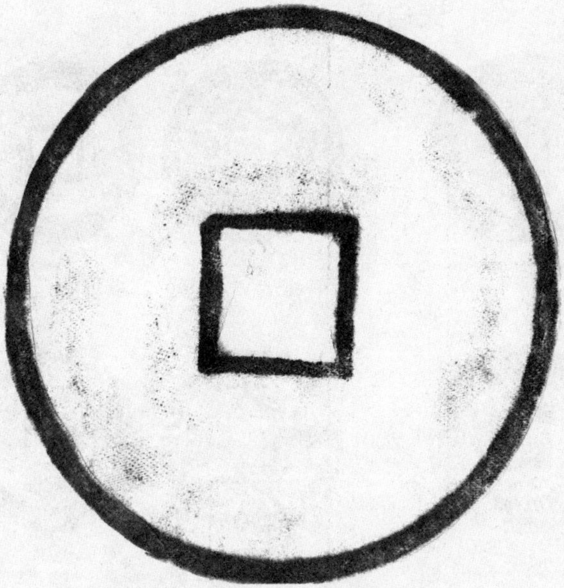

是品为开炉进呈样钱或开炉纪念币，传世极少。

## 泰昌通宝

**单点通**
径25mm　重3.65克

**大泰隶昌**
径25.3mm　重4.85克

**鎏金**
径25.5mm　重4克

**双点通、小昌**
径26.7mm　重4克

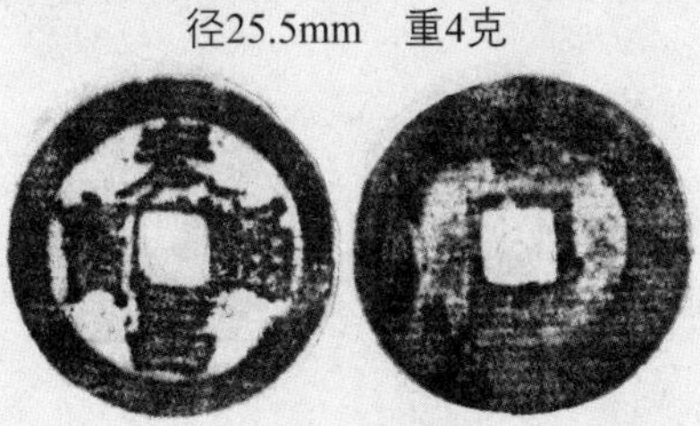

**双点通、大昌**
径25.5mm　重4.2克

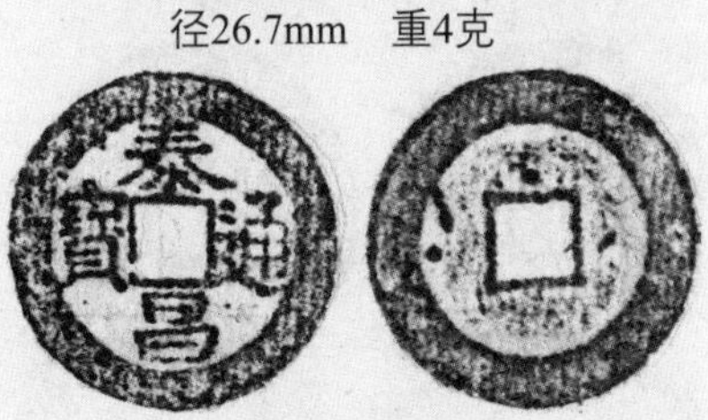


**背星、双点通**
径25.5mm　重3.9克

## 天启通宝

初铸大样
径26.2mm　重4.95克

径25.3mm　重3.8克

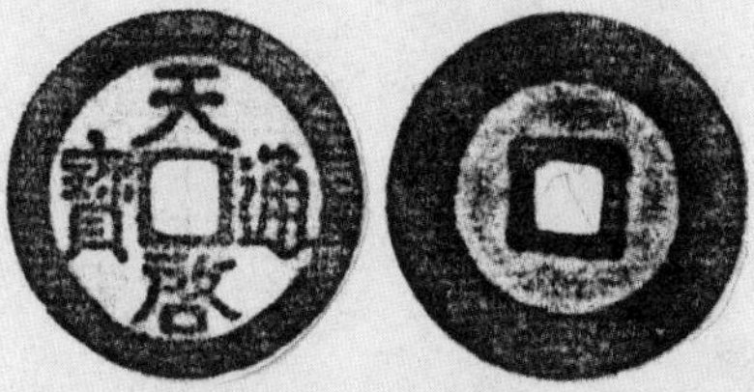

背宽缘广廓
径25.8mm　重4.6克

大字、镏金
径25.5mm　重3.75克

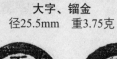

背右巨星
径23.4mm　重3.35克

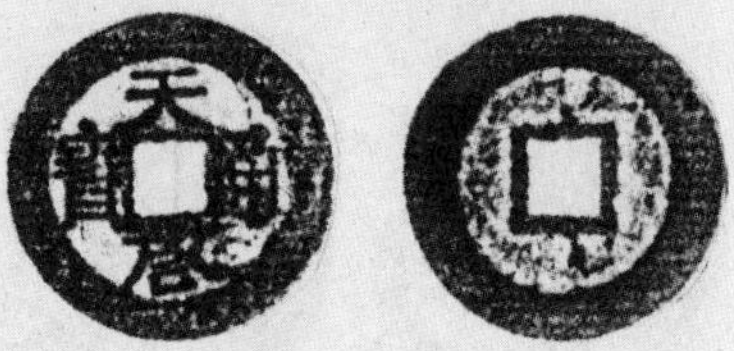

背下小星小样
径22.3mm　重1.7克

粗字背大工
径26.3mm　重4.7克

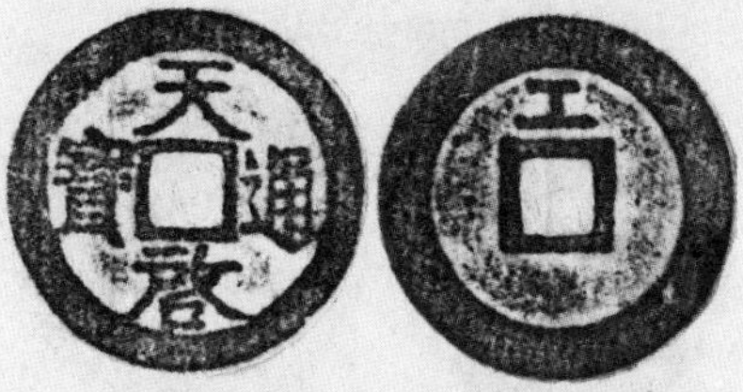

细字背高工
径26.2mm　重4.25克

背小工
径26.2mm　重5克

小样、背下工
径22.7mm　重2克

背上户
径26.3mm　重4.85克

小字背上户
径25.5mm　重3.8克

径25.7mm　重3.1克

粗字背云
径25.7mm　重4.7克

细字背云
径26mm　重5.3克

背云・厚重
径25.7mm　重5.6克

背云小样
径23.2mm　重2.9克

背横一钱（异书）
径23.2mm　重2.6克

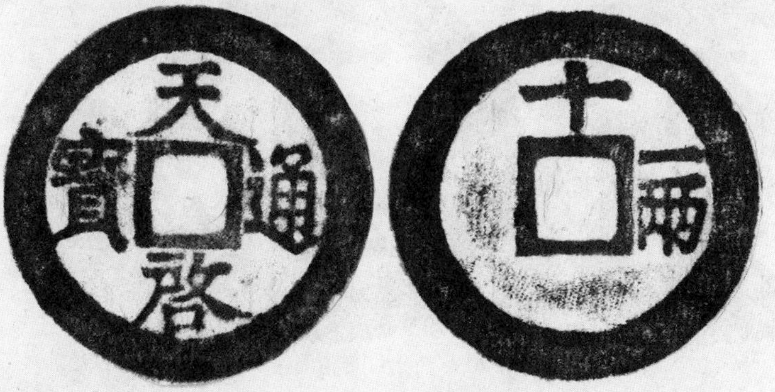

背十一两
（纪值）
径48mm
重40克

径48mm
重38克

径47.3mm
重33克

径47.4mm
重38.3克

背十一
径48mm
厚3mm
重35.8克

▲ 是品为天启通宝背十一。诸谱未见。应为新发现品。

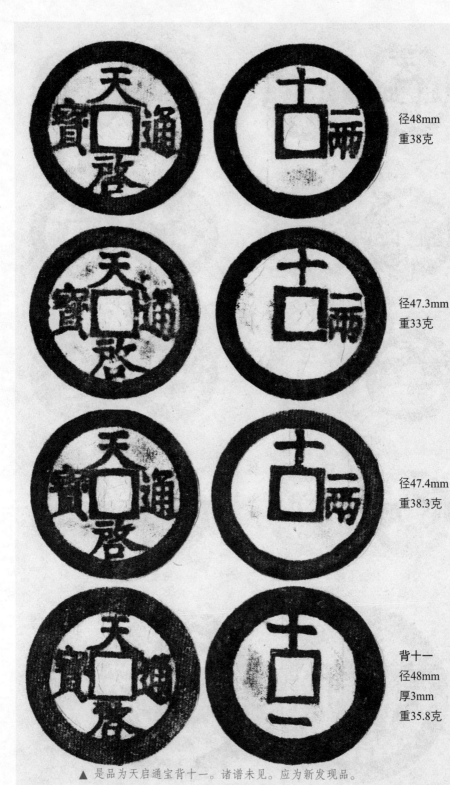

## 崇祯通宝

初铸大字大样单点通
径26.8mm　重4.6克

小字单点通
径25.7mm　重4.5克

薄小
径21.6mm　重1.5克

双点通
径24.3mm　重2.5克

背上星·决文
径26mm　重4.15克

背上星
径25.6mm　重4克

背上小星
径24.8mm　重3克

背上日文
径23.8mm　重2.65克

背下日孕星
径23.6mm　重2.65克

面四星、背四决文
径24mm　重3.8克

背工（大字小工）
径24.4mm　重2.8克

背工（小字大工）
径23.6mm　重2.65克

背上户
径24mm　重2.95克

背下户
径24.3mm　重3.1克

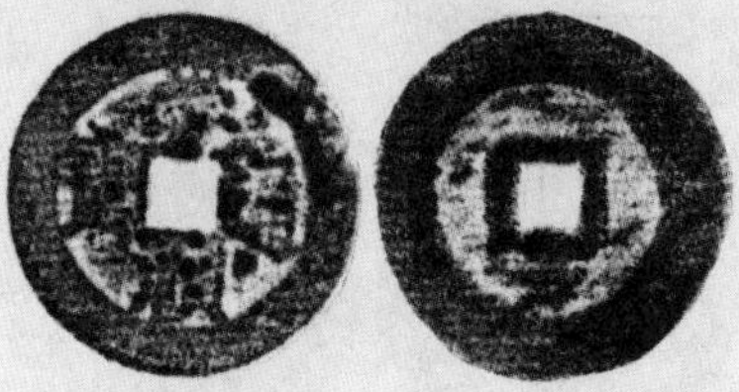
通下星、背下户
径24.9mm　重3.05克

满天星、背下户
径24mm　重3.05克

背右一钱
径23.4mm　重2.8克

背戊
径24.3mm　重3.5克

背官·宽缘大样
径27.4mm　重3.6克

背新
径23.5mm　重2.8克

背广（大广）
径24mm　重2.8克

背广（小广）
径23.6mm　重2.3克

背贵双点通大字
径25.5mm　重3.8克

双点通小字
径25mm　重3.7克

单点通小字
径25mm　重3.8克

背贵·龙纹
径25mm　重3.8克

背局（大字大局）
径24.2mm　重2.35克

▲ 诸谱未见

背局（小字小局）
径22.9mm　重2.2克

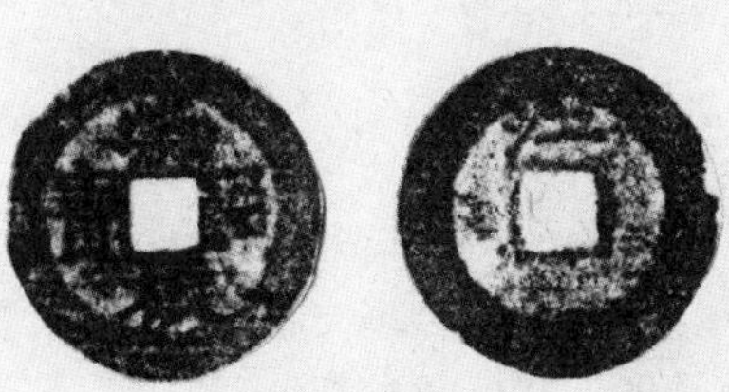

背上江
径23.5mm　重2.35克

背下青
径24.8mm　重3.3克

背上倒忠
径24.4mm　重3.25克

背上季
径24.2mm　重2.8克

背下季
径24.2mm　重2.2克

背二（折二）初铸大字大样
径29.3mm　重6.3克

背二
径29mm
重6.5克

背二小字小样
径28.5mm
重6.1克

折二背星
径29.2mm
重4.9克

**监五（折五）大字大样**
径33.7mm
重8.9克

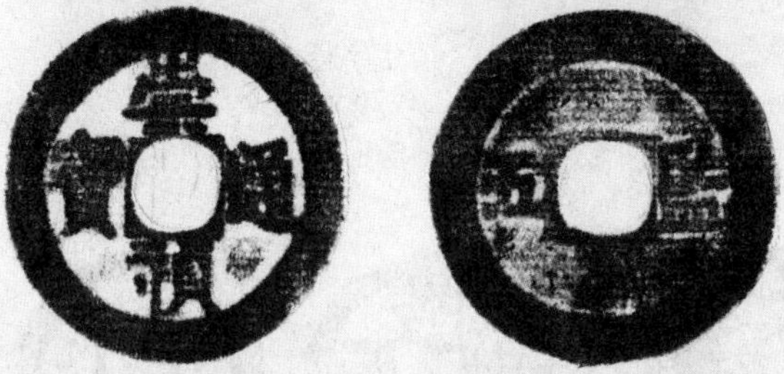


**监五（小字）**
径33mm
重8.8克

## 弘光通宝（南明福王铸币）

**大字·背上星**
径25.7mm
重4.45克

**小字·背上星**
径25.1mm
重4.1克

**背下星**
径25.7mm
重4.7克

**折二光背**
径28.3mm
重7克

◀ 此品传世极少。各图录中称其为折二光背。华光普所著图录称其为试铸楷书素背大样。

## 隆武通宝（南明唐王铸币）

生字隆·大样
径26.7mm　重4.85克

生字隆·上点武
径26mm　重3.7克

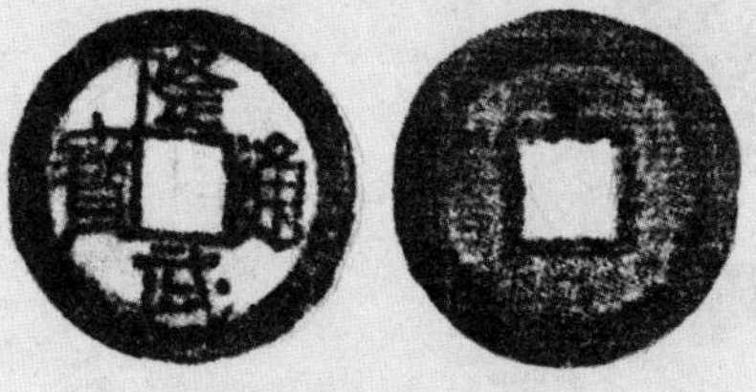


正字隆、下点武、背星
径25.5mm　重4.6克

背户
径24.2mm　重3.4克

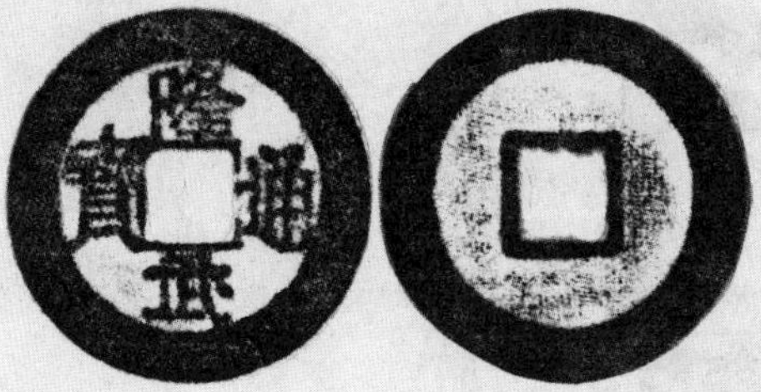


折二型
径30.4mm　重5.65克

## 永历通宝（南明桂王铸币）

小平·大型
径27.6mm　重5.6克

小平·小型
径25.5mm　重4.3克

**背户**
径24mm　重3.05克

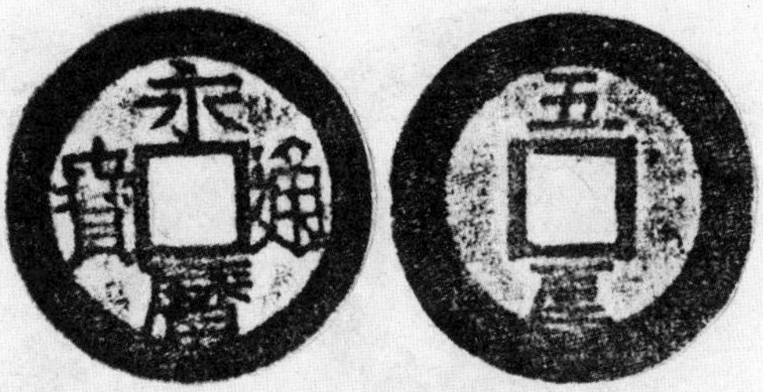

**折五背五厘（折银）**
径32mm　重6.3克

## 折十永历壹分·小样

**背壹分·双木一日历**
径35.7mm
重9.6克

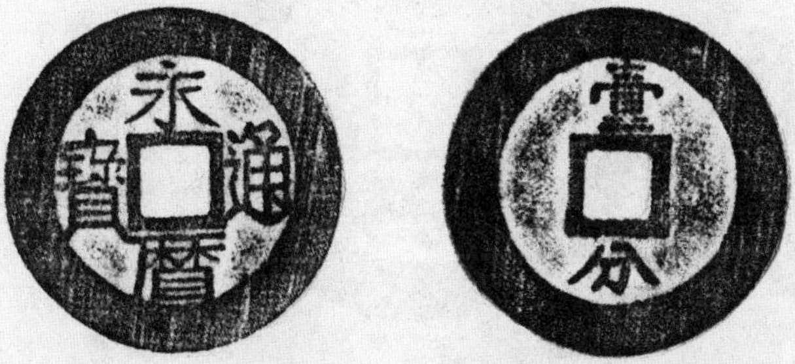

**双木一目历**
径36.2mm
重11.5克

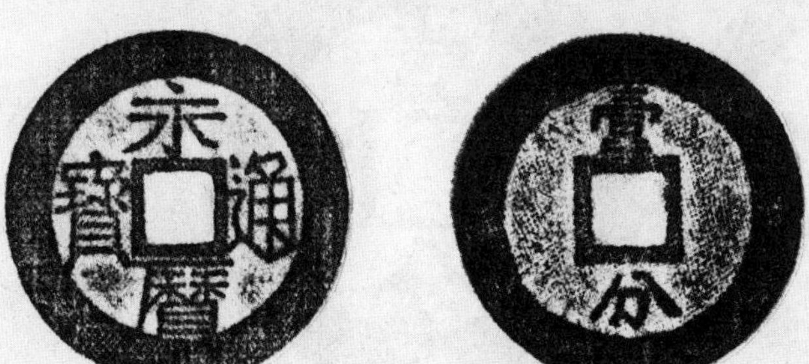

**双禾一目历**
径36.6mm
重11.5克

连禾一目历
径36.5mm
重11.3克

## 折十永历壹分・大样

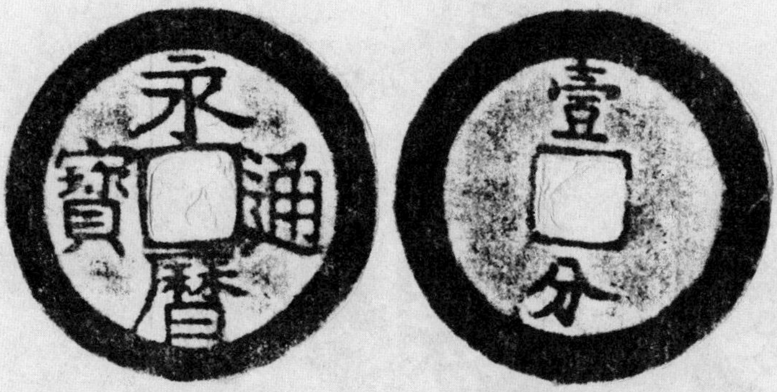


小字小壹分・小样
径45.2mm
重18.1克

大字大壹分
径46mm
重24.95克

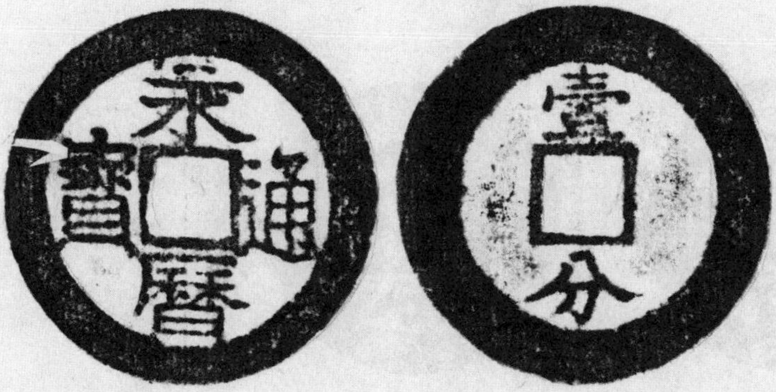


小字小壹分・大样
径46.6mm
重25.9克

# 明末起义军铸币

## 永昌通宝（李自成铸币）

小平
径23.4mm
重3.55克

折五
径37mm
重12.1克

折五
径36.5mm
重10.2克

## 大顺通宝（张献忠铸币）

光背
径27mm　重4.1克

背工（小工）
径28mm　重5.32克

背工（大工）
径27.9mm　重4.1克

细字大工
径28.2mm　重5.75克

背川户·小样
径24.5mm　厚1.5mm　重4.15克

◀ 大顺背川户存世罕少。此枚钱十分老旧，不似伪作。但钱径比图录少了许多。存疑待考。

## 兴朝通宝（张献忠养子孙可望铸币）

小平背工（大样）
径28.8mm　重6.35克

背工（小样）
径27.3mm　重5.55克

折五背五厘·三角通小样
径33.7mm
重8.45克

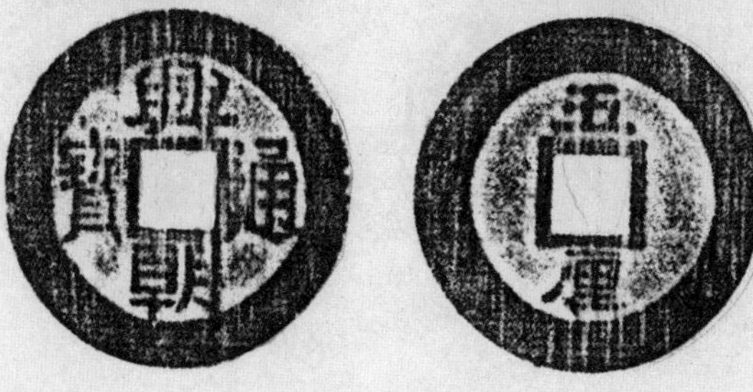

方头通小样
径33.5mm
重8.6克

**三角头通大样・小五**

径36mm

重9.15克

**方头通小样**

径35.7mm

重10克

**三角头通大五**

径35.7mm

重10.4克

**镏金**

径35.7mm

重10.5克

## 折十背壹分（折银）

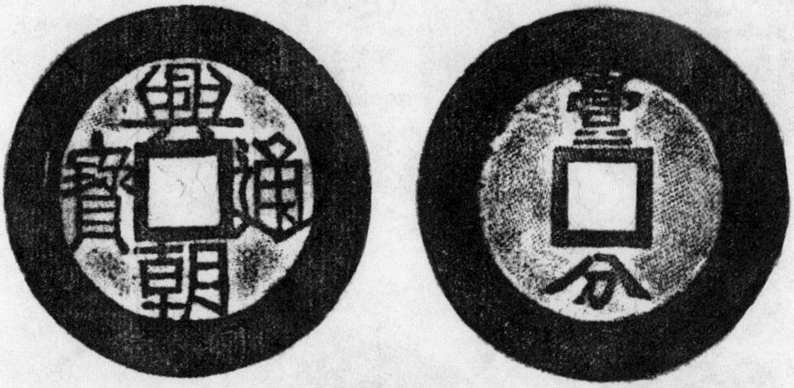


宽缘特大型
径50.9mm　重28.4克

小字粗字版（壹字两点豆）
径49.4mm　重28.65克

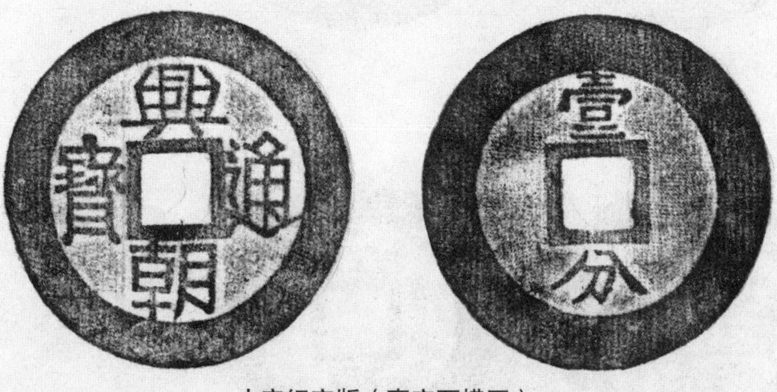


小字细字版（壹字两横豆）
径46.4mm　重18.6克

**宽缘大字**
径50.4mm　重24.6克

**小样**　径44mm　重17.9克

**窄缘大字**　径49.6mm　重23.6克

窖兴长通　径48.8mm　重20.65克

## 利用通宝、洪化通宝、昭武通宝（清初吴三桂铸币）

大字大样
径26.2mm　重4.9克

小字
径25.1mm　重4.4克

小样
径23.4mm　重3.3克

穿上日纹
径25.2mm　重4.2克

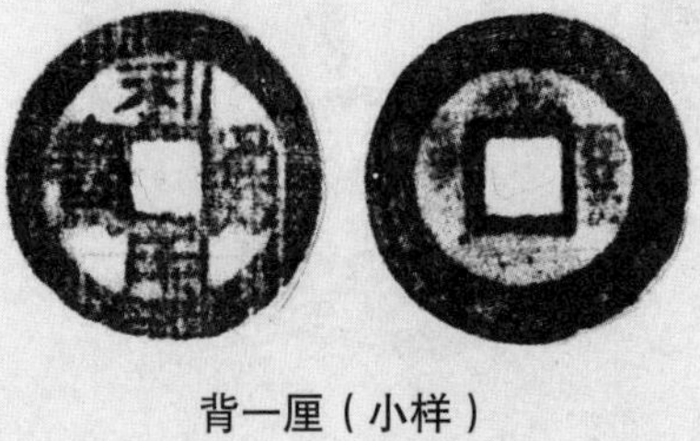

背一厘（小样）
径24.8mm　重4.25克

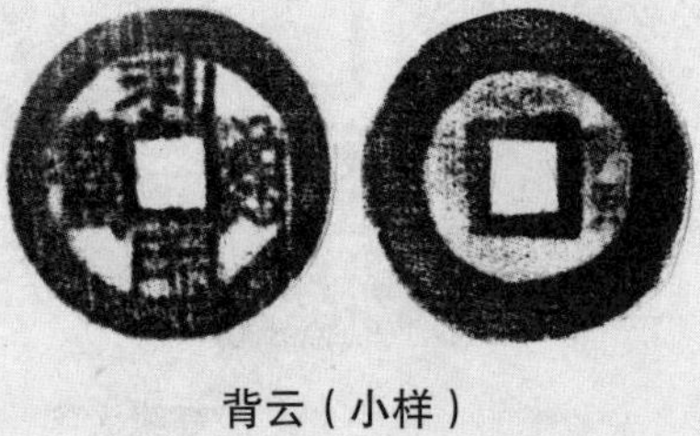

背云（小样）
径24.7mm　重4.12克

**背云（大样）**
径27.5mm　重4.5克

**背一厘（大样）**
径26.6mm　重4.2克

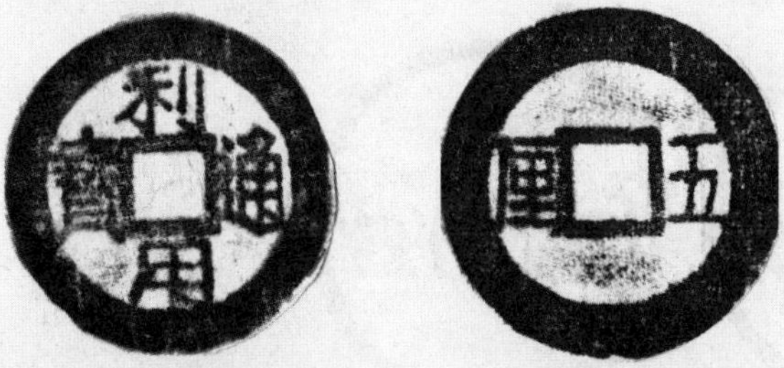

**背五厘（折五）**
径30.8mm
重9.4克

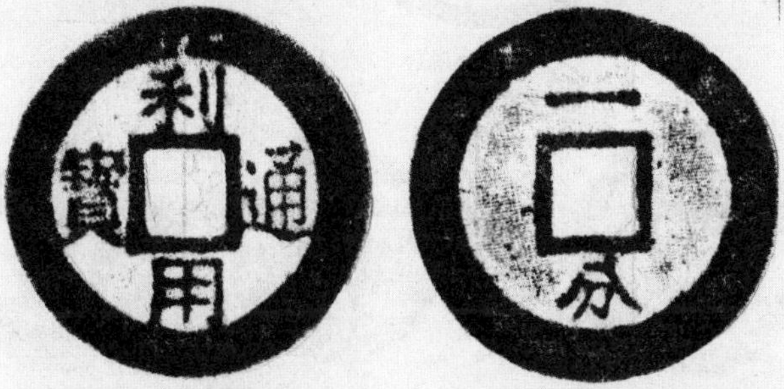

**背巳一分**
鎏金
径39.1mm
重17.4克

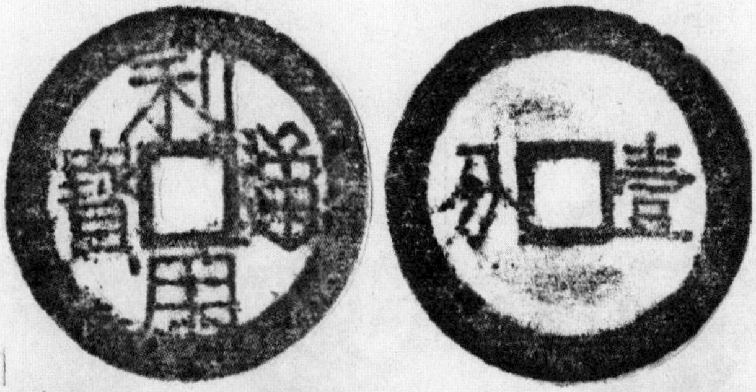

**背横大写壹分**
**（折十）**
径41.5mm
重26.55克

**小平·双点通**
径24.2mm　重3.9克

**单点通**
径24mm　重3.9克

篆书大字背壹分（折银）
径36.2mm
重12.6克

篆书小字背壹分（折银）
径36.2mm
重13.5克

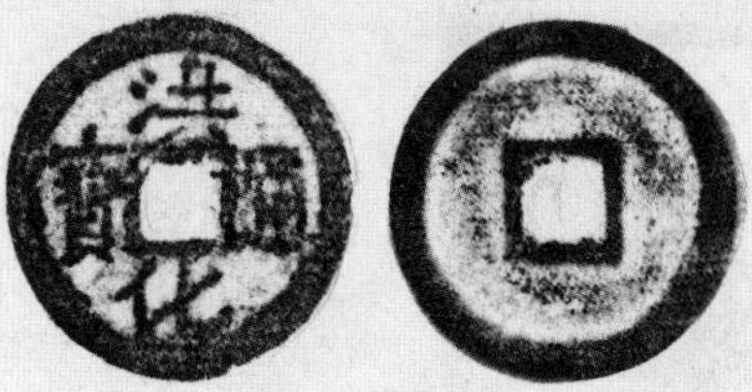

小平大字大样
径25.5mm　重5.2克

小字小样
径23mm　重3.95克

背工
径25.3mm　重4.2克

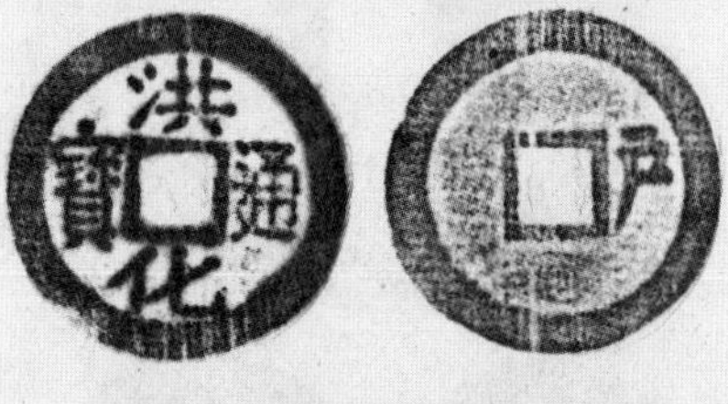

背户
径25.6mm　重4.35克

# 十四 清代货币

1616年女真族努尔哈赤建立后金政权，天聪十年（1636年）皇太极即皇帝位，改国号为“清”。1644年清世祖入关，定都北京，逐步统一全国。清历时270余年，一度成为亚洲东部最强大的封建国家。自鸦片战争起，逐步衰落，沦为半封建半殖民地社会，宣统三年（1911年）被辛亥革命推翻。

清代币制，“用银为本，用钱为末”。政府财政收支皆以银为准，市场贸易大额用银，小额用钱。清代亦承袭传统的方孔圆钱，实行年号钱制。从顺治朝起，在全国各省设局分散铸币，官铸之外更加私铸。因此，清代铜钱铸量之大、种类之繁多，历代无比。

清入关以前，太祖努尔哈赤就铸有满文钱“天命汉钱”及汉文钱“天命通宝”，均为小平钱；太宗皇太极天聪元年（1627年）铸有满文“天聪汗之钱”，也有译作“天聪汗钱”或“天聪通宝”的，为折十大线，仿天启大钱制，背文左有“十”字，右有“一两”。这几种钱，传世比一般清钱为少，尤以“天聪通宝”大钱少见。

顺治朝铸“顺治通宝”年号钱，顺治钱版别复杂，可分为五大类：

1. 仿古钱制。顺治初年铸。光背或背有星、日纹，“一”等。铸量很大，存世颇多，另有少量折二钱及当十大钱，当十钱背“十一两”少见。

2. 背汉文纪局名钱。顺治元年（1644年）铸，仿唐会昌开元和大中、洪武钱式，背文有一汉字，计有户、工、同、陕、临、浙、阳、原、宣、东、宁、南、云、昌、蓟、荆、福、襄、延、河等，穿上“延”、“南”者罕见，穿左、右“延”及穿上“荆”、“蓟”、“宣”、“工”及大样背“福”者也较少。

一厘钱。顺治十年（1653年）铸，为一种折银汉文钱，背穿左为“一厘”字样，穿右为局名，共计十七局，如户、工、东、河、浙、云、昌、宁、临、陕、阳、江、原、蓟、福、同等。以“同”字者最少，另有“一厘”分写穿之上下的宝东局钱。俗称“东一厘”，极为少见。

背满文宝泉、宝源局钱。穿左为满文“ᠪᠣᠣ”（宝字)，穿右为满文纪局，在顺治钱中铸量最多，传世多见。

背满、汉文纪局名钱。顺治十七年（1660年）铸，背穿左为满文纪局名，穿右为汉文纪局名，有同、宁、蓟、昌、东、江、河、临、宣、浙、原、陕共十二局，铸量均大，转量多见。

康熙皇帝铸“康熙通宝”钱，有两种类别：

1. 背满文宝泉、宝源局钱，仿顺治第四类钱式样。主要为小平钱，铸量极大，传世多见。这类“康熙通宝”钱“熙”字一般写作“熙”，有一种宝泉局这种钱“熙”字左侧无一竖，俗称“罗汉钱”，民间讹传其含金且吉利，人们喜爱加以珍藏，实际只是铸量略少的一种版别。熙字这种写法的康熙宝泉局钱又有背左右铸“大清”二字或背龙纹者，传为康熙六十大寿所铸，少见。宝源局还铸有康熙通宝折十大钱，罕见。

2. 背满汉文纪局名钱，仿顺治第五类钱，穿左满文、穿右汉文，同为纪局名。先有14局后增至21局，计有：同、福、临、东、江、宣、原、苏、蓟、昌、宁、河、南、广、浙、台、桂、陕、云、漳、巩。其中巩字、台字较少。“广”字背文有大小之分，大字者亦少。

雍正皇帝铸雍正通宝。雍正钱仅有满文纪局名一种形式，且铸量远少于顺治、康熙两朝，有些钱局还一度停铸。目前容易收集到的雍正钱只有：宝泉、宝源、宝浙、宝苏、宝济、宝黔、宝巩、宝云局八种，其他如宝武、宝河、宝昌、宝南、宝晋则少见。至于福、广、陕、台、桂、川这六局雍正钱虽见于《历代古钱图说》，但均为“描图”，从未见到实物，还有同、宁、东、江、宣、蓟、临、漳诸局，更是诸谱未见。可能是由于不少钱局在雍正时已合并裁撤。故藏界称雍正钱为“缺门的雍正钱”，要想收集到二十局名的雍正钱是不可能的。宝黔局尚铸有折二的雍正钱，存世很少。

乾隆皇帝铸乾隆通宝。亦只有背满文纪局名一种形式。铸量很大，但钱形较前朝轻小，质量下降，除原有宝泉、宝源、宝直、宝陕、宝福、宝浙、宝苏、宝昌、宝桂、宝广、宝云、宝巩、宝南、宝川、宝晋、宝济、宝黔、宝台等局外，平定准噶尔后，又在新疆设局铸钱，计有宝伊、乌什、阿克苏、喀什克尔、库车、叶尔羌等局。乾隆通宝除雕母和开炉性质的大钱外，皆传世多见。

嘉庆皇帝铸嘉庆通宝，亦只背满文纪局一种形式。主要是小平钱，宝直、宝桂、宝苏、宝泉、宝源几局铸有折二大钱。除雕母、开炉大钱罕见外，折二钱有一种“桂”字满汉文皆俱者较少，余则均多见。

道光皇帝铸道光通宝。钱文书体拙劣，少有精美者。道光时因银贵钱贱，铸钱得不偿失，一些钱局铸量大减，一些钱局陆续停铸，故道光钱存世少于乾隆、康熙等朝。

咸丰帝铸行咸丰通宝、重宝、元宝。咸丰时，太平军兴，外侮日深，内外交困。为应付庞大的军费开支，不仅发行了银票、纸钞等纸币，而且改变了自顺治起列朝均只有“通宝”一种钱文的祖例，各局纷纷鼓铸重宝、元宝等高币值咸丰大钱。计值有当四、当五、当八、当十、当二十、当三十、当四十、当五十、当百、当二百、当三百、当四百、当五百、当千，各局之间互不相同，轻重错杂颠倒，币制之混乱胜过王莽的宝货制，不仅铸量极大，而且版别繁多。据说，品种达五千种以上，可谓是创造了历史之最。充分暴露了当时清廷的衰弱和腐败。然而，咸丰钱也改变了有清以来钱文书法单一、呆板的传统，钱文多出于书法家之手，精美隽秀，异军突起，实现了自明朝以后钱文书法美的复兴，为中国钱币文化谱写了新的魅力四射的一章。

咸丰钱不仅传世的母钱、样钱多于其他各朝，各局所铸铜钱也有大量稀品、珍品，如宝泉局“戴书”（戴熙手书）重宝当五钱，宝泉局背“伍文”、“拾文”者存世均罕见；宝泉局当二百、三百存世极罕，仅有试样；宝源局当百以下均多，当五百、当千罕见；宝陕局当五百、当千均为红铜制成，存世不多，背文“陕十”者，少见。宝巩局当五、当十宋体较少，当五百、当千者极少；宝福局不少版式未正式铸行，如当五背廓计重“二钱五分”、“一百计重五两”，当一十、二十、五十、一百背肉计重钱，均罕少；宝云局当五十仅见样钱；宝漳局当五十和宝南局当五十都未正式发行，仅见样钱、母钱；宝伊局当四、当五十、当百存世稀少；宝迪局当四则为孤品，当八十也罕少；宝浙局除小平、当十钱外，当二十、三十、四十、五十、当百均极罕见；宝苏局铸钱甚多，但当五、“尔宝”当二十、“缶”宝当三十、“缶”宝当五十宽沿钱均少见；宝河局当五百、当千也极少；新疆阿克苏、喀什克尔、库车、叶尔羌局当五十、当百也少。

咸丰大钱历来为藏家所喜爱，晚清、民国时期就多有作伪。近几年，随着对咸丰钱研究的深入，《咸丰泉汇》等多种钱谱的出版，更是掀起一波接一波的集藏咸丰大钱的热潮。咸丰大钱价格暴涨，引得咸丰大钱，尤其是稀见钱的作伪极盛。

祺祥通宝、重宝。咸丰死后，八大顾命大臣摄政时曾有短暂的祺祥年号，此为当时铸行的年号钱。通宝小平钱有宝泉、宝源、宝云、宝巩、宝苏五局；重宝当十有宝源、宝泉、宝巩三局，因铸行不到一年，就发生辛酉政变，改元同治，故铸量均少，存世亦罕。

同治通宝、重宝。同治年间，慈禧太后执权，列强入侵，经济一蹶不振，铸钱数量大减。小平钱仅宝云、宝苏、宝浙、宝挂、宝昌、宝川等局尚多，其余均少，宝陕、宝广、宝济等局至今只发现母钱、样钱。重宝当十钱，除宝泉、宝源、宝巩、宝云开铸，存世稍多外，其余各局只见部颁母钱、样钱。宝伊局当四、宝巩局当五亦少见。

光绪通宝、重宝。光绪年间铸。“通宝”为小平钱，重宝为折十钱。小平钱铸量多于同治。光绪钱文书法继承咸丰楷书余风，挺拔秀丽，不落俗套，远远超过明末清初的制钱，有背千字文套钱，钱背有宇、宙、日、烈、来、往、金、村等字，目前共发现十四个字，为藏家所喜爱。宝福局有篆书背日月纹小平钱，铸工极美，存世罕见。

光绪重宝除宝泉、宝源当十，宝苏当五多见外，其他局仅见部颁样钱。

小平、折十钱均有雕母存世，极罕。

光绪年间，引进西方先进技术，自光绪八年（1882年）起，开始采用机器制造方孔圆钱。通宝、小平钱常见的有宝广、宝浙、宝东等局，其余局的都少见，如宝源局、宝直局、宝宁局小平和宝奉局背“官板四分”，仅发现少量样钱。当五、当十型光绪重宝钱均少见。有一种面文为“一统万年”或“天子万年”，背“江南试造当十制钱”者，集宫钱与试样钱于一身，亦为机制铜元的前身，传世罕少，极受藏家追捧。

光绪末年，开始出现机制铜元（俗称铜板），很快取代了方孔铜钱，成为主要流通货币。

宣统通宝。宣统元年（1909年）铸，仅宝泉、宝云局铸小平大小样两种。小样存世多见，大样者少。另有宝广、宝福局机制小平方孔圆钱，存世尚多，这时的方孔圆钱已是象征性铸行，主要货币已让位于机制铜元了。

太平天国货币：清末太平天国农民政权（1851—1864年）也铸有多种铜钱。其中主要有：

太平天国圣宝。钱文“太平天国”，背“圣宝”。有小平、折二、折三、折五、当十等多种。背“圣宝”二字有竖版、横版之分，传世均不多见，其中特大型镇库钱极罕。另有“太平圣宝”背“天国”者，更为少见。还有钱文“天国”背“通宝”的天国通宝钱，为太平天国政权最初铸币，极罕，为古泉名珍，太平天国铸币素为藏家青睐，但市场上真品罕见，伪品极多。

平靖胜宝。为1854年大败曾国藩水师后所铸的纪功钱，背文有“前营”、“左营”、“右营”、“御林军”、“常胜军”等，为各军营名称，均存世罕少，十分难得。

此外，上海小刀会起义军亦铸有“太平通宝”钱，背日、月纹象征反清复明之意，罕见。

广东天地会铸有“天朝通宝”背“永”钱、“皇帝通宝”背“圣”、“浙”钱，“太平通宝”背“文”钱，“开元通宝”背“武”钱，“明道通宝”、“嗣统通宝”背“天”钱，亦均罕见，近年又发现面文“洪武天下太平”背“奉旨五人存、曰月照”、“盘古开天地，日月明”钱，据考，为天地会最早起会时的信号钱。

民国时期货币主要通行“铜元”，但云南、福建等地亦曾铸有方孔圆钱，云南东川铸有“民国通宝”小平钱和“民国重宝”背“当十”的折十钱，传世尚多，福建省铸有面文“福建省造”背“二文”，还有面文“闽省通用”背“二文”钱，传世均少见。近年发现袁世凯称帝时亦曾铸有方孔铜钱“洪宪元宝”。

## 天命汗钱（或译天命通宝）后金铸满文钱

径28.5mm

重5.15克

## 顺治通宝

**光背** 径26.2mm 重3.7克

径25.7mm 重3.55克

**平背**

径25.3mm 重2.45克

**缶宝**

径26.3mm 重4克

**满文宝泉**

径27.6mm 重4.3克

**背工（大工）·镏金**

径26.8mm 重4.2克

背工（小工）
径26.4mm　重3.6克

背小工·小样
径25.6mm　重4.05克

背右户（小户）
径27mm　重4.25克

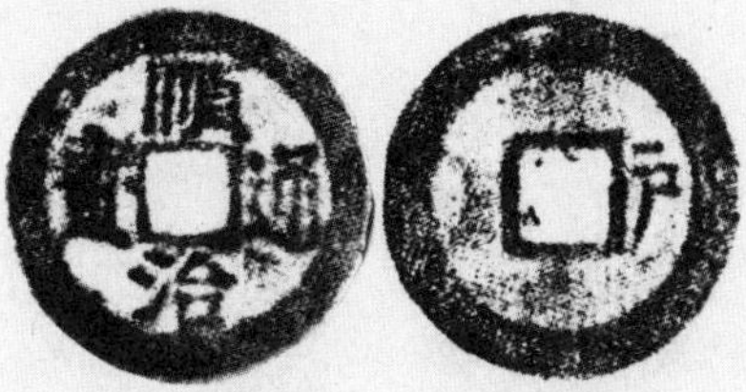


背右户（长户）
径26.4mm　重4.95克

背右户（大户）
径26mm　重3.8克

小字小样背右户
径25.4mm　重3.45克

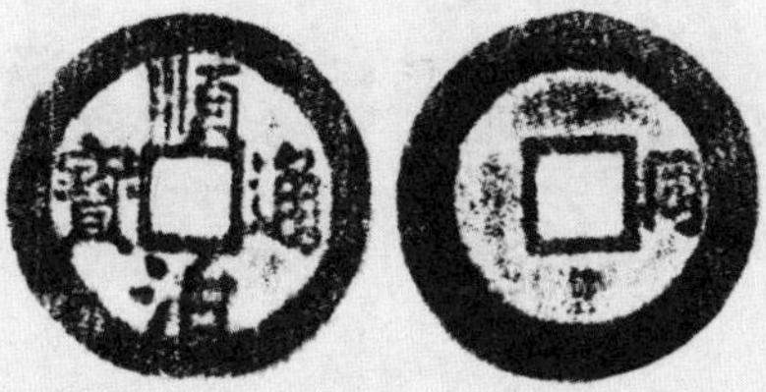


背同
径25.6mm　重4克

背福（真伪存疑）
径27mm　重4.2克

背临
径26.4mm　重3.8克

背浙
径25.8mm　重3.5克

**背昌**
径26.5mm　重4.7克

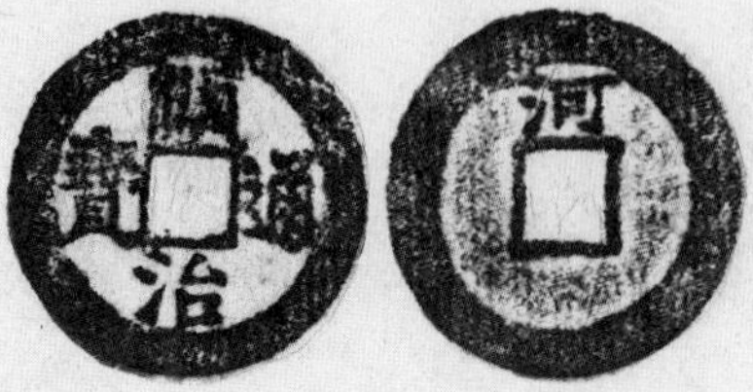


**背上河**
径25.8mm　重5.4克

**右河**
径25.9mm　重4.3克

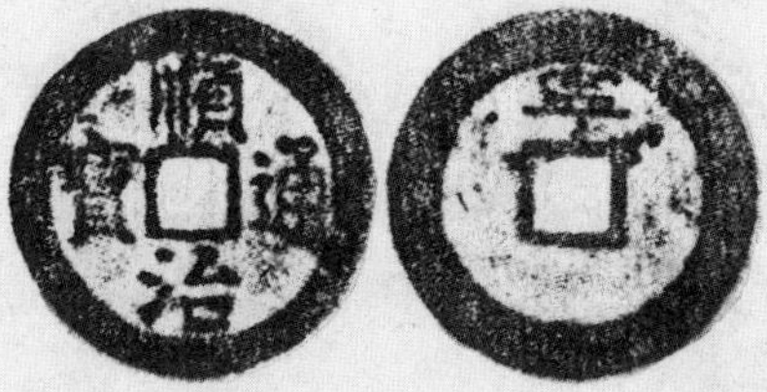


**背宁**
径26.5mm　重4.1克

**背上延**
径25.5mm
重4.7克

◀ 顺治背延传世罕少。尤以背上延为珍。

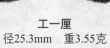

**工一厘**
径25.3mm　重3.55克

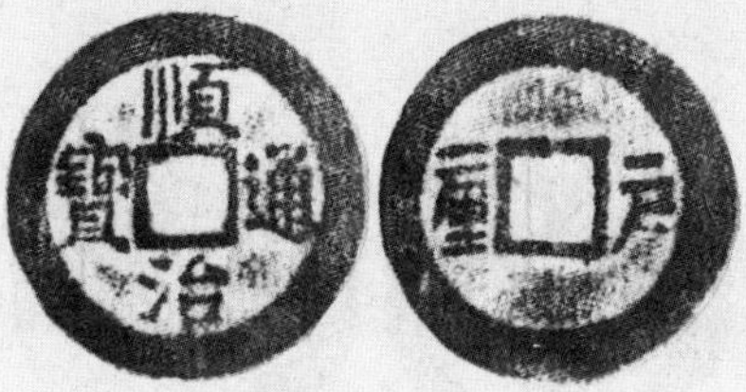


**户一厘**
径26mm　重4.45克

**户一厘**
径25.9mm　重4克

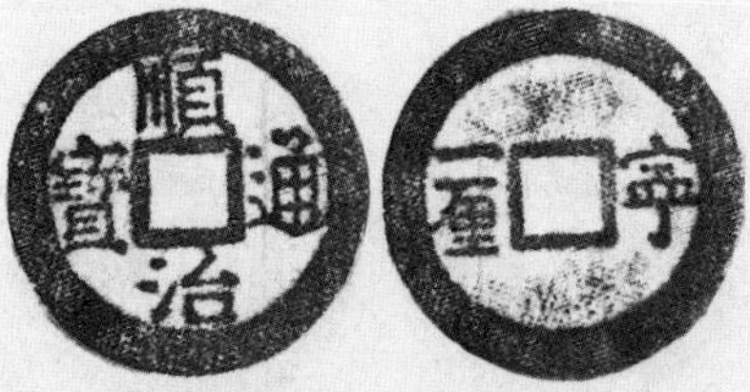


**宁一厘**
径26.3mm　重4.3克

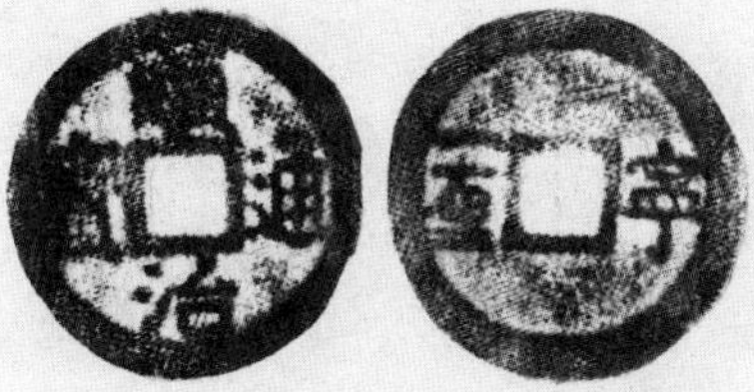

**宁一厘**
径25.5mm　重3.2克

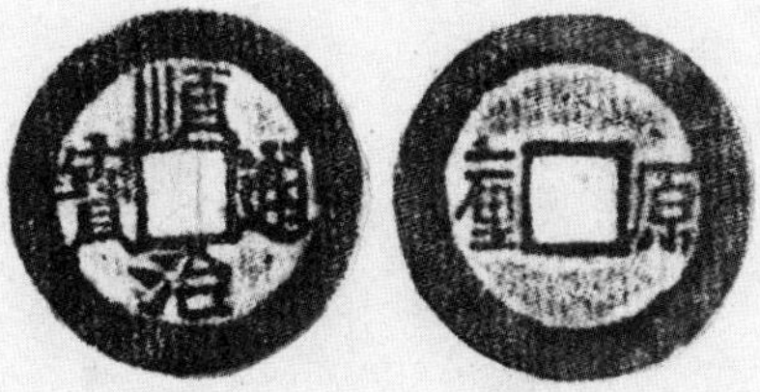

**原一厘**
径26mm　重4.3克

**东一厘**
径25.8mm　重4克

**东一厘小样**
径24.1mm　重3.5克

**东一厘特小样**
径22mm　重1.7克

**云一厘**
径25.5mm　重3.6克

**云一厘**
径25.7mm　重3.2克

**河一厘**
径26.1mm　重4.6克

**福一厘**
径26.4mm　重5克

**同一厘**
径26.4mm　重3.65克

▲ 在顺治十七个局铸造的一厘钱中“同一厘”最为稀少。

**满汉同**
径27.7mm 重4.3克

**满汉宁**
径27.6mm 重4.2克

**满汉东**
径27.3mm 重5克

**满汉东**
径27.8mm 重5.5克

**满汉东（窄缘大字）**
径24.6mm 重3克

**满汉宣**
径27.3mm 重4.5克

**满汉原**
径28.6mm 重4.3克

**满汉昌**
径28.2mm 重4克

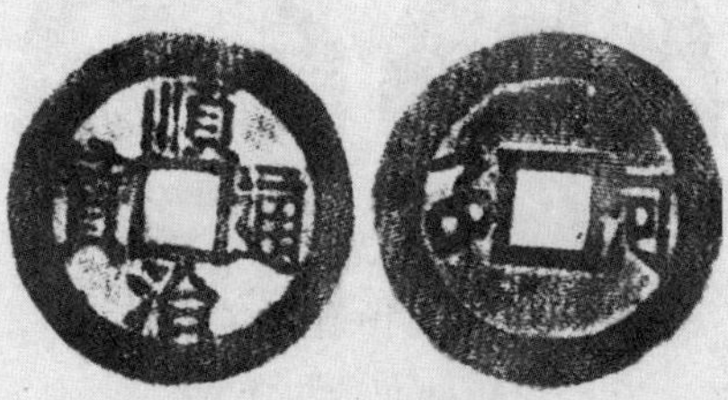


**满汉河**
径27mm 重4.2克

**满汉浙**
径27.3mm 重4.15克

满汉浙小样
径21.7mm　重0.6克

满汉陕小样
径21.3mm　重1.7克

## 康熙通宝

背满文宝泉
径27.6mm　重3.8克

小字小样
径25.5mm　重3.25克

大样
径28.6mm　重4.6克

直竖熙
径27.8mm　重4.2克

连足宝
径26.4mm　重2.9克

大满文
径28mm　重4.5克

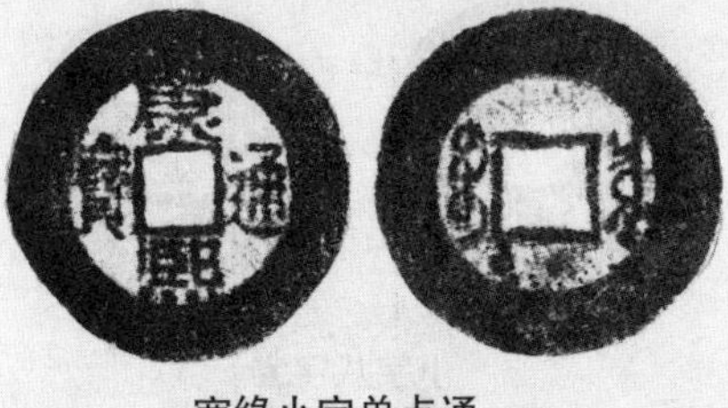

宽缘小字单点通
径26.7mm　重5.4克

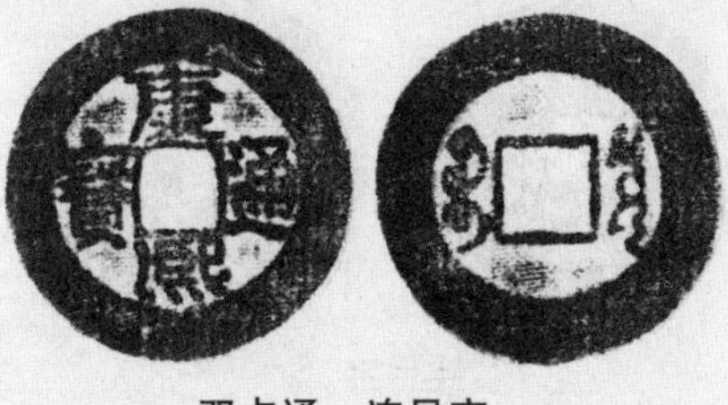

双点通、连足宝
径27mm　重5.8克

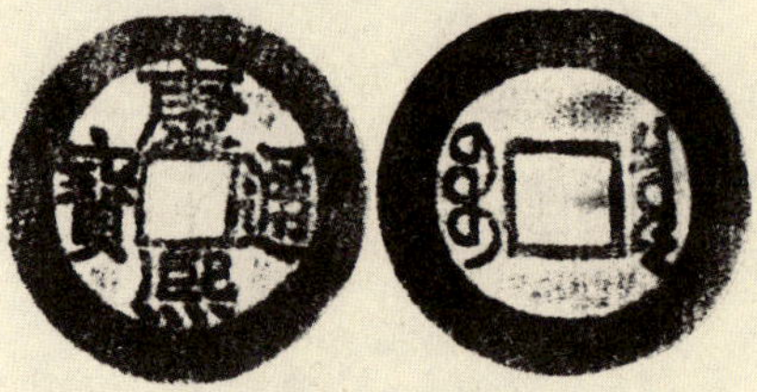

大字双点通连足宝
径27.7mm　重4.65克

缘刻花
径27.4mm　重4.2克

缘卷边
径26.4mm　重4.05克

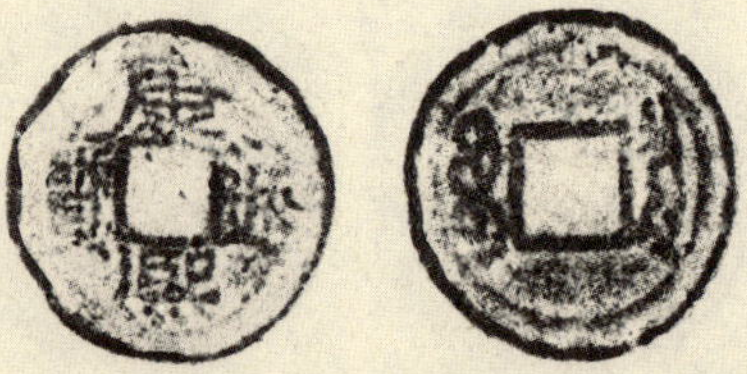

卷缘大字连足宝
径23.8mm　重5.05克

阔缘大字单点通
径24mm　重3.3克

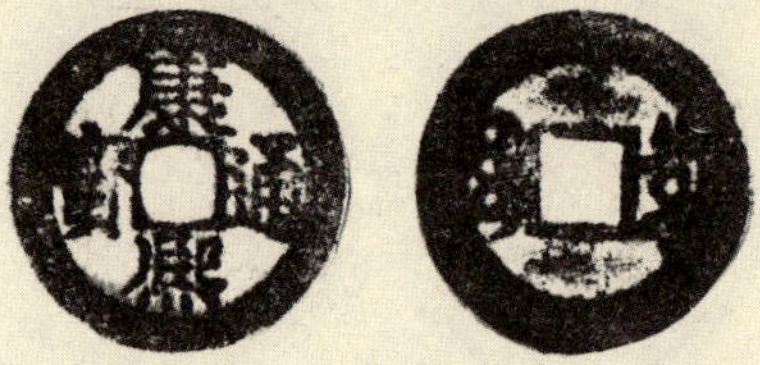

连足宝
径23.5mm　重3克

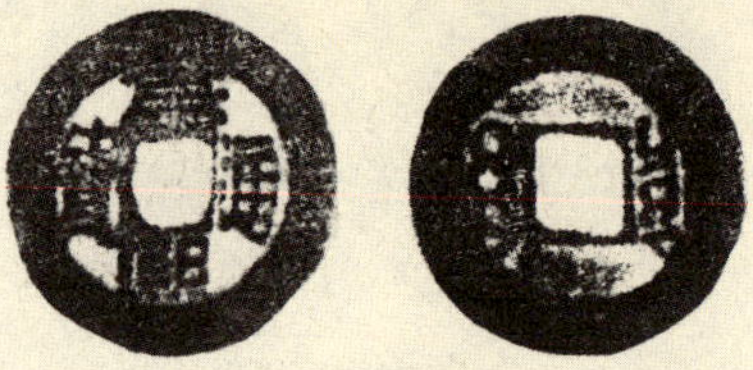

缩字・双点通
径23.6mm
重2.85克

◀ 这种康熙小钱不仅宝泉、宝原见有，满汉文记局者亦有。传世远比普通康熙钱少。钱径虽小，但铜质精良，铸工考究，绝非私铸。似为官铸的五分钱。

连足宝
径23.8mm　重3.1克

小字八字宝
径23.6mm　重2.85克

私铸
径20.2mm　重1.4克

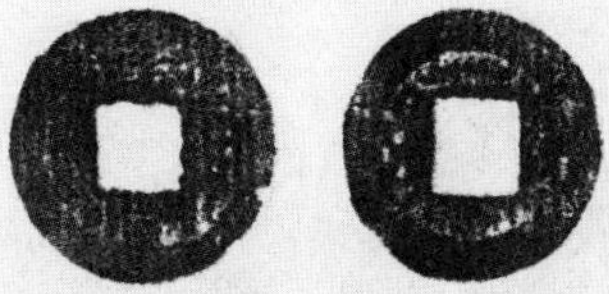

私铸
径18.3mm　重1.15克

背满文宝源
径27.6mm　重4.4克

满文窄宝
径27.4mm　重3.95克

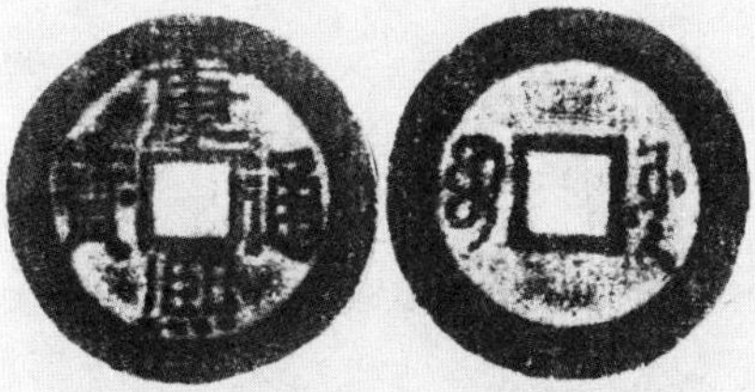

满文小字
径27.6mm　重4.55克

圆穿
径26.9mm　重3.25克

小样
径25.1mm　重2.75克

宽缘双点通
径26.6mm　重4.3克

径23.6mm　重2.6克

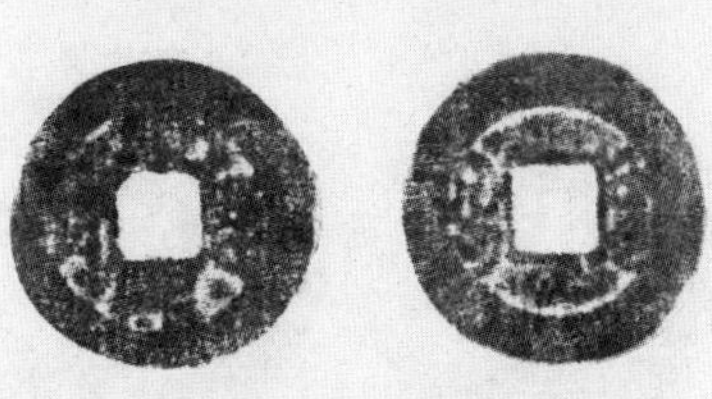

私铸
径21.3mm　重1.6克

罗汉钱·初铸
径26.7mm　重6克

径26.7mm　重4.6克

径26.4mm　重4.75克

大字小样
径25.4mm　重4.7克

满汉文同（斜缘）
径27.7mm　重3.9克

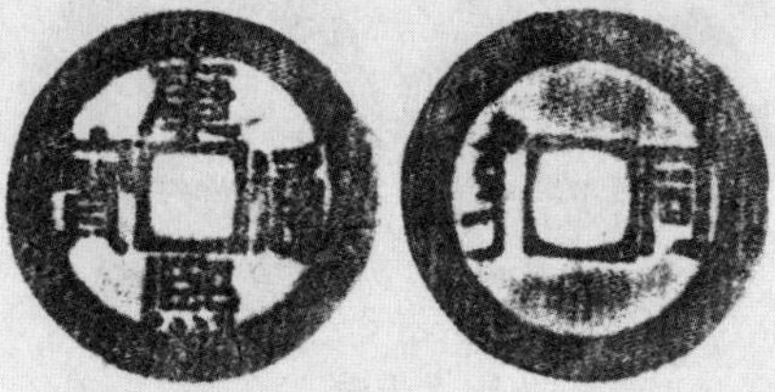


满汉同
径27.1mm　重3.85克

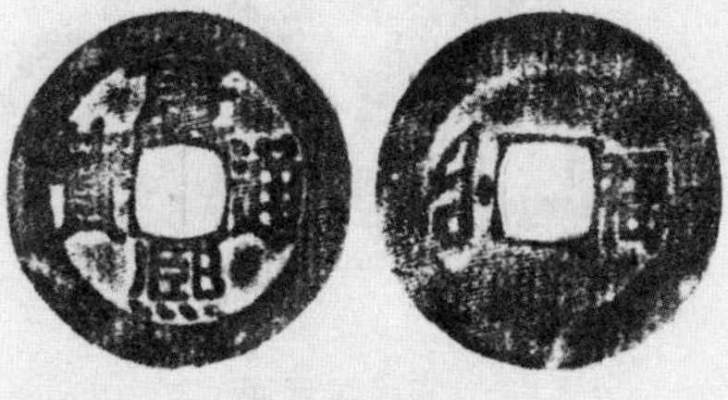


满汉福（大福）
径26.5mm　重3.65克

满小福
径27.2mm　重4.35克

刻花满大福
径27.4mm　重4.4克

满汉宁（小宁）
径28.2mm　重4.3克

满大宁·卷缘
径27.3mm 重4.3克

满汉宁小样
径23.5mm 重2克

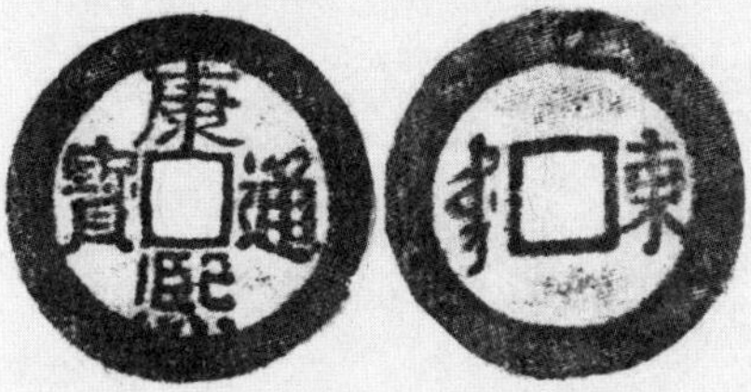

满汉东
径27.6mm 重5.6克

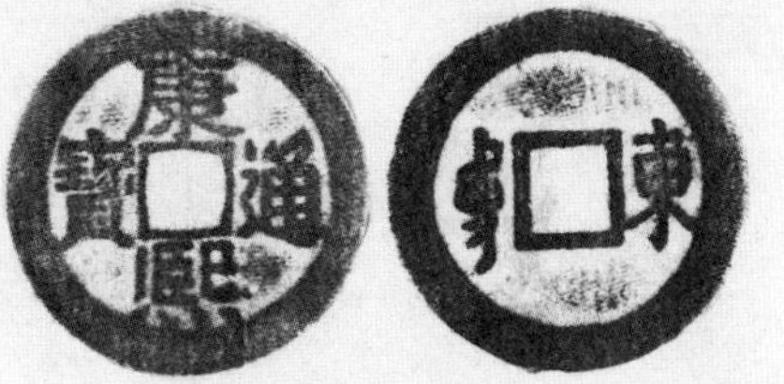

狭缘
径27.3mm 重4.1克

小样
径25.4mm 重3.3克

特小样
径23.7mm 重2.15克

特小样
径23.3mm 重1.8克

满汉江
径27.2mm 重4.15克

满汉宣
径27.2mm 重4.1克

背左上星
径27.6mm 重4.3克

满汉原（小原）
径27.7mm　重4.4克

大原
径27.7mm　重4克

缘刻花
径27.8mm　重3.9克

满汉苏（小苏）
径27mm　重4克

满汉大苏
径26.8mm　重4.2克

背上星
径27mm　重4.45克

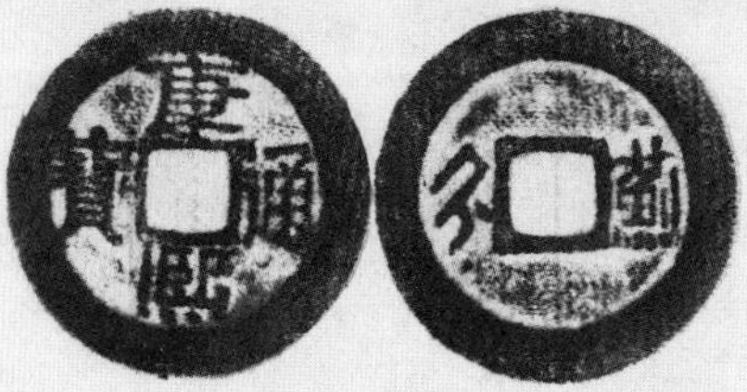

满汉蓟
径27.7mm　重4克

满汉昌（小昌）
径26.8mm　重3.1克

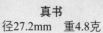

大昌
径28.3mm　重3.9克

真书
径27.2mm　重4.8克

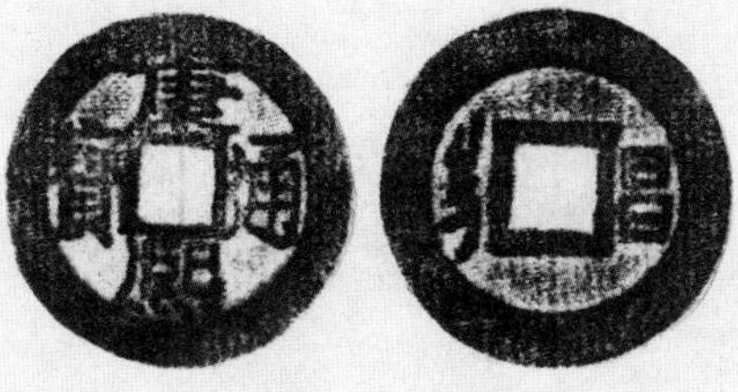

宽缘小昌
径27.3mm　重4克

小样
径23.3mm　重2.85克

满汉南
径26.4mm　重3.15克

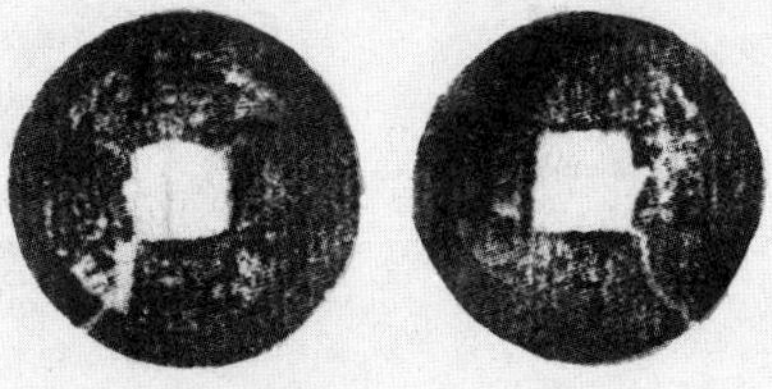

小样
径24.6mm　重2.4克

满汉南
径26.4mm　重2.7克

满汉河
径27.2mm　重4.4克

满汉大河

满文小河
径25.2mm　重2.15克

满文减笔河
径27.2mm　重2.7克

减笔河
径27.3mm　重4.4克

小样
径26.3mm　重2.75克

双点通・小字
径25.6mm　重2.1克

缘刻花
径27.9mm　重2.7克

小字小样
径25.9mm　重2.35克

满汉临（连口临）
径27.2mm　重3.25克

分口临
径27.3mm　重5.05克

臣字临
径27mm　重4.45克

卷缘
径27.1mm　重3.8克

小字小样
径25.5mm　重3克

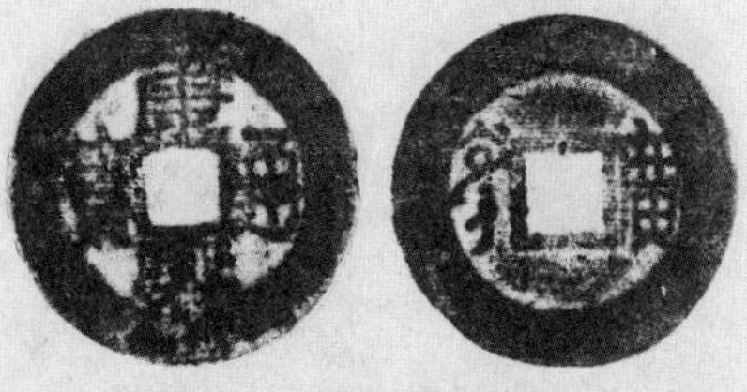

满汉广
径25.4mm　重3.7克

径25.3mm　重3克

径24.4mm　重2.9克

**满汉浙**
径27mm　重3.8克

**大字**
径27.6mm　重4克

**背上星**
径26.9mm　重3.65克

**小字**
径25.8mm　重3.2克

**满汉大台**
径27mm　重4.75克

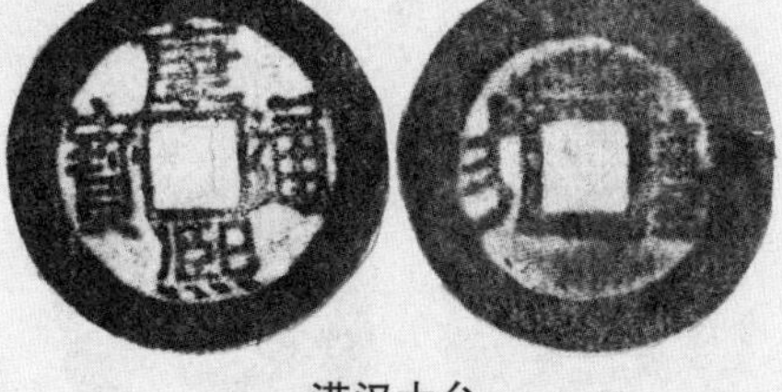
**满汉大台**
径29mm　重7.5克

▲ 此两品满汉台真伪存疑。

满汉桂
径26.6mm　重3.8克

异满文桂
径26.8mm　重4.3克

异满文桂
径27mm　重4克

满汉狭
径27.5mm　重4.25克

满文无点陕
径28.1mm　重4.3克

满汉云·部颁样
径26.9mm　重3.55克

满汉云
径27.6mm　重5.2克

小样
径24mm　重3.55克

小样·通下星
径23.6mm　重3.1克

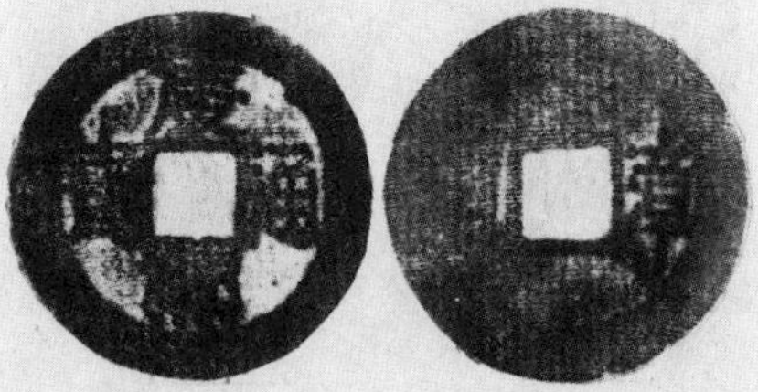

满汉漳
径27.8mm　重4.4克

◀ 此品铜色金黄，轮廓规整，地张平净，厚重异常，字口深峻，可见刀痕。似应是一枚宝福局雕母钱。

雕母
径27.7mm　厚1.5mm　重5.65克

## 雍正通宝

宝泉·初铸大样
径28.1mm　重5.9克

满文大字
径27.4mm　重4.8克

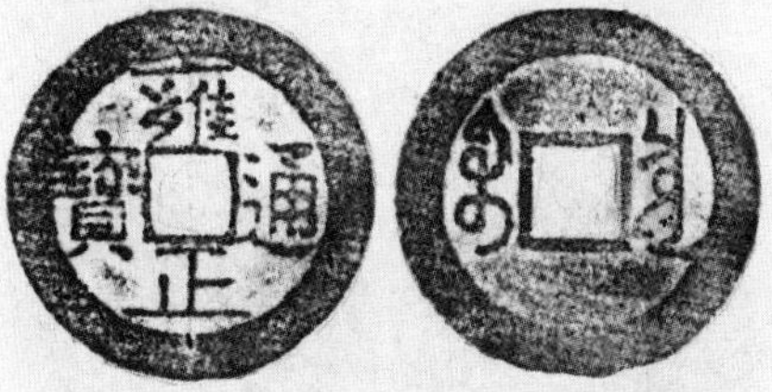

满文出头宝
径27.6mm　重4.55克

宽缘·单点通
径26.2mm　重4.45克

宽缘小样
径25.6mm　重5克

刻花
径26.2mm　重4.45克

满文大宝
径25.9mm　重4.45克

宝源
径27.2mm　重4.9克

宽缘小样
径26mm　重4.75克

宝济
径27.3mm　重4.3克

宝苏
径27.5mm　重4.7克

宝安
径28.6mm　重4.65克

宝晋
径26.5mm　重4.95克

宝云
径27.7mm　重5.25克

大满文
径27.8mm　重5.6克

宝巩
径26.8mm　重4.55克

宝河
径27.4mm　重4.6克

宝浙
径27.2mm　重4.4克

宝南
径25.9mm　重4.3克

宝黔
径27.1mm　重4.9克

## 乾隆通宝

宝泉　母钱
径27.4mm　重6.65克

样钱
径25.8mm　重4克

生字隆
径27mm　重6.2克

满文出头宝
径27.3mm　重6.35克

山底隆
径25.8mm　重4.1克

生字隆小样
径24.4mm　重3.7克

小字
径24mm　重4.45克

满文出头宝
径23.5mm　重4.35克

卷缘
径22.4mm　重3.7克

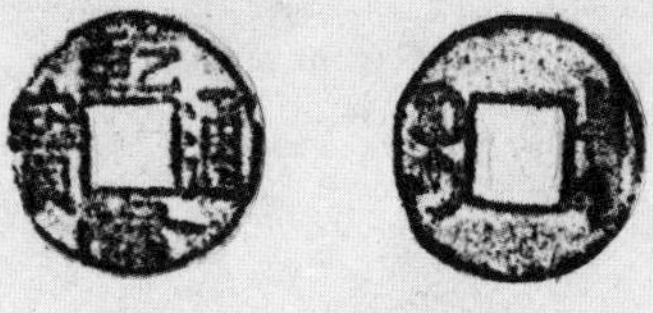

剪边
径18.4mm　重2.1克

私铸
径17.8mm　重1.25克

宝源·大字
径25.7mm　重3.95克

小字
径25.6mm　重3.8克

小样
径22.6mm　重4.3克

**剪缘**
径19.5mm　重2.35克

**宝直大样**
径24mm　重4.2克

**小样**
径22.6mm　重4.3克

**广穿**
径22.3mm　重3.65克

**宝苏阔缘**
径25.8mm　重4克

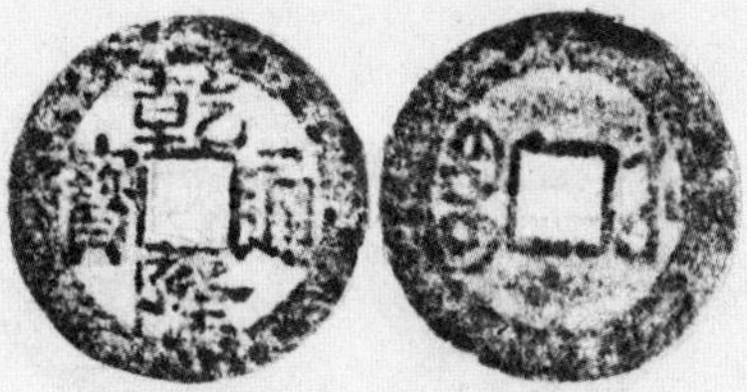

**三角头通·红铜质**
径25.5mm　重3.9克

**三角头通·满文大苏**
径25mm　重4.4克

**方头通·满文小苏**
径24.5mm　重3.7克

**红铜质**
径24.9mm　重4.9克

**宝浙·单点通**
径25.5mm　重4.65克

**双点通**
径24.2mm　重3.9克

**镏金·宽缘**
径25.4mm　重3.9克

**宽缘**
径25.9mm　重4.1克

**宝昌·三角头通**
径25mm　重4.85克

**方头通**
径25.1mm　重3.7克

**镏金**
径25.4mm　重4克

**宝桂·宽缘**
径25mm　重4.2克

**狭缘**
径23.6mm　重3.65克

**宝陕**
径23.5mm　重4.5克

**宝晋**
径23.5mm　重4.4克

**大字**
径23mm 重4.05克

**宝黔**
径25.8mm 重4.35克

**小字小样**
径24.8mm 重3.2克

**宝川·红铜质**
径23.8mm 重3.15克

**宝武·方头通**
径25.5mm 重3.7克

**三角头通**
径24.4mm 重3.8克

**小字**
径24.4mm 重3.85克

**宝云**
径25.7mm 重3.8克

**小字**
径24.2mm 重3克

**剪缘**
径21mm 重2.3克

新疆宝伊局
径24.8mm　重4.85克

新疆乌什局·厚版狭缘
径24.8mm　重4.0克

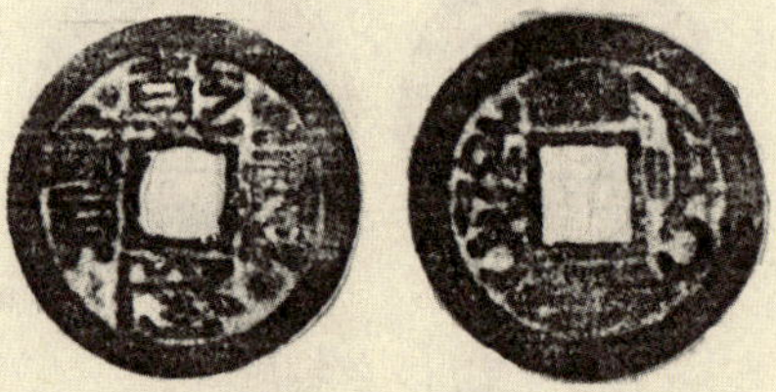

大字反版
径25.3mm　重3.5克

呈样钱·背满维文叶尔恙
径26.5mm　厚2.3mm　重8.35克

▲ 此品为新疆乌什局向清廷呈递的样钱，获批后开始铸造。

## 嘉庆通宝

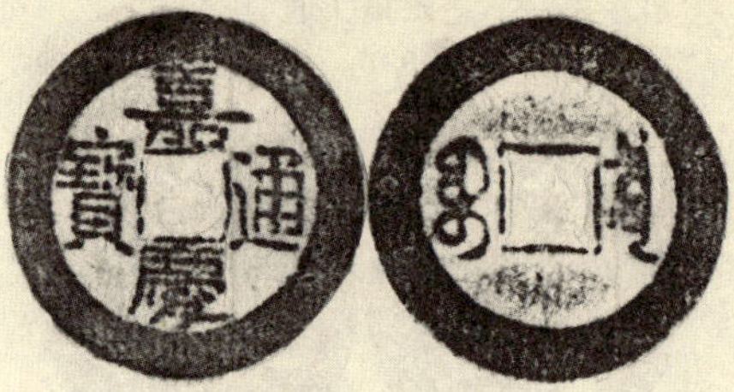

宝泉·单点通大样
径29.6mm　重7.65克

双点通大样·角头通
径29.3mm　重8克

双点通·方头通
径28.5mm　重7.2克

中样
径27.5mm　重6克

**圆穿**
径27.7mm　重6.45克

**卷缘**
径26.9mm　重6.9克

**背上星**
径25.1mm　重4.85克

**满文出头宝**
径24mm　重5.1克

**私铸**
径20mm　重1.8克

**宝源**
径25mm　重4.4克

**方头通·背下星**
径24.6mm　重3.85克

**三角头通·背下星**
径24.9mm　重4.5克

**宽缘**
径24.7mm　重4.5克

**宝直**
径22.4mm　重3.9克

**卷缘**
径21mm　重3.75克

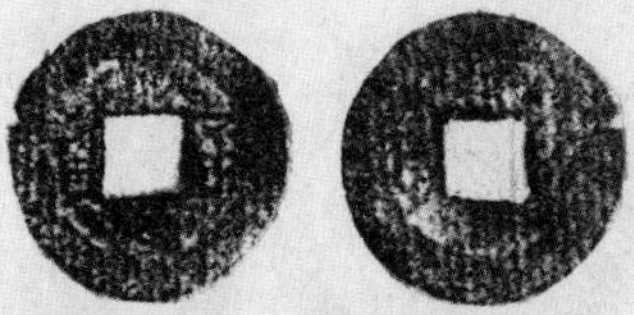

**私铸**
径19.8mm　重0.95克

**宝浙**
径23.4mm　重3.35克

**满文小浙**
径25.3mm　重3.75克

**宝苏·满文大苏**
径25.5mm　重4.15克

**满文大苏·下竖纹**
径24.1mm　重4.4克

**满文小苏**
径25.4mm　重3.9克

**背上月**
径24.6mm　重4.2克

**小样**
径22mm　重2.15克

**宝广**
径25.3mm　重3.4克

**宝昌**
径25.3mm　重3.95克

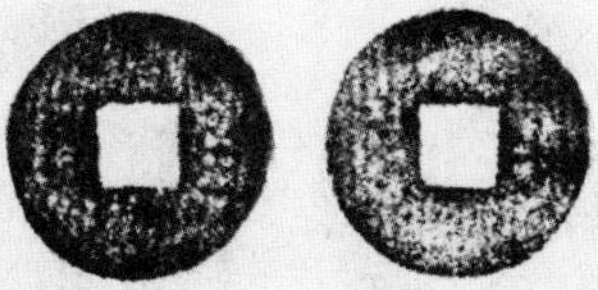

**宝福・私铸**
径18.2mm　重1.2克

**宝晋**
径24mm　重4.2克

**宝云**
径25.2mm　重4.4克

径26mm　重3.7克

**宝桂**
径21.9mm　重2.05克

## 道光通宝

**宝泉・方头通大样**
径30.2mm　重9.26克

**三角头通大样**
径29.2mm　重8克

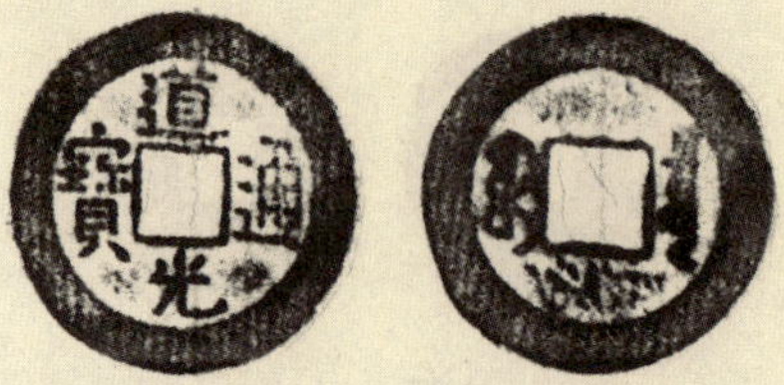


背“蝴蝶”纹
径25mm　重4.9克

◀ 是品背下纹饰形似一只蝴蝶。诸谱未见。

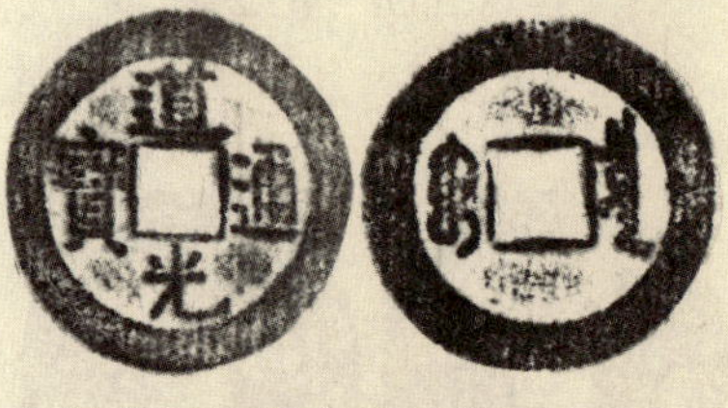


大字·满文出头宝
径25.7mm　重3.8克

小字·满文出头宝
径25mm　重4.05克

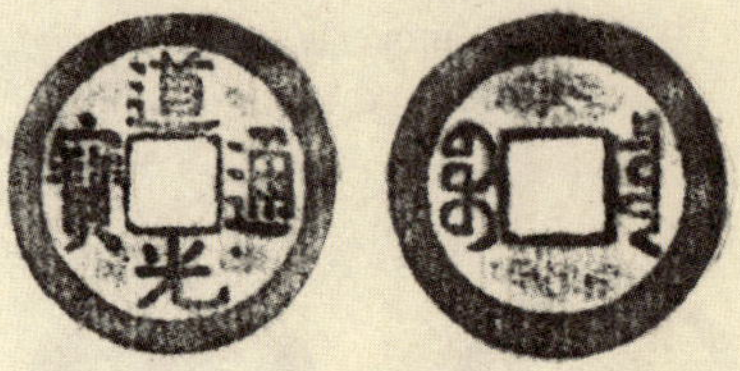


大字小样
径23.8mm　重3.65克

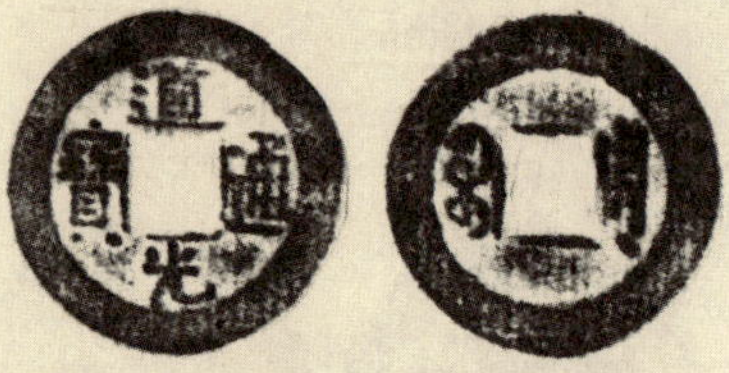


小字小样·单点通
径23.3mm　重3.3克

出头宝小样
径22.1mm　重3.85克

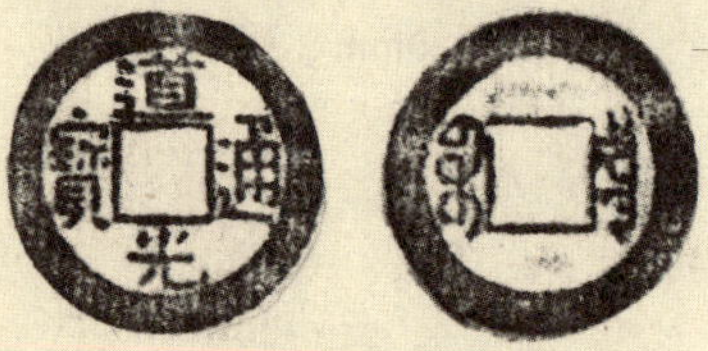


双点通小样
径22.7mm　重4.5克

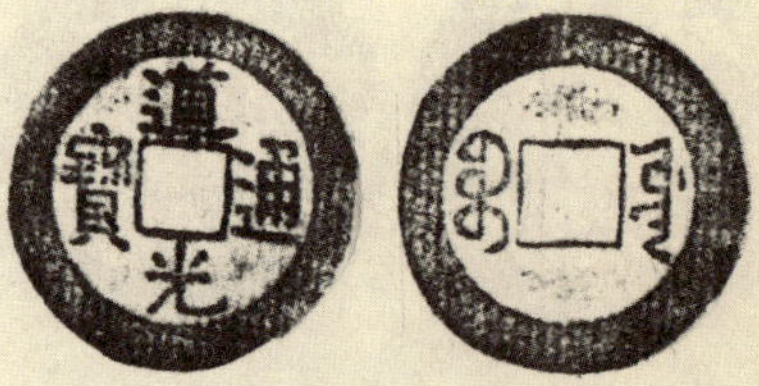


宝源
径24.9mm　重4.3克

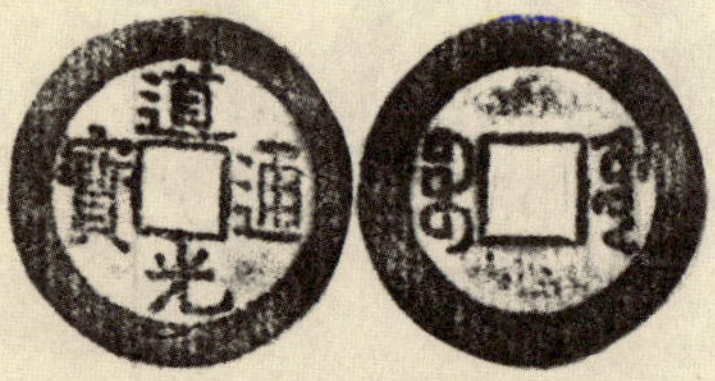


三角头通
径24.5mm　重3.9克

**方头通·单点通**
径23.35mm　重4.65克

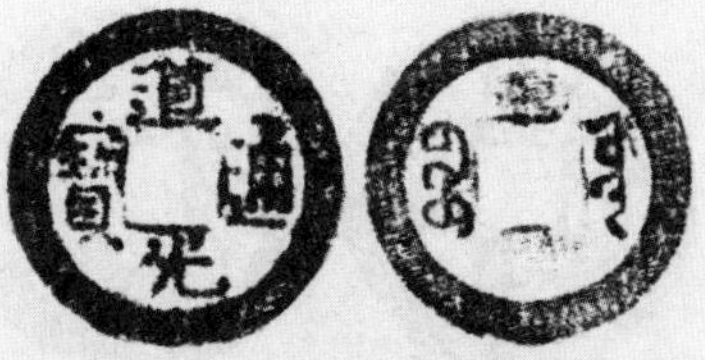

**小样**
径23.3mm　重4.15克

**私铸**
径20mm　重0.8克

**宝苏**
径23.8mm　重3.8克

**背上立月**
径24mm　重3.8克

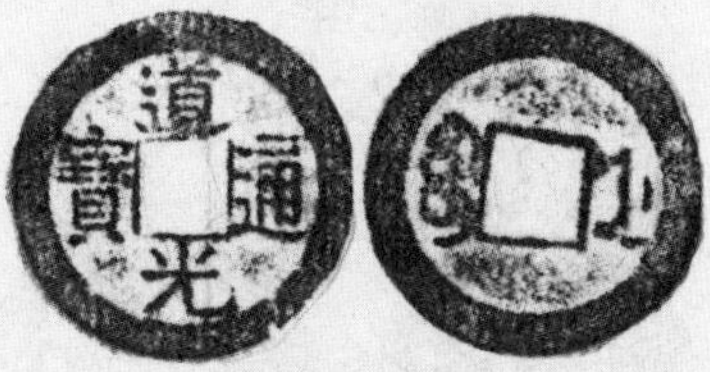

**宝浙**
径23.7mm　重3.9克

**红铜**
径23.1mm　重3.45克

**红铜**
径20.7mm　重2.6克

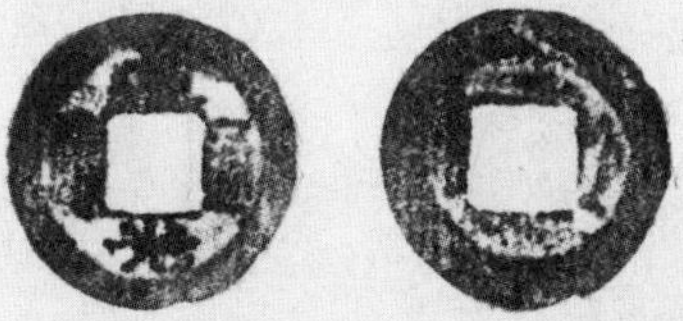

**小样**
径20.4mm　重2.4克

**宝陕**
径21.4mm　重4.45克

**宝昌**
径20.4mm　重1.85克

**宝南**
径22.9mm　重3.5克

**宝东·大字大样**
径25.4mm　重4.9克

**方头通**
径24.8mm　重3.4克

**小字**
径24mm　重3.15克

**宝云**
径25.8mm　重3.7克

**宝黔·背X字纹**
径25.2mm　重4.2克

**新疆红钱·阿克苏当十**
径25.9mm　重4.9克

**宝新当十**
径26mm
重4克

**道光通宝背大定宫钱**
径41mm
重14.15克

# 咸丰通宝、重宝、元宝

**宝泉·单点通小平大样**
径25.6mm　重5.8克

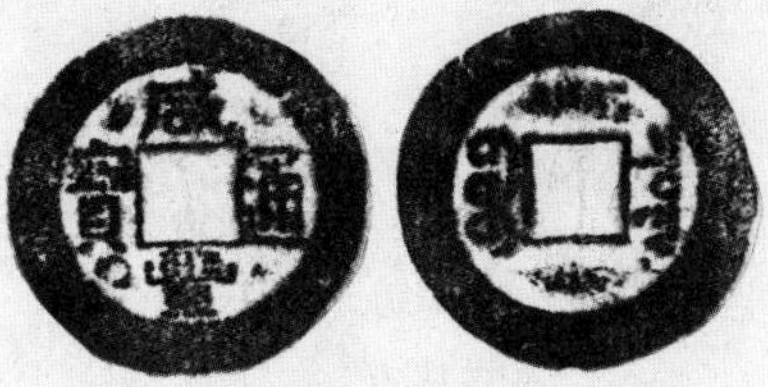

**双点通、小平大样**
径25.4mm　重6克

**大字小平大样**
径24.4mm　重4.2克

**背踖纹**
径24.5mm　重4.55克

**大字单点通小样**
径22.9mm　重4.15克

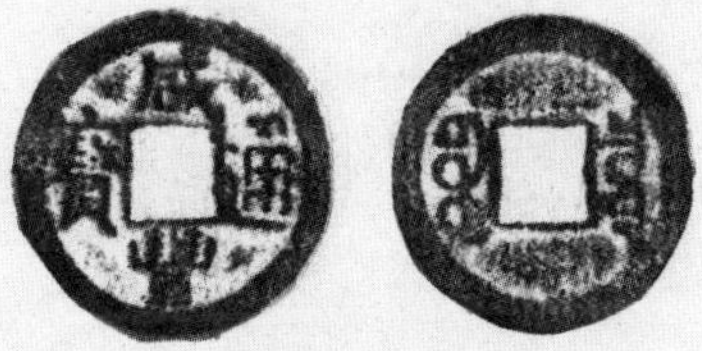

**小字单点通小样**
径22.5mm　重3.6克

**双点通、出头宝**
径22.9mm　重3.65克

**双点通、小字出头宝**
径22.3mm　重3.95克

**缶宝**
径22mm　重3.1克

**背穿四决**
径21mm　重3.5克

私铸

径19.3mm　重3.35克

铁质·大字

径24.4mm　重5.5克

铁质·小字

径24mm　重5.75克

铁质·戴书

径23mm　重4.25克

径23.1mm　重4.15克

径22.3mm　重4.15克

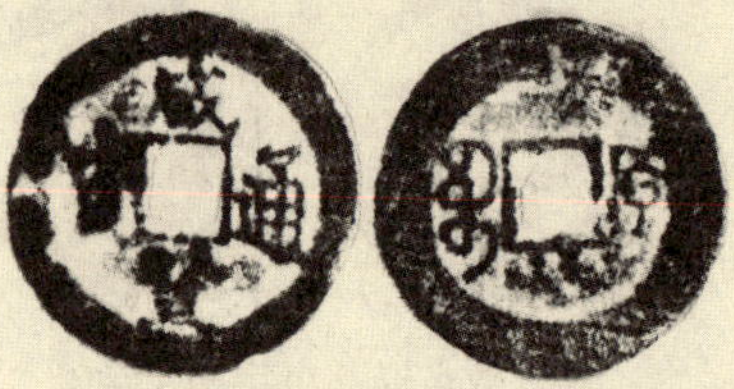

小平·背满汉原

径25mm　厚1.5mm　重4.9克

◀ 咸丰小平背满汉原，诸谱未见。

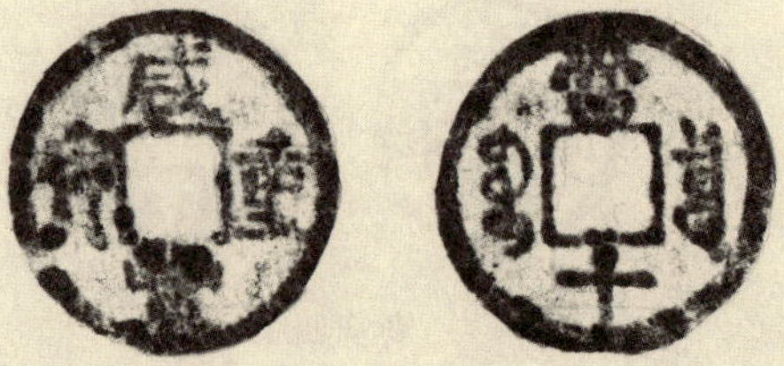

宝泉·重宝当十·缶宝

径26.7mm

重6克

**满文出头宝**
径28.8mm
重7.65克

**缶宝**
径29.6mm
重9.4克

**异当**
径30mm
重9克

◀ 此品之当字，宝盖第一笔向上代替字顶三点的一点。诸谱未见。

**尔宝·大十**
径32.7mm
重13.05克

**尔宝·矮十**
径32.6mm
重13克

**缶宝**
径32.2mm
重12.6克

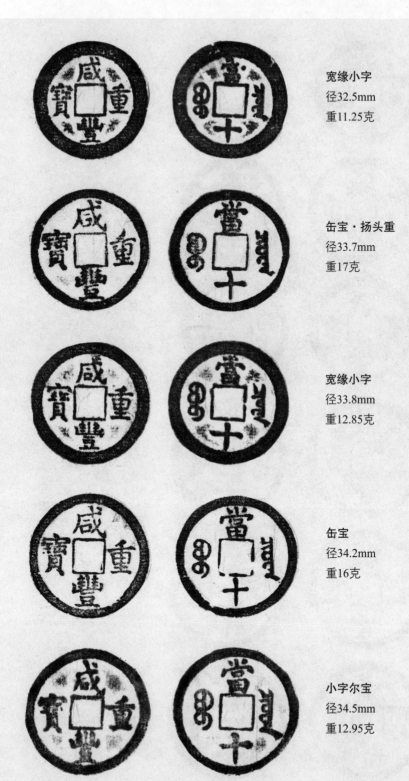

宽缘小字
径32.5mm
重11.25克

缶宝·扬头重
径33.7mm
重17克

宽缘小字
径33.8mm
重12.85克

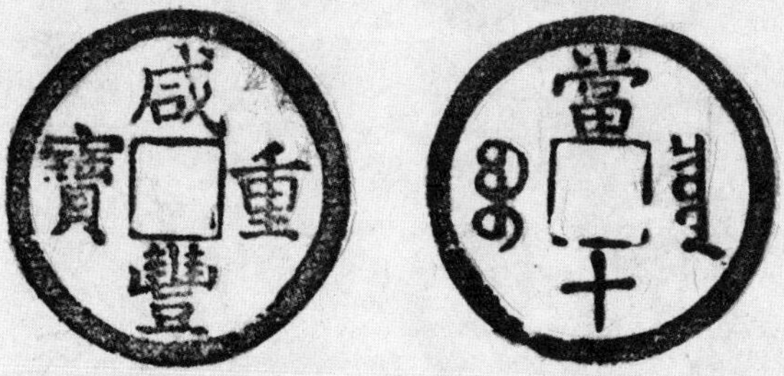

缶宝
径34.2mm
重16克

小字尔宝
径34.5mm
重12.95克

缶宝·满文出头宝
径34.3mm
重14.2克

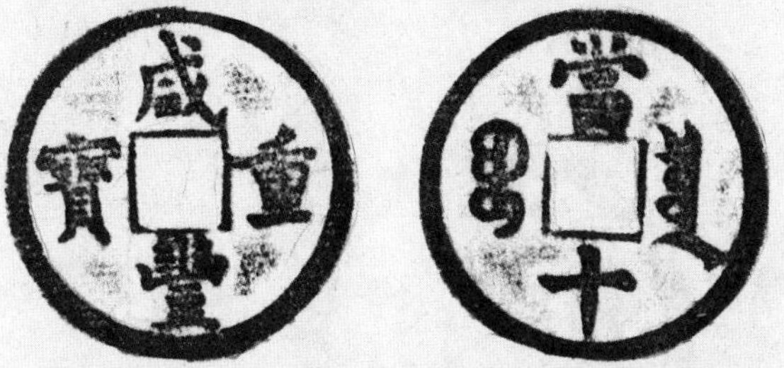

尔宝·狭字
径35.2mm
重12.9克

缶宝
径36.9mm
重19.45克

缶宝·满文出头宝
径36.2mm
重16克

隶书
径37.7mm
重20克

大字
径37.9mm
重17.1克

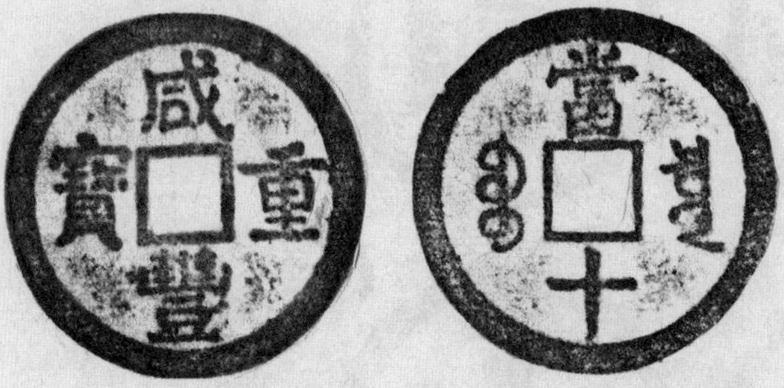


满文出头宝
径38.5mm
重22.85克

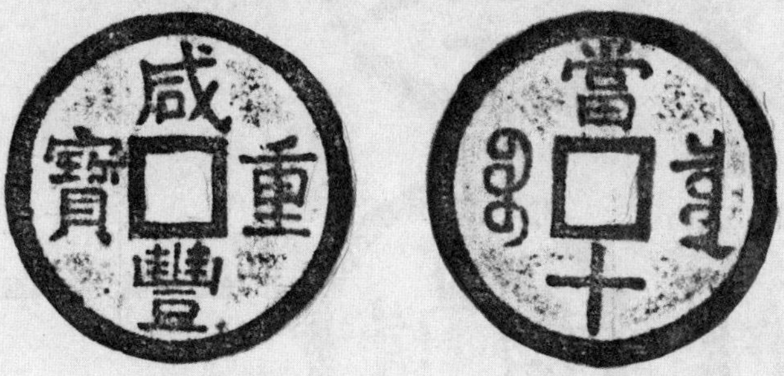


广廓
径38.2mm
重21.55克

当五十・小样
径47mm
重28.2克

背星月
径41mm
重31.8克

背星月
径42.3mm
重40.85克

当五十·大样　径51.6mm　重41.2克

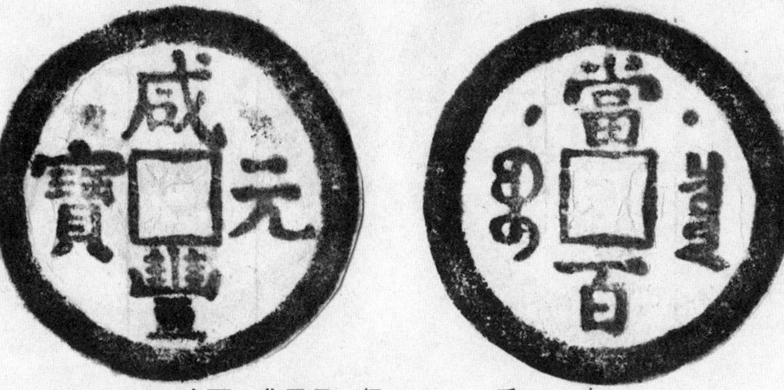


当百·背星月　径46.1mm　重36.25克

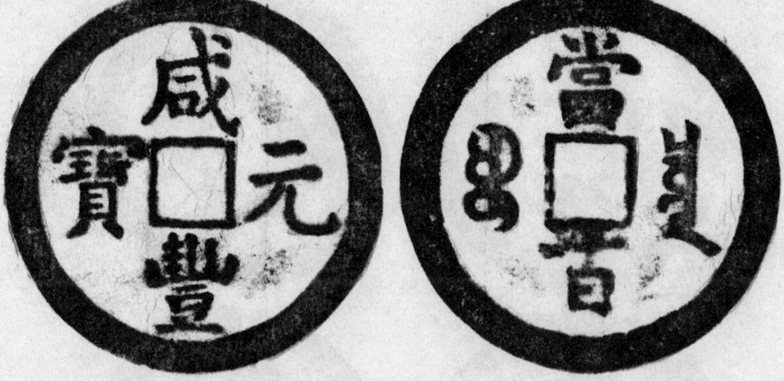


当百　径52mm　重52.1克

当百・背星月
径47.2mm　重39.1克

当千・背星月　径58.2mm　重67.6克

## 宝源

**小平大字**
径24.9mm　重4.15克

径21.1mm　重3.6克

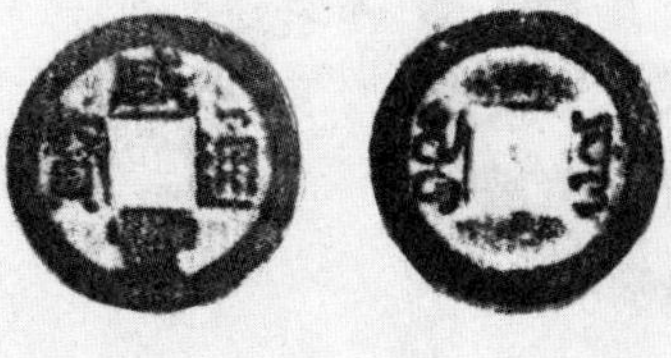

**小字**
径20.3mm　重2.4克

**当五·大字**
径30.4mm　重7克

**小咸大当**
径29.7mm　重8.2克

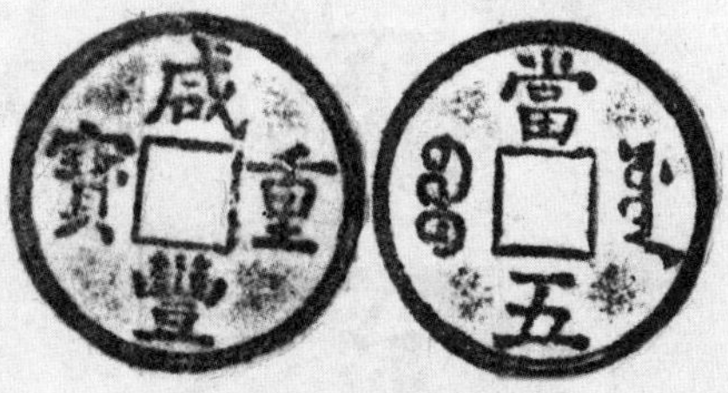

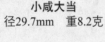

**小字**
径28.2mm　重6.3克

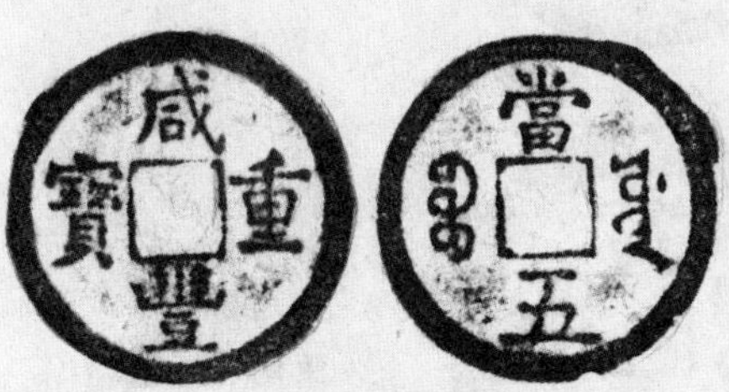


**小字**
径29.1mm　重8.8克

**大字**
径28.5mm　重7.1克

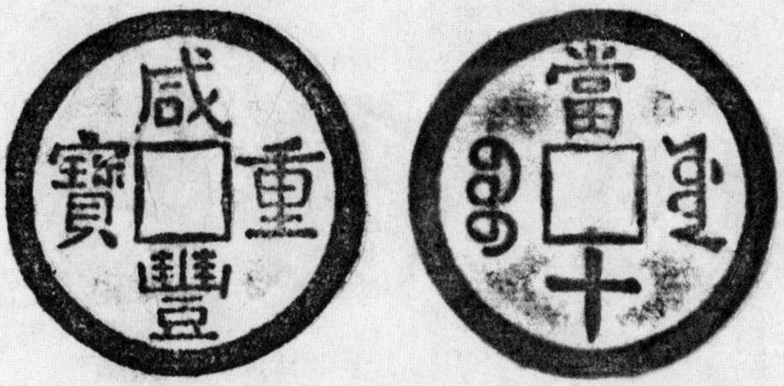

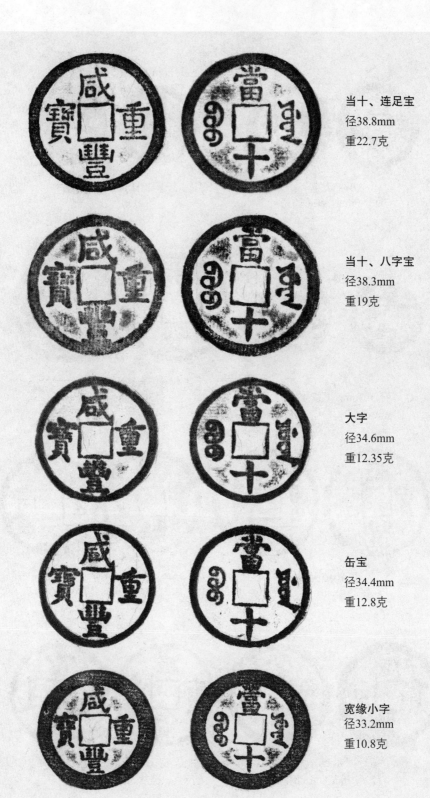

当十、连足宝
径38.8mm
重22.7克

当十、八字宝
径38.3mm
重19克

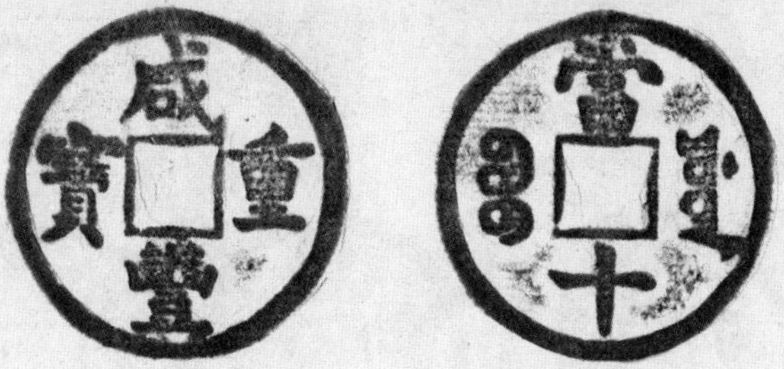


大字
径34.6mm
重12.35克

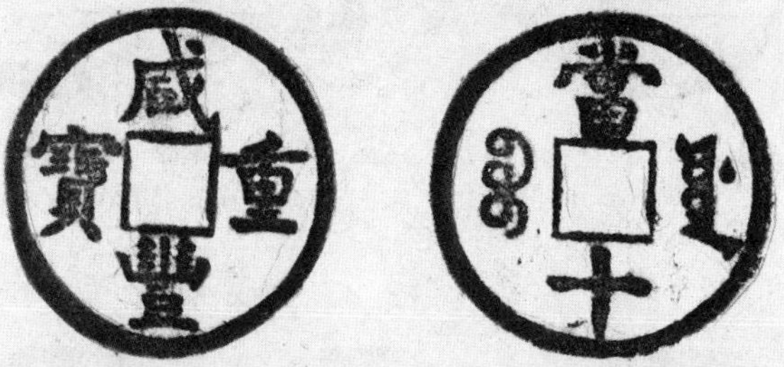


缶宝
径34.4mm
重12.8克

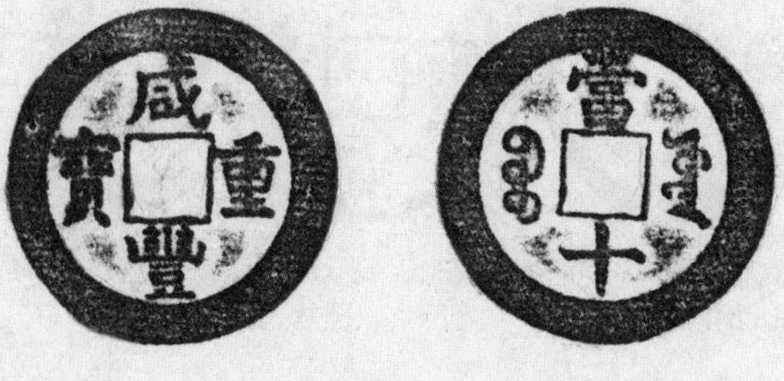


宽缘小字
径33.2mm
重10.8克

**小字小样**

径31.3mm　重10.55克

当五十·缶宝

径45mm　重38.6克

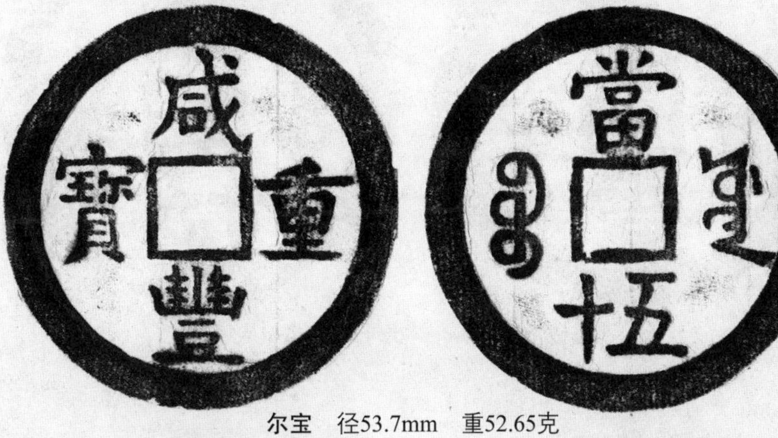


尔宝　径53.7mm　重52.65克

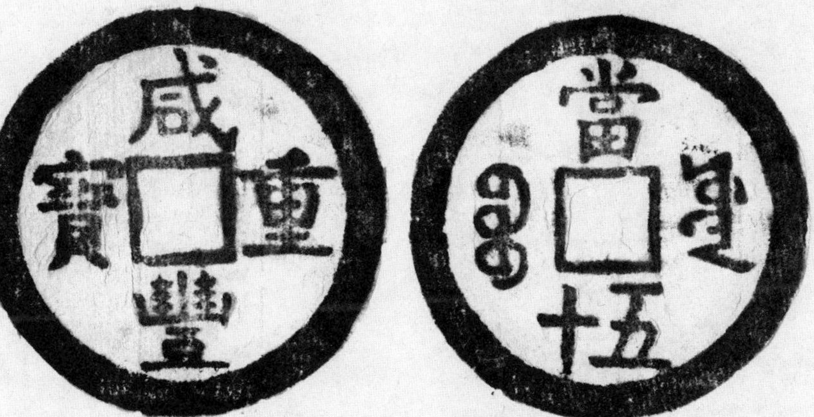


样钱　径55.5mm　重63.7克

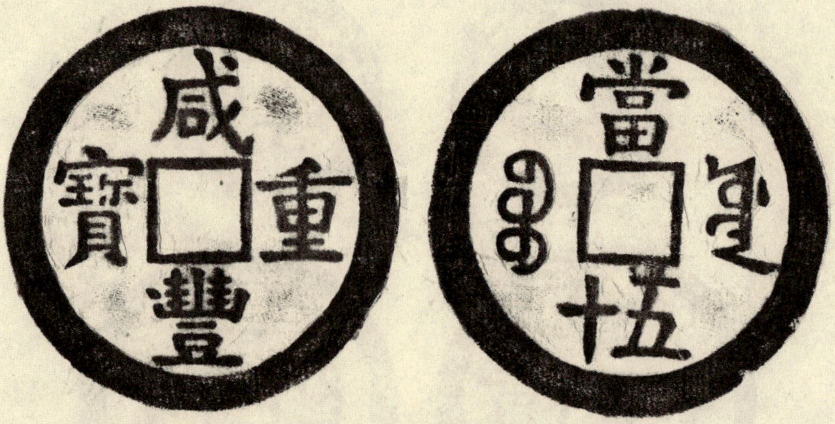


样钱　径55.5mm　重63.7克

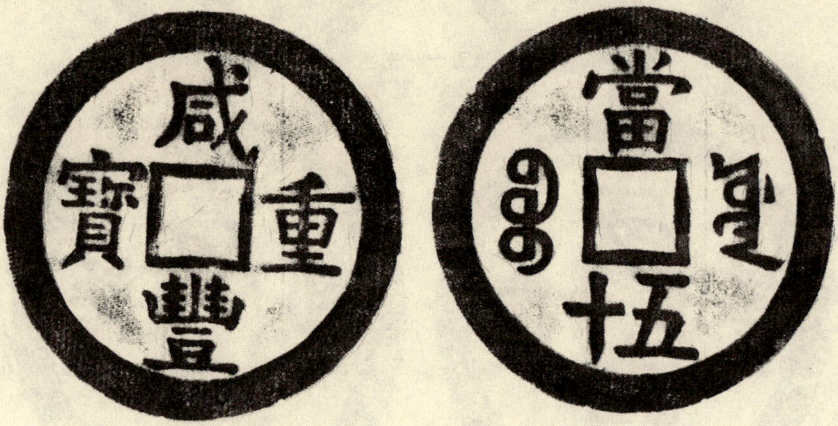


母钱　径55.5mm　厚4mm　重61克

▲ 是品铜色金黄，字口精整深峻，精美绝伦。放在一堆咸丰钱中鹤立鸡群，十分抢眼。

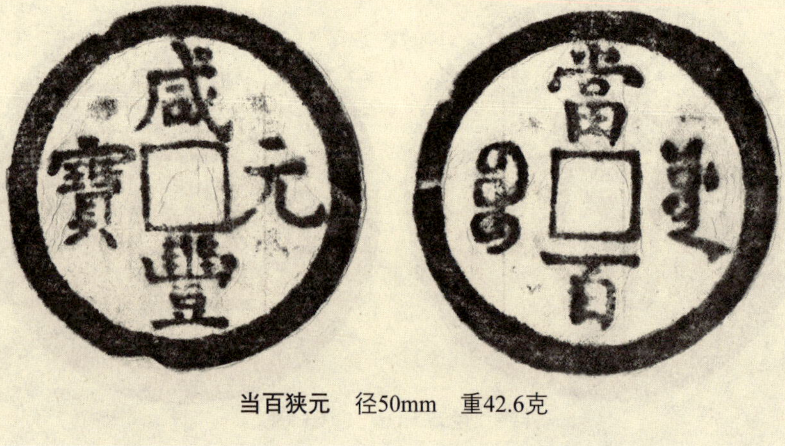


当百狭元　径50mm　重42.6克

阔元　径50.5mm　重40.6克

刻花（仿品）　径48mm　重51.4克

▲ 此品为朋友相送的一枚花钱。为仿品。刻花纹非手工刻制，乃机器压制而成。

## 宝 直

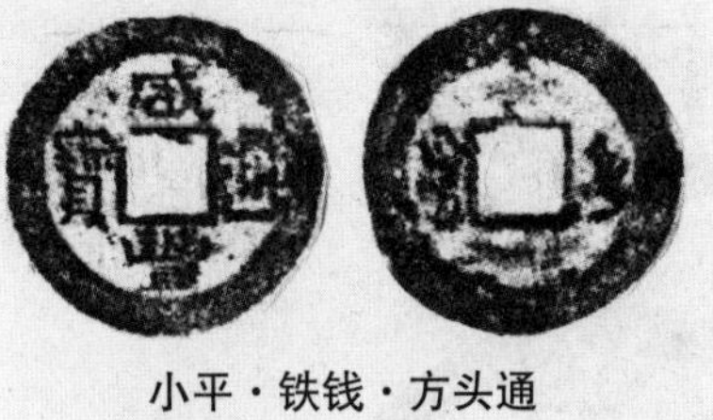

小平・铁钱・方头通
径24mm　重3.95克

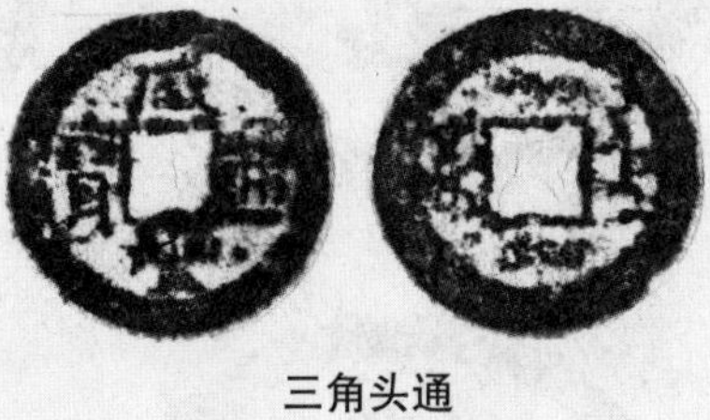

三角头通
径23.8mm　重4.4克

当十
径33.2mm
重10.8克

径38.3mm
重14克

铁质·当十
径38.3mm
重21克

## 宝德

当五十
径45mm
重31.5克

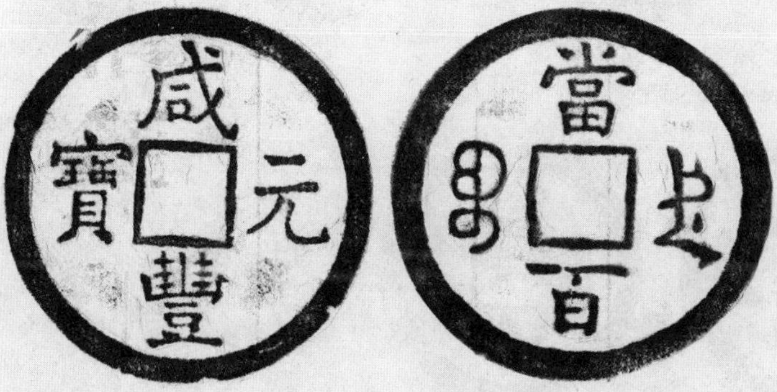


当百
径46.3mm
重42.8克

## 宝陕

**小平**
径22.7mm　重4.2克

**当十**
径35.2mm　重14.95克

径35.9mm　重12.7克

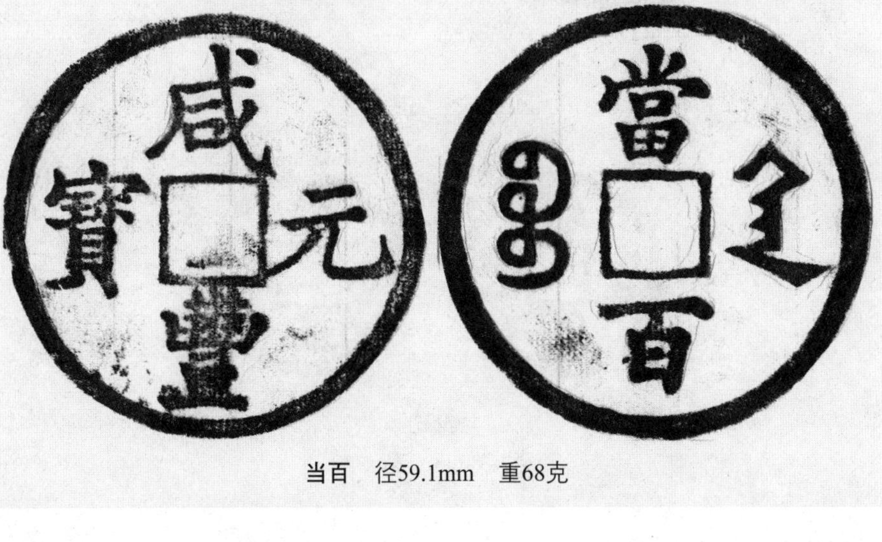


**当百**　径59.1mm　重68克

**当五百·缘“官”字戳**
红铜
径65mm
厚6.2mm
重122.6克

## 宝 巩

**当五**
径28.8mm　重6.5克

当十
径35.5mm
重15克

径35.4mm
重14.1克

宋体当十
径36mm
重13.55克

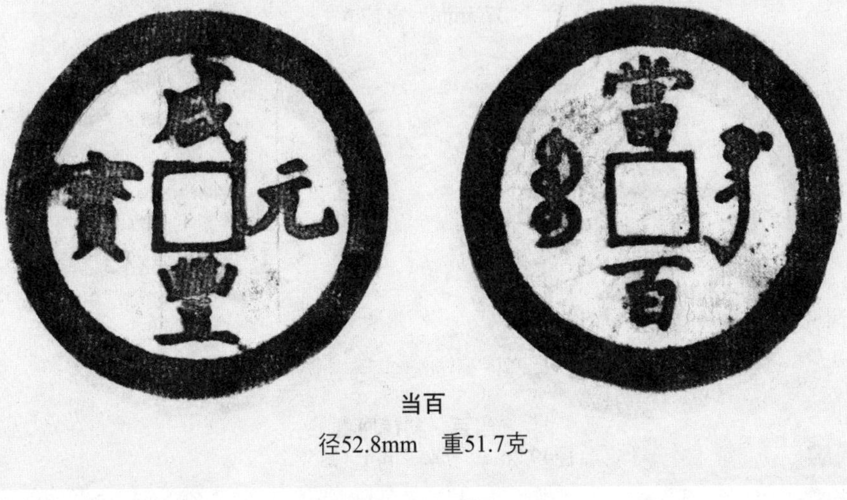


当百
径52.8mm　重51.7克

径53.3mm　重52.8克

## 宝　河

小平・铁母

径23.4mm　重3.95克

当十

径37.5mm　重17.6克

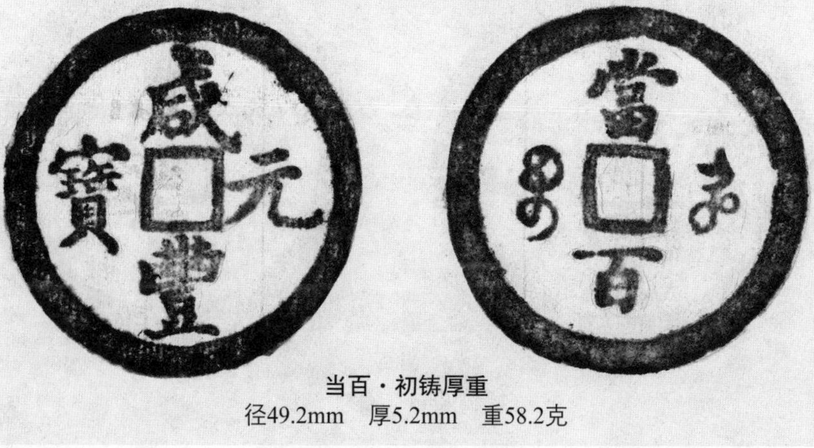


当百・初铸厚重

径49.2mm　厚5.2mm　重58.2克

阔缘
径49.6mm　重48.15克

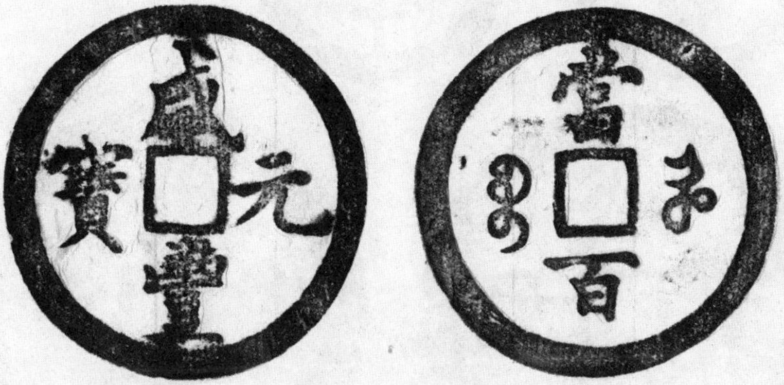


径48.8mm　重49.6克

## 宝 武

小平
径22.8mm
重3克

当十
径35.3mm
重12.83克

背月文·大咸
径35.5mm
重15.6克

背月文
径36.1mm
重13.9克

当百　径55mm　重44.3克

大字　径56mm　重57.85克

# 宝 苏

小平 · 大字
径24mm　重3.9克

小字
径22mm　重3.05克

当十
径31.5mm
重12.5克

宽缘 · 勾咸
径33.9mm
重16克

宽缘大型 · 勾咸
径35.5mm
重15.75克

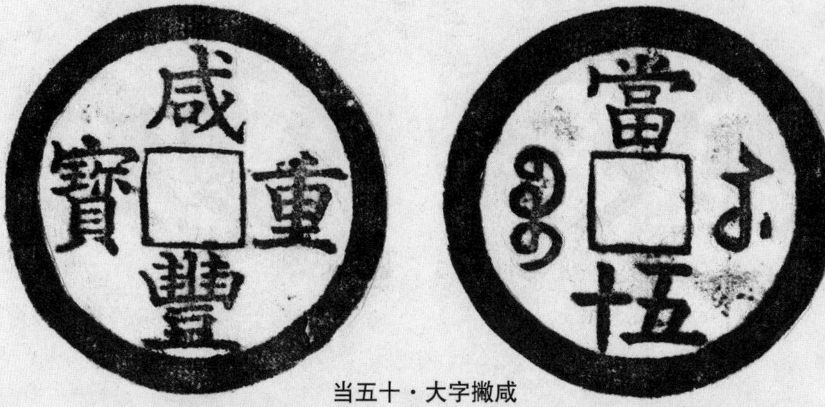


当五十 · 大字撇咸
径53.8mm　重48.6克

当百 · 阔缘勾咸大字
径61mm　重53.85克

当百 · 阔缘撇咸大元
径57.9mm　重52.83克

**当百·阔缘勾咸**
径60.04mm　重59.35克

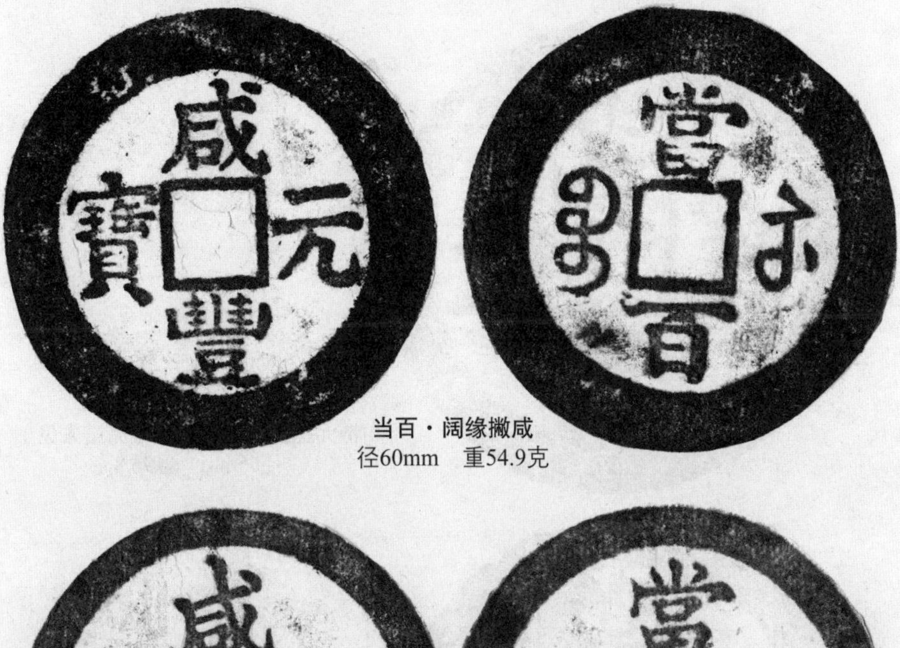


**当百·阔缘撇咸**
径60mm　重54.9克

**当百·勾咸爪足贝**
径60mm　重58.5克

**当百·勾咸爪足贝**
径59.4mm　重57.8克

**特大型宝苏咸丰重宝（诸谱未见）**
径65mm　重96.8克

▲ 是品有三奇：一是体型超大；二为重宝而非元宝（宝苏当百一般皆为元宝。仅宝福、宝浙两局当百才有重宝）；三是满文宝字为方折。估计为试铸样钱，未正式铸行。

## 宝浙

小平
径20.3mm　重2.5克

径19.6mm　重2.8克

当十・小字大十
径37.4mm
重16.25克

大样・粗字
径38.1mm
重14.8克

大字小十
径37.6mm
重16克

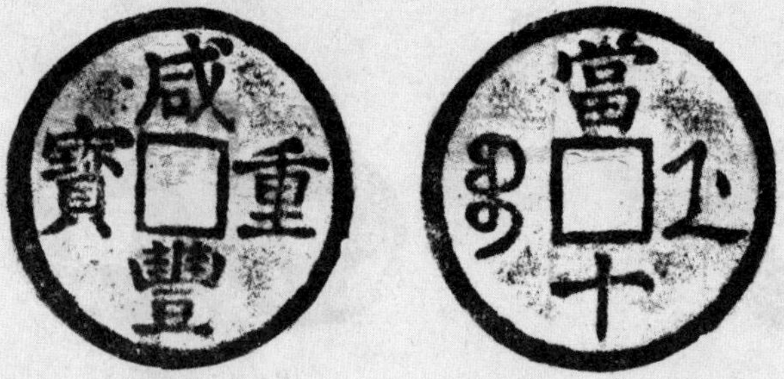


面宝上星
径37.1mm
重11.1克

细字
径37.2mm
重13.15克

小咸小十
径36.8mm
重14克

当四十
(真伪存疑)
径44.2mm
厚4mm
重36克

▲ 满汉文浙字大钱传世极罕。这一品铜色、包浆熟老，且有裂纹，不是当代仿品。但字形较大，与诸图录所载有异。估计为早年仿品。

## 宝福

**通宝一十**

径36.2mm　重17.65克

**肉计重一两**

径46.3mm　厚4mm　重47克

▲ 咸丰宝福局肉计重者均极罕见。

重宝一百
径71.6mm
厚5.9mm
重172.65克

## 宝桂

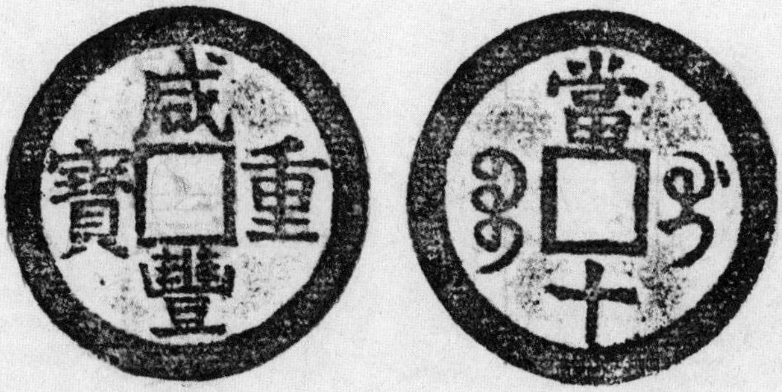


当十
径40mm
重20.3克

满文异桂
径40mm
重20克

宝 昌

当十
径37.3mm
重15.65克

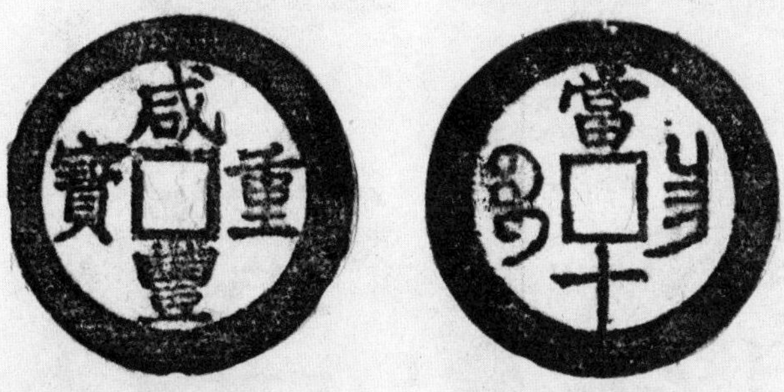


厚重
径37.1mm 重18克

小样
径36..9mm 重16.85克

阔缘大字大样・双丰丰
径52.8mm　厚3.7mm　重52.6克

径51.4mm　厚2.9mm　重40.5克

阔元小字大样三丰丰
径53.6mm　厚3.3mm　重47.85克

**阔元小字大样·三丰丰**

径53.7mm　厚3.3mm　重48.25克

**中样·双丰丰**

径51.4mm　厚3.5mm　重48.45克

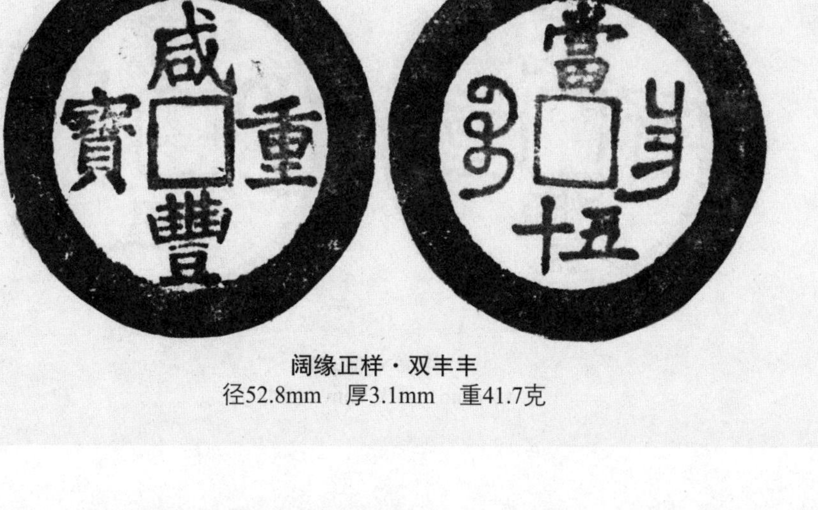


**阔缘正样·双丰丰**

径52.8mm　厚3.1mm　重41.7克

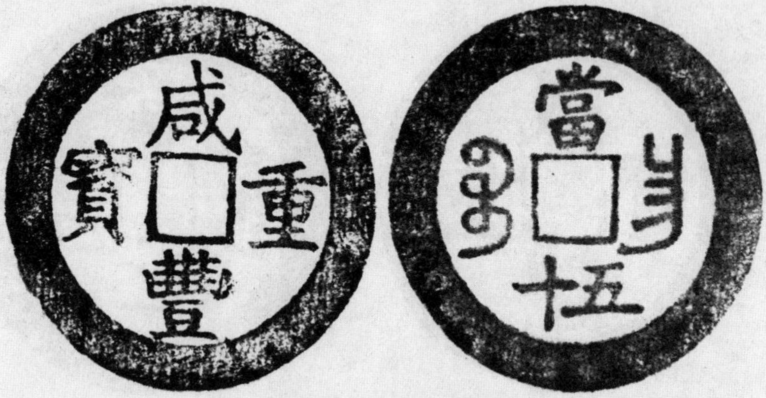


**中样·三丰丰·阔田**
径52.3mm　厚3.5mm　重45.9克

**小样·阔田**
径50.5mm　厚3.3mm　重40.8克

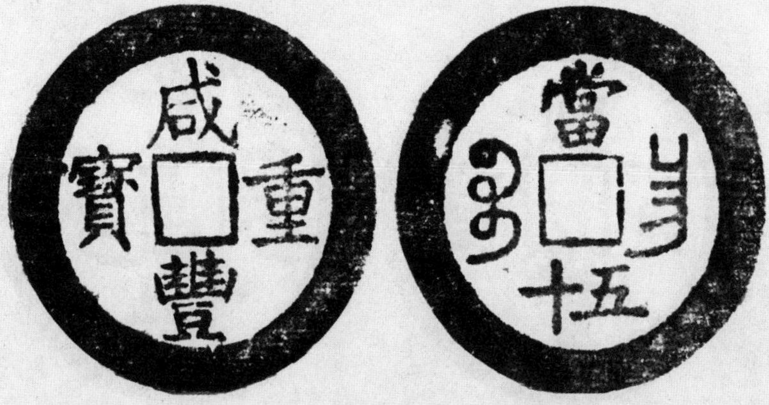


**中样·双丰丰**
径52.1mm　厚3.3mm　重43.75克

## 宝 晋

小平
径23.8mm
重4.8克

当十
径37.7mm
重16.05克

## 宝 黔

当十
径38mm
重15.05克

## 宝 东

小平
径23.7mm
重3.1克

当十
径38.2mm
重14.25克

背穿左上单出文
径38.6mm
重15.25克

## 宝 云

小平大字
径25.9mm　重4.1克

小字
径25.7mm　重4.8克

阔缘背上月
径25.8mm　重6.5克

小字背上月
径26.5mm　重6.6克

当十・粗字
径40mm
重17.6克

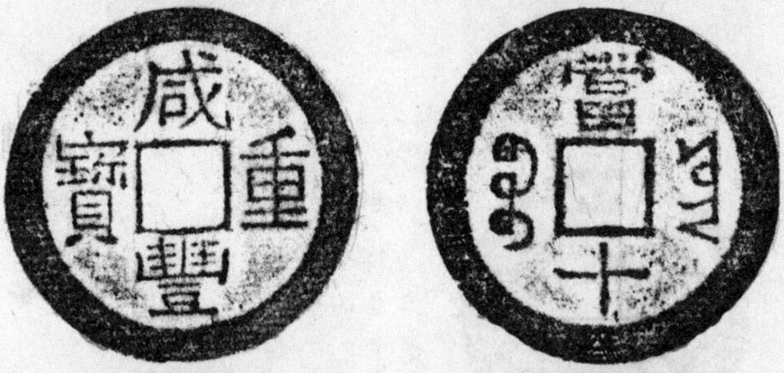


细字
径39mm
重16.1克

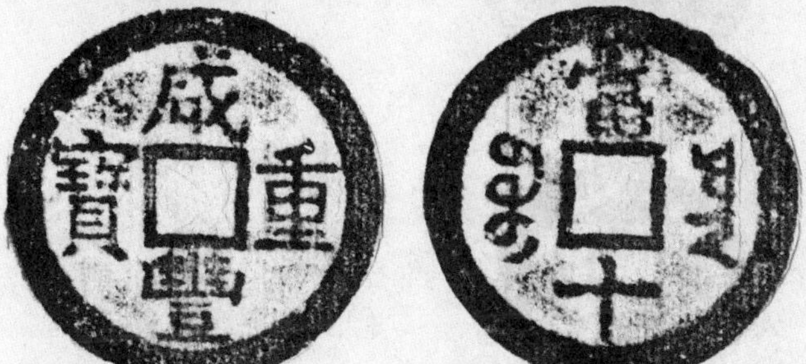


大型厚重
径40.3mm
厚2.8mm
重22.8克

异咸（弯撇）
径38mm
重14.7克

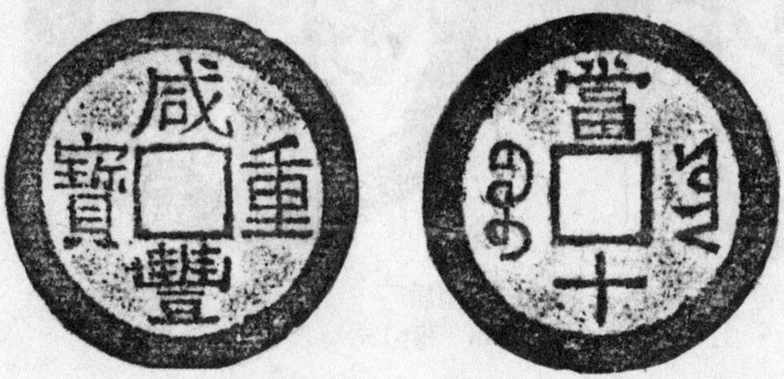


阔当小十
径39.4mm
重17.35克

大十

径39.8mm

重19.3克

## 宝 迪

当四

径31.5mm

重10.6克

◀ 宝迪局咸丰当四，传世极罕。

当十

径26.7mm

重7.1克

## 宝 伊

**当百·大咸·红铜质**

径53.2mm 厚6.3mm 重61克

**小咸·黄铜质**
径51.2mm　厚2.8mm　重37.5克

## 阿克苏

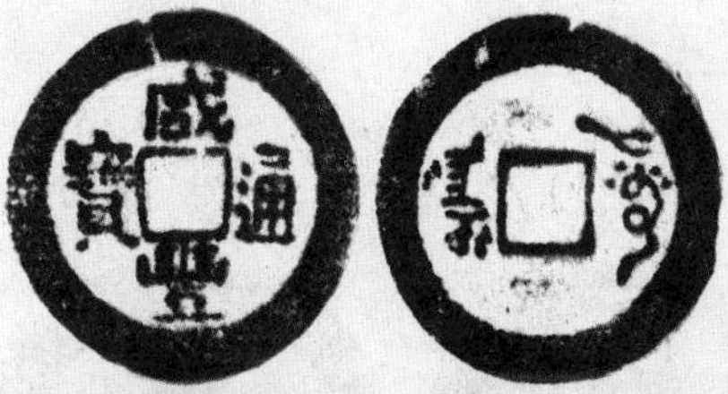


小平样钱
径25.6mm　重3.95克

当五
径28.3mm　厚2.3mm　重8.2克

当十
径24.5mm　重4.8克

当五十（红铜）
径57mm　重47.85克

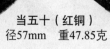

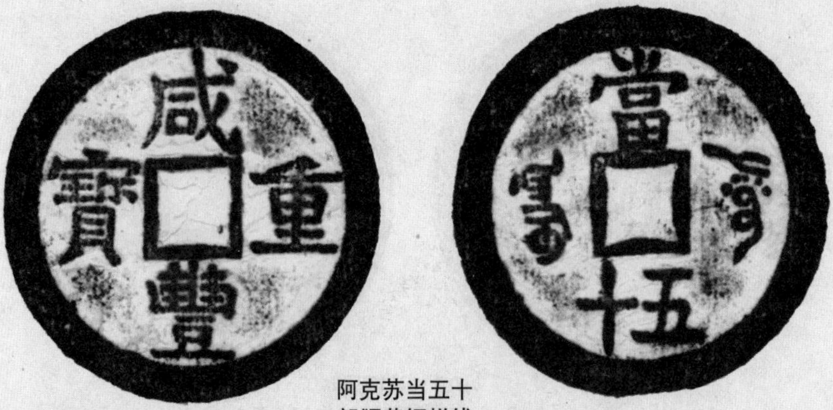

阿克苏当五十
部颁黄铜样钱
径53mm　重75.2克

## 同治通宝、重宝

### 宝　泉

小平　径24.2mm　重4.7克

当十 · 初铸小字　径33.9mm　重13.9克

当十 · 初铸大字
径33.1mm
重12克

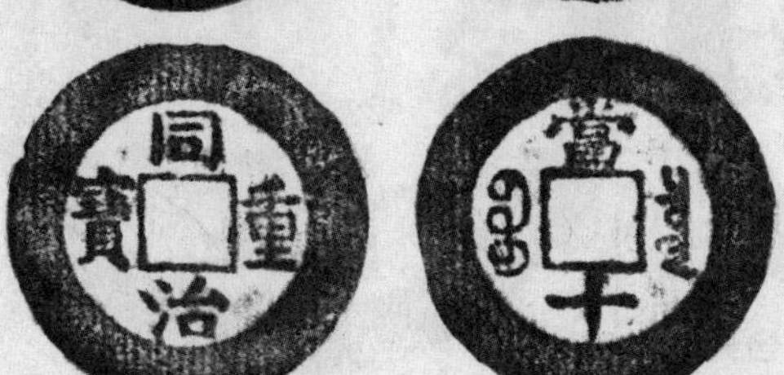

中样
径31.1mm
重10.4克

**中样**
径29.5mm　重8.15克

径29.3mm　重7.35克

径28mm　重5克

径25.5mm　重4.4克

径26.6mm　重4.4克

**广穿小字**
径26.7mm　重4.5克

**宽缘小字**
径24.9mm　重2.7克

**广穿**　径24mm　重3克

径23.5mm　重2.75克

径21.6mm　重2克

异宝大字
径24.8mm　重3.8克

异宝　径22.6mm　重2.6克

▲ 两品异宝，宝字非尔、非缶、而是一个“O”字。

## 宝　源

当十 · 小字
径31.3mm
重8.6克

大字 · 缶宝
径33mm
重10.3克

## 宝　昌

小平
径24.7mm
重4.7克

## 宝　苏

径21.7mm　重2.9克

径19.8mm　重1.85克

## 宝浙

径21.6mm　重2.9克

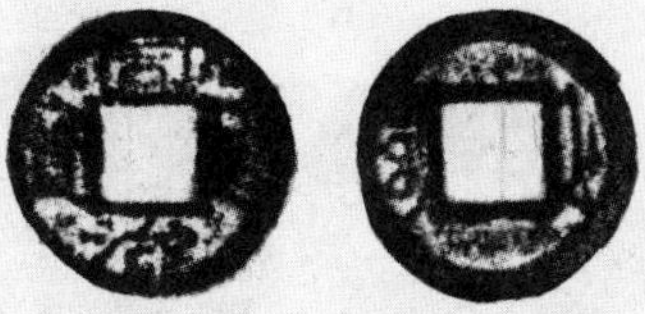

径19.8mm　重2.5克

## 宝云

**小平大样**
径24.9mm　重3.6克

**小满文**
径22.2mm　重3.1克

**大满文**
径21.9mm　重2.6克

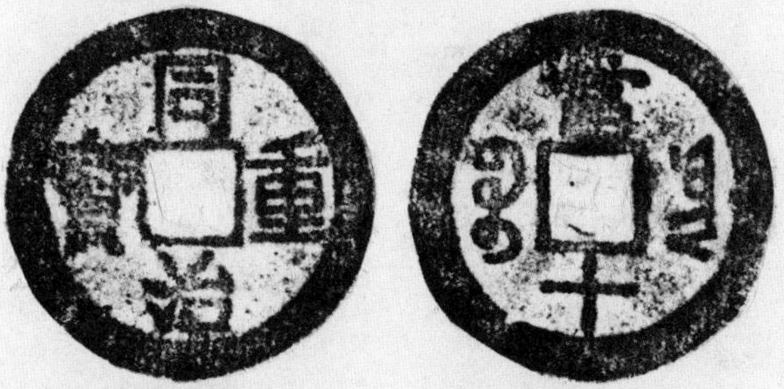


**当十·宽宝大治**
径37.8mm
重16.3克

**狭宝小治**
径37.8mm
重14.55克

## 阿克苏

当十　径25.2mm　重3.4克

径26mm　重3.35克

歪治（铸局不清）
径18.7mm　重2.15克

铸局待考
径19.2mm　重1.3克

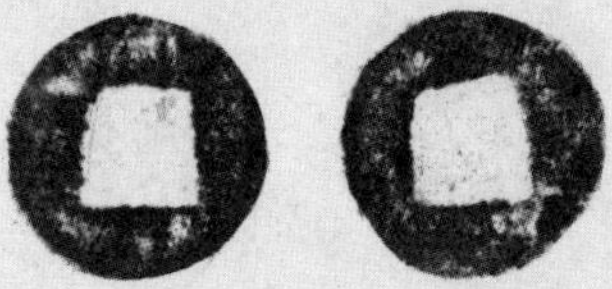

私铸
径18.2mm　重0.9克

私铸
径17.8mm　重0.8克

# 光绪通宝、重宝

## 宝　泉

小平 · 大光 · 方头通
径22.7mm　重4.2克

三角头通 · 大光
径25.5mm　重3.5克

**宽缘**
径23.3mm　重2.7克

**小光·三角头通**
径22.8mm　重4克

**出头宝**
径22.4mm　重3.45克

**小光·方头通**
径22mm　重3.6克

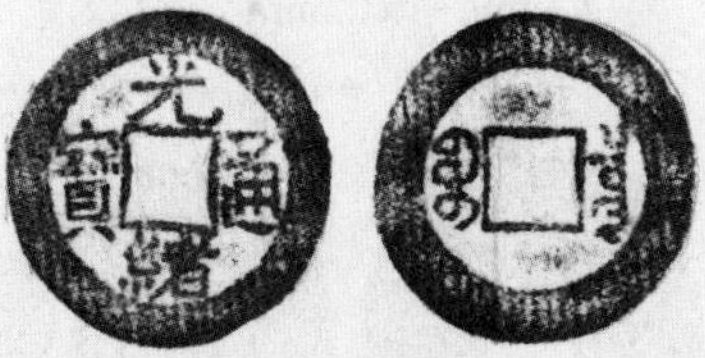

**小满文**
径23.1mm　重4克

**宽缘·出头宝**
径23.4mm　重3.6克

**大字·三角通**
径23mm　重3.65克

**三角通小样**
径18mm　重1.15克

**出头宝小样**
径19mm　重2.15克

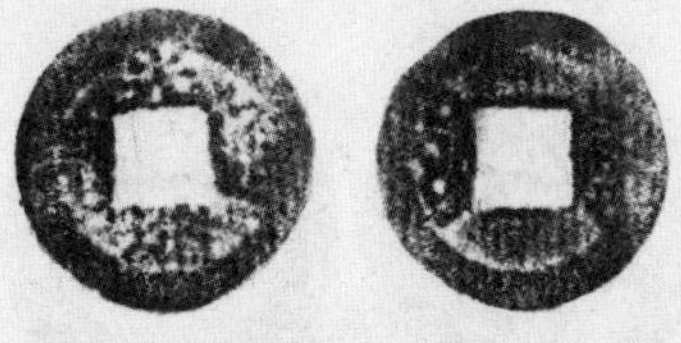

**私铸**
径20.4mm　重1.1克

## 宝泉方头通小平雕母或母钱十一枚待考

径24.1mm 厚1.5mm 重4.45克

径24.1mm 厚1.5mm 重4.28克

径24.1mm 厚1.5mm 重4.5克

径24.1mm 厚1.5mm 重4.28克

径24.2mm 厚1.4mm 重4.15克

径24.1mm 厚1.6mm 重4.85克

径24.2mm 厚1.6mm 重4.45克

径24.1mm 厚1.6mm 重4.45克

径24.1mm 厚1.6mm 重4.5克

径24mm 厚1.6mm 重4.45克

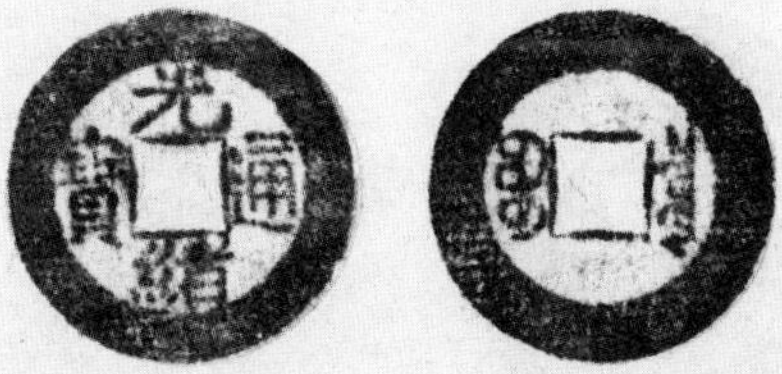

径24 .2mm
厚1.6mm
重4.55克

▲ 此十一枚宝泉小平钱，是笔者早年在所购的一大串清代钱币中发现的。黄铜质。钱型统一、规整；布满整齐有力的锉刀痕。无入土锈，色浆自然熟老，钱肉上似都沾有细密的黑沙。初以为是一批精铸的同模钱，但反复仔细审视，发现外轮、内廓、字体之点、横、撇、捺，每一枚都不尽相同。尺寸、重量也一一有异。用高倍放大镜观看，枚枚可见刀刻痕迹。故初步判定，此十一枚钱应为母钱，甚至是雕母。查各版本钱币词典、图谱，所载之光绪小平均为三角头通，满文不出头宝。而此十一枚钱均为方头通，满文不出头宝。这批钱究竟是何性质，诚心求方家赐教。

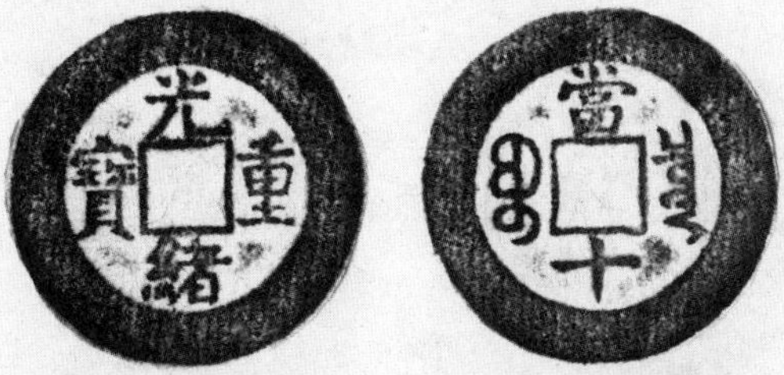

**当十・宽缘尔宝中字大样**
径31.1mm
重10.7克

**尔宝小字**
径30.2mm
重8.55克

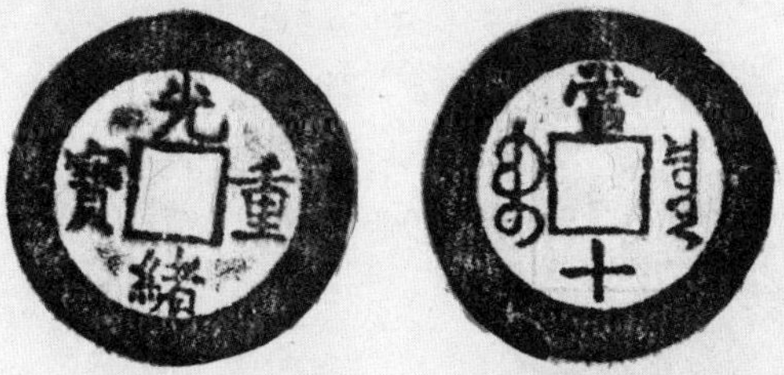

**出头宝**
径30.4mm
重8.7克

**尔宝小字**
径30.2mm
重8.6克

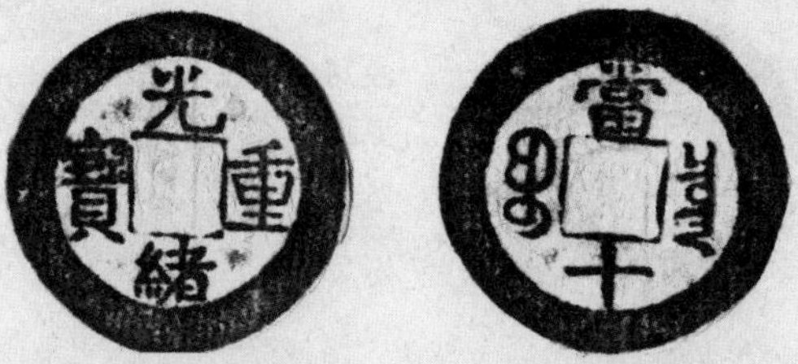

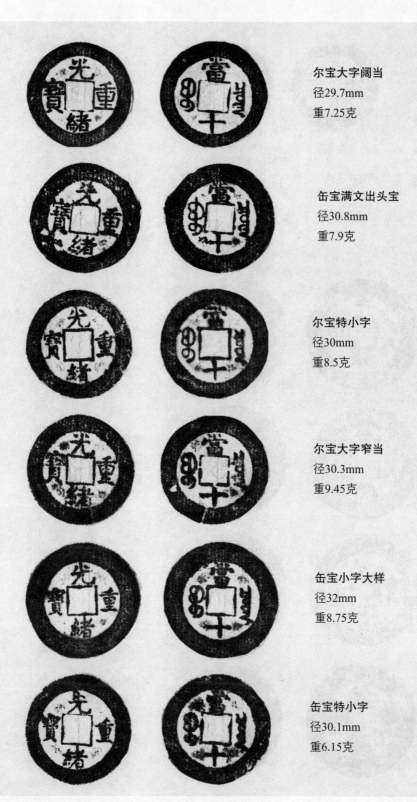

尔宝大字阔当
径29.7mm
重7.25克

缶宝满文出头宝
径30.8mm
重7.9克

尔宝特小字
径30mm
重8.5克

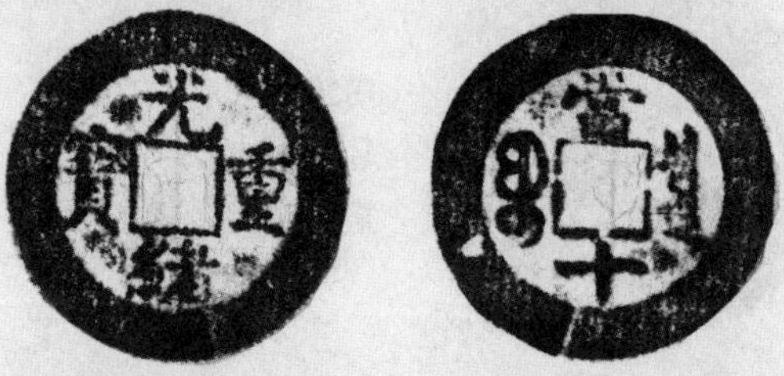


尔宝大字窄当
径30.3mm
重9.45克

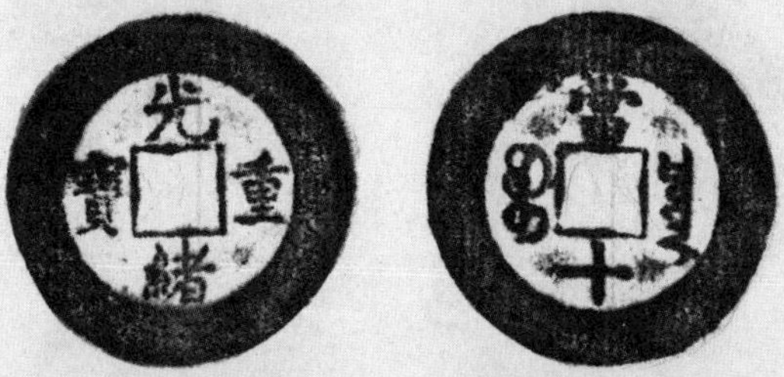


缶宝小字大样
径32mm
重8.75克

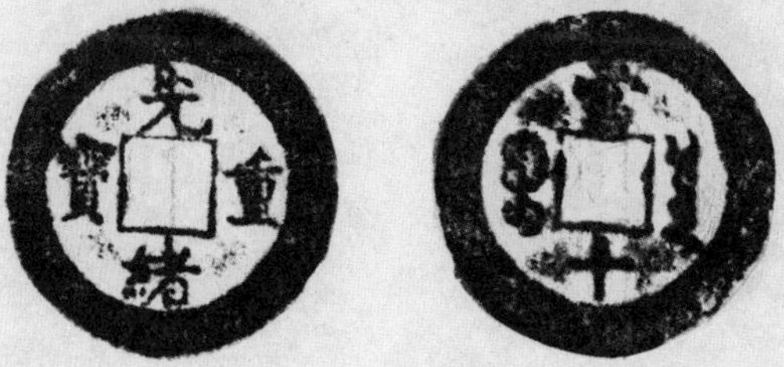


缶宝特小字
径30.1mm
重6.15克

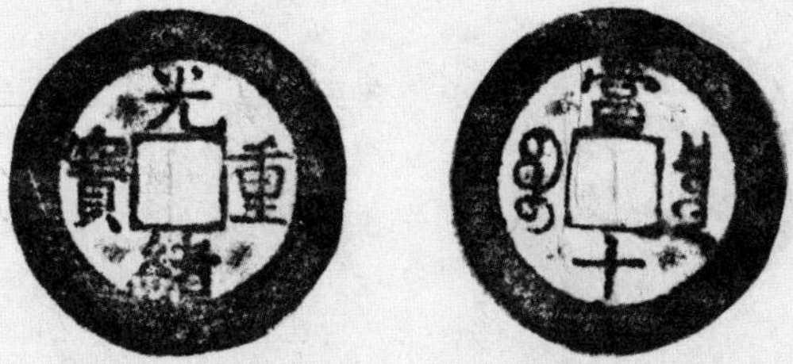


径30.2mm
重8.75克

缶宝大字连足宝
径30.1mm
重10.6克

缶宝宽缘中字大样
径31.5mm
重7.8克

缶宝大字八足宝
径29.8mm
重9克

缶宝大字连足宝大当
径29.8mm
重9克

缶宝连足宝小当
径29.3mm
重8.05克

缶宝当拾
径27.2mm
重6.45克

当拾出头宝
径27.2mm
重7.3克

当拾·小样
径23.6mm　重3.1克

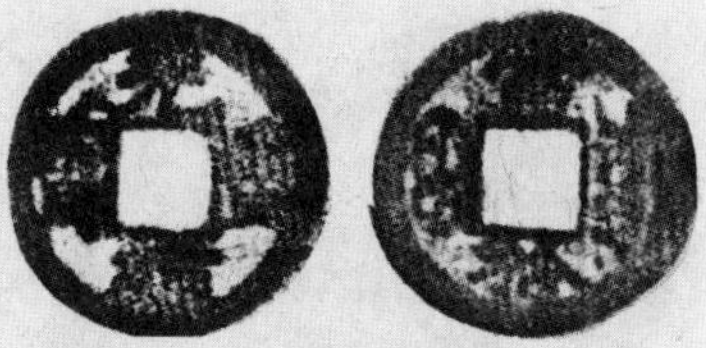

小样
径22.7mm　重2.7克

## 宝　源

小平大字角头通
径22.6mm　重3.4克

小字·出头宝
径22.1mm　重3.25克

小字·不出头宝
径22.2mm　重3.1克

方头通·小字
径22.3mm　重2.9克

四决穿
径22.7mm　重3.75克

楷书
径20.8mm　重1.7克

广穿小字
径19.5mm　重7.5克

薄小
径18.3mm　重1克

当十宽缘大字
径30.2mm　重7.5克

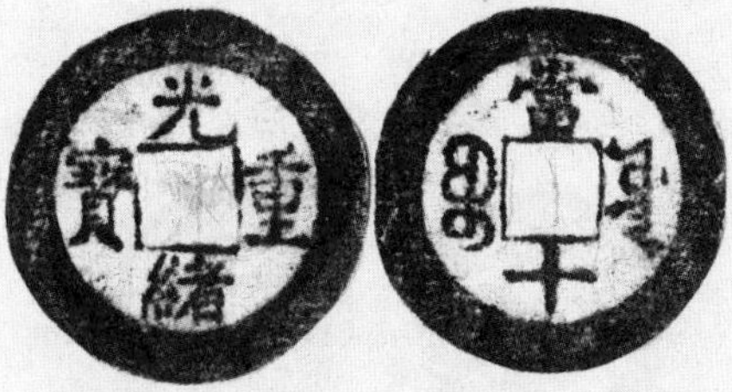

当十小字
径30.1mm　重8克

面大字背小字
径28.7mm　重8克

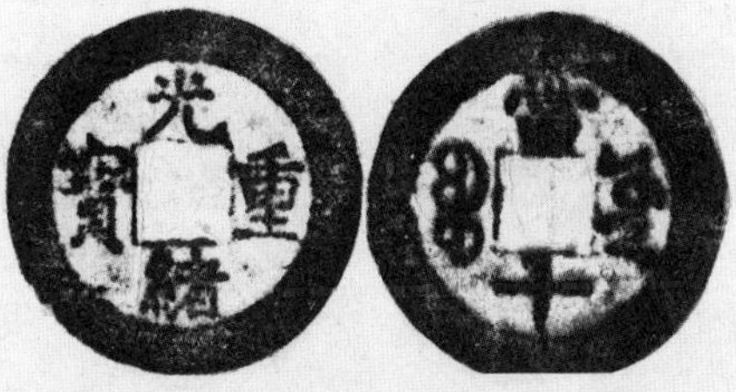

面小字背大字
径29.1mm　重8.8克

当拾大字背星
径26.4mm　重6.05克

当拾小字
径26.9mm　重6.9克

## 宝直

径24.6mm 重3.8克

径24mm 重4.1克

径24.2mm 重4.25克

镏金 径24.4mm 重4.3克

背上腑月 径21mm 重1.9克

## 宝津

小平
径23.2mm 重3.6克

缶宝大样・异光
径24.3mm 重2.65克

镏银（铜色金黄，精峻异常）
径22.9mm 重3.65克

小样
径22mm 重2.9克

背下横纹
径21.9mm　重2.6克

背上横纹
径21.9mm　重2.7克

背上日纹
径20.7mm　重2.1克

背上小日纹
径18.5mm　重1.1克

背下日纹
径22.7mm　重3.1克

背穿上星
径21.3mm　重2.3克

背上星
径20.7mm　重1.8克

穿上星小样
径19.8mm　重1.8克

背左上星
径18.9mm　重1.5克

背左上星
径22.7mm　重2.75克

左上星小样
径19.8mm　重1.4克

背右上星
径21.1mm　重2.45克

背右下星
径20.9mm　重2.3克

背左上立月
径21.2mm　重2.5克

背上星下月
径22.8mm　重2.6克

机制
径23.5mm　重3克

## 宝　苏

径23mm　重3.7克

部颁当十样钱
径31.8mm　重9.2克

## 宝　浙

小平
径20.6mm
重2.2克

## 宝 福

小平满文大福
径22.9mm　重3.9克

满文小福
径23.3mm　重4.15克

## 宝 东

刻花・样钱
径24.4mm　重3.55克

小平尔宝
径21.3mm　重2.3克

缶宝
径21.7mm　重2.4克

## 宝 河

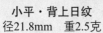

小平・背上日纹
径21.8mm　重2.5克

背上月下星
径21.2mm　重2.09克

## 宝 昌

小平
径23.4mm　重4克

## 宝 广

机制库平一钱
径24.2mm　重3.7克

径24.3mm　重3.63克

机制小平
径24.1mm　重3.1克

光背
径24.1mm　重2.4克

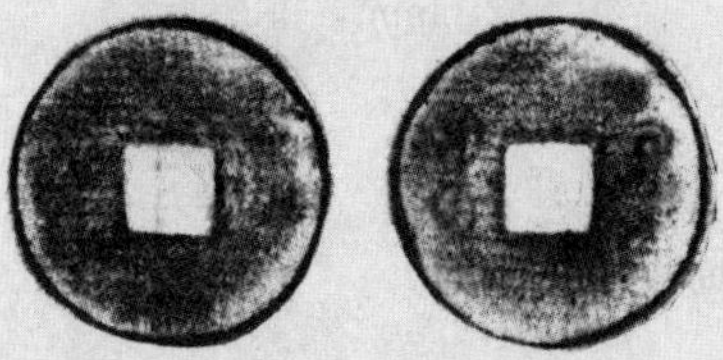

卷缘
径22.2mm　重2.1克

## 宝 新

新十
径26.1mm　重4.85克

## 光绪通宝、千字文钱

背烈・宝泉出头宝
径20.9mm　重2.9克

背烈・宝泉
径20.3mm　重2.7克

**背大日·宝泉**
径20.5mm　重2.25克

**背小日·宝泉出头宝**
径18.7mm　重1.7克

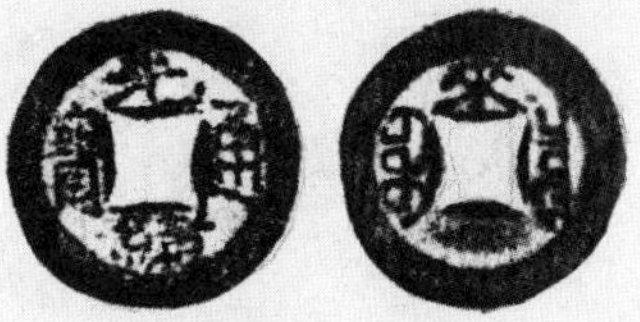

**背大来·宝泉**
径20.4mm　重2.8克

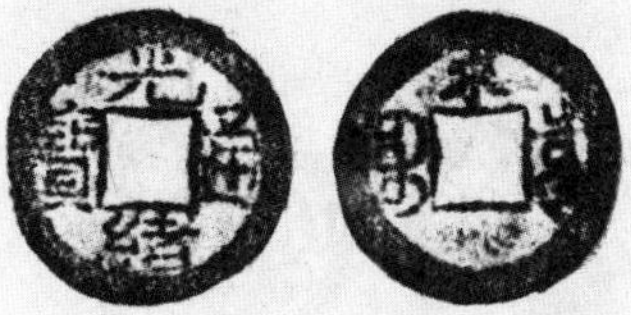

**背小来·宝泉**
径20.6mm　重3.05克

**背往·宝泉单点通**
径20.4mm　重2.95克

**背往·宝泉双点通**
径20.4mm　重3.4克

**背往·宝泉出头宝**
径20.9mm　重2.9克

**背往·宝泉小样**
径17.9mm　重1.95克

**背往·宝泉白铜**
径16.3mm　重1.45克

**背往·宝源四决穿**
径19.4mm　重2.65克

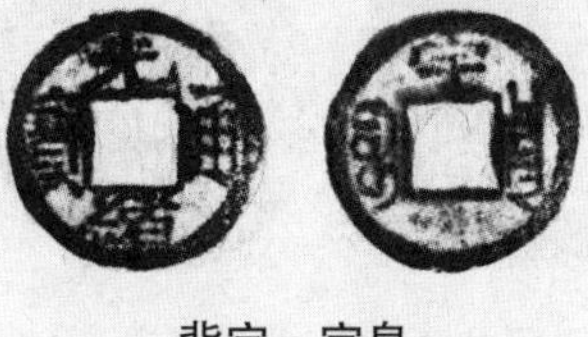

**背宇·宝泉**
径18.1mm　重1.9克

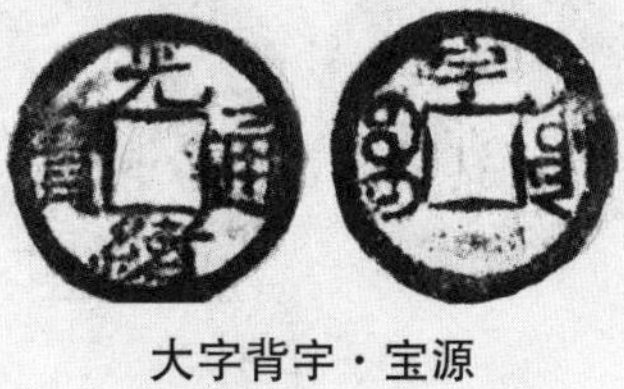

**大字背宇·宝源**
径20.05mm　重2.7克

**背宇・宝源出头宝**
径20.6mm　重2.8克

**背宇**
径19.2mm　重1.6克

**背宇**
径19.6mm
重1.85克

▲ 此二品背宇钱，满文局似“源”字，但却少右边竖点，不知是有意为之，呈“省竖源”？还是误铸。

**背金・宝云**
径20mm　重2.2克

**背村・宝东**
径20.4mm　重2.35克

**背光、宝泉**
径18mm
重2克

▲ 光绪千字文小钱，据说目前发现共有十四个字。但各图谱所见均只有宇、宙、日、烈、来、往、金、村八个字。据报道近年又发现工、正、收三字。这枚背光，不仅诸谱未见，亦未见报道，可能是最新发现。

## 宣统通宝

**宝泉大样出头宝**
径23.9mm　重4.3克

径23.5mm　重4.55克

不出头宝大样
径23.7mm　重4.35克

小样・单点通大字
径19.2mm　重2.22克

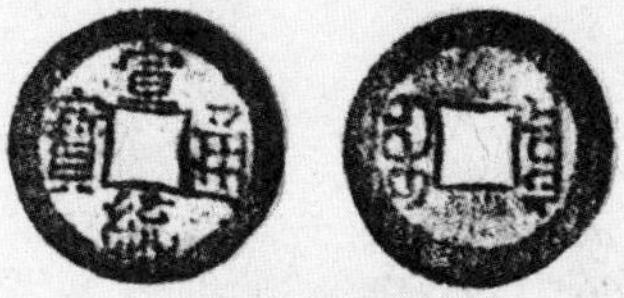

单点通小字
径19.1mm　重2.25克

宽宣
径19.3mm　重2.05克

细字
径19.2mm　重2.2克

双点通・出头宝
径19.4mm　重2克

双点通・出头宝・巨头宣
径19.2mm　重1.8克

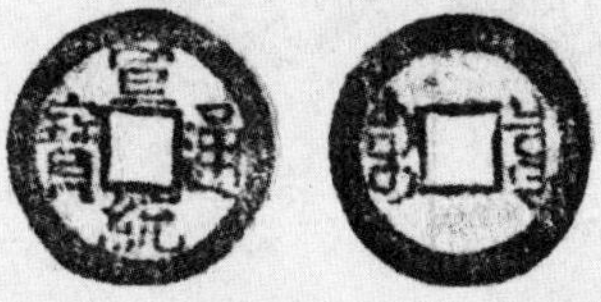

宽宣
径18.9mm　重2.25克

狭宝
径18.8mm　重2.15克

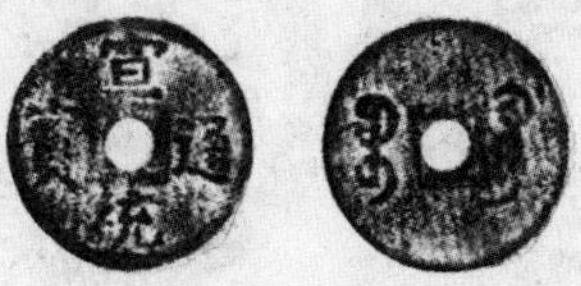

宝广机制
径17mm　重1.1克

## 清末·太平天国钱

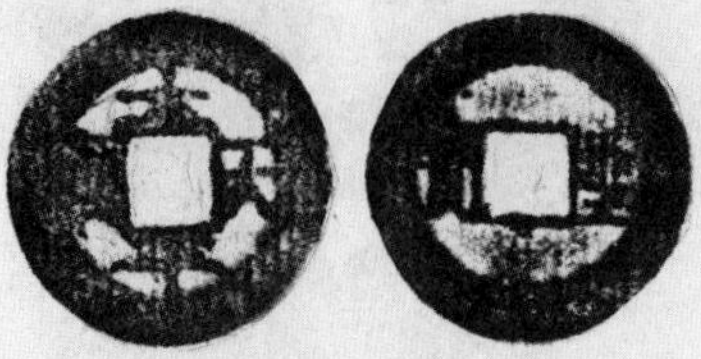

太平天国背圣宝（横）
径22.6mm　重2.85克

背圣宝（竖）
径22.7mm　重2.8克

## 天地会钱

天朝通宝背永
径23mm　重4.15克

## 民国通宝

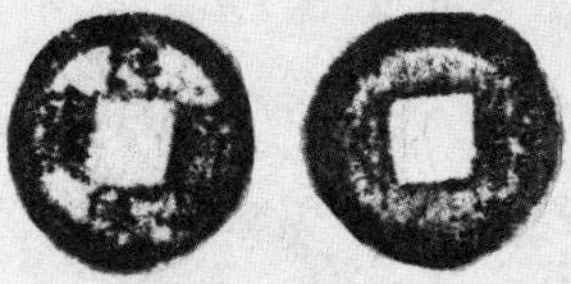

小平　径17.6mm　重1.5克

当十大字　径28.7mm　重5.4克

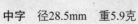

中字　径28.5mm　重5.9克

小字　径28.3mm　重5.5克

## 钱庄钱牌

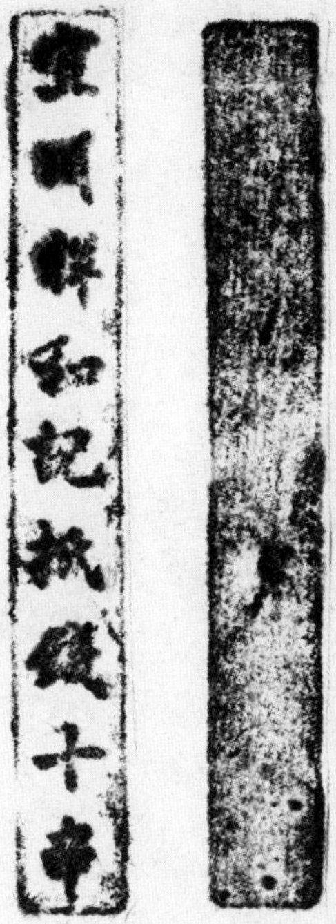

径87.2mm
宽11.6mm
重25.4克

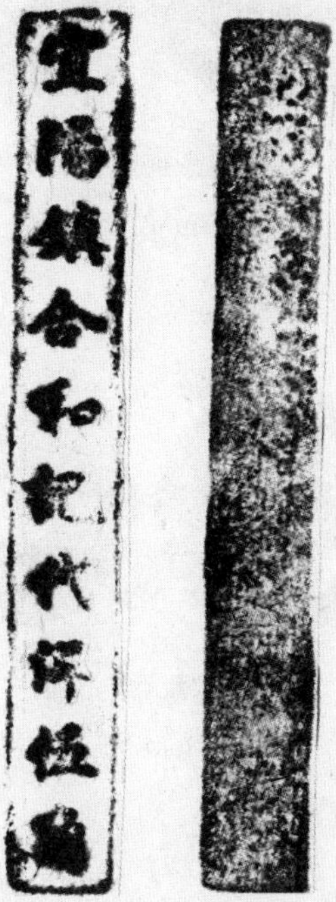

径86.8mm
宽11.4mm
重23.2克

▲ 钱牌为清末民国时期钱庄发行的本地通行的代用钱。

# 邻国钱币

## 日本钱币

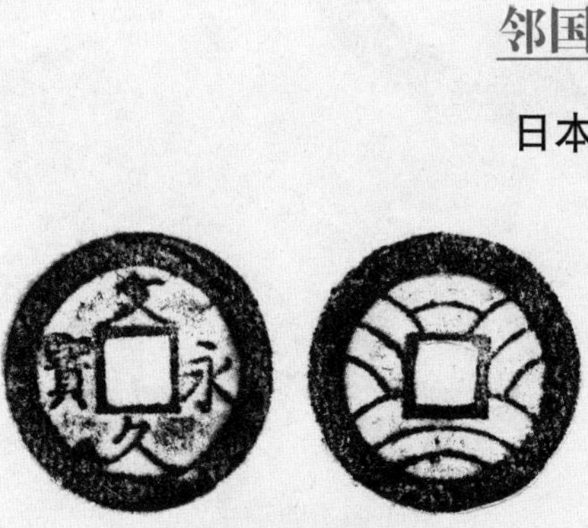

文久永宝背水波文
径27.1mm　重3.85克

宽永通宝背水波文
径27.8mm　重4.75克

宽永通宝背文
径25.3mm　重3.4克

小字元丰通宝
径23.7mm　重2.65克

大字元丰通宝
径23.7mm　重2.8克

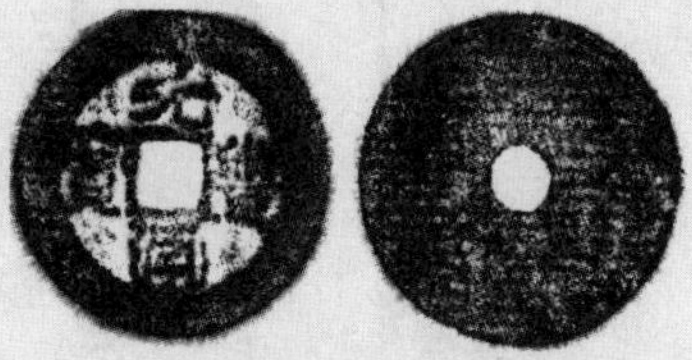

虎尾元丰通宝
径22.3mm　重2.05克

## 朝鲜钱币

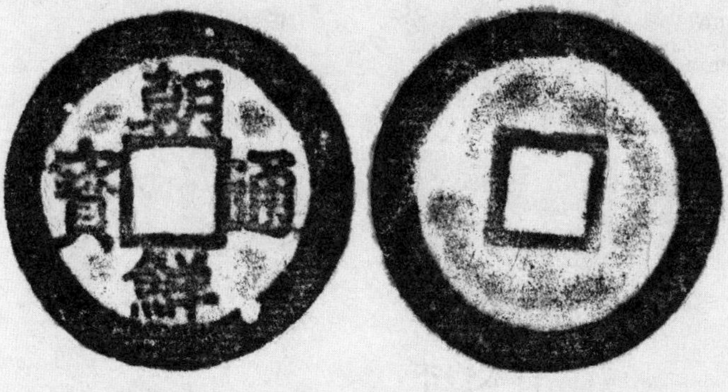

朝鲜通宝
径43mm　重25.6克

常平通宝背训十
径23.7mm　重3.8克

常平通宝背平日二
径22.4mm　重3克

常平通宝背训平十

径24.4mm　重3.75克

常平通宝背营金二

径28.8mm　重5.4克

常平通宝背营火四

径29.2mm　重5.15克

常平通宝背禁二

径28.5mm　重4.7克

## 安南（越南）钱币

端庆通宝

径25.8mm　重5.6克

延宁通宝

径25mm　重2.9克

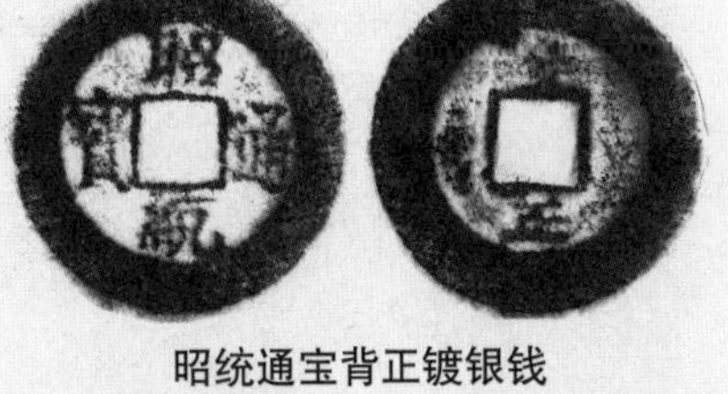

昭统通宝背正镀银钱

径25.5mm　重3.4克

永寿通宝

径24.6mm　重3.6克

光中通宝背四月纹

径24.6mm　重2.15克

# 附录一

# 中国的银元和铜元

清朝末期，列强的枪炮打开了中国闭关锁国的国门。

清代中期，银两已上升为主要通货。随着对外贸易的扩大，大量外国银元开始涌入。由于外国银元重量适中，大小整齐统一，在使用中无须切割称量，很受商民的欢迎。为抵制外银，减少白银在兑换时的损失，两广总督张之洞建议外购机器，自制银币。清政府于光绪十六年（1890年）开始在广东试铸银币。终于取得成功。各省竞相仿效。直到民国时期，共铸行了大小数万种银币。

随着外国先进技术的传入，光绪时亦开始制造机制方孔铜钱。1900年，广东又率先以机器制造无孔的当十铜元。由于轻重适中，花纹优美，既受市民欢迎而制造者又获利甚丰，一时又纷纷效仿，使得铜元很快取代了方孔铜钱，成为流通的主要货币。到民国国民党统治时的20世纪40年代末期，由于通货膨胀，货币贬值，纸币流通竟以千万计，铜元才逐渐退出了流通市场。

铜元、银币的历史算不得很长，但制造的规模之大，数量之多，为历史少见，存世的数量也都相当可观。种类、版别亦相当复杂。

在古钱币收藏中，铜元、银币各是相对独立的两大类。有专门收藏铜元或银元者，亦有收藏方孔钱，亦兼藏铜元、银币者。

笔者主要收藏方孔钱，亦兼收银币、铜元。银元的藏品数量有限。铜元则由于早年前一次“论斤”购买多达五千余枚铜元，藏品数量亦相当可观。各种版别的铜元普品，几乎应有尽有，若一一展示，可以自成一书。鉴于本书的篇幅有限，只收录较为罕少的品种和颇具代表意义的品种，以见一斑。

## 银　元

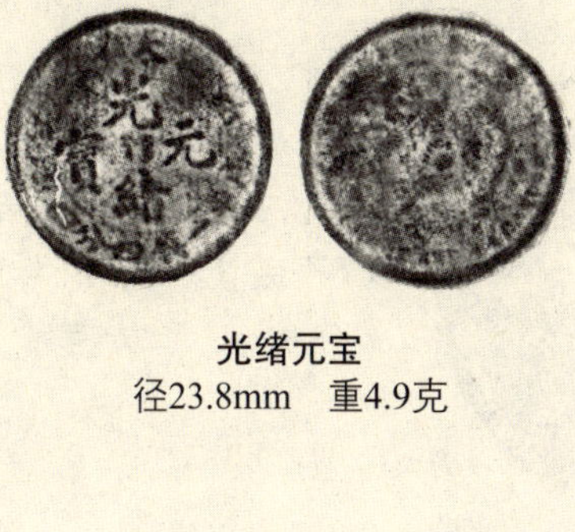

**光绪元宝**
径23.8mm　重4.9克

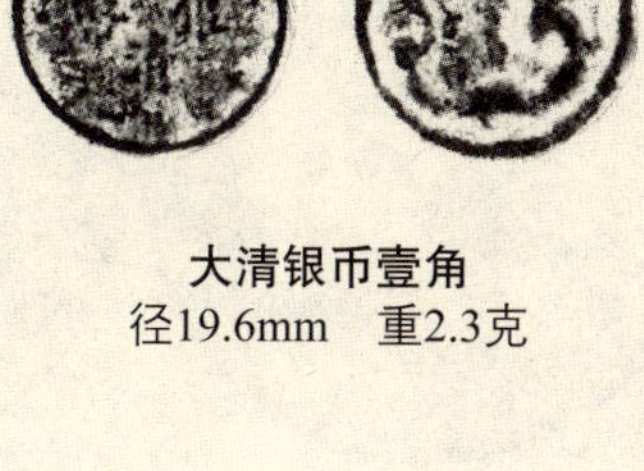

**大清银币壹角**
径19.6mm　重2.3克

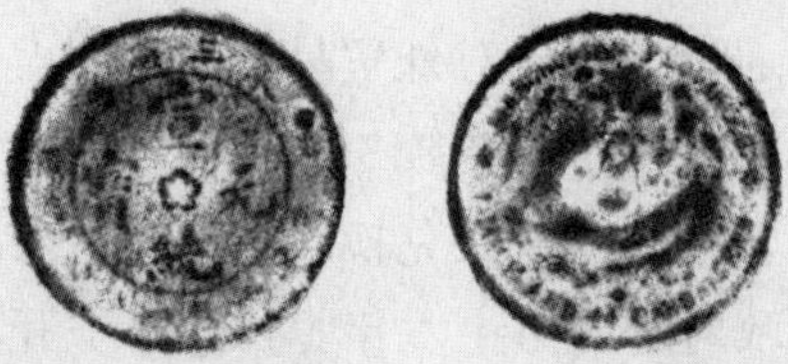

宝统元宝

径23.6mm

重5.2克

阿城光绪银元伍钱

径31.5mm

重16.35克

北洋造光绪元宝

径39mm

重26.75克

孙中山像中华民国开国纪念币（俗称“小头”）

径39mm

重26.5克

民国三年袁世凯像银币（俗称“大头”）

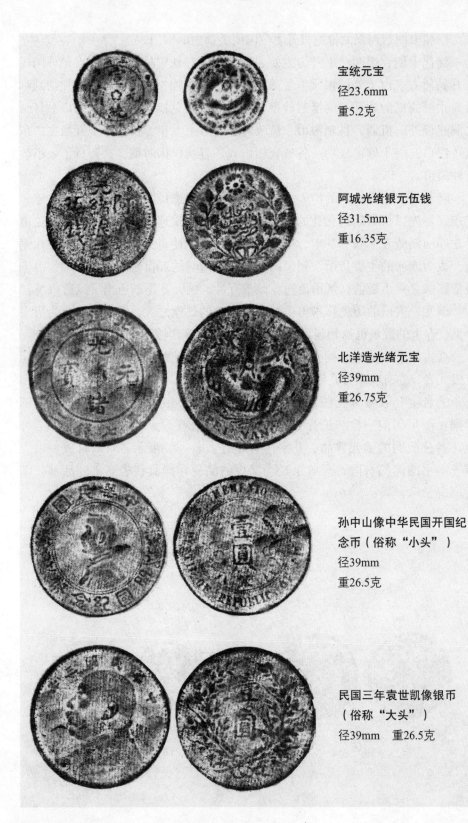

径39mm　重26.5克

**军政府大汉四川银币**

径39.3mm　重25.6克

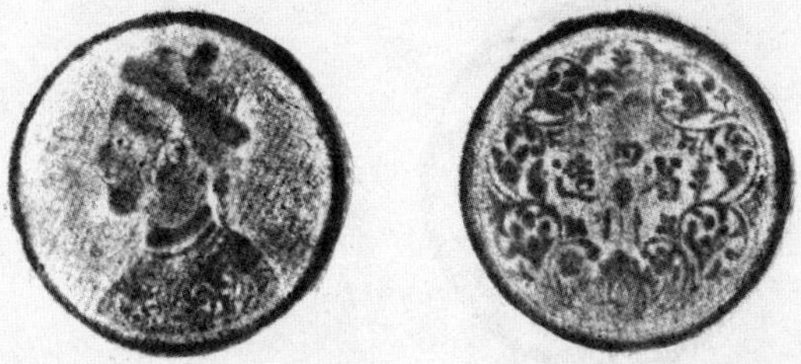

**光绪像四川卢比**

径30.6mm　重11.45克

◀ 四川卢比是清政府为抵制当时英属印度卢比对我国西南地区的侵扰，于光绪三十一年（1905年）仿印度卢比而制造的。正面为光绪皇帝头像。它是我国最早的一枚人像钱币，也是我国唯一的一枚皇帝头像钱币。

**云南唐继尧共和纪念币**

径33.2mm　重13.25克

**袁世凯像贰角银币**

径23.4mm

重5.41克

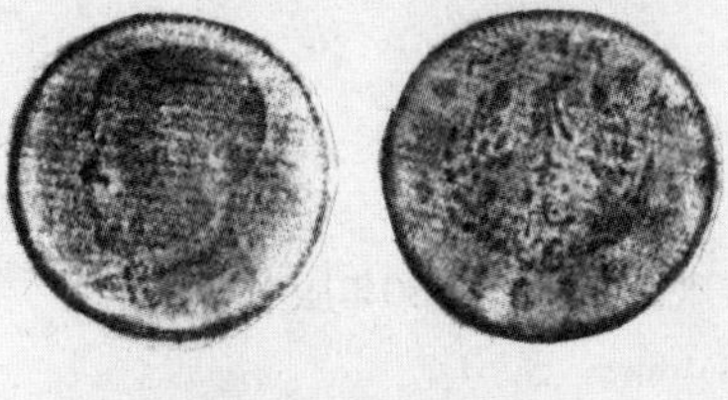

**孙中山像贰毫银币**

径23.6mm　重5.3克

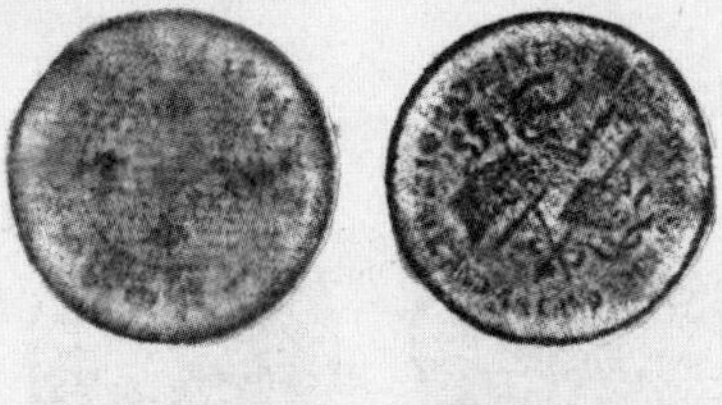

**福建造中华元宝**

径23.6mm　重4.82克

云南省府大楼银币
径24.2mm 重5.55克

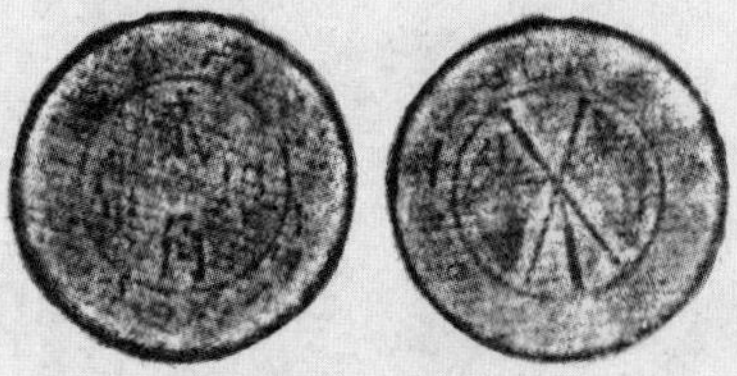

云南造贰角银币
径24mm 重5.2克

云南省造
径33.6mm 重13.15克

西藏铸银币
径31.1mm 重12.35克

西藏铸小银币
径24.3mm 重5.4克

西藏章噶银币（土法打造）
径27.3mm 重4.05克

香港贰豪银币（1880年版）
径23.4mm 重5.4克

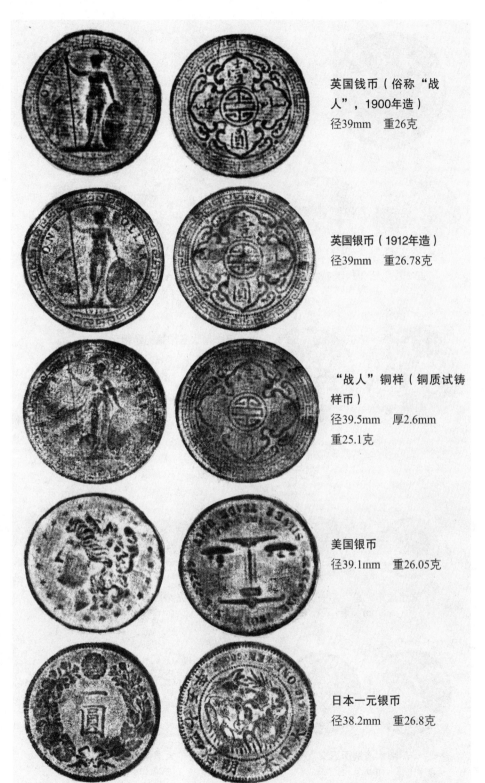

英国钱币（俗称“战人”，1900年造）
径39mm　重26克

英国银币（1912年造）
径39mm　重26.78克

“战人”铜样（铜质试铸样币）
径39.5mm　厚2.6mm
重25.1克

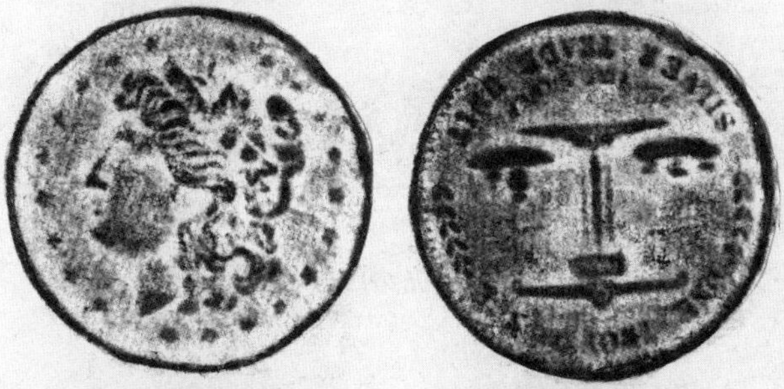

美国银币
径39.1mm　重26.05克

日本一元银币
径38.2mm　重26.8克

日本五十钱（明治三十二年）
径31.8mm　重11.9克

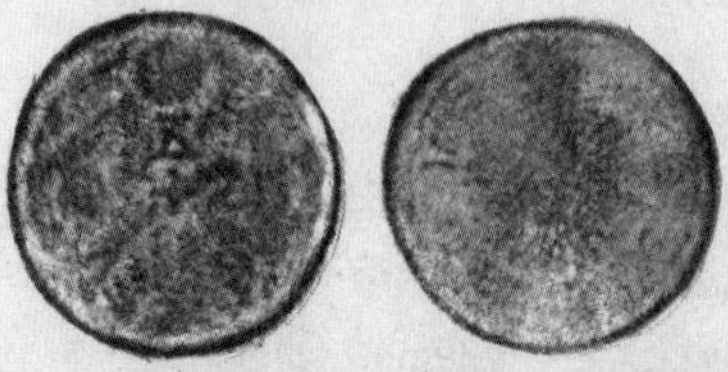

五十钱（昭和八年）
径23.6mm　重5.83克

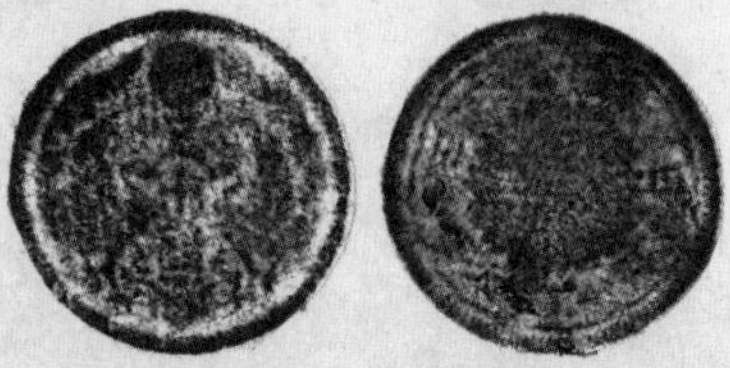

五十钱（大正十五年）
径23.5mm　重4.75克

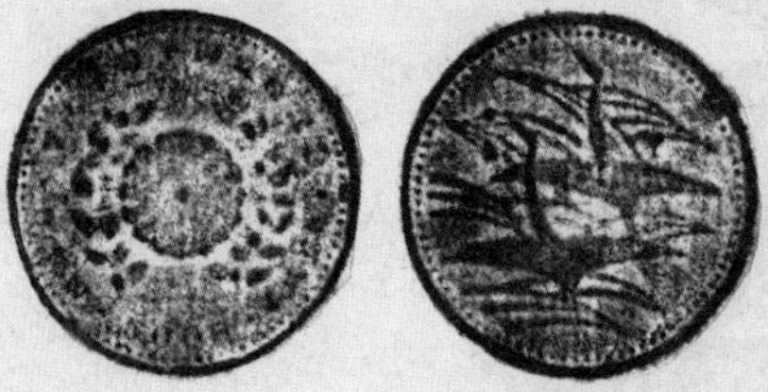

日本皇太子结婚纪念银币
径26.5mm　重6.2克

◀ 此日本银币币面上书“皇太子殿下御成婚纪念”，下为“日本国”、“平成五年”、“500冈”。为日本皇太子结婚纪念币。

## 铜元（俗称“铜板”）

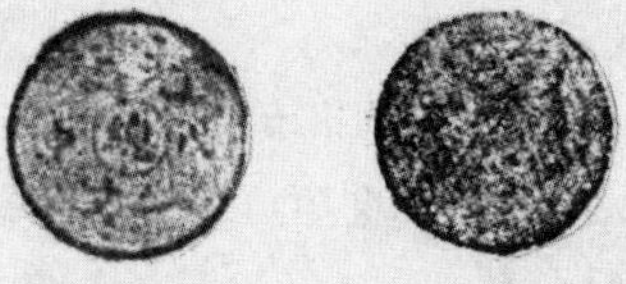

光绪戊申“总”字一文
径16.8mm　重1.2克

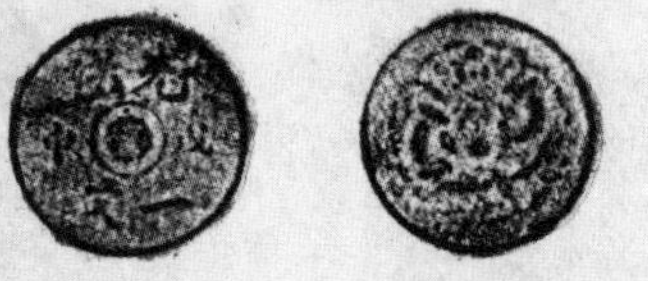

光绪戊申“宁”字一文
径16.9mm　重1.7克

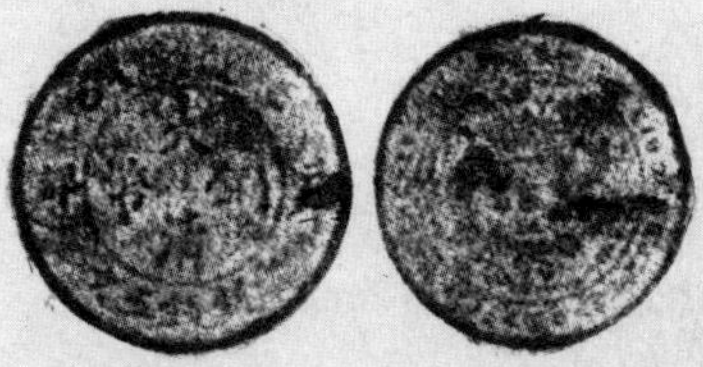

户部大清铜币五文
径23.7mm　重3.6克

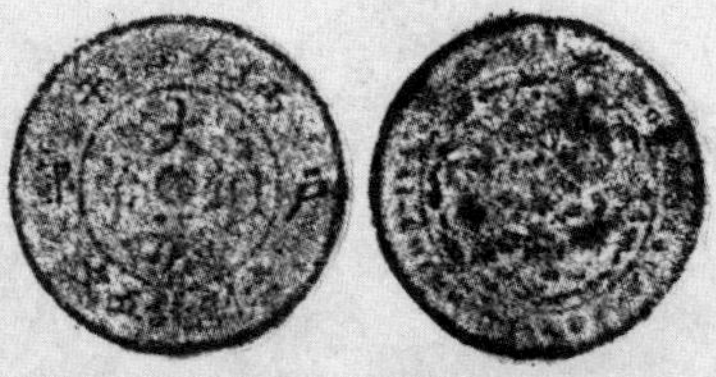

丙午大清铜币中心“直”五文
径24.2mm　重3.55克

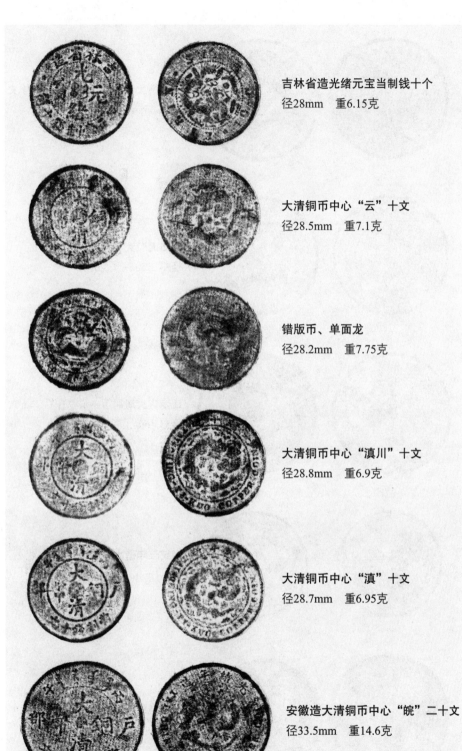

吉林省造光绪元宝当制钱十个
径28mm 重6.15克

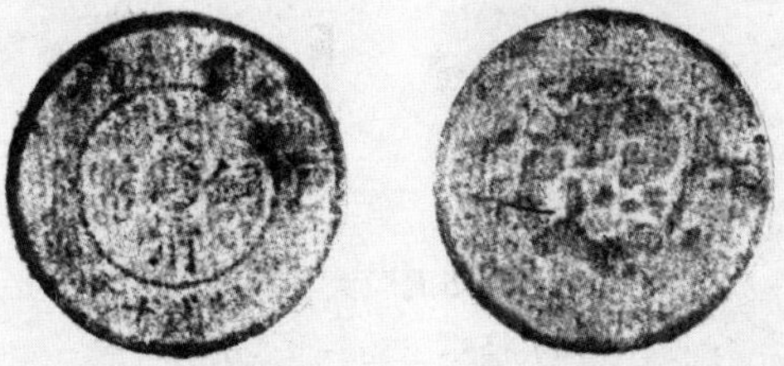

大清铜币中心“云”十文
径28.5mm 重7.1克

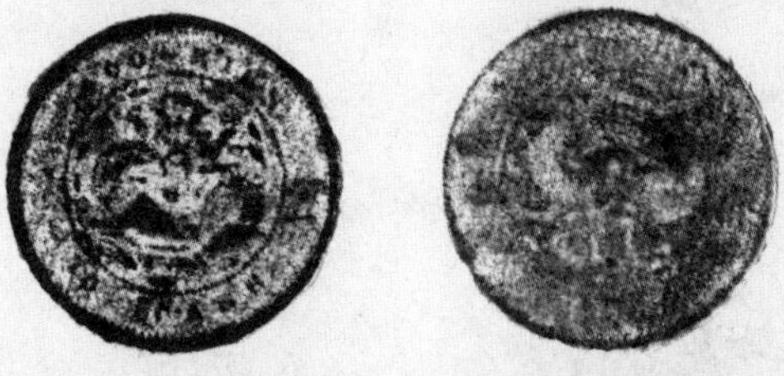

错版币、单面龙
径28.2mm 重7.75克

大清铜币中心“滇川”十文
径28.8mm 重6.9克

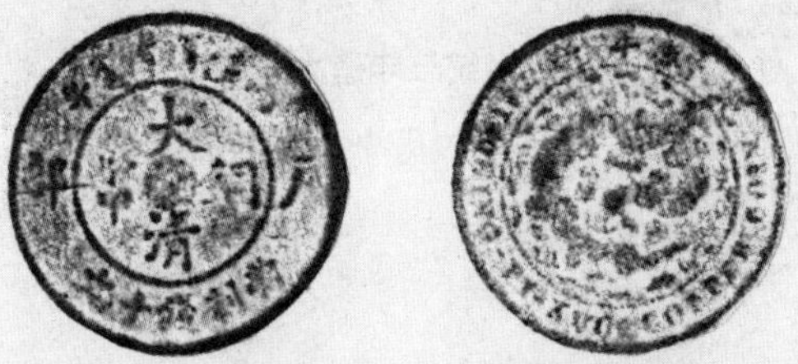

大清铜币中心“滇”十文
径28.7mm 重6.95克

安徽造大清铜币中心“皖”二十文
径33.5mm 重14.6克

安徽造大清铜币中心“皖”二十文
径33.3mm　重8.85克

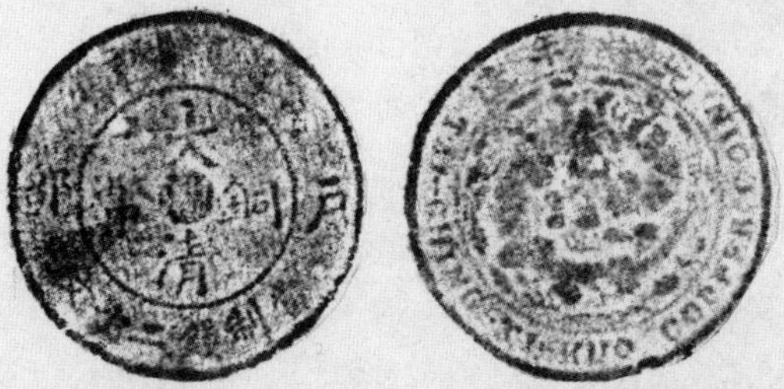

“川滇”大清铜币二十文
径33.3mm　重8.05克

江南省大清铜币中心“宁”二十文
径33.4mm　重7.8克

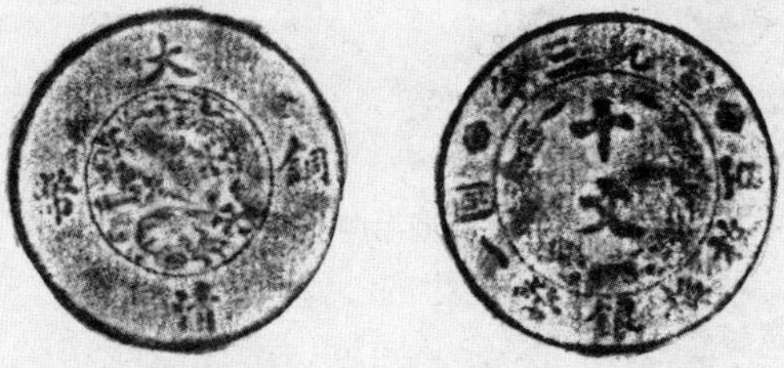

宣统三年造大清铜币十文
径29.5mm　重8.15克

新疆造宣统元宝十文（辛亥年造）
径34mm　重17.45克

**中华民国开国纪念币**

径28.4mm　重7.45克

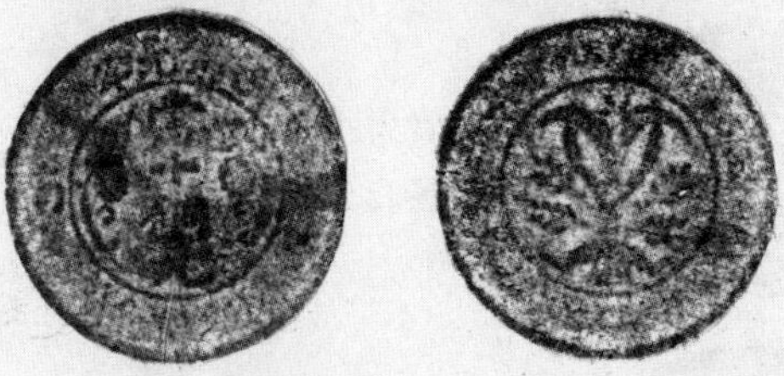

**洪宪元年开国纪念币当十铜元**

**（洪宪为袁世凯称帝年号）**

径28.2mm　重5.6克

◀ 袁世凯窃取民国大总统后改行帝制，改民国五年为洪宪元年。湖南都督攀龙附凤制此铜元。

**四川造双旗二百文**

径43mm　重26.5克

**河南造“党徽”百文**

径40mm　重20.5克

**民国十五年甘肃造铜钱百文**

径39mm　重16.1克

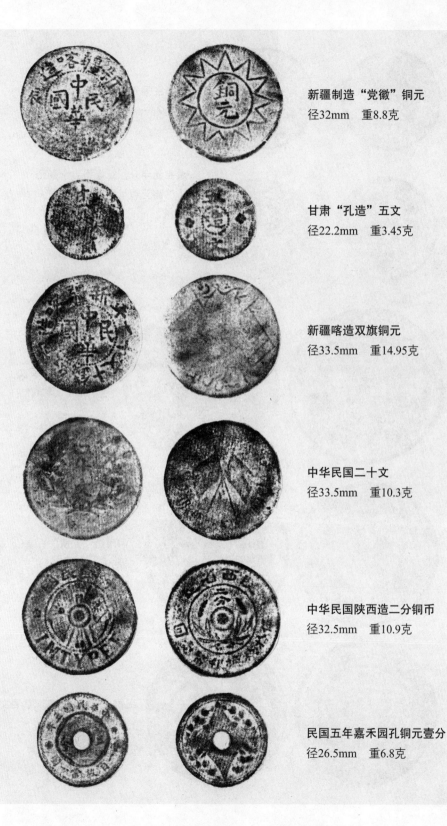

新疆制造“党徽”铜元
径32mm 重8.8克

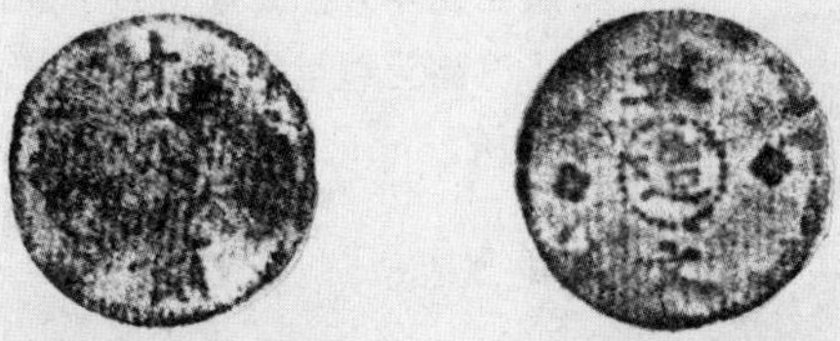

甘肃“孔造”五文
径22.2mm 重3.45克

新疆喀造双旗铜元
径33.5mm 重14.95克

中华民国二十文
径33.5mm 重10.3克

中华民国陕西造二分铜币
径32.5mm 重10.9克

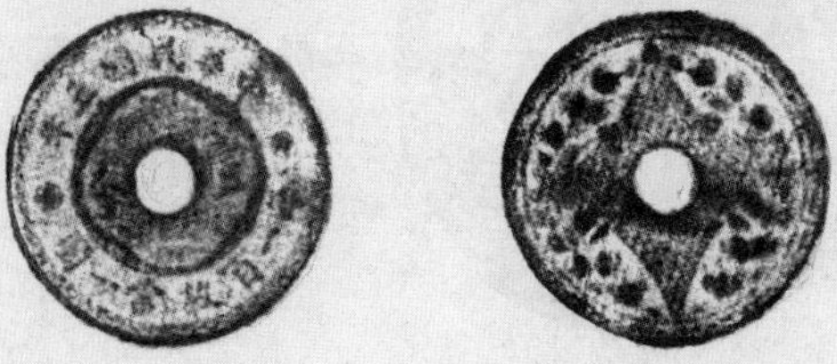

民国五年嘉禾园孔铜元壹分
径26.5mm 重6.8克

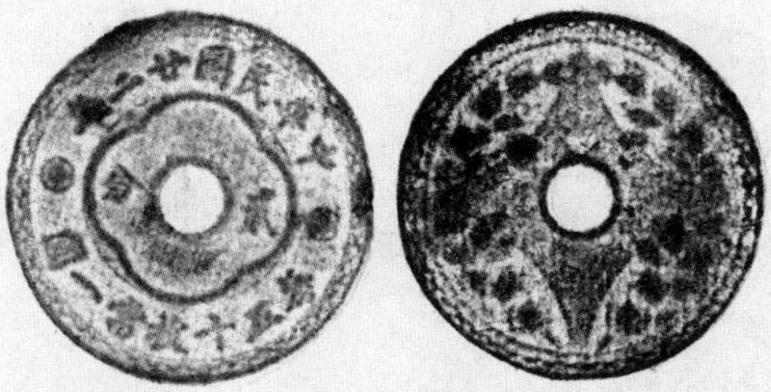

民国廿二年嘉禾中孔铜元贰分
径31.8mm 重10.5克

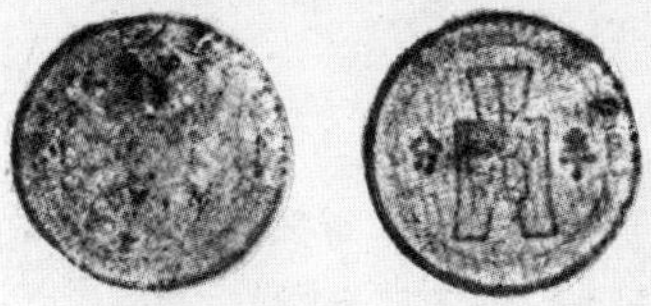

民国二十五年半分铜币
径20mm 重3.45克

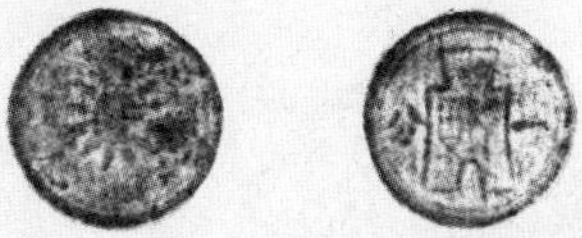

民国二十九年一分铜币
径15mm 重1.5克

民国二十九年二分铜币
径18.7mm 重1.95克

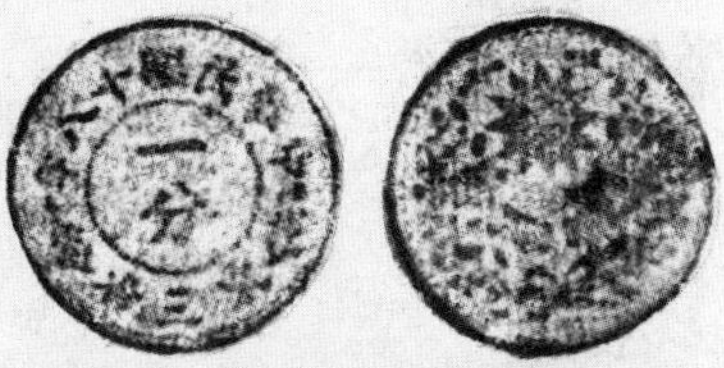

民国十八年东三省一分铜币
径23.7mm 重5.4克

云南双旗贰仙铜币
径27.8mm 重8.12克

党徽古布贰仙铜币
径25.5mm 重5.9克

云南唐继尧像纪念铜币黄铜
径39.6mm 重20.75克

红铜

径38.9mm　重15.2克

**湖南省宪成立纪念币（二十枚）**

径32.9mm　重10.4克

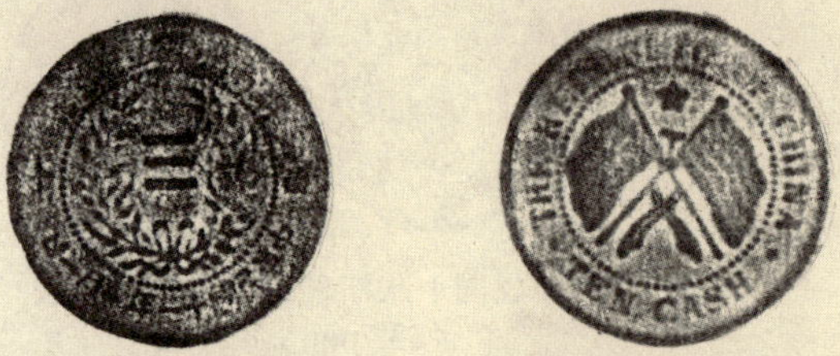

**湖南省宪纪念币（十文）**

径28.7mm　重6.5克

**贵州造“黔”字铜元、长铜元**

径36.9mm　重19.1克

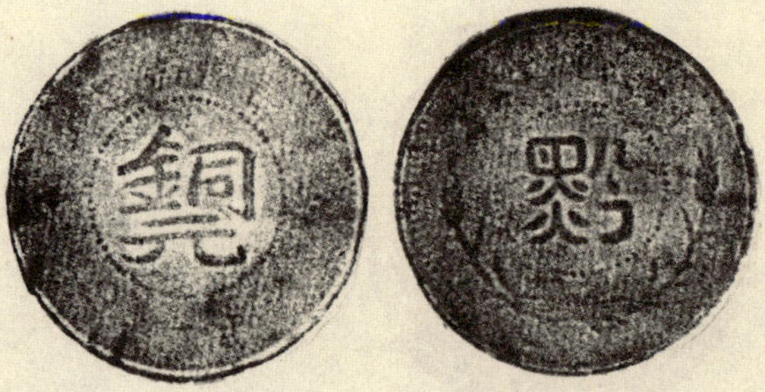

**扁铜元**

径37mm　重18.55克

◀“黔”字铜元乃1949年7月全国解放前夕，贵州省组织委任“青山炸药厂”铸造的“当半分”折银铜元。当时全国各省停铸铜元已多年。它是中国大陆铸造的最后一枚铜元。

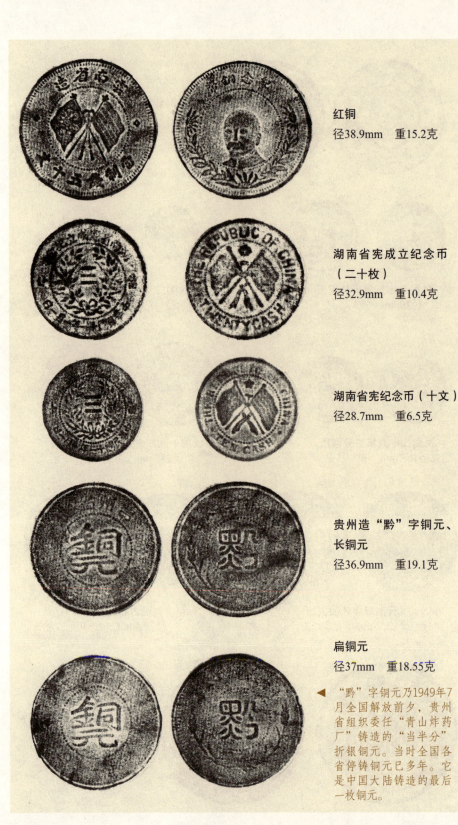

军工工友消费证
径28.9mm　重10.05克

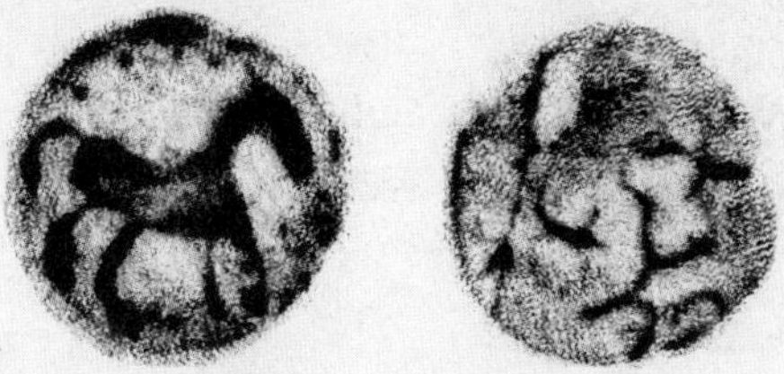

新疆马钱
径26.4mm　重9.2克

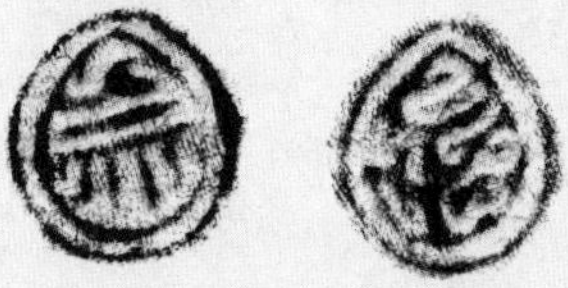

新疆普尔钱
高17.6mm　宽16.4mm　重7.3克

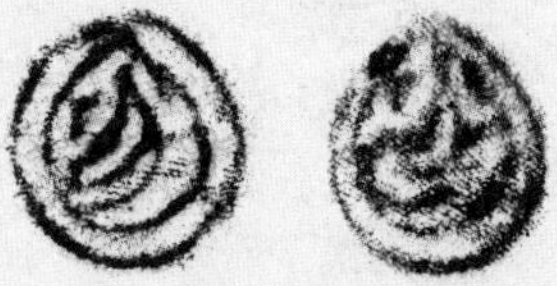

新疆普尔钱
高17.8mm　宽15.9mm　重7.3克

西藏早期铜币
径28.6mm　重7.6克

西藏纪值十两镀银铜币
径32.7mm　重16.55克

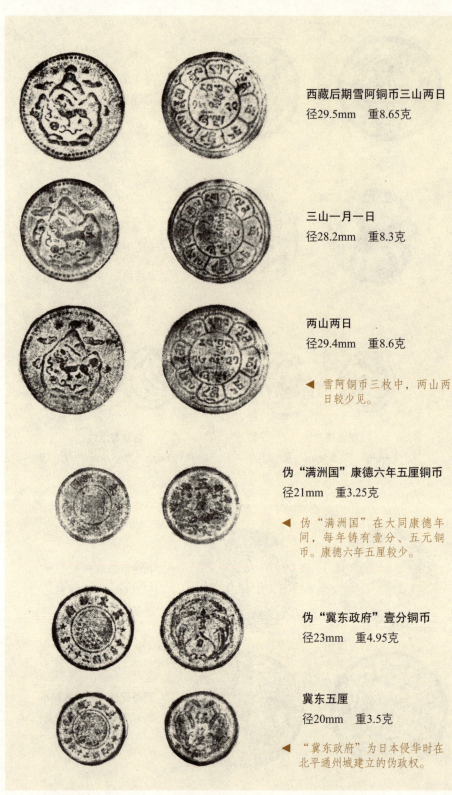

西藏后期雪阿铜币三山两日

径29.5mm　重8.65克

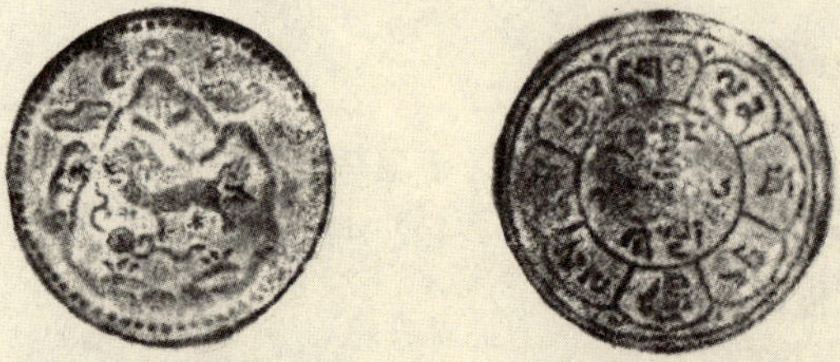

三山一月一日

径28.2mm　重8.3克

两山两日

径29.4mm　重8.6克

◀ 雪阿铜币三枚中，两山两日较少见。

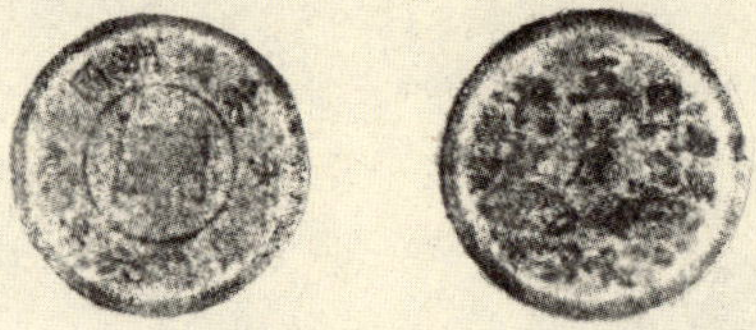

伪“满洲国”康德六年五厘铜币

径21mm　重3.25克

◀ 伪“满洲国”在大同康德年间，每年铸有壹分、五元铜币。康德六年五厘较少。

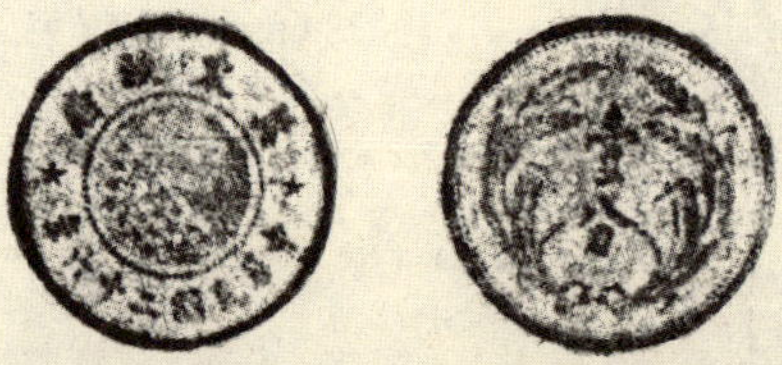

伪“冀东政府”壹分铜币

径23mm　重4.95克

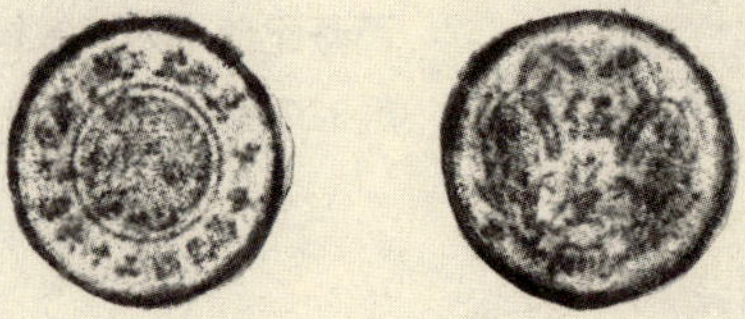

冀东五厘

径20mm　重3.5克

◀ “冀东政府”为日本侵华时在北平通州城建立的伪政权。

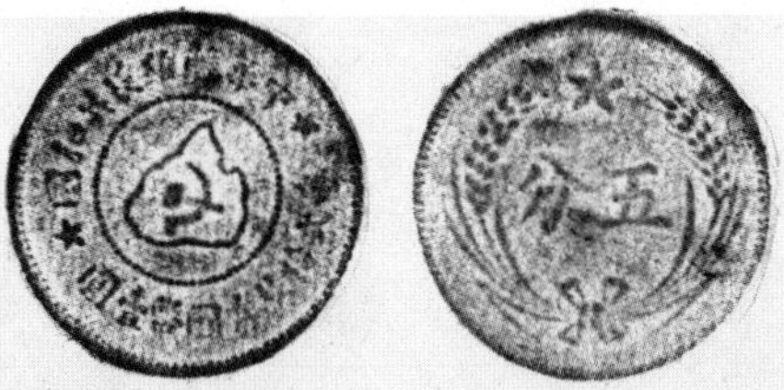

中华苏维埃共和国五分铜币

径26.8mm　重7.35克

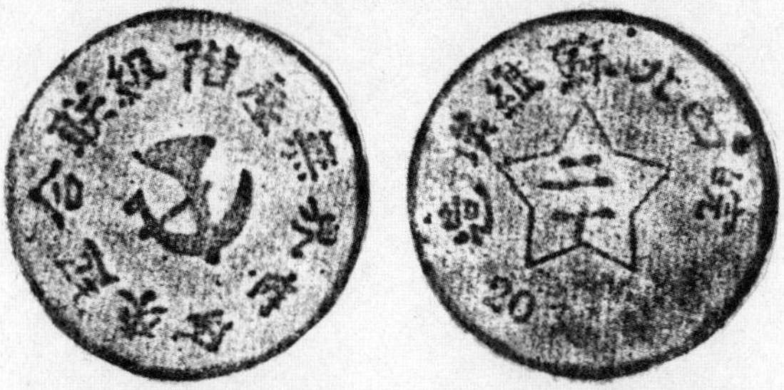

皖西北苏维埃二十文铜币

径35.6mm　重12.32克

川陕苏维埃500文铜币

径35.6mm　重19克

川陕200文铜币

径28.6mm　重7.4克

1905年香港一仙

径27.8mm　重7.3克

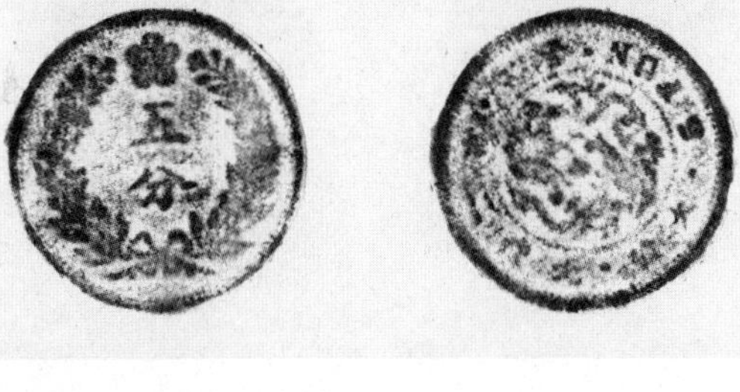

大韩国五分铜币

径28mm　重5.9克

# 附录二

# 民俗花钱

我国自有金属铸币始，就有在币上铸有或雕刻吉祥文字图案，以表示良好祝愿之习俗。古称这类钱币为“厌胜钱”。“厌胜”乃“厌伏其人，咒诅取胜”的意思。因“厌”通“压”，故又称“压胜钱。”因这类钱多用于佩戴、玩赏，故又称“玩钱”；又因上多有人物、图像，民间又称之为“花钱”，日本则名之为“绘钱”。这种钱币非正用币，不参与货币流通，但因其具钱形，图案内容丰富，各种书体具备，涉及历史、宗教、神话、民俗、风情、文化、娱乐、书法、美术各个方面，实为难得的历史“文化”，深受广大钱币爱好者的青睐。社会上也如佩玉一样逐步形成了佩戴“花钱”之风。

笔者集藏“花钱”比集藏正用币时间稍短，着力集藏不过十几年而已。所幸由于工作之便，走南闯北，四处寻觅，多有斩获，至今已集藏百枚有余。除常见品外，尚有几枚传世无多、诸谱罕见的花钱，更难得的是，因取法其上，个个品相绝佳，精美异常，极为“养眼”。这里择重要者，录于册上，与同好共同欣赏。

## 吉语钱

吉语钱，是指铸（刻）有吉利祝语的钱币。它是我国民俗钱币中铸量最大、版式最多、内容最丰富的一个品种。

货币上出现吉祥祝语，始于战国时期的刀币、圆钱，至两汉、唐宋，吉语钱大量出现，到明清时已鼎盛兴旺之极，官铸民造，品种繁多，形制各异。其内容主要有四个方面；一是以长命百岁为主题；二是以金银财富为对象，三是以科举当官为目标；四是以安居学乐为目的。几乎涵盖了生活的方方面面。

**精工手雕子孙昌盛背百子图大花钱**

径81mm

厚4mm

重124.1克

◀ 此钱购于江西婺源。黄铜质，精工手雕。钱面地张刻席纹；背百子图极为传神。从童子造型看，似乎为明代之物。

**子孙昌盛背瑶山玉彩花钱**

径34mm

重16.3克

**长生不老背星官龟鹤钱**

径54.5mm　重35.4克

▲ 青铜质、宋代铸品。钱面“长生不老”四字，背左女右男两星官，上鹤下龟。

**长命百岁背福寿双全花钱**

径50.5mm　厚4.4mm　重57.5克

▲ 红铜质，明代铸品。厚重，少见。

**连生贵子背花草图案钱**

径51.5mm　厚3.5mm　重42.9克

▲ 黄铜质　清代铸品。厚重型，宽沿，较少见。钱面“连生贵子”四字，背为西凤莲、石榴图案。

**长命富贵背金玉满堂**

径54mm　厚3.8mm　重53.45克

▲ 黄铜质，宽沿圆穿，厚重型，较少见。

**长命富贵背金玉满堂**
径47.5mm　重29.9克

▲ 黄铜质、面四决背四决文，较罕见。

**长命富贵背金玉满堂**
径46mm　重25.2克

▲ 黄铜质、方孔圆钱，此类花钱方孔者较少。

**长命富贵背金玉满堂**
径44.5mm　重3.85克

▲ 黄铜质、圆穿。

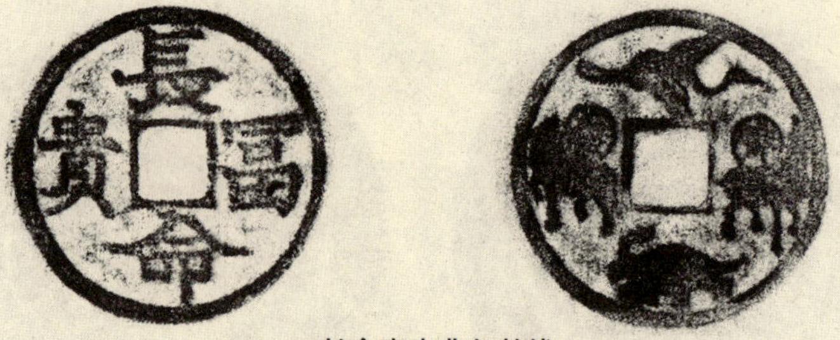

**长命富贵背龟鹤钱**

径34.8mm　重9.85克

▲ 青铜质、宋代铸品。钱面为“长命富贵”四字，背左右各有一生肖图案，上为一鹤，下为一龟，寓意“龟龄鹤寿”也。

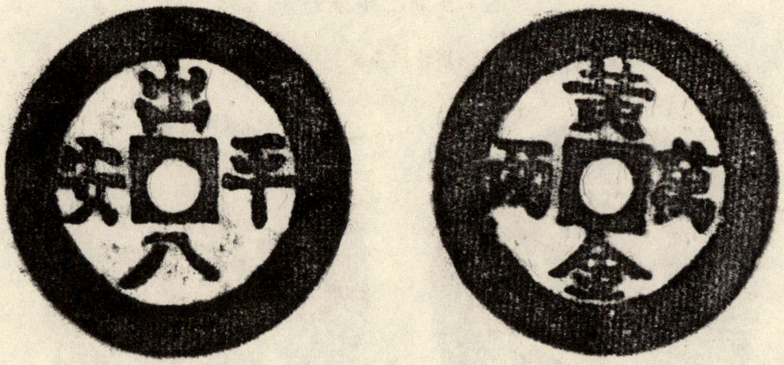

**出入平安背黄金万两**

径47.5mm　厚3.8mm　重46.7克

▲ 黄铜质、清代制品。钱面“黄金万两”四字，背“出入平安”。钱体厚重，穿为圆孔方廓，效未开金口，少见。

**龟龄鹤寿背双龙纹钱**

径48.6mm　重39克

▲ 青铜质、宋元时铸，少见。钱面为“龟龄鹤寿”四字，背为双龙戏珠图纹。左右各一龙，上中为一珠，下铸波浪纹。

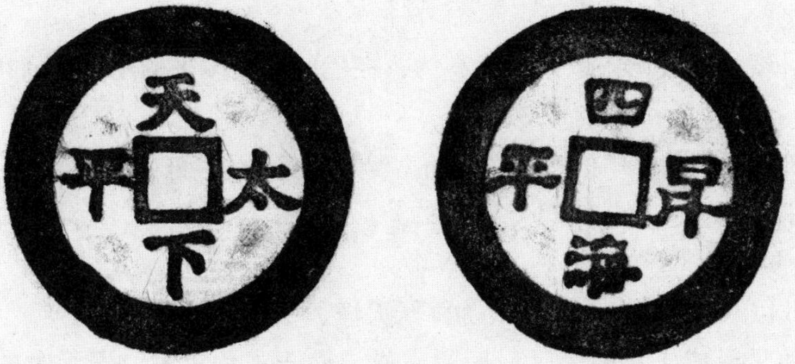


**天下太平背四海升平**
径44.5mm　重27.7克

▲ 钱面为“天下太平”四字，背“四海升平”四字。精炼黄铜铸成。铸工精细。应是“祝圣类”官钱，少见。

**长命富贵背福寿钱**

径65.2mm

厚10.5mm

重61.5克

◀ 黄铜质。钱面“长命富贵”四字篆书，背篆书“福寿”二字。书体极为优美，凸显中华书法之魅力。宽沿方穿，制作极为精美、字口绝无仅连。应为官钱，罕见。

## 八卦钱

八卦钱，是我国宋以来历代有铸，在民间最为多见的用于辟邪祈福的民俗花钱。

八卦，《周易》中的八种基本图型。用—符号和--符号组成。以—为阳，以--为阴，名称是：乾（☰）、坤（☷）、震（☳）、巽（☴）、坎（☵）、离（☲）、艮（☶）、兑（☱）。

道教以八卦为象征，视八卦为降妖灭怪、祛邪斩鬼的无上法宝。

道教是形成于我国东汉后期的宗教，属于古代巫术、秦汉时的神仙方术。道教奉老子为教祖，以《老子五千文》，即《道德经》为主要经典。尊老子为太清道德天尊，又称太上老君。道教中的老子，身穿八卦衣，炼丹用八卦炉，居住在八卦宫。

传世的“八卦”民俗花钱中未见有老子形象，多见老子敕令者，即“雷霆雷霆，杀鬼降精，斩妖辟邪，永保神清。奉太上老君急急如律令”。亦有只见八卦图形者。还有的是与生肖钱相结合，一种是与个别生肖结合，一套有十二枚，另一种是与十二生肖结合在一起，钱面为八卦，钱背为十二生肖，以便各种生肖的人都可佩戴。

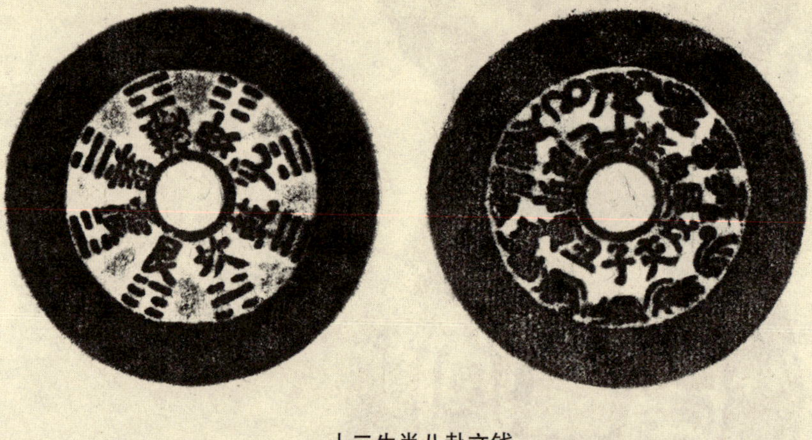

**十二生肖八卦文钱**

径51.6mm　厚3.3mm　重50.55克

▲ 钱面为“八卦”，背为十二地支和生肖动物。此钱为“八卦”与十二生肖结合者。黄铜、阔沿、厚重，较少见。

**雷霆号令背八卦文钱**
径49.4mm　重28.7克

▲ 钱面是雷霆号令，背“八卦”图形。制作精美。黄铜质，清代铸。

**雷霆号令背八卦文钱**
径46mm　重23.2克

▲ 钱面雷霆号令，背“八卦”图像。黄铜质、清代铸品。“八卦”钱钱穿多为圆孔，此钱为方穿、较少见。

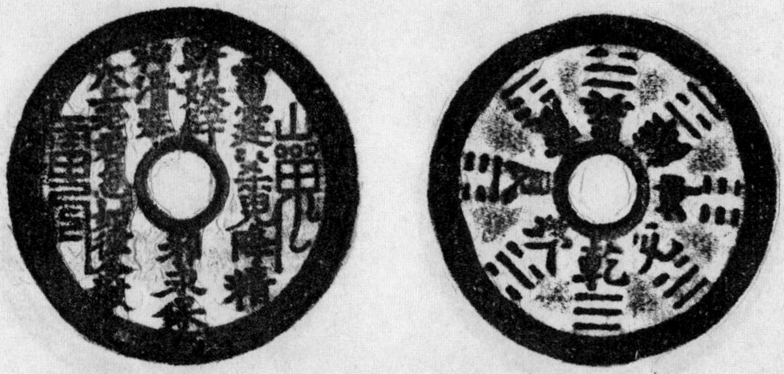

**雷霆号令背八卦文钱**

径45.8mm　重23克

▲ 钱面雷霆号令，背“八卦”图像。黄铜质，清代铸。

**斩鬼驱邪背雷霆号令钱**

径42.4mm　厚1.3mm　重10.35克

▲ 钱面“斩鬼驱邪”四字，背雷霆号令。
此钱黄铜质，铜质精良。字口不深，但清晰异常。细观之，乃手工刻雕而成，罕见。此钱购于江西婺源。

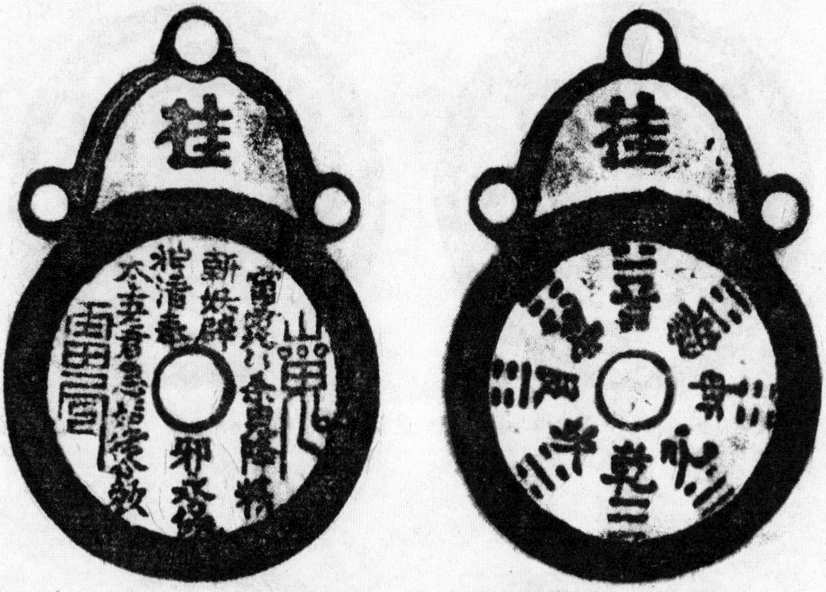

**桂字雷霆号令背八卦文钱**
径52.8mm　高76.8mm　重58克

▲ 圆钱上有一异形桂环。内铸一桂字。黄铜质。此类钱多出于云贵地区，可能为少数民族喜爱之物。

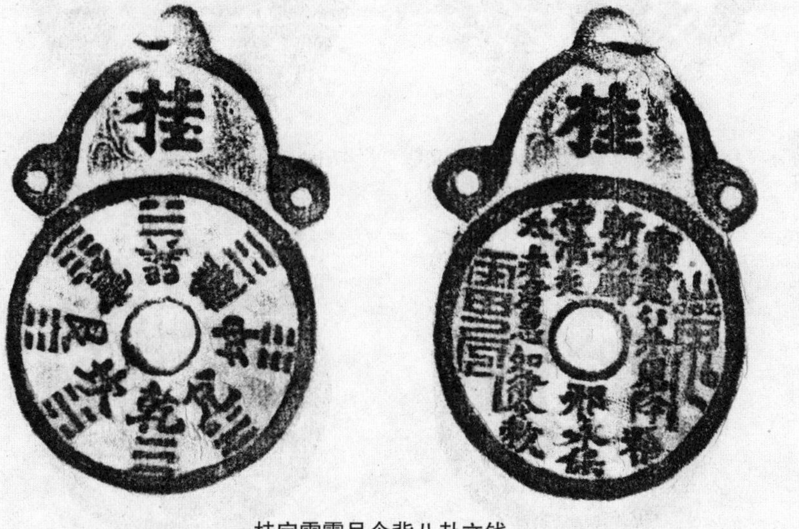

**桂字雷霆号令背八卦文钱**
径43mm　高66.1mm　重47.5克

▲ 此钱形制同上品。但钱体稍小。且桂字旁地张有花纹。带有黄铜桂环。

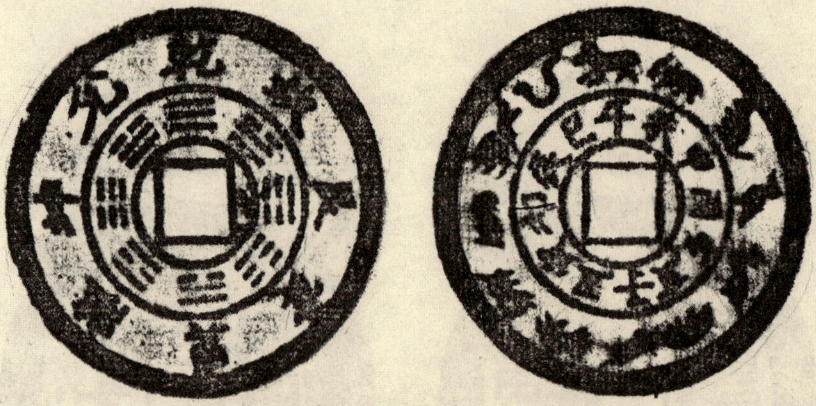

**十二生肖八卦文钱　径52.8mm　重37.8克**

▲ 钱面背各分为三圈。各圈内分布八卦或十二生肖、十二地支图像。圆钱方孔。明代铸品，较少见。

**十二生肖背八卦文钱　径47.1mm　重30.85克**

▲ 钱面为十二地支和十二生肖图像。背为“八卦”文。黄铜质，清代铸品。

**十二生肖背八卦文钱　径42.2mm　重26.2克**

▲ 钱面为十二地支和十二生肖图像。背“八卦”文。红铜质。此类钱多为黄铜。青铜、红铜者少。

## 十二生肖钱

我国古代以天干和地支相配纪年。即用十天干，甲、乙、丙、丁、戊、己、庚、辛、壬、癸与十二地支即子、丑、寅、卯、辰、巳、午、未、申、酉、戌、亥循环配合，从甲子到癸亥六十年为一轮，称为“六十甲子”。从南北朝开始，又开始以十二动物分配十二地支，即子以鼠配，丑以牛配，寅以虎配、卯以兔配、龙蛇配辰巳、马羊午未、猴鸡申酉、狗猪戌亥，谓之十二属相，即十二生肖。宋代道教盛行，道教中人又创造了“本命”之说，即本人出生之生肖年即为“本命“年。道教还将六十甲子星宿化，将六十甲子化为六十尊元辰星宿神，成为“本命元神”、“本命星宿”，让人们顶礼膜拜，祈求幸福。

生肖钱是中国花钱的一个重要品种，唐宋以来历代有铸。有一种生肖为一钱，十二种合为一套者；也有二种或几种生肖合为一钱者；亦有将十二属相合铸在一枚钱上者，不同属相的人都可以佩戴。生肖钱还有背铸“长命富贵”类吉语，背铸道家符篆，背铸张天师、西王母与东王公，背铸玄武大帝、鬼王和神灵仙佛者，神类繁多，深受人民的喜爱。

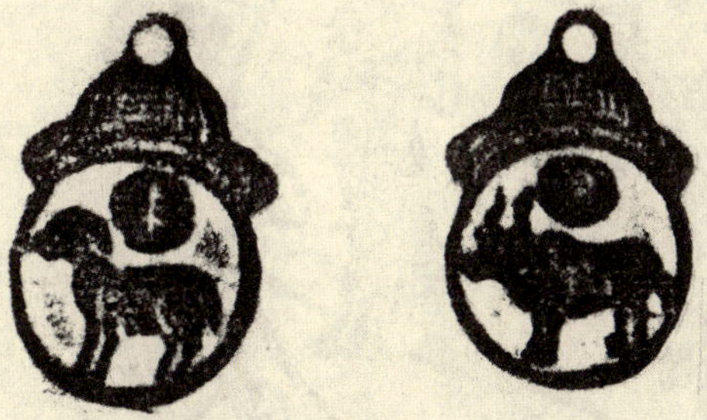

**生肖钱**

径22.7mm　高34mm　重7.2克

▲ 青铜质。左为未羊，右为丑牛。宋元时铸。

**十二地支生肖神话故事钱**

径84.5mm

厚3mm

重111.4克

◀ 此钱正面左为神像，右为两名鬼卒与女子。中间字为“奉音司开王”，背中间似一鬼卒与一女子，中间字为“黄氏女”，四周铸十二地支。所铸为何神话古事，尚待方家赐教。青铜质。宋元时铸。

**本命星官背道教符篆钱**

径52.8mm　重40.4克

◀ 此钱钱面右为一星官，穿左为一生肖动物（猪）穿上字书“本命星官”，钱背为道家符篆。黄铜质。

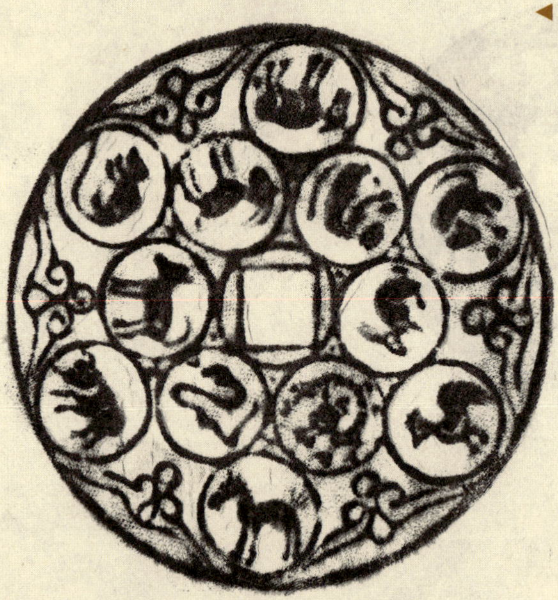

**十二生肖星官龟鹤钱**

径76.9mm

重115克

此钱钱面左男右女两星官，中有一棵松树，下有一鹤一龟。佩戴本命星官钱的目的是祈求长寿，故在钱面上添加了松、鹤、龟，寓意如龟鹤长存也。

青铜质，宋元时铸。

径72.4mm

重66.8克

◀ 此钱钱面为两尊神像，中间字为“开王”，背为十二地支生肖图。所铸为何神话故事，尚待方家赐教。钱为青铜质，宋元时铸。

**十二生肖背星官一鹤钱**

径64.6mm

重48.35克

◀ 钱面左女右男两星官，男星官头上有圆。上为花朵盛开的梅树一株。下有一鹤，立于水波之上。背十二生肖和十二地支，铸精美云纹。青铜质，宋元时铸，传世较少。

**十二生肖星官龟鹤钱**

径70.1mm

重71.75克

◀ 钱面左女右男两星官，下有一鹤一龟。右上铸一飞龙，口吐龙珠。背铸十二生肖图像，面背方穿皆成大四决文，精美，少见。

**十二地支星官龟鹤钱**
径46.6mm　重24.3克

▲ 钱面右为一星官，左为一鹤一龟，穿上为道家符篆，背铸十二地支和生肖像。青铜质，宋元时铸。

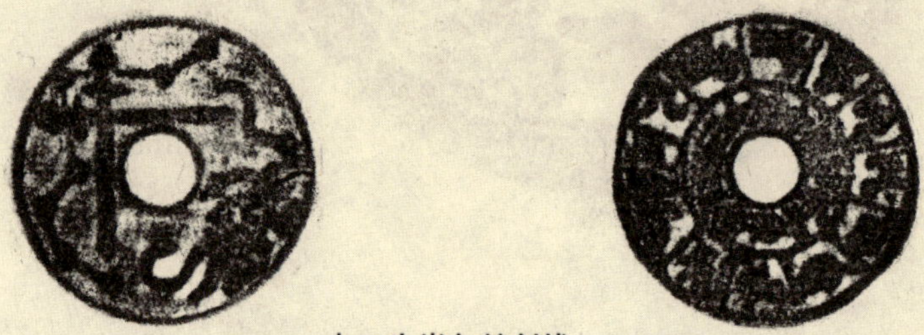

**十二生肖龟蛇剑钱**
径32.2mm　重8.1克

▲ 钱面左上为北斗七星和交搭双剑，右下为一蛇一龟，钱背为十二地支和十二生肖。

**十二生肖本命星官钱**
径46.6mm　重24.31克

▲ 钱面右为一星官，左为龟、蛇，背为十二地支生肖。青铜质，宋元时铸。

## 吉祥图案花钱

以祥瑞，美好的动物、植物、器物作为装饰，借其本身或以其谐音表示吉祥和美好的愿望，是我国自古就有的一种习俗，至明清时期已成为一种时尚。它们不仅常见于瓷器、玉器的装饰图案中，在民俗尚钱中更是俯拾皆是。常见者有：

蝙蝠。亦名伏翼，又名飞鼠。以其“蝠”谐“福”，喻“福到眼前”、“福寿双全”等。

鹿。古人认为鹿是瑞兽，又为长寿之征。以“鹿”谐“禄”，亦取其长寿之意。

鹊。亦名喜鹊。世以喜鹊为喜兆，谓之鹊喜。喻之“抬头见喜”，四时有喜。

喜子。蜘蛛之一种。古名蟏蛸，又名喜子。见喜子者，为有喜乐之瑞。

鹭。一名白鹭，又名鹭鸶。古人认为见白鹭乃吉祥之兆，用于装饰时借“一鹭”谐音“一路”，喻“一路平安”、“一路荣升”。

桃。古传西王母有蟠桃，人食之可以长生不老，故古人以“桃”喻长寿。

灵芝。又名紫芝。古人认为灵芝乃“神木灵草，谓不死之药也”。以喻之长寿。

**长命富贵金玉满堂钱**
径51.3mm
重43.85克

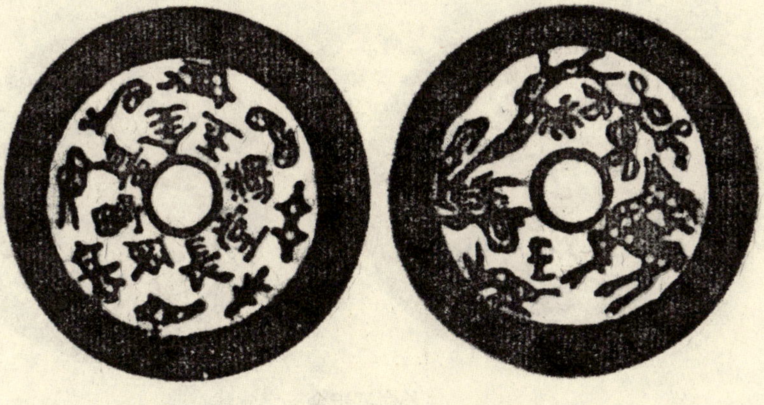

▲ 清代制品，黄铜 宽沿。

**长命富贵金玉满堂钱**
径46.1mm
重23克

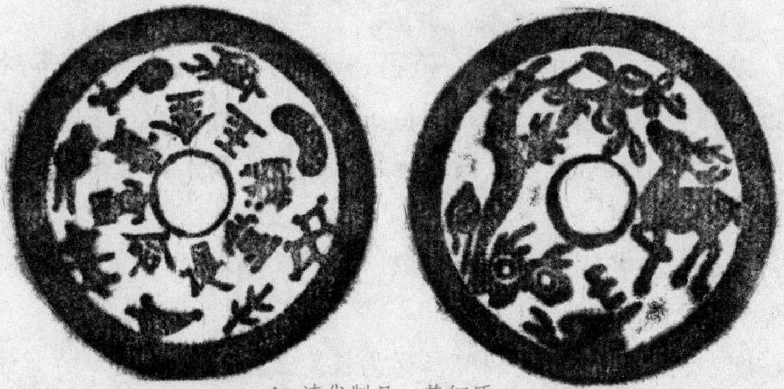

▲ 清代制品、黄铜质。

**长寿富贵金玉满堂钱**
径46.5mm
重22.4克

▲ 清代制品、黄铜质。

▲ 上三品，皆为钱面有桃树一枝，地下有一喜子；左边一鹿并一蝠。地生灵芝。蝠谐福，鹿谐“禄”，桃喻寿，喜谐“喜”。共组成“福禄寿喜”也。钱背八字外八神宝物，即八仙之宝。俗称“暗八仙”也。

**长命富贵金玉满堂钱**
径45.4mm 重17.8克

▲ 黄铜质，清代制品。此钱之面松树一枝，右一鹿，左一鹭，地生灵芝。喻“一路荣升”也。

**福禄寿喜吉祥钱**
径41.8mm　重21.5克

▲ 黄铜质，清代铸品。钱面穿上福字，穿下双桃。钱背左为鹿含灵芝，上有喜子，右边松树、兰草、竹石。桃、鹿、喜并“福”字连为 福禄寿喜。

**五子登科福寿双全钱**
高41.8mm　重21.5克

▲ 黄铜质，清代制品。此为异形花钱。钱面上“福”下喜，左寿星右鹿，合为“福禄寿喜”。钱背“五子登科福寿双全”八个字。

**五子登科福寿双全钱**
径40.6mm　重17.85克

▲ 黄铜质，清代铸品。圆形花钱。钱面图案、寓意同上品。

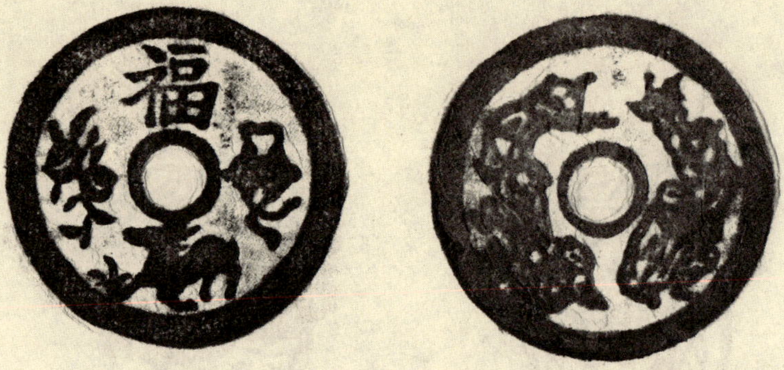


**福字背和合二仙花钱**
径44.6mm　重20.85克

▲ 黄铜质，清代铸品。钱面上“福”字下一鹿，左双桃、右灯笼一对。背为和合二仙像。为“福禄寿喜和合如意也”。和合乃唐时天台山僧寒山与拾得也。清雍正时封唐天台僧寒山为和圣，拾得为合圣，即和合二圣，世俗谓之和合二仙，婚礼时常供祀之，以求百年好和。

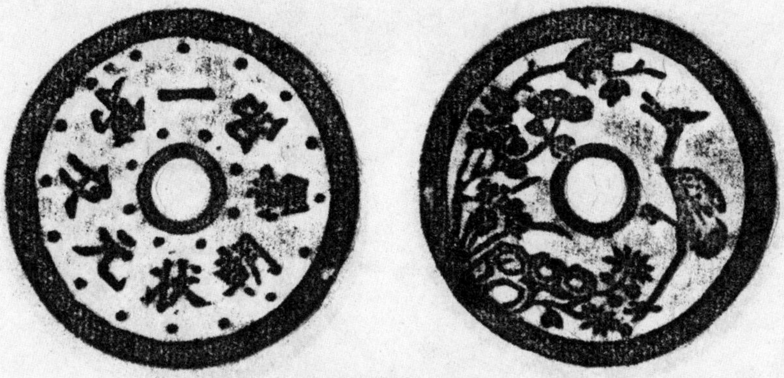

**状元及第一品当朝钱**
径48.5mm　重29.4克

▲ 黄铜质，清代铸品。此钱钱面左为牡丹、兰花，枝上小鸟，左下为湖石雏菊，右为一鹭。一鹭谐“路”，寓意“一路荣升”。

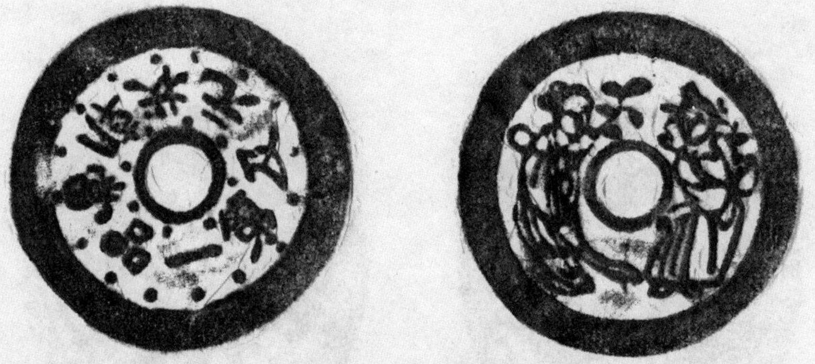

**状元及第一品当朝钱**
径44.3mm　重20.3克

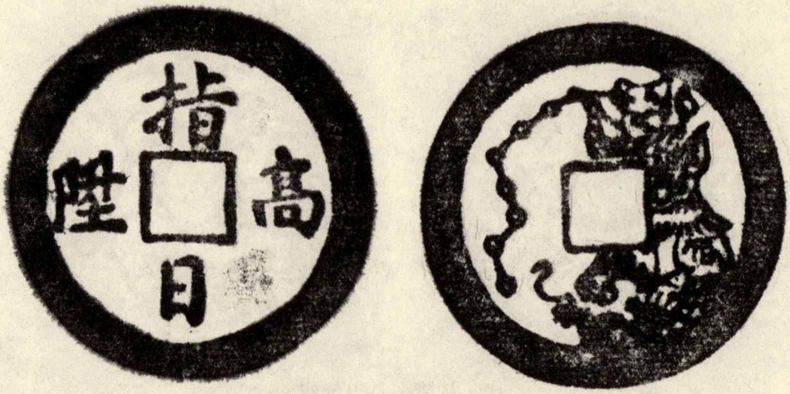

**指日高升背魁星点斗钱**

径50.8mm　重40.7克

▲ 此钱为黄铜质，清代铸品。
钱面四字“指日高升”，钱背为主管文运之神“魁星”图像。魁星原作奎星，星官名，为二十八宿之一，乃西方白虎七宿奎、娄、胃、昴、毕、觜、参七宿的第一宿，后被人们附会为主管文运之神。

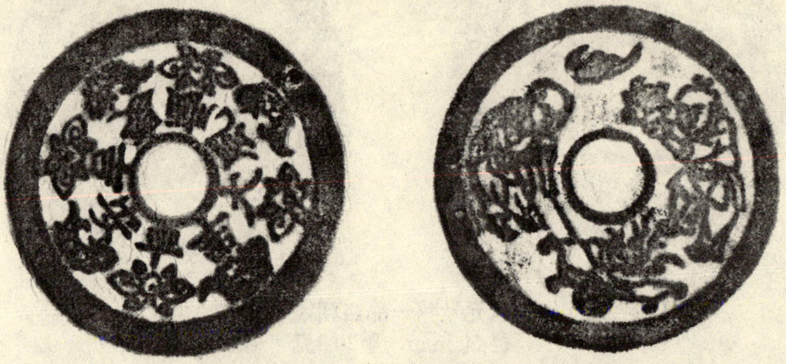

**顺风大吉平安吉庆钱**

径45.5mm　重19.15克

▲ 黄铜质，清代钱品。钱面为“顺风大吉平安吉庆”八字，外饰四鲤鱼四菱花；钱背左为一童子捧车。车上载聚宝盆；右为一童子献宝，手捧元宝；上有飞蝠一只。

**一本万利顺风大吉钱**

径44mm　重21.4克

▲ 黄铜质，清代铸品。钱面为“一本万利顺风大吉”字，外饰一圈元宝。钱背左为摇钱树，中为聚宝盆，右为献财童子。

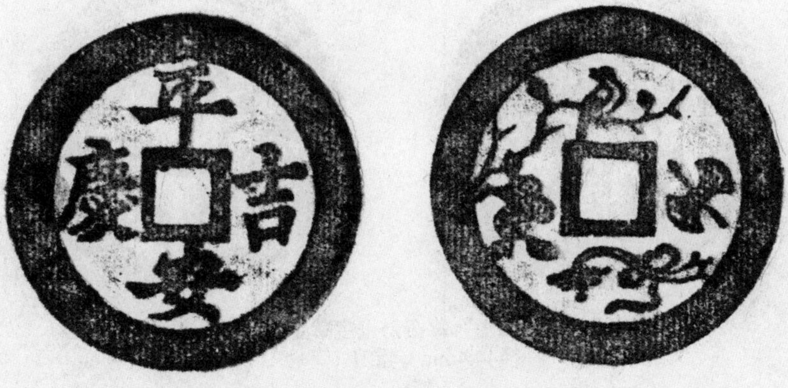

**平安吉度钱**

径48.8mm　重34.9克

▲ 黄铜质，清代铸品。钱面“平安吉庆”四字。背左为桃花一枝，枝头立一喜鹊，寓意喜上枝头；右为金鋌一个，斜放一笔；下为如意，系有彩带。

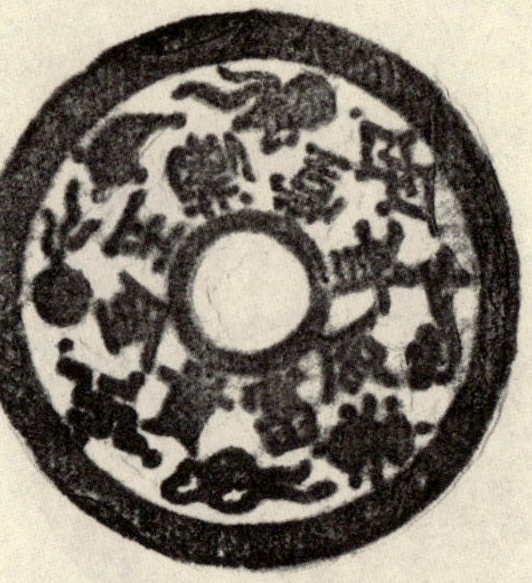

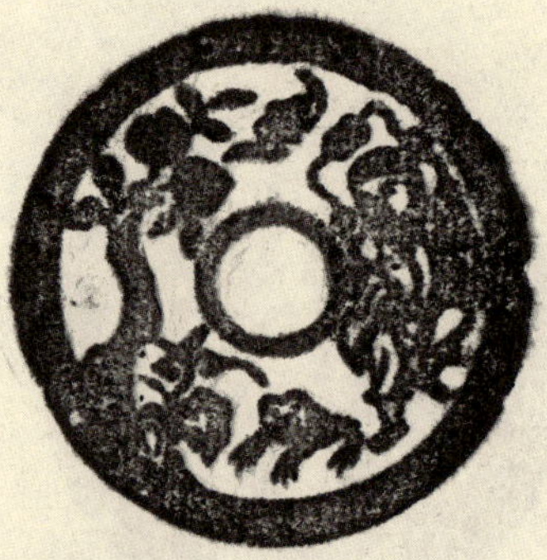

**“刘海戏金蟾”背长命富贵金玉满堂钱**
径44.4mm　重29.4克

▲ 黄铜质，清代铸品。此钱钱面左有桃树一棵，上有飞蝠，右为刘海蟾手持金钱一串，下有三足蟾一只，即“刘海戏金蟾”图也。刘海蟾是我国十分著名的一位神仙，名刘操号海蟾子。成语“危如累卵”讲的即他醒悟弃官，入终南山学道成仙的故事。但世人一直以刘海呼之，而不知其名刘海蟾也。

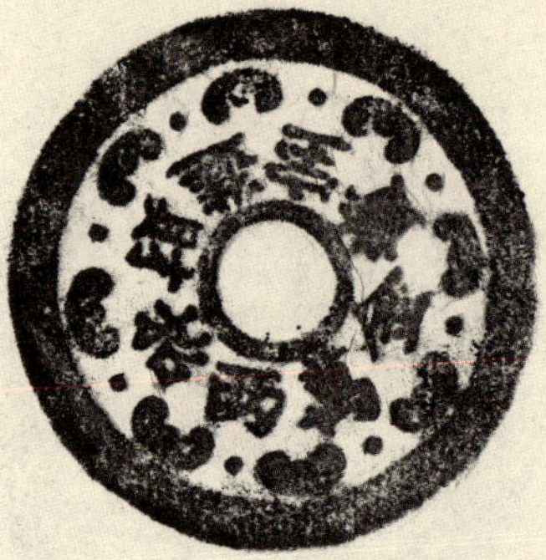

**“胡人舞狮图”背招财进宝黄金万两钱**
径44.4mm　重21.1克

▲ 黄铜质，清代铸品。此钱钱面左为狮子，上部有一彩球，右为一西域人呈舞蹈状，即舞狮图也。我国古代原无狮子，西域诸国往往以狮子进献。民间将外邦献狮视为祥瑞之兆，渐渐出现节日舞狮之风俗。

**百福百寿钱**

径48mm　重31克

▲ 青铜质。此钱钱面内外两圈布满写法不一的福字，内圈8个，外圈16个，钱背则是24个写法完全不同的寿字。寓意百福百寿。赏玩这样的古钱币，对于了解、研究我国古代人民创造的福、寿二字的写法之多颇有收益。

**百福百寿钱**

径42mm　重16.85克

▲ 黄铜质。

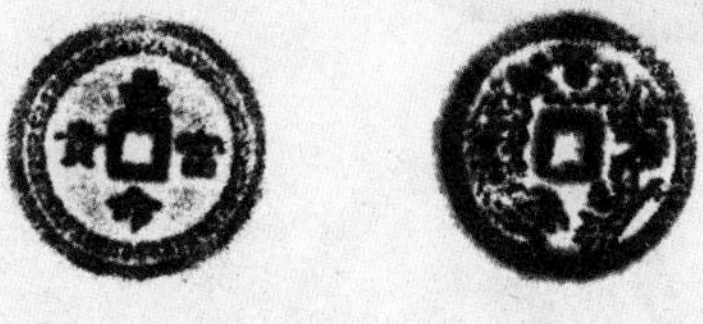

**长命富贵二龙戏珠银钱**

径1.66mm　重1.3克

▲ 银质，晚清民国制品。

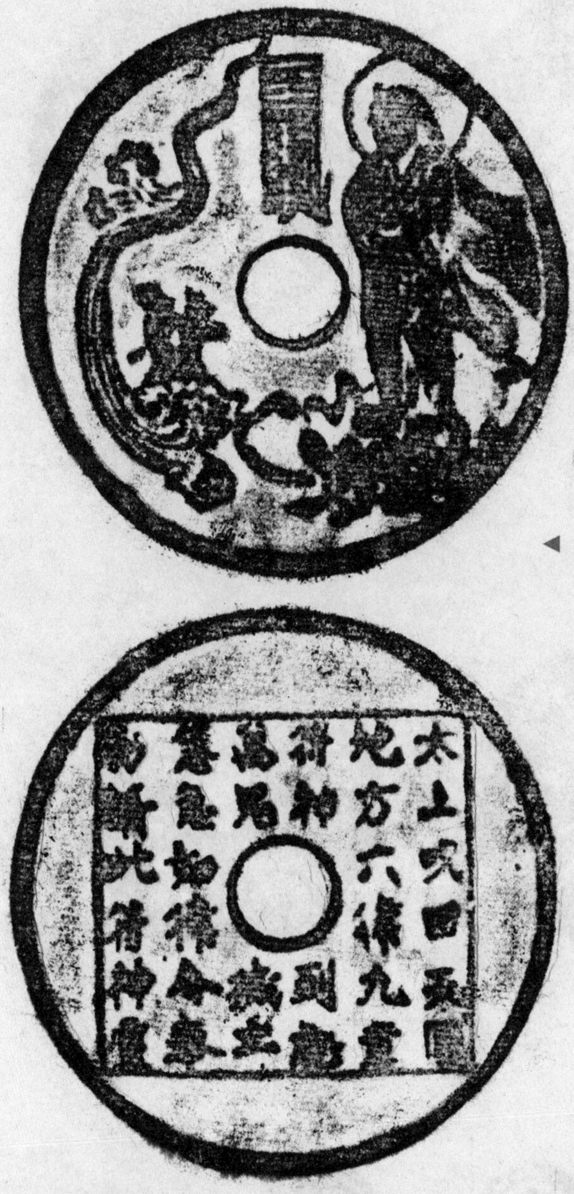

**玄武（真武）上帝背太上咒文钱**

径76.6mm

重76.4克

◀ 此钱面右边玄武按剑立龟上，披发跣足，首尾有圆光。龟旁有蛇，方穿上有道家符咒录。背方形框中为：“太上咒曰：天圆地方，六律九章，符神到处万（萬）鬼灭亡。急急如律令。奉敕请此符神灵。”

“玄武”在古代是指北方的星座，北方七宿（斗、牛、女、虚、危、室、壁）总称。到了宋代，“玄武”被人格化，尊为降邪赐福之神。宋大中祥符年间，因宋圣祖名玄坛，为避讳改“玄武”为“真武”。

**阴阳神灵钱**

径27.9mm

重8.2克

◀ 青铜质。

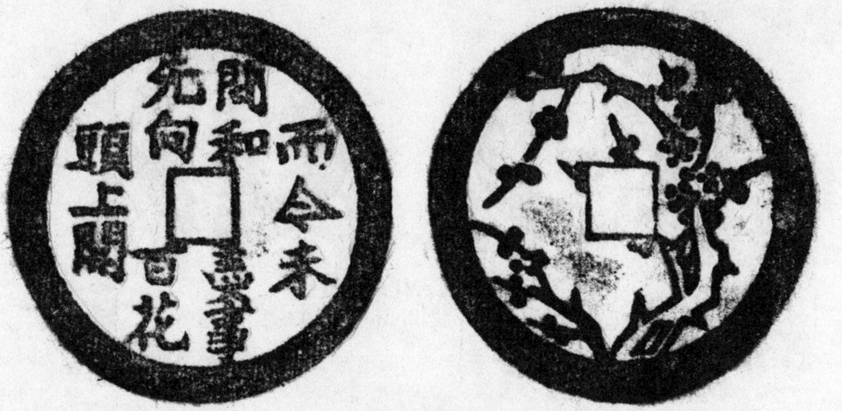

**梅花纹诗文花钱**

径53.4mm 重55.35克

▲ 钱面一株梅树，梅花盛开。背为诗文：“而今未问和羹事，先向百花头上开。”此类诗文钱，似为古时文人雅士赏玩之物，较罕见。

**仁亲为宝背维善钱**

径46mm 重28.3克

▲ 钱面“仁亲为宝”四字、钱背“维善”二字。此非祈福吉语，乃教化用语也。亦可称“教化钱”。

**万寿无疆吉祥如意宫钱**

径32.2mm　厚2mm　重10.6克

▲ 此宫钱为万寿钱。皇上的生辰日称之为万寿节，钱局往往铸精美的“万寿钱”以呈进贺寿。黄铜质，清代铸品。精美异常，少见。

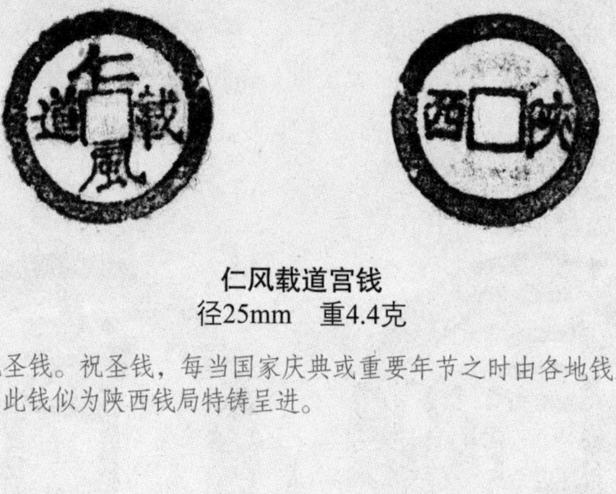


**仁风载道宫钱**

径25mm　重4.4克

▲ 此钱应为祝圣钱。祝圣钱，每当国家庆典或重要年节之时由各地钱局特铸呈进。从钱面看，此钱似为陕西钱局特铸呈进。

## 镂空钱

镂空钱，因其工艺特征而得名。它亦是我国古代花钱一个重要品种。

镂空，是中国雕塑工艺的一种技法。广泛应用于历代玉雕、石雕、牙雕、骨雕、木雕及陶塑等中。春秋战国时的“透雕文铜镜”就用了这种工艺。镂空钱，就是采用了这种传统工艺制模而铸造的。镂空钱因其两面通透，素有“玲珑剔透”之誉，古时又俗称“玲珑钱”。

镂空钱多无文字，故不少钱谱将其归入“无字花钱”一类。镂空钱多以花卉、植物、动物为图案，亦有人物、楼台亭阁为图案者。

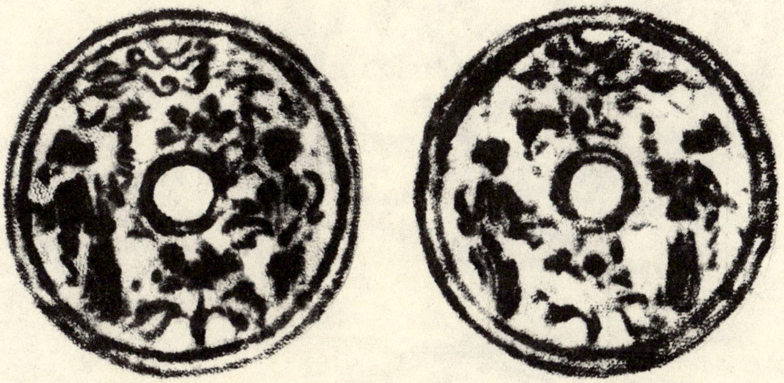

**人物花卉钱**
径50mm　重23克

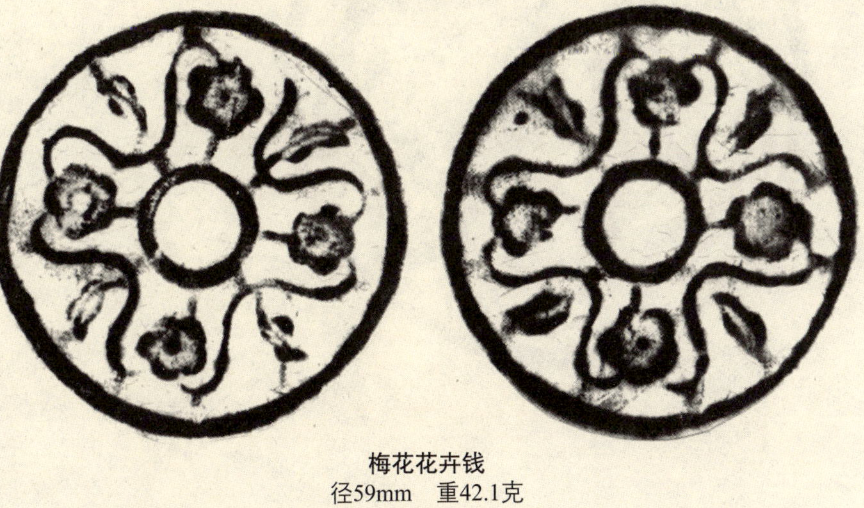

**梅花花卉钱**
径59mm　重42.1克

**双龙纹镂空花钱**

径75.3mm

重73.3克

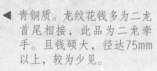

◀ 青铜质。龙纹花钱多为二龙首尾相接，此品为二龙牵手。且钱硕大，径达75mm以上，较为少见。

**双龙纹镂空花钱**
径58.3mm 重47.2克

▲ 青铜质。

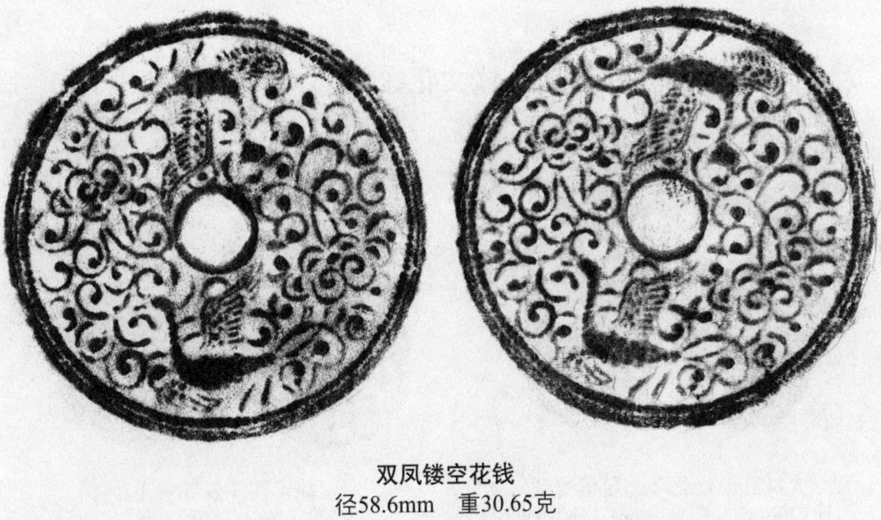

**双凤镂空花钱**
径58.6mm 重30.65克

▲ 此品购自云南，青铜质。据当地人言，为当年大理国铸品。铸工精细。凤尾和缠枝花纹饰十分精美。在镂空钱中罕见。

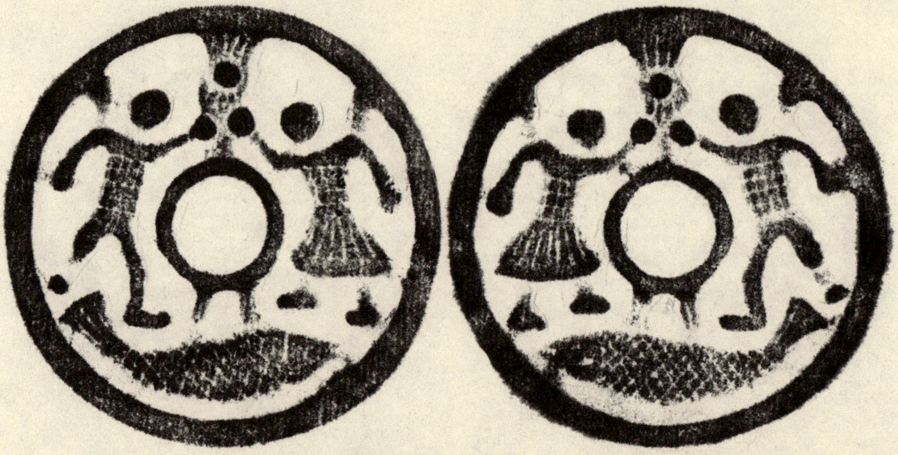

**人物卧鱼纹镂空花钱**
径60.8mm　重41.8克

▲ 钱面为一男一女一鱼组成。男者紧身衣裤，女着裙袍。二人脚踏鱼脊，跨步举臂，翩翩起舞。旧谱称之为“双人踏鱼”。青铜质。似应为金铸。镂空花钱多以花卉、禽鸟、鱼、龙为图案。人物图案者少见。

## 钱文花钱

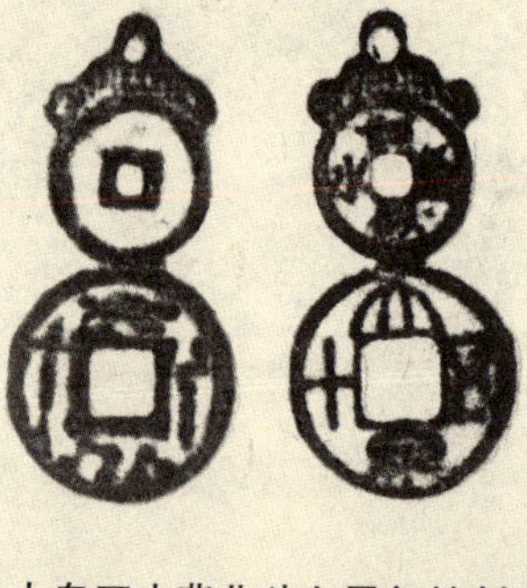

**大泉五十背北斗七星龟蛇剑**
径17.8mm　高36.2mm　重1.9克

▲ 青铜质。钱面呈葫芦形。上圆钱内为“如鱼似水”四字，下圆钱内为“大泉五十”钱文，背下圈钱内为左剑下北斗七星，上龟右蛇。

上[redacted]半两（汉花钱）
径23.5mm　重3.9克

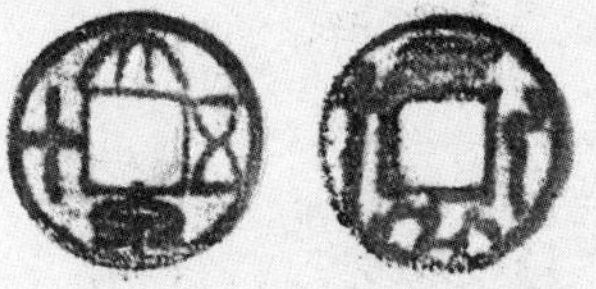

**大泉五十背北斗七星龟蛇剑**
径17.9mm　重1.9克

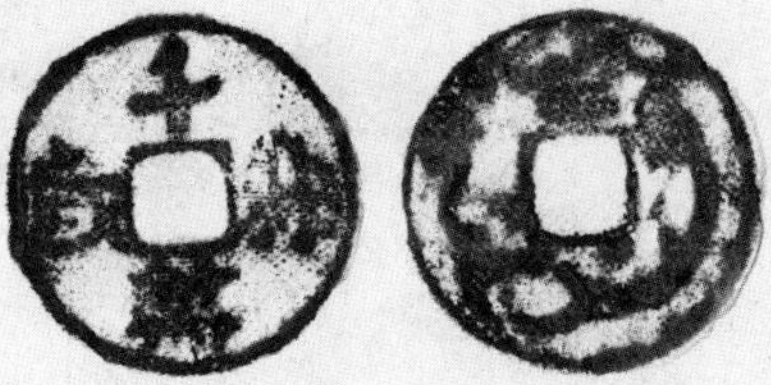

**千秋万岁背龙纹钱**
径25.31mm　重8.3克

▲ 辽代铸品，青铜质。钱面“千秋万岁”四字，背盘旋一龙，左上有一珠，少见。

**巴思巴文大元通宝背四出异纹**
径39.6mm　重21.7克

▲ 此钱为生坑元铸巴思巴文大元通宝。背为大四出文，四出文接廓处，各有一图形，似鱼又似人。青铜质，仅见。

**道光通宝背天下太平**
径39.5mm　重29.5克

**太平通宝背神话故事钱**

径81mm

厚3mm

重120.5克

此币正面“太平通宝”，“通宝”二字仿唐开元。背神话故事图。诸谱未见。青铜质，似应为宋代铸品。

**银质乾隆通宝**

径21mm　重1.4克

▲ 此币面、背有细密的珍珠纹，做工精细。似应是宫钱。面“乾隆通宝”，背满文宝泉。

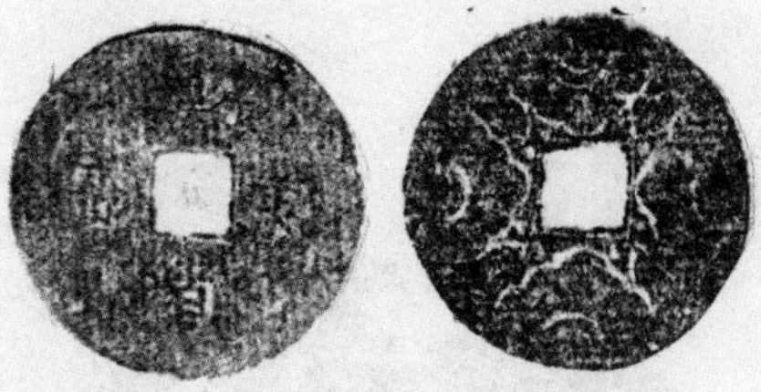

**银质光绪银宝**

径26.5mm　重2克

▲ 此币面“光绪银宝”，荷叶、莲子、花纹，似为手工打造。

**秘戏钱**

径70mm

重134.4克

◀ 钱币上铸有简陋的男女合欢图形者，称为“秘戏钱”。远在汉代的石刻、唐代的铜镜中，即有这类“秘戏”图案。古时“男女授受不亲”，青年男女未婚不谙房事，新婚时由长者赠此类物品，作为传授方法以求子孙延绵之用。也有称其为“避火钱”的，缘之谓“火神乃是腼腆少女，见嫁妆中藏有此物，即羞愧惭而退，不复为灾”。

**待考钱**

径56mm　重49.6克

▲ 此花钱图案为何寓意，是否为我国传统花钱，亦或与西方宗教文化输入有关，待考。

## 棋钱 · 马

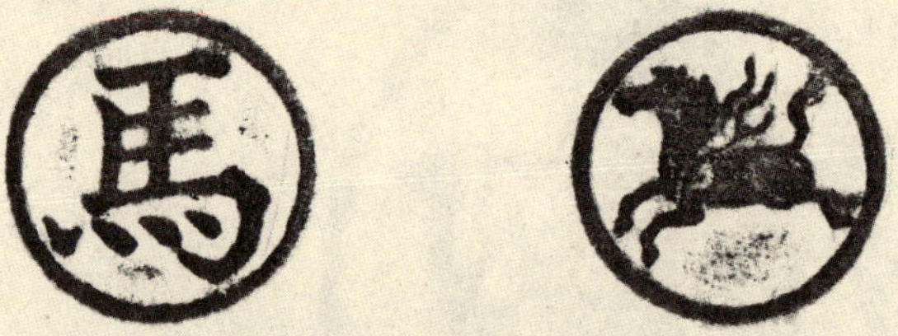


径25.6mm　厚2.6mm　重6.8克

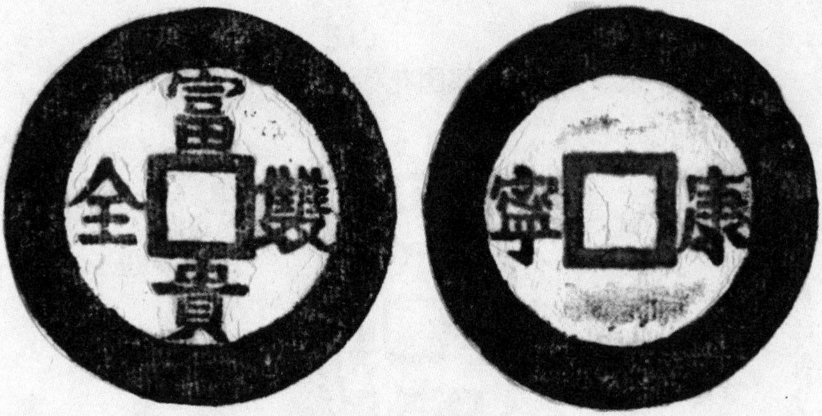


富贵双全背康宁吉语钱

径53.2mm

重17.1克

碧玉镂空雕龙凤大花钱

径81mm

# 邻国花钱

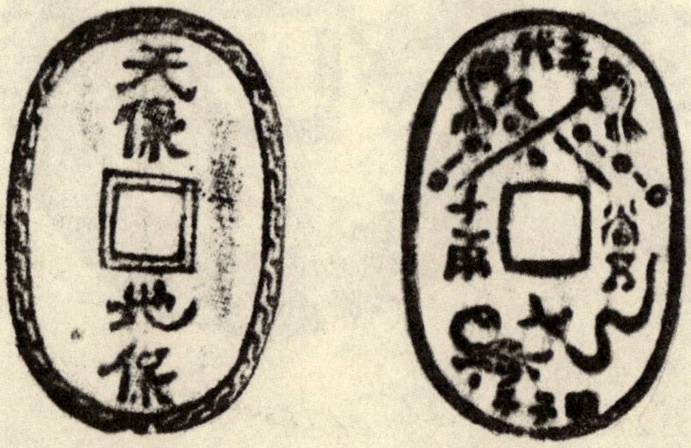

**日本 天保地宝背当万十两**

径28.7mm

高43.2mm

重17.1克

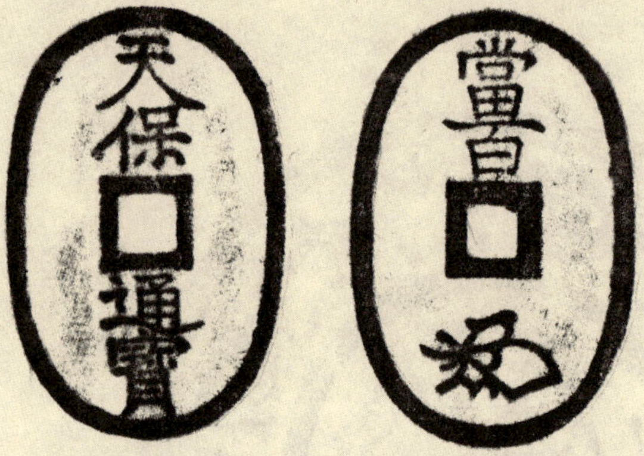


**日本 天保通宝**

径33mm

高49.3mm

重19.9克

**刻花庆应通宝背银毫六钱**

径38.5mm

厚2.5mm

重18.2克

▲ 此钱似应是日本庆应年间铸行的正用钱。

# 后记

无心插柳柳成荫。业余集藏古钱币，本为休闲、减压，结果竟“玩儿”出来这不薄的一本专著，实在是始料未及。想来，这大概也是人生的一种机缘。

承蒙北京市社科联党组书记、常务副主席史秋秋，党组副书记陈之昌与《前线》杂志社总编辑刘陈德等几位老朋友的热情鼓励和大力支持，才使得本书得以正式出版。北京日报摄影部主任叶用才、记者李继辉不惮辛劳，用他们的镜头帮我拍摄了全部彩插需要的古钱币彩色照片。在此，一并向这些老朋友、老同志表示深切的谢意。

北京师范大学出版集团老总杨耕年轻时曾与我是忘年交。他不忘旧谊，特意选定李强编辑编辑本书。李强编辑谦虚严谨的工作作风，匠心独具的版式设计风格，使拙作大为添色。在此特表敬意。

中华钱币文化灿烂悠久，博大精深。我愿它不断发扬光大。

为此，年近古稀的我愿意毫无保留地与天下同好交流、切磋，一可为弘扬中华钱币文化尽极其微薄之力，二也可给晚年生活平添点乐趣。特此奉告。

刘宗明

二〇一一年

# 参考书目


| | | |
|---|---|---|
| 1. 中国古代货币史 | 萧清著 | 人民出版社 |
| 2. 历代古钱图说 | 丁福保原编<br>马定祥批注 | 上海人民出版社 |
| 3. 简明钱币词典 | 孙仲汇等编著 | 上海古籍出版社 |
| 4. 中国古代货币 | 昭明、利清编著 | 西北大学出版社 |
| 5. 中国钱币学词典 | 唐石父著 | 北京出版社 |
| 6. 中国古钱大集 | 华光普主编 | 湖南人民出版社 |
| 7. 中国花钱 | 余榴梁等编著 | 上海古籍出版社 |
| 8. 古代吉祥钱图像赏析 | 郭若愚著 | 上海教育出版社 |
| 9. 古钱 | 孙仲汇著 | 上海古籍出版社 |
| 10. 中国古钱币库 | 宋志强、王立新编著 | 天津古籍出版社 |
| 11. 北宋铜钱 | 闫福善主编 | 中华书局 |
| 12. 中国古钱目录 | 华光普 | 四川大学出版社 |